中国出版蓝皮书
CHINA PUBLISHING BLUE BOOK

"十二五"时期
中国出版业发展报告

主编 范 军 副主编 李晓晔

中国书籍出版社
China Book Press

《"十二五"时期中国出版业发展报告》
课题组、撰稿人和统稿人名单

主　编：范　军

副主编：李晓晔

撰稿人（按文章顺序排列）：

李晓晔	杨　伟	杨春兰	郭全中	汤雪梅
张羽玲	刘成芳	陈含章	田　菲	张　姝
刘颖丽	张文红	杨　阔	遆　薇	施勇勤
杨　颖	息慧娇	李家驹	王国强	黄昱凯
于秀丽	孙鲁燕	戴思晶	谢力清	

统　稿：范　军

目录

第一章 主报告 ·· 001

创新发展　砥砺奋进
——"十二五"时期中国出版业发展报告 ·························· 002

一、产业保持高速增长态势 ·· 002

二、内容创作生产持续繁荣 ·· 011

三、体制机制改革进展顺利 ·· 012

四、数字化水平大幅提高 ·· 013

五、公共服务体系加快升级 ·· 015

六、走出去力度进一步加大 ·· 017

七、市场环境持续优化 ·· 018

八、法制建设稳步推进 ·· 019

第二章 分类报告 ·· 021

第一节 "十二五"时期中国图书出版业发展报告 ·············· 022

一、2011—2015年中国图书市场基本状况 ·· 022

二、影响和推动图书出版行业发展的重要因素和事件 ···················· 032

三、未来一段时间图书出版业发展趋势展望 ···································· 038

第二节 "十二五"期间中国期刊出版业发展报告 ………… 042

一、期刊管理：加强顶层设计，加大规范力度 ………… 042

二、期刊改革：以非时政类期刊转企改制为突破重点 ………… 045

三、期刊产业：纸质期刊下滑、停刊成为常态；期刊集群初具规模 ………… 046

四、期刊上市：读者传媒成期刊上市第一股 ………… 048

五、期刊（论文）评价：探索纸网互动的小同行评议模式 ………… 049

六、期刊数字化：积极探索全方位转型与融合 ………… 050

第三节 "十二五"时期中国报纸出版业发展报告 ………… 054

一、"十二五"时期报业整体情况 ………… 054

二、市场化报纸发展进入下行通道 ………… 057

三、党报逆势上扬 ………… 060

四、区域化整合取得积极进展 ………… 063

五、积极探索资本运营新路子 ………… 064

六、多元产业探索亮点频频 ………… 065

七、新媒体转型在探索中前进 ………… 066

八、"转企改制"等改革仍然存在诸多问题 ………… 066

第四节 "十二五"时期中国音像电子出版业发展报告 ………… 070

一、"十二五"时期音像电子出版业发展态势 ………… 070

二、音像电子出版成绩斐然 ………… 072

三、着力融合发展，探索转型发展途径 ………… 075

四、围绕音乐产业链建设，大力推动音乐产业发展 ………… 077

五、音像电子出版业发展面临的问题和发展思路 ………… 079

第五节 "十二五"时期中国数字出版发展报告 ………… 081

一、宏观政策与数字出版产业互为支撑 ………… 081

二、数字出版产业规模高速增长 ………… 082

三、数字出版产业形态不断创新 …………………………… 082

四、数字出版面临的问题与挑战 …………………………… 085

第六节 "十二五"时期中国印刷业发展报告 …………………… 089

一、"十二五"时期印刷业发展的基本情况 ………………… 089

二、"十二五"时期印刷业区域发展的特点 ………………… 091

三、"十二五"时期印刷业产业结构的变化 ………………… 092

四、"十二五"时期规模以上重点印刷企业发展态势 ……… 097

五、"十二五"时期数字印刷发展态势 ……………………… 098

六、"十二五"时期绿色印刷发展态势 ……………………… 100

第七节 "十二五"时期中国出版物发行业发展报告 …………… 103

一、"十二五"时期出版物发行业基本状况 ………………… 103

二、出版物发行业热点 ………………………………………… 106

三、出版物发行业发展趋势 …………………………………… 113

第三章 专题研究报告 …………………………………………… 115

第一节 "十二五"时期全国国民阅读趋势与解读 ……………… 116

一、数据解读 …………………………………………………… 116

二、结论 ………………………………………………………… 125

第二节 "十二五"时期出版物市场及网络文化环境治理情况 …………………………………………………… 128

一、2011—2015年出版物市场治理基本情况 ……………… 128

二、2011—2015年出版物市场治理主要经验 ……………… 134

三、下一阶段出版物市场治理重点 …………………………… 138

第三节 "十二五"时期新闻出版标准化工作综述 ……………… 143

一、"十二五"时期新闻出版标准化工作取得的成绩 ……… 143

二、新闻出版标准化工作取得成绩的原因 …………………………… 151

三、新闻出版标准化工作存在的主要问题和发展趋势 ………………… 153

四、进一步推动新闻出版标准化工作发展的建议 ………………………… 154

第四节 "十二五"时期出版研究综述 ……………………………… 156

一、"十二五"时期出版研究整体状况 ……………………………… 156

二、"十二五"时期出版研究重点领域——数字出版研究概述 …… 160

第五节 "十二五"时期新闻出版人才队伍建设概况 ……………… 171

一、"十二五"时期人才建设方面的主要成绩 ……………………… 171

二、新闻出版人才队伍建设前瞻 ……………………………………… 179

第六节 "十二五"时期出版专业教育现状与发展趋势 …………… 182

一、出版教育体系结构及其特点 ……………………………………… 182

二、"十二五"时期出版专业教育现状 ……………………………… 185

三、出版专业教育面临的困境 ………………………………………… 196

四、出版专业教育的发展趋势 ………………………………………… 197

第七节 "十二五"时期新闻出版法规概述 ………………………… 199

一、《出版管理条例》等两大条例全面修订完成 …………………… 199

二、公共文化服务立法加强,《全民阅读促进条例》起草完成 …… 201

三、《出版物市场管理规定》等规章修订,进一步向外资开放市场 … 203

四、全面深化改革,加快转变政府职能,若干行政法规、
规章一揽子修订 …………………………………………………… 206

五、网络出版管理新规出台 …………………………………………… 207

六、《内部资料性出版物管理规定》修订出台 ……………………… 210

七、规范教材教辅管理的文件集中出台 ……………………………… 211

八、系统清理公布现行有效规范性文件 ……………………………… 212

九、中国特色社会主义新闻出版法制体系初步建成 ………………… 212

第八节 "十二五"时期出版业走出去发展概况 …… 214

一、"十二五"期间出版业走出去概述 …… 214

二、未来出版业走出去发展趋势展望 …… 223

第四章 港澳特区、台湾地区出版业发展报告 …… 227

第一节 "十二五"时期香港特别行政区出版业发展报告 …… 228

一、出版及图书市场呈现的一些特征 …… 228

二、业界努力自强 …… 231

三、书店寻求重新定位 …… 235

四、教育出版充满变数 …… 237

五、结语 …… 238

第二节 "十二五"时期澳门特别行政区出版业发展报告 …… 240

一、2011—2015年出版概况 …… 240

二、出版业界的交流 …… 245

三、书店业 …… 246

四、其他 …… 247

五、总结 …… 247

第三节 "十二五"时期台湾地区出版业发展报告 …… 250

一、台湾地区出版产业轮廓 …… 250

二、台湾地区出版通路现况 …… 251

三、电子书经营模式与现况 …… 253

四、台湾地区出版业的困境 …… 257

五、结语 …… 258

第五章　出版业大事记 ………………………………………… 261

　　第一节　"十二五"时期中国出版业大事记 ………………… 262
　　第二节　"十二五"时期香港特别行政区出版业大事记 ……… 377
　　第三节　"十二五"时期澳门特别行政区出版业大事记 ……… 403
　　第四节　"十二五"时期中国台湾地区出版业大事记 ………… 409

第一章 主报告

DIYIZHANG ZHUBAOGAO

创新发展　砥砺奋进
——"十二五"时期中国出版业发展报告

"十二五"时期，出版界高举中国特色社会主义伟大旗帜，全面贯彻党的十八大和十八届三中、四中、五中全会精神，深入学习贯彻习近平总书记系列重要讲话精神，紧紧围绕"五位一体"总体布局和"四个全面"战略布局，围绕树立和贯彻创新、协调、绿色、开放、共享的发展理念，各项事业突飞猛进，取得了辉煌的成就。新闻出版业产业规模迅速扩大，新闻出版业服务大局能力显著增强，体制改革成效显著，公共服务体系初步建立，新闻出版走出去力度进一步加大，影响力显著提升。目前，我国日报发行量、图书出版品种和总印数居世界第一，电子出版物总量、印刷业整体规模居世界第二，成为名副其实的出版大国。

一、产业保持高速增长态势

"十二五"时期，新闻出版产业继续保持高速增长态势。根据《中国新闻出版统计资料汇编》（2011—2016）及国家新闻出版广电总局公布的《新闻出版产业分析报告》（2010—2015）统计数据，"十二五"末，全国出版、印刷和发行服务实现营业收入 21 655.9 亿元，与"十一五"末相比，增加了 9 280.7 亿元，增长了 74.99%，年均增长率为 11.84%；资产总额为 20 777.5 亿元，比"十一五"末增加了 8 040.1 亿元，增长了 63.12%，年均增长率 10.28%；利润总额为 1 662.1 亿

元，比"十一五"末增加了586.2亿元，增长了54.48%，年均增长率9.09%。（见表1）

表1 "十二五"期间中国出版业主要指标情况 （单位：亿元,%）

年度		营业收入	资产总额	利润总额
2011		14 568.6	14 417.5	1 128.0
2012		16 635.3	15 729.6	1 317.4
2013		18 246.4	17 207.7	1 440.2
2014		19 967.1	18 726.7	1 563.7
2015		21 655.9	20 777.5	1 662.1
"十二五"末比"十一五"末	增长额	9 280.7	8 040.1	586.2
	增长率	74.99	63.12	54.48
	年均增长率	11.84	10.28	9.09

数据来源：《中国新闻出版统计资料汇编》（2011—2016）、《新闻出版产业分析报告》（2010—2015）。

"十二五"期间，传统内容产业继续繁荣发展，新媒体产业异军突起，数字出版保持了快速发展的态势。绿色印刷实施成效显著，每年12亿册中小学教科书绿色印刷全覆盖，近200万印刷从业人员的工作环境得到改善。产业资源整合和结构优化力度进一步加大，推动组建了130多家出版传媒集团，中国出版集团、中国教育出版传媒集团、凤凰出版传媒集团、中南出版传媒集团四家出版集团进入全球出版企业50强，全国已有33家出版传媒企业在境内主板和创业板上市，张江国家数字出版产业基地等国家级产业园区基地孵化效应和集聚效益进一步增强，新闻出版产业规模化、集约化、专业化水平明显提升。

（一）图书出版调整、优化结构成效凸显

"十二五"时期是我国新闻出版产业规模快速发展的阶段，也是图书出版行业结构化升级、图书发行渠道和营销方式变革的重要时期。2015年，出版图书47.6万种，较2010年增长45.12%，年均增长率为7.73%；总印数86.6亿册（张），较2010年增长21.29%，年均增长率3.94%；实

现营业收入 822.6 亿元，较 2010 年增长 52.93%，年均增长率 8.87%；利润总额 125.3 亿元，较 2010 年增长增长了 62.31%，年均增长率 10.17%。（见表 2）

从历年数据变化情况看，图书出版营业收入和利润总额两项指标呈上升态势，总印数除 2014 年略有下降外，总体也呈现稳步增长态势。从品种数来看，"十二五"期间，全国出版图书品种数大幅增长，从"十一五"期末（2010 年）的 32.8 万种，增长到"十二五"期末（2015 年）的 47.6 万种，5 年增加了 14.8 万种，增长了 45.12%。

表 2　"十二五"期间图书出版主要指标情况

单位：万种，亿册（张），亿元,%

年度		品种数	总印数	营业收入	利润总额
2011		37.0	77.1	644.4	94.2
2012		41.4	79.3	723.5	115.2
2013		44.4	83.1	770.8	118.6
2014		44.8	81.9	791.2	117.1
2015		47.6	86.6	822.6	125.3
"十二五"末比"十一五"末	增长额	14.8	15.2	284.7	48.1
	增长率	45.12	21.29	52.93	62.31
	年均增长率	7.73	3.94	8.87	10.17

数据来源：《中国新闻出版统计资料汇编》（2011—2016）、《新闻出版产业分析报告》（2010—2015）。

2014 年，图书出版品种增速回落 6.5 个百分点。当年累计印数超过 100 万册的书籍由 2013 年的 48 种增加到 66 种，其中主题图书 8 种，《习近平总书记系列重要讲话读本》当年累计印数超过 1 500 万册，《习近平关于党的群众路线教育实践活动论述摘编》超过 500 万册。2015 年继续保持了这一势头，其中书籍单品种平均印数有所增加，当年累计印数超过百万册的书籍由 2014 年的 66 种增加到 68 种。少儿图书出版出现较快增长，出版少儿图书 3.7 万种，增长 11.9%；总印数 5.6 亿册（张），增长 11.8%。

另外，从新版图书与重版、重印图书的品种比来看，"十二五"时期，初版图书品种数增速整体呈回落趋势，而重版、重印图书品种数增速则整体呈上升趋势，2011年和2015年分别为16.48%和11.84%，增长高达两位数。这表明图书出版调整、优化结构的成效进一步凸显，同时也表明新闻出版行政部门着力实施图书精品战略，采取多种措施引导图书出版单位由追求数量转向提高质量，整顿图书出版特别是教辅类图书出版秩序已初见成效。

（二）期刊进入结构调整期，品种数上升，总印数、总印张下滑

2015年，出版期刊10 014种，与2010年相比，增长1.32%。总印数28.8亿册，与2010年相比，下降10.56%。总印张167.8亿印张，与2010年相比，下降7.34%。实现营业收入201.0亿元，与2010年相比，增长33.47%。利润总额26.3亿元，与2010年相比，增长42.16%。（见表4）

表4 "十二五"期间期刊出版主要指标情况

单位：种，亿册，亿印张，亿元,%

年度		品种数	总印数	总印张	营业收入	利润总额
2011		9 849	32.9	192.7	162.6	22.9
2012		9 867	33.5	196.0	220.9	25.3
2013		9 877	32.7	194.7	222.0	28.6
2014		9 966	31.0	183.6	212.0	27.1
2015		10 014	28.8	167.8	201.0	26.3
"十二五"末比"十一五"末	增长额	130	-3.4	-13.3	50.4	7.8
	增长率	1.32	-10.56	-7.34	33.47	42.16
	年均增长率	0.26	-2.21	-1.51	5.94	7.29

数据来源：《中国新闻出版统计资料汇编》（2011—2016）、《新闻出版产业分析报告》（2010—2015）。

"十二五"期间，期刊品种数持续增长，2015年达到10 014种，突破万种大关。2012年期刊总印数达到33.5亿册，总印张为196亿印张，双双达到峰值，从2013年开始下滑，年均下降率分别为2.2%和1.5%。营业收入和利润总额则在2013年达到峰值，从2014年开始下降，但是2015年和2010年相比，营业收入和利润总额分别增长50.4亿元和7.8亿元。

受数字化转型、体制变革、经济下行等多重因素的影响,"十二五"时期,一些刊物先后休刊,包括过去影响很大的一些时尚类期刊如《瑞丽时尚先锋》《壹读》《时尚新娘》《外滩画报》等。但与此同时,文摘类、少儿类期刊基本保持稳定,如2015年,平均期印数超过百万册的前10位期刊中,《读者》《小学生时代》《知音漫客》《青年文摘》等文摘类、少儿类期刊就超过了半数。

(三)报纸出版形势严峻,党报实现逆势上涨

"十二五"期间,随着数字化阅读进一步普及,信息传播与获取方式发生了很大变化,对传统报业的冲击开始显现,作为传统媒体重要组成部分的报业进入了快速下滑期。

2015年,出版报纸1 906万种,与2010年相比,下降1.70%。总印数430.1亿份,与2010年相比,下降4.87%。总印张1 554.9亿印张,与2010年相比,下降27.61%。实现营业收入626.2亿元,与2010年相比,下降14.15%。利润总额35.8亿元,与2010年相比,下降64.48%。(见表3)

表3 "十二五"期间报纸出版主要指标情况

单位:种,亿份,亿印张,亿元,%

年度		品种数	总印数	总印张	营业收入	利润总额
2011		1 928	467.4	2 272.0	818.9	98.6
2012		1 918	482.3	2 211.0	852.3	99.2
2013		1 915	482.4	2 097.8	776.7	87.7
2014		1 912	463.9	1 922.3	697.8	76.4
2015		1 906	430.1	1 554.9	626.2	35.8
"十二五"末比"十一五"末	增长额	-33	-22	-593.1	-103.2	-65
	增长率	-1.70	-4.87	-27.61	-14.15	-64.48
	年均增长率	-0.34	-0.99	-6.26	-3.00	-18.70

数据来源:《中国新闻出版统计资料汇编》(2011—2016)、《新闻出版产业分析报告》(2010—2015)。

另据统计,2015年,43家报业集团主营业务收入与利润总额分别降低6.9%与45.1%,其中31家报业集团营业利润出现亏损,一些有一定影响

力的报纸停刊、休刊,如河北日报报业集团旗下的《杂文报》、上海世纪出版股份有限公司主管主办的《上海商报》、浙江日报报业集团的《今日早报》和西安日报社与榆林日报社共同创办的《榆林日报·都市生活版》等。为适应新的形势,还有一些报纸进行了改版,譬如《南方日报》《银川晚报》《重庆晨报》《羊城晚报》《南方都市报》《新消息报》《三湘都市报》《河南商报》等。

面对严峻挑战,各级党委和政府为了保障传统媒体更好地做好舆论引导工作,在财政补贴、政策红利等方面给予了一定的支持,而且党报也通过"一升一降"等创新措施实现了自身的逆势上涨。

同时,报纸出版单位积极探索业务转型,其中浙报传媒集团股份有限公司、华闻传媒投资集团股份有限公司、浙江华媒控股股份有限公司等单位数字出版、动漫等新业态业务收入实现较大幅度增长,平均净资产收益率均超过10%,浙报传媒集团股份有限公司数字出版等新业态业务收入已超过传统报刊业务收入。

(四)音像制品品种和出版数量下降,营业收入和利润总额上升

随着数字压缩技术的出现,大容量高清蓝光光盘、压缩碟进入市场,网络上音乐、影视、教育资源的免费下载,造成传统光盘载体销售量逐年下降,音像制品的零售终端音像店也严重萎缩,音像出版业发展面临着转型升级的巨大压力。"十二五"期间,音像出版业仍处于发展低谷,相比其他行业和国际同行,整体规模较小,行业实力较弱,发展速度趋缓,正处在融合发展、转型升级的关键时期。

2015年,出版音像制品1.54万种,较2010年下降28.70%;出版数量2.94亿盒,较2010年下降30.5%;实现营业收入26.25亿元,较2010年增长30.08%,年均增长率5.4%;利润总额3.93亿元,较2010年增长增长65.13%,年均增长率10.55%(见表5)。"十二五"期间,音像品种数和出版数量双双下降,年均下降6.54%和7.02%,但是营业收入和利润总额则呈上升态势,年均增长率分别达到5.4%和10.55%。

表5 "十二五"期间音像制品出版主要指标情况

单位：万种，亿盒（张），亿元,%

年度		品种数	出版数量	营业收入	利润总额
2011		1.94	4.64	26.06	2.75
2012		1.85	3.94	28.34	3.44
2013		1.70	4.06	24.72	3.35
2014		1.54	3.28	29.21	4.11
2015		1.54	2.94	26.25	3.93
"十二五"末比"十一五"末	增长额	-0.62	-1.29	6.07	1.55
	增长率	-28.70	-30.5	30.08	65.13
	年均增长率	-6.54	-7.02	5.4	10.55

数据来源：《中国新闻出版统计资料汇编》（2011—2016）、《新闻出版产业分析报告》（2010—2015）。

（五）电子出版业开始进入提质增效的发展阶段

2015年，出版电子出版物1.01万种，较2010年下降9.01%；出版数量2.14亿盒，较2010年下降17.37%；实现营业收入12.41亿元，较2010年增长68.84%，年均增长率11.04%；利润总额2.32亿元，较2010年增长增长了132%，年均增长率18.33%。（见表6）

表6 "十二五"期间电子出版主要指标情况

单位：万种，亿张，亿元,%

年度		品种数	出版数量	营业收入	利润总额
2011		1.12	2.13	6.21	1.28
2012		1.18	2.63	9.23	2.27
2013		1.17	3.52	10.23	2.77
2014		1.18	3.50	10.89	1.84
2015		1.01	2.14	12.41	2.32
"十二五"末比"十一五"末	增长额	-0.1	-0.45	5.06	1.32
	增长率	-9.01	-17.37	68.84	132.0
	年均增长率	-1.87	-3.75	11.04	18.33

数据来源：《中国新闻出版统计资料汇编》（2011—2016）、《新闻出版产业分析报告》（2010—2015）。

电子出版业自2009年电子出版物品种突破1万种、出版数量达到2亿张以来,在"十二五"期间经历起起落落,2013年突破3亿张,2015年品种数又回落到1万种、出版数量回落到2.1亿张,但从2015年营业收入12.4亿元、利润总额2.3亿元来看,比2014年分别增长14.0%和26.1%的幅度,说明电子出版业正处于一个提质增效的发展阶段。

(六)数字出版保持了快速发展的态势

"十二五"时期,我国数字出版保持了快速发展的态势。2015年,出版数字出版物营业收入4 403.85亿元,较2010年增长318.7%,年均增长率为33.16%;增加值1 196.19亿元,较2010年增长312.2%,年均增长率32.75%;利润总额334.55亿元,较2010年增长增长275.39%,年均增长率30.29%。(见表7)

表7 "十二五"期间数字出版主要指标情况　　　单位:亿元,%

年度		营业收入	增加值	利润总额
2011		1 377.88	389.39	106.68
2012		1 935.49	542.26	151.95
2013		2 540.35	711.29	199.42
2014		3 387.7	931.32	265.72
2015		4 403.85	1 196.19	334.55
"十二五"末比"十一五"末	增长额	3 352.06	906	245.43
	增长率	318.7	312.2	275.39
	年均增长率	33.16	32.75	30.29

数据来源:《中国新闻出版统计资料汇编》(2011—2016)、《新闻出版产业分析报告》(2010—2015)。

从产品来看,电子书产品从2011年的90万种增长到2014年的160万种,互联网原创增加至201万种[1]。

从趋势来看,数字阅读已经被大众所接受,2014年,数字阅读率达到58.1%,首次超过纸质阅读率;移动互联网的快速发展和智能终端的普及,使得数字出版产品和信息得以更为广泛传播,消费市场逐渐活跃,数

---

[1] 数据来源于中国新闻出版研究院2010—2016年中国数字出版年度报告。

字出版业全球累计用户超过十亿；走出去步伐明显加快，成效显著，2014年，数字出版产品海外市场收入超过30亿美元。

从总体经济规模来看，数字出版在新闻出版各产业类别中的地位也在提升。"十二五"前三年，数字出版一直排位第三名（前两名分别为印刷复制和出版物发行）。2014年，数字出版总体经济规模为3 387.7亿元，超过出版物发行的3 023.8亿元，跃居行业第二位。

到"十二五"末，数字出版对全行业营业收入增长贡献率达60.2%，增长速度与增长贡献率在新闻出版各产业类别中均位居第一位，在新闻出版营业收入中所占比重由2010年的8.5%增加到2015年的20.5%，已经成为新闻出版业重要的经济增长点和主体产业。

（七）出版物销售额、营业收入、利润稳步增长

"十二五"末，全国新华书店系统和出版社自办发行单位出版物总销售额为2 563.74亿元，与"十一五"末相比，增加了809.58亿元，增长了46.15%，年均增长率为7.88%；营业收入为3 234.02亿元，比"十一五"末增加了1 335.5亿元，增长了70.34%，年均增长率11.24%；利润总额为259.67亿元，比"十一五"末增加了52.91亿元，增长了25.59%，年均增长率4.66%。从历年数据变化情况看，出版物总销售额和营业收入两项指标均呈逐年增长、稳步发展态势，利润指标除在2011年有所波动以外，其他各年也呈稳步增长态势。（见表8）

表8 全国新华书店系统和出版社自办发行单位出版物销售情况表

（单位：亿元,%）

年度		总销售额	营业收入	利润总额
2011		1 953.49	2 162.89	185.14
2012		2 159.9	2 418.65	196.03
2013		2 346.2	2 710.74	221.11
2014		2 415.5	3 023.76	254.91
2015		2 563.74	3 234.02	259.67
"十二五"末比"十一五"末	增长额	809.58	1 335.5	52.91
	增长率	46.15	70.34	25.59
	年均增长率	7.88	11.24	4.66

数据来源：《中国新闻出版统计资料汇编》（2011—2016）、《新闻出版产业分析报告》（2010—2015）。

"十二五"期间,全国出版物发行网点数量相对稳定,"十一五"期末(2010年)为16.8万处,"十二五"期末(2015年)为16.4万处,减少了2.5%。

二、内容创作生产持续繁荣

"十二五"时期,我国新闻出版业在数量稳定增长的同时,大力实施精品战略,图书报纸刊物内容质量不断提高,优秀作品和原创作品大幅增加,"中国梦"主题创作生产取得显著成效,涌现出一批两个效益俱佳、叫好又叫座的精品力作。

主题出版工作取得了丰硕的成果。2011—2015年,主题出版选题申报数量呈明显的增长态势。2011年全国出版单位报送主题出版相关选题1 462种;2012年为1 608种,同比增长10%;2013年为2 190种,同比上升36.2%;2014年为3 373种,增幅达54.0%;2015年为4 750种,增幅达40.8%。从选题质量看,主题出版的策划工作在不断加强。以2014年为例,当年主题出版选题3 373种,其中列入国家"十二五"出版规划的重点选题76种,省部级重点选题173种,社级重点选题772种,重点选题占比达到30.3%。① 五年来,出版界坚持以人民为中心的出版导向,精心策划出版了一大批质量上乘、有较大社会影响力的优秀主题出版物,如《毛泽东年谱》《邓小平传》《习近平总书记系列重要讲话读本》《理论热点面对面》《习近平用典》《浴血荣光》《抗日战争》《新中国65年》《一百个孩子的中国梦》《重读先烈诗章》《伟大也要有人懂》等等。其中,在2015年单品种累计印数排名前10位的书籍中,主题出版书籍占据半壁江山。《习近平关于党风廉政建设和反腐败斗争论述摘编》超过550万册,《习近平谈治国理政》超过400万册。

重点出版物规划执行效果良好。截至"十二五"期末,我国国家重点

---

① 徐来:《透视"十二五"主题出版》,《青年记者》2015年11月上。

出版物出版规划执行率达 90.3%。"十二五"出版规划是我国第五个国家重点出版物规划，经过四次增补调整，共列入项目 3 027 个，截至"十二五"期末，全部完成和部分完成的 2 732 个项目。

少儿类图书持续走强，各个年度同比增长率均明显高于整体市场水平。文学类也是增速突出的细分板块，除了因为畅销书主题波动在个别年份增速低于整体市场以外，也取得了突出的市场增长。另外，因为"课程减负"等教育政策的影响，更多教辅类图书销售从直销渠道转移到图书零售渠道，也带来教辅类图书在这几年市场当中的持续增长以及份额增加。

此外，报刊结构进一步优化、多形态媒体产品日益丰富、多渠道立体传播体系日益形成，报刊信息传播更加广泛。

三、体制机制改革进展顺利

"十二五"时期，出版行政管理部门进一步强化出版改革顶层设计，印发了《深化新闻出版体制改革实施方案》，明确 5 个重点方面 23 项重点改革任务的时间表和路线图。《方案》提出，在坚持党管媒体、党管干部、确保正确舆论导向的前提下，可将公益性新闻出版单位中经营性部分转制为企业进行公司制、股份制运作。推动已转制的新华书店、图书出版社、电子音像出版社、非时政类报刊社等进行公司制、股份制改造。所有出版单位必须设立总编辑岗位，上市出版企业要探索建立编辑委员会制度。经批准允许有条件的国有控股上市出版企业开展股权激励试点。通过开展传统新闻出版单位数字化转型示范，引导图书、报刊、电子音像等传统出版形态向数字出版转型升级。支持传统新闻出版单位与新媒体企业、渠道运营企业、适用技术企业开展合作。鼓励和支持国有骨干出版企业以资本为纽带，打破区域限制和行业壁垒，实施跨地区、跨行业、跨所有制兼并重组。支持国有出版企业兼并重组非公有制文化企业。[①]

---

① 章红雨：《〈深化新闻出版体制改革实施方案〉出台》，《中国新闻出版报》2014 年 10 月 13 日。

新闻出版广播电视行政管理体制改革稳步推进。2013年，原国家新闻出版总署和原国家广播电影电视总局整合组建国家新闻出版广电总局，其管辖对象囊括所有传统主流传媒业，并涉及部分互联网业务，实现了全媒体覆盖。2014年以后，全国省级新闻出版、广播影视行政部门基本完成机构和职责整合，总局机构整合、业务融合、职能转变步伐加快，进一步推进整个传媒行业的一体化发展。

在新闻出版和广播影视两大产业融合发展的大背景下，越来越多的图书出版发行机构更加重视基于泛文化产品的多种合作形式，出版机构与广电机构互抛橄榄枝的动作愈加频繁，合资电视台、投资运营电视节目、开发电视频道、延伸电影产业链，出版广电企业深入融合，全产业链发展的通路逐渐打开。

与此同时，国有文化企业改革向纵深迈进，国有印刷复制单位、发行单位、经营性图书音像电子出版社、非时政类报刊出版单位全面完成转企改制。市场体系不断健全，产品交易、内容消费等市场进一步完善。

通过"十二五"时期的深入改革，新闻出版实现了政府职能、体制机制、发展方式等重大转变，形成了扶持精品生产的引导机制、支持改革发展的政策机制、加快技术创新的推进机制、参与国际竞争的激励机制等重大机制。

四、数字化水平大幅提高

"十二五"期间，国家对新闻出版业数字化转型的推动力度不断加大，2013年，国务院发布《关于促进信息消费扩大内需的若干意见》，提出大力发展数字出版、互动新媒体、移动多媒体等新兴文化产业。2014年，国务院发布《关于推进文化创意和设计服务与相关产业融合发展的若干意见》，专门强调"加快数字内容产业发展"；2014年4月，国家新闻出版广电总局、财政部联合印发《关于推动新闻出版业数字化转型升级的指导意见》。国家相关部门在政策层面的不断明确，为新闻出版行业数字化奠定了坚实基础，促进了全行业数字化水平的大幅提升。

"十二五"时期，我国新闻出版科技创新体系日趋完善，科技支撑能力显著提升。充分发挥市场导向作用，出台一系列鼓励出版与科技融合的政策；新闻出版重大科技工程取得阶段性成果，项目与成果管理不断强化，专业化、专职化管理模式初步形成；行业科技研发、应用与创新能力显著增强；部分行业共用关键技术和标准等得到应用推广，政产学研用紧密结合、全面发展的科技创新体系不断完善。多数新闻出版企业完成数字化技术装备配置，基本完成优质存量资源数字化转换，实现增量资源同步数字化，专业领域数字内容资源聚集度显著提升，行业级内容投送平台建设启动；绿色印刷工艺广泛应用，数字印刷与按需出版紧密结合；发行系统改造、出版发行数据共享体系建设取得突破性进展。①

在重大工程实施方面，"十二五"期间，国家新闻出版广电管理部门实施了国家数字复合出版系统工程、数字版权保护技术研发工程、中华字库工程等重大科技项目，全行业数字化发展大大加快。其中，由中国新闻出版研究院承担的国家新闻出版广电总局新闻出版重大科技项目——数字版权保护技术研发工程，取得重大进展。该工程制定了四类25项工程标准与接口规范，形成了一套数字版权保护技术标准体系；针对移动出版、互联网出版、出版单位自主发行等业务模式，开发了五类版权保护应用系统，并进行了应用示范；搭建了数字内容注册与管理、版权保护可信交易数据管理、网络侵权追踪三个公共服务子平台，经过整理与集成，最终形成综合性的数字版权保护技术管理与服务平台。

在新闻出版标准化方面，截至"十二五"末，新闻出版业完成了标准化工作机构的全面布局，拥有覆盖全行业的印刷、出版、发行、信息化、版权5个国家级标准化技术委员会；建立各类标准化研究机构、实验室、实施机构11个，标准化试验与推广基地18个；制定并发布了新闻出版国家标准、行业标准、行业技术性指导文件，以及工程标准345项。我国主导研制的《国际标准关联标识符（ISLI）》国际标准正式发布，注册中心落户中国；牵头组建国际印后标准工作组；全国出版物发行标准化技术委

---

① 张毅君：《新闻出版业"十三五"科技发展规划总体思路》，《中国新闻出版广电报》2016年1月29日。

员会成为国际书业标准化组织正式成员。

印刷业作为国民经济的"晴雨表",受宏观经济调整影响,在"十二五"期间,遭遇了增速放缓、成本上升、环保压力加大等诸多挑战,部分中小企业经营遇到一定困难,转型升级步伐缓慢。印刷业工业总产值由"十一五"末期 2010 年的 7 706.50 亿元增长至 2015 年的 11 246.24 亿元,增长了 45.93%。受宏观经济换挡减速和关联行业增势放缓影响,同比增速同样呈现逐年下降趋势,由 2011 年的 12.59% 降至 2015 年的 3.58%。但从整体上看,随着"互联网+"行动计划在印刷业的逐步落地,以及行业资本意识的觉醒,印刷业可持续发展的新动能正在逐步显现。

与此同时,一批推动数字出版发展的关键技术得到广泛应用,170 家出版机构被确定为数字出版转型示范单位。新闻出版数字内容加工、集成、传播平台建设步伐加快,数字出版、数字印刷、数字发行等新业态发展迅速,"一个内容多种创意、多重开发"模式正在形成。

五、公共服务体系加快升级

"十二五"时期,新闻出版公共服务体系建设在提高新闻出版公共产品和服务供给能力、健全新闻出版公共服务网络、丰富新闻出版公共服务方式、以农村社区等基层为重点等方面取得了新的成绩,惠民工程扎实推进,新闻出版公共服务体系升级步伐加快。

2014 年,国家新闻出版广电总局相关司局参与制定《关于加快构建现代公共文化服务体系的意见》和《国家基本公共文化服务指导标准（2015—2020 年）》等重大政策措施,将公益性出版、全民阅读和出版物采购、配送等环节纳入公共文化服务政府采购和资助目录,将农家书屋、阅报栏（屏）等相关指标纳入《国家基本公共文化服务保障标准》。

在农家书屋建设方面,截至 2012 年 8 月,全国 31 个省（区、市）和新疆生产建设兵团全部完成农家书屋工程建设任务,全国共建成达到统一规定标准的农家书屋 600 449 家,投入资金 180 多亿元,配送图书 9.4 亿册、报刊 5.4 亿份、音像制品和电子出版物 1.2 亿张、影视放映设备和阅读设施 60 多万套，全面覆盖了全国具备条件的行政村。① 作为农家书屋的补充，目前，全国共建成数字农家书屋 3.5 万家，农家书屋数字化基本形成了以卫星数字农家书屋建设为主体、以互联网书屋建设为补充的格局。②

在开展全民阅读活动方面，2011 年"全民阅读工程"列入《新闻出版业"十二五"时期发展规划》，成为新闻出版总署的重点工程。随着全民阅读工程深入推进，全国已建成城乡阅报栏（屏）超过 10 万个，每年全国城乡有 8 亿人次参加各类全民阅读活动，国民综合阅读率从 2010 年的 77.1% 提高到 2015 年的 79.6%。全民阅读立法工作步伐加快，2013 年 3 月，我国全民阅读立法工作正式启动，列入国务院法制办立法规划项目；2016 年 2 月，《全民阅读促进条例》（征求意见稿）向社会公布。《全民阅读中长期规划（2015—2020）》起草完毕。一批地方性立法也相继推出，分别是：《江苏省人民代表大会常务委员会关于促进全民阅读的决定》（2014）、《湖北省全民阅读促进办法》（2014）、《辽宁省人民代表大会常务委员会关于促进全民阅读的决定》（2015）、《深圳经济特区全民阅读促进条例》（2016）、《吉林省全民阅读促进条例（草案）》（2016）、《四川省人大常委会关于促进全民阅读的决定》（2016）、黑龙江省《关于促进全民阅读的决定》（2017）。

在少数民族语言文字出版方面，"十二五"期间，国家通过中央财政转移支付资助的民文和双语出版物超过 6 000 种，少数民族语言文字书报刊出版和发行能力明显提高。通过组织实施少数民族新闻出版东风工程、管好用好民族文字出版专项资金、实施《国家少数民族语言文字出版规划》等工作，改善了民族地区民族文字出版和基层新华书店网点基础设施和技术装备条件，资助出版了一大批少数民族文字优秀出版物，开展面向民族群众，免费赠阅活动，民族文字新闻出版生产供给能力和服务水平得到快速提高。2011 年 6 月，原国家新闻出版总署会同国家发改委制定了

---

① 周润健：《我国已建成达到统一规定标准的农家书屋 60 余万家》，新华网，2012 年 9 月 27 日。
② 张昆平：《全国农家书屋藏书超 10 亿册》，《农民日报》，2015 年 11 月 11 日。

《"十二五"少数民族新闻出版东风工程建设规划》,"十二五"时期,新闻出版"东风工程"财政经费项目的实施范围从新疆维吾尔自治区扩大到新疆生产建设兵团,基本建设项目实施范围不仅扩大到新疆生产建设兵团,还包括内蒙古、广西、西藏、宁夏四个少数民族自治区和四川、云南、甘肃、青海省藏族聚居区。

六、走出去力度进一步加大

"十二五"时期,"经典中国"国际出版工程、中国图书对外推广计划、中国出版物国际营销渠道拓展工程、重点新闻出版企业海外发展扶持计划、丝路书香工程等新闻出版"走出去"重点工程取得重大进展,打开了190多个国家和地区出版物市场。版权输出和引进品种比例从2010年的1∶2.9提高到2015年的1∶1.6。2015年,共输出出版物版权8 865种,引进15 973种,为"十二五"期间版权贸易逆差最小值。(见表9)

表9 "十二五"期间中国出版物对外贸易情况

数量(种)\年份	2011年	2012年	2013年	2014年	2015年
引进	16 639	17 193	17 613	16 321	15 973
输出	7 783	7 831	8 444	8 733	8 865
输出引进之差	-8 856	-9 362	-9 169	-7 588	-7 108

边疆省区图书报纸在周边国家和地区的覆盖进一步扩大。民营企业积极参与文化"走出去",已成为新闻出版走出去的重要力量。新闻出版企业在境外投资或设立分支机构超过400家,跨国兼并收购成为我国出版业国际化发展的重要途径。新闻出版产品和服务出口规模持续增长,2015年,我国各类印刷品出口32亿美元,数字出版产品出口超过50亿美元。

书业企业的经营视角也不断扩展到海外,跨国合作、国外开设分支机构以及并购国外出版社的做法也越来越多,而且近期海外扩展的出版单位主体更加丰富,基于图书出版和版权合作的业务型整合合作增多,既有大型出版集团,也有特色化经营的出版社和图书策划公司。海外投资经营主体的丰富和类型下沉，也代表着我国出版企业国际化市场能力进一步加强。

伴随着中国新闻出版行业"走出去"的步伐加快，我国图书出版发行行业的国际参与度也越来越高，从国内出版业组团参加国际大型书展，到国内出版机构、作者频频获得国外重大奖项，中国出版也赢得了更多国际同仁的关注和认可。重要国际书展中国主宾国活动、北京国际图书博览会等已成为国际新闻出版业交流的重要平台。海峡两岸以及港澳与内地的合作交流日益活跃。2012年中国作家莫言被授予诺贝尔文学奖；2015年中国科幻文学作家刘慈欣的《三体》获得雨果奖。同样是在2015年，二十一世纪出版社在博洛尼亚童书展获"世界年度最佳童书出版社"大奖；中国出版集团在伦敦书展斩获分量最高的国际出版卓越奖主席大奖。

七、市场环境持续优化

"十二五"时期，全国各级"扫黄打非"部门一手抓突出问题整治，一手抓基础性制度建设，针对各类非法出版活动采取了具有针对性的策略和措施，打了一系列总体战、攻坚战、遭遇战，广度不断扩大、深度不断拓展、力度不断增强，取得了重要成效，也积累了有益经验。2011年至2015年，全国各级"扫黄打非"部门共收缴各类非法出版物14 832万余件，查办各类案件59 487起。

通过标本兼治，综合治理新闻传播秩序并规范管理，深入开展打击新闻敲诈和假新闻专项行动，全面清理整顿中央新闻单位驻地方机构，加大报刊、记者站、记者证清理和退出力度，规范了新闻采编出版发行秩序，取得显著成效。

与此同时，建立健全了重大虚假新闻报刊主要负责人问责制度、报刊违规处理社会通报制度、重大违法违规问题的查办督办机制、"双移送"工作机制。深入开展"清源""固边""净网""秋风""护苗"专项行动，持续推进"护城河工程""南岭工程""天山工程""珠峰工程"和

"长白山工程"。

此外，还加强了对网络出版的监管，建立健全了全国报刊数字监测审读平台和国家版权监管平台，建立了移动互联网视听节目搜索和数据分析系统，深入开展打击网络侵权盗版"剑网"行动，查处关闭了一批侵权网站和有害网站，有效规范了网络传播秩序，净化了阅读载体和网络空间，维护了意识形态和文化安全，保障了人民群众的文化权益。

八、法制建设稳步推进

"十二五"时期，中央全面深化改革的决策部署在新闻出版领域持续深入推进，多部法规、规章相应调整；出版管理领域最重要的两部行政法规《出版管理条例》《音像制品管理条例》全面修订；《出版物市场管理规定》《音像制品进口管理办法》《内部资料性出版物管理办法》《网络出版服务管理规定》等重要规章相继修订；规范性文件清理工作取得突破性进展，原国家新闻出版总署首次公布了现行有效的规范性文件目录。新闻出版领域两大条例及有关规章的颁布，以及规范性文件的系统清理完成，标志着中国特色社会主义新闻出版法制体系初步建成。

目前，新闻出版领域已经初步建成以宪法为指导，以《出版管理条例》《音像制品管理条例》《印刷业管理条例》三部行政法规为核心，以《图书出版管理规定》《报纸出版管理规定》《期刊出版管理规定》《音像制品出版管理规定》《电子出版物出版管理规定》《互联网出版管理暂行规定》《复制管理办法》《出版物市场管理规定》等25部行政规章为配套，以及300多件规范性文件为补充，内容涵盖了出版、新闻报刊、印刷复制、市场监管和行政执法等众多领域，有中国特色的社会主义新闻出版法律制度体系。新闻出版法律制度的不断完善，为坚持依法管理、加强社会监管、推动改革发展以及有效维护国家意识形态安全提供了良好的制度基础。

"十二五"时期，新闻出版紧紧围绕党和国家工作大局，深入贯彻落实党中央国务院建设社会主义文化强国的重大战略部署，深化改革，创新发展，取得显著成就，产业保持高速增长态势、内容创作生产持续繁荣、体制机制改革进展顺利、数字化水平大幅提高、公共服务体系加快升级、走出去力度进一步加大、市场环境持续优化、法制建设稳步推进，这些成绩的取得，为"十三五"时期新闻出版业的持续发展奠定了坚实基础。

（课题组组长：范军；副组长：李晓晔；成员：刘颖丽、张羽玲、陈含章、杨春兰、刘成芳、田菲、逯薇、息慧娇、于秀丽、孙鲁燕、金太鑫。本文由李晓晔执笔，范军审定）

第二章 分类报告

第一节 "十二五"时期中国图书出版业发展报告

"十二五"时期是我国新闻出版产业规模快速发展的阶段,也是图书出版行业结构化升级、图书发行渠道和营销方式变革的重要时期。在这五年间,全渠道图书零售稳步增长,国家新闻出版广电总局正式成立,众多出版机构推进集团化发展或向资本市场拓展,零售市场每年新书品种增速收缩,图书零售和营销渠道日益多元化……在全行业的各个领域,都发生了深刻的变化。

应该说,在"十二五"期间整个图书出版行业在深化改革、推动业务升级方面实现了扎实的积累,这也为整个产业在未来更好地迎接社会经济变化和科技发展带来的机遇做出了各种积极的尝试和准备。

一、2011—2015 年中国图书市场基本状况

(一)纸质书图书零售稳步发展,电子书销售开始扩张

2011—2015 年,我国纸质图书零售保持稳步增长,纸质图书零售码洋规模从 2010 年的不足 400 亿元增长到 2015 年的 624 亿元,年度复合增长率超过 11%。不过,我们也可以看到,尽管纸质图书零售持续增长,整体增速在 2011 年之后已经有所回落,尤其是在 2012—2013 年期间一度出现增速低段,这与当时实体书店渠道出现的阶段性收缩有一定关系。

在纸质图书销售不断增长的同时,2011—2015 年期间,电子书的销售也取得了长足的进展。根据中国新闻出版研究院历年发布的《中国数字出版产业年度报告》,电子书产业收入规模从 2010 年的 24.8 亿元增长到 2015 年的 49 亿元。五年间,电子书产品作为传统纸质图书的载体补充,伴随着移动互联网的发展也取得了规模的快速扩张。这与政策推动数字出版产业发展、上游出版单位不断加大对数字出版业务的投入有直

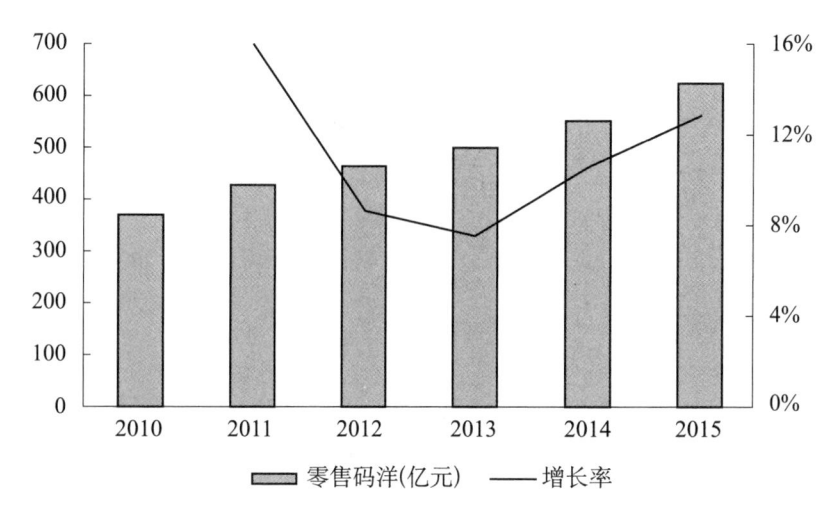

图1 2011—2015年我国图书零售码洋规模与增速变化（数据来源：开卷）

接关系。有的出版社已经实现了重点品种的"纸电同步"发行，也使得电子书作为一种新的产品形式成为了传统的图书产品形式的有益补充。当然，数字阅读尤其是移动数字阅读计划的普及化应用对这一成果也起到了巨大的推动作用，移动运营商、大型自营图书电商、内容阅读平台等多种力量的大力推进，也是促进目前国内的电子书市场快速发展的重要原因。

（二）新书品种数增速受到抑制，图书定价持续走高

在图书零售市场整体规模不断增长的同时，图书产品的供应方面也有新的变化。在整个图书出版市场从"依靠品种扩张支撑的粗放型增长"方式向"以单品效益拉动的精细化增长"方式转化的过程中，新书品种数停止了已经持续近20年的增长趋势，在2012年之后出现了每年上市新书品种数的回落。与此同时，新书定价水平呈现明显的增长趋势。

1. 新书品种数停止增长，供应策略变化

数据显示，在从上世纪末一直到2011年期间，我国图书零售市场上的新书品种数以每年1~2万种的速度不断增加，到2012年当年，新上市的新书品种数首次突破20万种。伴随着市场上在销品种的不断增长，"供大于求"的现象开始出现，也产生了市场上"同类品种大量存在、质量良莠不齐"等现象，同类书之间的竞争愈发激烈，这在加剧渠道和读者的选择

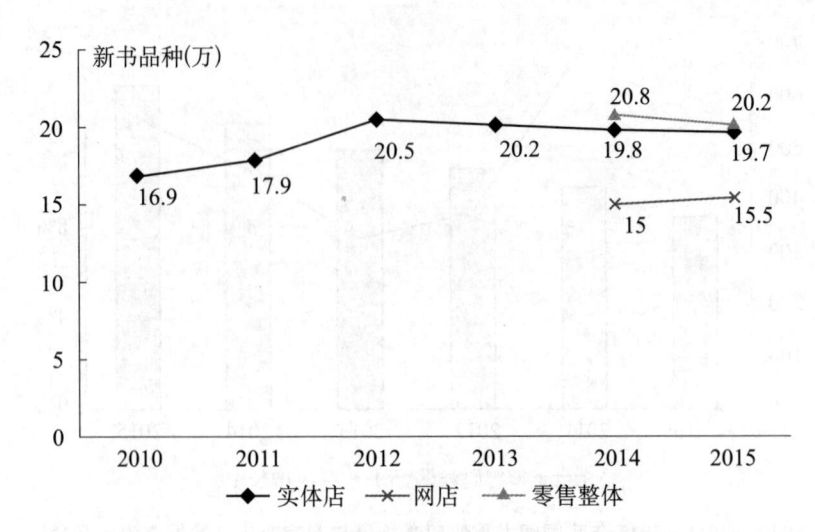

图 2　2011—2015 年我国图书零售市场新书品种数变化（数据来源：开卷）

困难的同时，无疑也在拉低出版单位的单品效益空间。

从 2013 年开始，实体书店渠道的新书品种数以每年 3 000 种左右的速度开始下降，到 2015 年回落到 19.7 万种。即使合并网店渠道数据，可以看到在 2014—2015 年，整体图书零售的年度新书品种数也是下降的。

2012 年之后开始出现的年度新书品种下降，其实是行业上、下游经营理性共同作用的结果。在市场品种供应不断加大而实体书店经营压力加剧的背景下，众多下游书店在 2012 年前后已经开始强化对于坪效的关注。在投入产出对比的考量思路下，"控制在架品种总量"、"压缩同类书版本"的做法开始普遍，这就使得单一卖场里的在架品种数开始下降，继而渠道整体动销品种数的快速增长也被抑制。另一方面，上游出版单位当中对于提高单书效益的呼声也越来越高，在粗放式增长和精细化增长的选择当中更多人倾向于后者，"有效品种出版"的要求成为带动行业增长方式转变的重要动因。

除了零售市场上的数据表现以外，由国家新闻出版广电总局公布的年度选题申报数据也验证了这一现象。版本图书馆发布数据显示，2015 年全年选题申报数比上一年度有所下降，这也预示着未来一段时间出版上市的新书品种数还将进一步收缩。总体来说，全行业的图书品种供应已经呈现明显的稳定化发展趋势，新书品种规模趋向于集约化发展已经成为必然。

2. 图书定价持续增长，"限折令"夭折推动新的"定价－折扣格局"

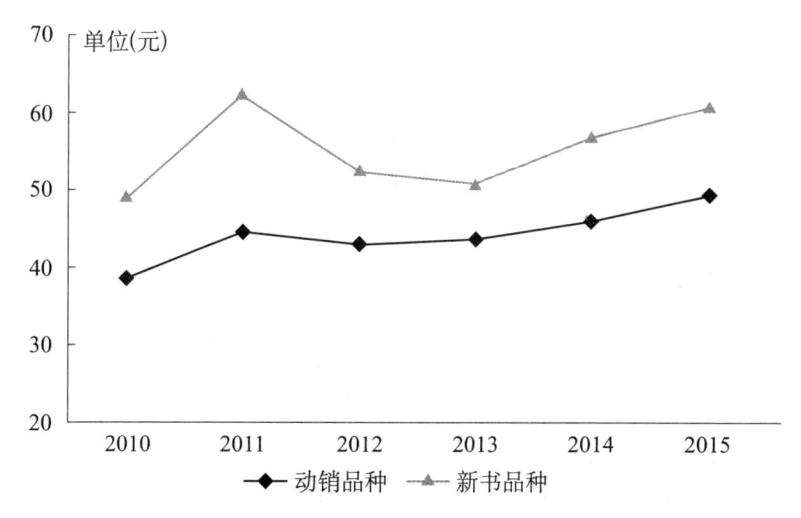

图3 2011—2015 年我国图书零售市场图书定价水平变化（数据来源：开卷）

2011—2015 年期间，我国图书市场上的在销图书平均价格不断增长，市场在销书单品种定价从 2010 年的 38.72 元逐步增长到了 2015 年的 49.39 元。而每年新上市的图书定价水平更高，可以看到每年新书平均定价比当年在销书高 7~10 元左右。到 2015 年，当年上市新书的单品种定价已经突破 60 元。

图书定价水平的上涨，固然有原材料价格上升、人力和物流成本提升等多方面的原因，但是更深层次的原因则是来自整个渠道变化所带来的行业平均折扣水平的变化。受网店渠道大幅打折促销吸引客流的影响，近五年来图书零售行业平均折扣已经明显降低，实体零售书店从"基本无折扣"逐步走向通过会员政策、促销活动等方式让折扣售书成为常态。而折扣不断降低的同时，提高图书定价似乎就成了上游出版商不得不为之的选择。

2010 年 1 月，由中国出版工作者协会、中国书刊发行业协会、中国新华书店协会制定的《图书公平交易规则》，在通过国家相关部门的审议后出台。这本是一份行业内公约，旨在规范图书发行渠道售价水平，以规范图书交易行为、打击"高定价低折扣"现象为基本目的，最终却因为业外读者和消费者保护机构的误解和抵制而被迫"夭折"。于是，在图书发行渠道快速多元化的过程中,图书销售折扣的随意性进一步加大,读者对书价理解也越发失真。而"限折令"夭折最终导致了"定价虚高"现象继续加强,带动了整个图书市场定价水平的快速增长。

(三)渠道结构发生变化,新的零售渠道格局正在形成

1. 网上书店规模快速增长,渠道影响力增强

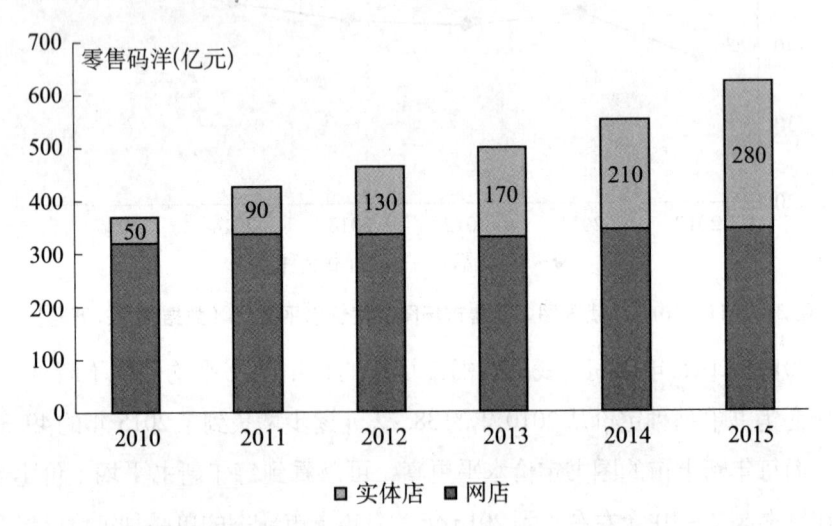

图4 2011—2015年我国图书零售市场"线上-线下"码洋规模变化(数据来源:开卷)

2010—2015年期间是我国图书零售渠道结构剧烈变化的重要阶段。伴随着互联网技术在线上零售业的深入应用以及整个电子商务产业的丰富和迭代,网上图书零售开始被越来越多的电商巨头所青睐,也催生了线上图书渠道的崛起和快速发展。

图书电子商务在中国的兴起源于2000年前后先后成立的当当网和卓越网,这两家网店分别于1999年11月和2000年5月上线,初期定位均为图书类垂直电商。2004年8月,卓越网被亚马逊收购,2010年12月,当当网在美国纳斯达克上市。应该说,直到2010年以前,我国国内的图书线上零售基本就是这两家的天下。但是,线上图书零售的参与者和整体竞争格局在2010年以后开启了巨大的变化。

这大致又可以分为三个阶段:

第一阶段(2010—2012年),自营电商布局图书,大力度价格战开启。

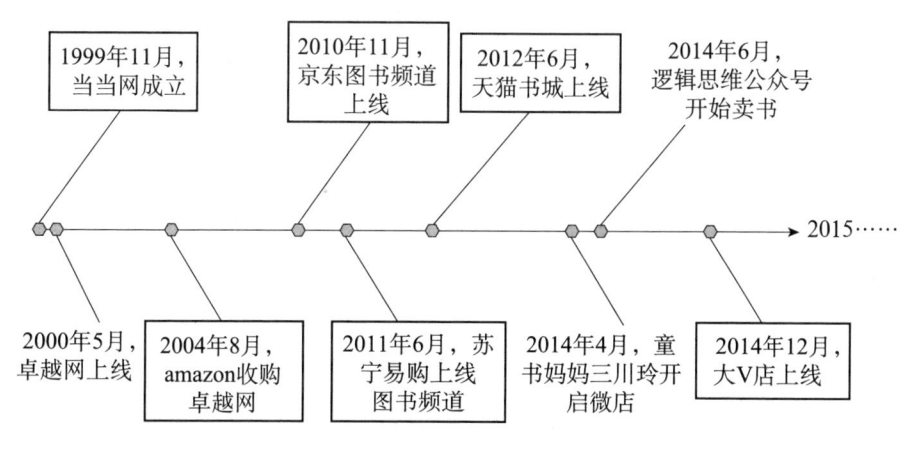

```
1999年11月,        2010年11月,        2012年6月,         2014年6月,
当当网成立         京东图书频道       天猫书城上线       逻辑思维公众号
                   上线                                  开始卖书
```

图5　2011—2015年我国线上图书零售发展大事记录

```
2000年5月,    2004年8月,        2011年6月,苏    2014年4月,童    2014年12月,
卓越网上线    amazon收购        宁易购上线      书妈妈三川玲开   大V店上线
              卓越网            图书频道        启微店
```

京东和苏宁易购先后加入国内图书自营电商阵营，与已经在该市场耕耘多年的当当网、亚马逊中国开启了旷日持久的价格战。这一时期是自营电商"群雄逐鹿、跑马圈地"的重要阶段，以图书品类为流量产品攫取用户和市场份额成为电商经营思想的主流，后进入者甚至喊出"五年不要利润"的主张。一时间，图书购买力向在线渠道迁移，由此也导致了实体书店渠道的销售增速放缓甚至出现下降；同时，全行业图书零售折扣也是从这一阶段开始彻底松动，上文提到的新书定价水平持续上升也和这一趋势有关。

第二阶段（2013—2014年），第三方平台模式开始发力。天猫书城于2012年上线，但是天猫官方真正加大图书品类的渗透和运营却是始于2014年初；而亚马逊中国、京东等自营电商也在2014年前后加大了对第三方平台业务的发展，吸引更多机构借助其第三方平台开展图书零售。或者这也是大规模价格战之后自营电商对图书这一"流量"商品经营模式的重新审视。

第三阶段（2014—2015年），图书内容电商兴起和基于社会化营销的线上图书零售模式出现。基于微博、微信等社会化媒体渠道的兴起以及自媒体影响力的不断加强，内容电商模式开始与图书结合起来。依托于微信公众号平台起家的自媒体大V"罗辑思维"和"童书妈妈三川玲"等，因为其高品质的内容分享获得了大量粉丝，而其内容推荐与图书产品在很大程度上就具备天然的关联。因此，公众号售书、团购一时兴旺，也构成了线上图书零售的新型渠道。再到后来，类似于"全民营销"的"大V店"

模式出现，在线图书零售得以与社会化媒体传播深度结合。

根据开卷数据研究，到 2015 年底，我国线上图书零售码洋规模突破 280 亿元，与实体书店渠道销售规模愈发接近。电商巨头再一次出现"三足鼎立"的局面，当当、天猫、京东成为目前的领先者，亚马逊中国在纸质书销售规模方面已经被天猫和京东超越，而且结构丰富、特色多样的在线图书零售渠道早已成为各家出版社发行工作中的重要组成部分；线上图书零售渠道在规模增长的同时，对行业的影响力和重要性也已经明显增强。

2. 线下零售一度出现负增长，升级创新成为重要话题

在 2008 年以后，我国实体书店图书零售渠道的增长速度基本回落到 5% 以内，2010 年和 2011 年分别实现了 1.38% 和 5.95% 的年度增长率。但是在随后的 2012 年和 2013 年连续两年出现该渠道图书零售规模的负增长，码洋规模分别下滑了 1.05% 和 1.39%。进入 2014 年和 2015 年以后，线下图书零售码洋规模恢复正向增长，连续两年的同比增长率达到 3.26% 和 0.30%。

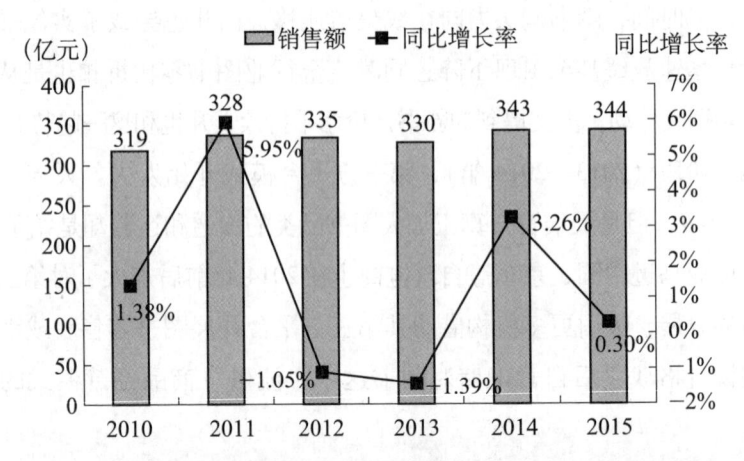

图 6　2011—2015 年我国实体书店图书零售码洋和增长率变化（数据来源：开卷）

实体书店渠道图书零售企稳回升，主要得益于在渠道格局调整的大背景下实体书店群体的经营策略调整。有的实体书店积极扩展线上零售，也有的实体书店通过或重装改造、或与商业地产合作的方式开出新型门店，实现了多元品类的丰富以及顾客体验的升级，为重新吸引客流和提升竞争优势奠定了基础。2014—2015 年的数据显示，实体书店的销售回暖并非只是表现在个别区域或者个别类型的书店，而是多种类型实体书店渠道的整

体销售提升。

在2013—2014年前后曾经出现过一轮实体书店升级热潮，南京新街口书店、武汉光谷书城、广州购书中心、深圳书城南山城等大型书城先后完成升级改造。2015年，"新华系"大书城的升级改造还在继续，北京图书大厦、济南泉城路书店、深圳书城罗湖城、山西图书大厦、青岛书城、重庆新华大渡口店等纷纷启动原有卖场的改装改造。事实上，在这一年新华书店系统内部的门市升级改造已经呈现出向更广泛城市、更基层门店延展的特征，这也是各省新华发行集团实施卖场普遍优化策略的表现。2015年前后，江西新华、浙江新华、广东新华、河北新华、黑龙江新华、安徽新华、山东新华、重庆新华、新华传媒、吉林新华、青岛市店、沈阳市店、大连市店等实体书店改造的步伐已经从省会城市大书城、中心门店，渐向各地级市、县中心书城的中小门店拓展。"结合自身特点、特色，因地制宜做好门店建设规划；注重颜值、品位、选品、互动"等成为此轮实体书店升级改造最显著的特点。在改造过程中，这些门店更加关注差异化定位和特色化经营，尤其是中小门店改造必须结合环境特点和当地需求，强调由"小而全"向"特而专"转型。在这种思路下，新华书店推动中小门店改造和新型门店试点，促成了一批新华系相关的特色型门店的诞生——哈尔滨"果戈里书店"、南京"不纸书店"、上海"新华一城书集"、青岛"明阅岛"等新开门店背后都代表了不同思路下的经营尝试。

在新华系统之外，实体书店的开店热情也同样高涨。一些地标型的民营书店动作频频，南京先锋书店、上海钟书阁、贵州西西弗、言几又不断开出新店；2015年11月，诚品和无印良品书店（MUJI BOOKS）先后在苏州和上海开出新店……与新华系主动改造自有物业的方式不同，民营书店新开店能够"遍地开花"大多与商业地产商的合作有关。商业地产项目看重的是图书商品对于客流的凝聚力，因此愿以低租金模式甚至是免费邀请一些知名实体书店入驻，为自己凝聚人气。而这些实体书店也乐于以自身的流量能力换取优惠的租金待遇，节省下来的费用可以用作更多的尝试和业务创新。这一阶段的所有尝试，都给零售行业和终端读者带来了新的气象。

3. 线上与线下图书零售渠道在竞争中融合

在线上与线下渠道发展的过程中，两者之间的关系早已从"竞争"走

向"融合"。除了实体书店主动开拓线上业务以外,"融合"还表现在另外两个方面:

第一,图书电商巨头从"卖商品"的自营业务模式向"卖流量"的平台业务模式进行扩展过程中频频向实体书店伸出橄榄枝,受邀在天猫、京东、当当、亚马逊中国平台上开设第三方店铺的大型书城已经不在少数。一方面,这是电商业务模式发展的需要;另一方面,优质实体书店的入驻也能够为电商平台在可供品种数量和偏远地区到货速度方面带来直接的效果提升。这种基于第三方平台的合作方式让实体书店和出版商与线上零售的关系发生了微妙的变化,实体书店不再视电商为敌,而是可以将其作为自身构建线上销售体系并吸引客流的平台;电商也不再忙于与实体店在销售分流方面逐利,而是带着构建新型渠道生态的目的让双方分别发挥各自优势。

第二,电商看好实体店铺的体验优势,网店"落地"开设实体书店的现象——2015年,亚马逊在美国开出第一家实体书店;而国内老牌图书电商当当网宣布要大规模开发实体书店,第一家店已经于2015年底在湖南长沙开业。

当然,在这场融合当中实体书店和网上书店最终的合作模式如何尚无定论,但是"融合"会一定带给整个行业更大的价值。

(四)少儿类图书增长速度突出,占零售市场份额不断扩大

目前,我国图书零售市场的整体销售结构比较稳定,教辅教材和社科类是规模最大的细分市场;同时,少儿、文学、科技和语言类也是市场上规模较大的细分板块。不过,在"十二五"期间,图书零售市场上各个细分类的发展速度呈现一定程度的差异。少儿类图书持续走强,各个年度同比增长率均明显高于整体市场水平。文学类也是增速突出的细分板块,除了因为畅销书主题波动在个别年份增速低于整体市场以外,也取得了突出的市场增长。另外,因为"课程减负"等教育政策的影响,更多教辅类图书销售从直销渠道转移到图书零售渠道,也带来教辅类图书在这几年市场当中的持续增长以及份额增加。

下图对比了线下图书零售2010—2015年之间少儿类和文学类与整体市

场的同比增长率差异。同时，在线上图书零售渠道当中，少儿类和文学类也是增长速度突出的重要类别。

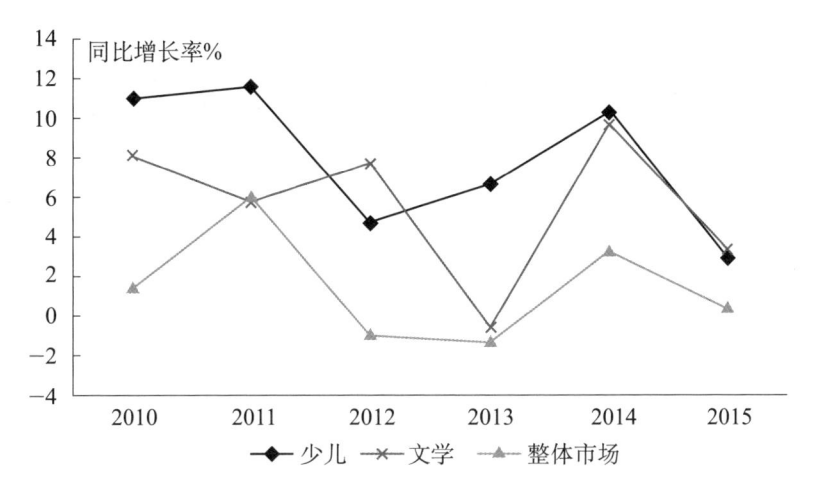

图7　2010—2015年线下渠道"少儿–文学–整体市场"年度增长率对比（数据来源：开卷）

从零售市场码洋结构的数据看来，少儿类图书在线下渠道的码洋比重2010—2015年期间从13.5%增长到18.17%；而文学类也从10.3%增长到12.1%。数据显示，教辅类图书在线下图书零售渠道的码洋比重在五年间也有扩大，社科类图书的码洋比重则出现了相对收缩。而科技类、语言类、生活休闲类在这五年间的增长速度并不突出，甚至出现了部分时期的负增长。

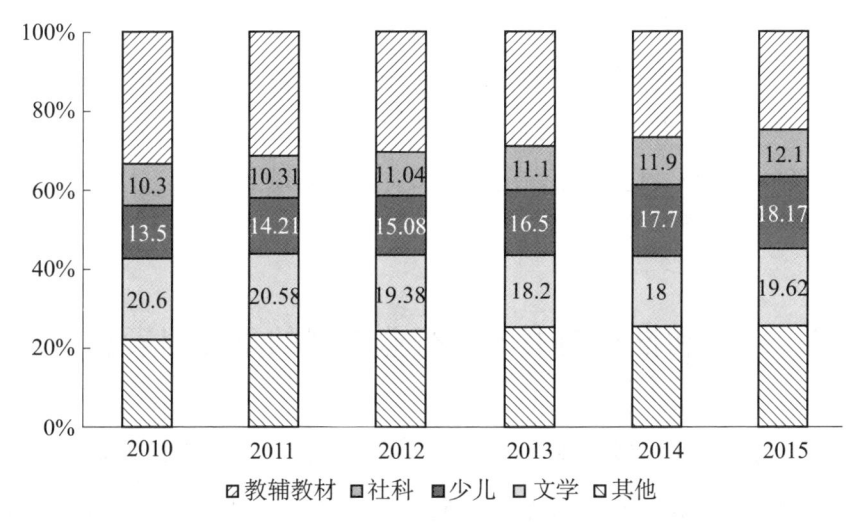

图8　2010—2015年线下渠道主要分类码洋比重对比（数据来源：开卷）

这也在一定程度上反映出这五年间的市场热点变化，而这些变化也在一定程度上影响了出版社市场竞争格局的调整。

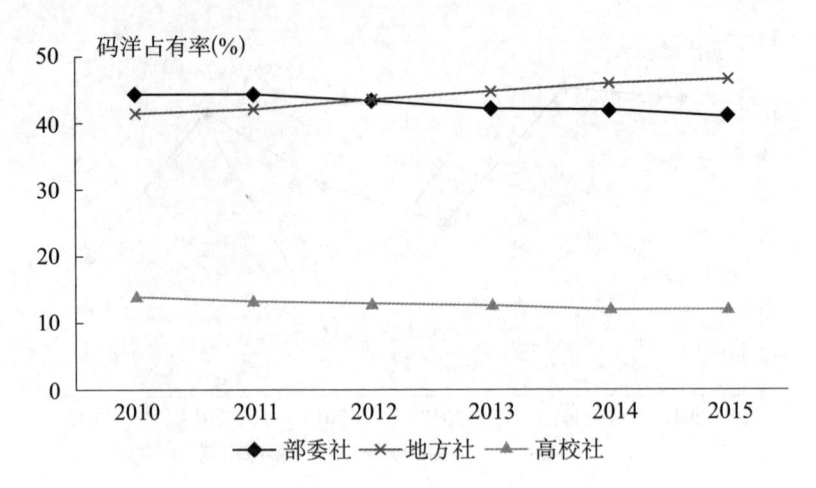

图9 2010—2015年线下渠道各类出版社市场份额演变（数据来源：开卷）

（五）地方出版社市场份额增加，中央部委社群体份额有所收缩

由于不同类型的出版社在出版方向上各有差别，比如各省地方社偏重文学、少儿、生活等大众出版类别，而部委专业社多侧重相关领域的专业出版类别，所以，在零售市场各个类别发展速度不均的背景之下，图书零售市场上的出版社码洋份额也呈现出不同的变化。

在2010—2015年期间，部委专业社在线下零售渠道当中所占的码洋份额有所下降，高校出版社的码洋份额也出现了小幅收缩，而地方出版社的码洋份额则出现了明显的提升。截至2015年，地方出版社的码洋占有率合计已经接近50%，比五年之前上升了5个百分点以上。

二、影响和推动图书出版行业发展的重要因素和事件

（一）出版社转企改制完成，集团化与资本化进程加快

2010年，部委出版社的转企改制整体完成，至此除了个别特殊类型的出版单位以外，绝大多数出版机构已经转为企业化运营，这为更广范围的

集团化整合以及更多类型的资本化运作奠定了体制基础。

2010年年初，原国家新闻出版总署发布《关于进一步推动新闻出版产业发展的指导意见》就明确表示，"鼓励条件成熟的新闻出版企业上市融资，利用资本市场做大做强"，也成了各出版传媒集团规模发展的重要依托。仅在2010—2011年，中南传媒、凤凰传媒、中原出版传媒先后上市；中国教育出版传媒集团、中国科技出版传媒集团成立，上海世纪出版集团、上海文艺出版集团完成重组。2014—2015年，青岛出版集团和读者出版传媒股份有限公司在上交所主板上市，北京中文在线在深交所创业板正式挂牌，北京昊福文化传播股份有限公司（广西师范大学出版社集团成员企业）、北教文化传媒股份有限公司（北京出版集团旗下）、中信出版集团先后在"新三板"上市。截至2016年第一季度末，沪深两市共有出版传媒类上市公司14家，而新三板也已经成为文化传媒企业完成融资和资产增值的重要通道。

有了资本手段的支撑，紧跟大众阅读、少儿出版、在线教育等快速发展的市场机会，近几年来有多家出版社也开启了集团化动作，这一点在少儿出版以及教育领域表现最为突出。2013年长江少儿出版集团成立、中信出版社发展成为中信出版集团，2014年二十一世纪出版社集团挂牌，2015年时代少儿文化发展有限公司成立……这些出版社向集团发展的转化，为优势内容进行全版权运营以及跨产业发展创造了更大的可能。

诚然，我国出版企业完成整体转企改制之后，在投融资方面的运用能力已经有较快成长，既有吸纳业外投资的动作，也有通过企业债方式的融资尝试，还有通过成立或参股投资基金等形式用资本手段整合产业资源、拓展经营业态的种种创新。总体说来，在转企改制整体完成之后的这些年当中，我国图书出版行业资本运作能力已有系统化提升。

（二）政府管理机构变化，大部委政策带动大传媒产业发展

2013年，原国家新闻出版总署和原国家广播电影电视总局整合组建国家新闻出版广电总局，其管辖对象囊括所有传统主流传媒业，并涉及部分互联网业务，实现了全媒体覆盖。2014年，各省新闻出版广电局相继成

立,进一步推进整个传媒行业的一体化发展。这一调整变化,在行业管理层面实现了对新闻出版、广播影视资源的统筹管理。由此,文化产业内部的壁垒被打破,从出版物到影视产品以及新媒体形式产品的链条更加通畅。对图书出版业来说,依托好的内容策划与编辑,在做好图书产品主业的同时,将会在文化产业大发展的"大传媒"时代获取更多的可能性。

在新闻出版和广播影视两大产业融合发展的大背景下,越来越多的图书出版发行机构更加重视基于泛文化产品的多种合作形式,出版机构与广电机构互抛橄榄枝的动作愈加频繁,合资电视台、投资运营电视节目、开发电视频道、延伸电影产业链,出版广电企业深入融合,全产业链发展的通路逐渐打开。在2013年,有公开报道达成跨媒体深度合作的案例就多达数家:二十一世纪出版社与上海美术电影制片厂签订了战略合作协议;长江出版传媒股份有限公司与盛天文化传媒签署战略合作协议;中南传媒与湖南教育电视台合资建立"湖南教育电视传媒有限公司";中国教育出版传媒集团与中国教育电视台签署战略合作协议等。

此后,出版企业由内容提供商向内容服务提供商转型成为潮流,出版业已经沿相关内容产业链延伸至广阔的实体经济领域,开始实现跨界发展。

(三) 新的主管机构动作频频,行业政策护航产业发展

在2010—2015年之间,行业主管部门在深化文化体制改革、推进全民阅读、著作权保护、扶持实体书店、加快数字出版产业发展等方面不断加强政策引导。尤其是国家新闻出版广电总局成立以后,陆续取消和下放一批审批职能,并在加强著作权保护管理、公共服务等领域新增和加强了职能,为出版产业的整体发展提供了更加宽松的环境。

1. 著作权法修改草案启动,国内版权保护环境完善

2012年,国家版权局公开《中华人民共和国著作权法》(修改草案)文本并向社会征求意见;2013年,国务院审议通过《中华人民共和国著作权实施条例》;同年,国家版权局公布了《使用文字作品支付报酬办法》修订征求意见稿并于当年底联合国家发改委正式颁布《教科书法定许可使

用作品支付报酬办法》。

行业主管部门就著作权保护的政策推动,使得包括图书在内的各种内容型产品著作权人权益保障真正做到"有法可依",这无疑将对未来图书出版行业乃至整个文化产品的整体发展提供重要保障。

2. 全民阅读工作不断推进,各地阅读活动成果斐然

2006 年,中宣部、原新闻出版总署等 11 个部门发出《关于开展全民阅读活动的倡议书》并联合成立全民阅读组织协调办公室。此后,全民阅读活动开始了从活动到战略、从理念到实践的积累。到 2011 年,"全民阅读工程"同时列入《新闻出版业"十二五"时期发展规划》和原新闻出版总署的重点工程。2012 年,党的十八大报告明确提出"开展全民阅读活动"。2013 年,全民阅读立法工作正式纳入国务院立法工作计划。2014—2015 年,"倡导全民阅读"被连续两年写入国务院政府工作报告。

在从"开展全民阅读活动"到"推进全民阅读工作"的过程中,各地形式多样的阅读活动不断推开,读者得到了有效的服务和真正的实惠。

3. 实体书店生存受关注,相应扶持政策不断深化

在读者购买习惯变化以及网店渠道的销售分流影响下,从 2011 年开始,实体书店的生存状态引起社会广泛关注。2012 年,多位代表委员将扶持实体书店作为"两会"议案或建议提交上会;正是在 2012 年,杭州、上海等地出台了针对民营地面书店的扶持政策并由财政部门安排民营书店专项扶持资金。2013 年,行业主管部门先后出台实体书店扶持资金试点和税收减免两大政策,为实体书店的经营发展提振信心。2013 年底,国家财政部发布《关于延续宣传文化增值税和营业税优惠政策的通知》,宣告自 2013 年 1 月 1 日起至 2017 年 12 月 31 日,免征图书批发、零售环节增值税。2014 年,财政部下达 2014 年度文化产业发展专项资金 50 亿元,实体书店扶持发展被作为专项资金使用的重要方向。2014 年,扶持试点从此前的 12 个城市扩大到 12 个省市,2015 年又进一步扩至 16 个省市。

上述多项政策的实施以及实体书店扶持力度的持续加大,对行业上下游,尤其是传统地面书店的发展都属重大利好。在书业零售格局重构、实体书店经营模式升级的过程当中,来自政策层面的信心鼓励以及切实的资金扶持,将带动一批实体书店尽快完成转型升级,并且可以面向新的阅读

发展趋势和读者需求开展服务。

截至 2015 年，国内一批大型书城完成转型升级并带动了一轮新的书店"开店潮"，各地基于书店业务的文化 Mall 建设也在继续，不同类型的特色书店和特色服务也开始崭露头角。南京新街口书店、广州购书中心等多家知名大型书城在 2014 年前后启动重装升级，后以"城市文化中心"、"多元文化特色"的面貌重张开业；南京先锋、言几又、西西弗、方所、钟书阁等新型书店立足特色定位，不断拓展新的门店；北京三联韬奋图书中心等多家书店试水 24 小时营业，"24 小时书店"现象一时之间获得社会各界广泛关注……

4. 教辅新政出台，教辅领域洗牌或将开始

2012 年，教育部、新闻出版总署、国家发改委、国务院联合下发了《关于加强中小学教辅材料使用管理工作的通知》和《关于加强中小学教辅材料价格监管的通知》，明确了规范中小学教辅材料使用的具体要求。具体包括：单学科教辅推荐数量被限制在一种，各地市相关单位可为学生提供无偿代购服务；从 2012 年秋季学期开始，对中小学生使用的主要教辅材料实行政府指导价管理，大幅降低价格标准。

两个《通知》的出台，意味着中小学教辅材料必须由新闻出版行政部门批准的发行企业发行，更需获得教材出版社的授权，教辅图书也只有进入各省的推荐目录才能进行系统销售。总的来说，这使得教辅市场的整体规模，教辅企业的利润空间将出现下降。这无论是对有大量教辅经营的新华书店，还是对于将教辅作为核心业务的民营书企业来说，都代表了重大的变化。

5. 数字阅读关注度再提升，群雄逐鹿热闹非凡

2013 年，国务院发布《关于促进信息消费扩大内需的若干意见》，提出大力发展数字出版、互动新媒体、移动多媒体等新兴文化产业。这为图书出版业乃至整个传媒行业创造了更加广泛的需求可能。2014 年，国务院发布《关于推进文化创意和设计服务与相关产业融合发展的若干意见》，专门强调"加快数字内容产业发展"；2014 年 4 月，国家新闻出版广电总局、财政部联合印发《关于推动新闻出版业数字化转型升级的指导意见》。

国家相关部门在政策层面的不断明确，无疑将推动新闻出版行业的数

字化基础不断强化。事实上，在互联网趋势和信息传播特点的不断影响下，全行业对内容数字化的投入都在加大——上游出版商的投入力度也在加强，大型互联网公司和大型图书电商对电子书销售的布局也在不断扩展。应该说，目前国内电子书业务发展的趋势已经非常明朗，技术上的障碍也已逐渐降低，这也是2010—2015年五年间电子书销售规模快速发展的重要支撑。这一领域在2014年前后，也发生了很多标志性事件：一方面，大型出版集团纷纷和电子书平台建立深度合作；另一方面，BAT等大型互联网公司也纷纷开启了对电子书阅读市场的布局。2014—2015年间，百度、腾讯、阿里纷纷加大在网络文学阅读和电子书阅读平台方面的投入，并与各自原有核心产品优势再结合；与此同时，当当、京东、亚马逊等图书电商群体作为数字阅读的分发平台也有新的动作。掌阅、多看等独立电子书阅读平台也在加大业务投放力度。

总体说来，政策层面的利好，各类机构的大力投入，带动国内电子书市场出现了群雄参与、竞争激烈的局面。

（四）图书营销渠道变化，营销和销售方式不断创新

近年来，互联网技术飞速发展，基于互联网和移动终端的广泛应用正在深入改变着人们的生活，也已经深刻影响到了图书出版行业链条上的多个业务环节。尤其是新的社交渠道和社会化媒体的深入发展，为社会化网络营销和基于大数据的产品策划创造了全新的可能。

在社会化媒体兴起之初，书业对其直接应用非常有限，但是到2012年前后，各类畅销书的宣传营销过程中，微博已经成为了必不可少的通路之一，甚至在很多产品宣传上的影响力已经超过了传统纸质媒体。随后，微信兴起，"两微一端"开始成为出版机构进行品牌营销和产品营销、零售书店与读者进行互动的重要通道。时至今日，出版机构利用微博、微信进行新书宣传、活动预热、扩大活动影响力的做法早已屡见不鲜；网络海报、宣传片、定制视频也成为众多出版机构进行图书宣传的组合工具。

而伴随着线上支付方式的成熟，到2014年前后又有新的现象出现。"微信售书"、"众筹出版"的方式似乎在改变着图书的销售方式和供求关

系，营销和销售的过程合二为一。尽管目前在这一领域的尝试总体品种规模还不是很大，很多时候其宣传意义甚至大于实际销售意义，但是，我们确实可以看到，新的社会化媒体传播对于图书营销的影响已经越来越广泛和深入。

（五）走出去步伐加快，国际大奖频落国内作家

伴随着中国新闻出版行业"走出去"的步伐加快，我国图书出版发行行业的国际参与度也越来越高，从国内出版业组团参加国际大型书展，到国内出版机构、作者频频获得国外重大奖项，中国出版也赢得了更多国际同行的关注和认可。2012年，中国作家莫言被授予诺贝尔文学奖；2015年，中国科幻文学作家刘慈欣的《三体》获得雨果奖。同样是在2015年，二十一世纪出版社在博洛尼亚童书展获"世界年度最佳童书出版社"大奖；中国出版集团在伦敦书展斩获分量最高的国际出版卓越奖主席大奖。

与此同时，书业企业的经营视角也不断扩展到海外，跨国合作、国外开设分支机构以及并购国外出版社的做法也越来越多，而且近期海外扩展的出版单位主体更加丰富，基于图书出版和版权合作的业务型整合合作增多，既有大型出版集团，也有特色化经营的出版社和图书策划公司。海外投资经营主体的丰富和类型下沉，也代表着我国出版企业国际化市场能力进一步加强。

三、未来一段时间图书出版业发展趋势展望

（一）图书零售渠道的演化还在进行中，线上线下融合是趋势

科技、媒体变化趋势深刻影响着消费者的购买习惯和购买行为，线上图书零售的崛起、图书营销方式的创新无不说明了这一点。目前，无论是网上书店还是实体书店，都在思考和布局线上与线下结合的O2O消费趋势。实体经济拥有现场体验的不可替代性，在打通了可网络传播的信息通道以后，实体零售店将会焕发出更大的生机和活力。而对于在线零售平台

来说，除了"人机对话"以外，也已经开始探寻"当面服务"的温度。至于社群营销和社会化分销，在2015年初成规模之后，也还在进一步的发展尝试当中。

其实，由于读者购买需求的个性化，购买行为的发生已经与购买场景结合起来，未来无论是在线上还是线下开展业务，都会更加强调在商品组合和服务设置方面更加细致并贴近读者需求。网络书店的扩张速度已经放缓，"以折扣争夺流量"的做法也逐渐为"服务致胜"所取代，网络渠道本身也已经成为电商平台、出版社、书店与读者之间整体供应链锻造的一种工具和可选择项。

（二）内容产品仍是核心，版权保护护航书业可持续发展

抛开纸质图书还是电子图书的考量，除却图书单一产品还是图书与多媒体产品互动的设计，内容无疑还是图书出版业发展的核心。通过策划开发出好的内容和好的图书产品，才能够获取市场认可以及实现向更多文化产品和媒体形式进行转化和合作的可能。因此，无论市场和行业发展到任何阶段，内容产品本身仍旧是图书出版业的重中之重。

而围绕内容建设的可持续性，充分保障作者和版权相关人的利益也将是未来图书出版业良性发展的关键。伴随着著作权法相关条款的完善，全行业版权保护操作更加有法可依。当然，目前的市场环境在版权保护方面还存在着这样和那样的问题，因此，真正在全社会范围内充分践行著作权人的权益保护，也还有相对漫长的路线要走。

（三）媒体融合与新技术发展带动图书出版行业整体升级

科技发展会直接作用于一个行业的产业链条，同时，还会通过影响消费者而间接作用于行业所面对的价值链条。近些年来，新媒体形式发展对图书出版发行行业产生了很大的影响。

时至今日，图书阅读已经不仅仅是"读文"还是"读图"、"纸质书"和"电子书"的选择，各种可以通过多元载体形式进行发送和传播的内容展现形式都已经开始出现。由此，信息阅读与知识使用的功能性更加突

出，使用场景也更加丰富。对上游出版者来说，对内容需求的满足应该是一个基于功能实现的集合，在形式上一定不会局限于单一的类型，图书、影视广播、创意产品与其他文化产品背后的价值都是共通的。阅读需求的满足可以由纸质图书、数字内容等多种形式来实现，而对于某一类图书的阅读需求将可能代表着一系列关联产品的潜在需求。

如何从消费者和目标顾客出发满足其功能需求，而不是围绕着销售本版产品的具体形式来组织经营，将可能成为未来图书出版发行企业需要广泛思考的话题。借助科学技术的发展和媒体形式的丰富与融合，图书出版行业将迎来新一轮的升级发展。在此过程当中，各类型出版社及书店都将产生一些新的变化。

（四）借助更多市场化和资本手段，出版机构经营运作模式拓宽

目前，出版企业由内容提供商向内容服务提供商转型已经成为潮流，出版业已经可以沿着相关内容产业链延伸至广阔的实体经济领域，开始实现跨界发展，在此过程中与多种类型企业的业务合作以及资本合作现象也越来越多。"十二五"期间，由出版机构推动的各种投资行为和异业资本合作已经越来越多。

在此过程中，出版发行企业的集团化、产业化、国际化等更多运作方式将进一步加强，这对于广大图书出版发行企业来说既是重大机遇，也意味着面临更大的挑战，将会有一批有眼光、有思路、有能力的出版机构通过明晰市场定位、优化业务布局占据新的有利地位，而后知后觉者将可能被市场淘汰，这也可能推动未来内容出版的产业竞争格局发生更大的变化。

（五）行业变革不断升级，政策层面保驾护航依旧非常重要

2010—2015年期间，来自行业主管机构的各类调整推动和政策引导密集而频繁。事实上，在图书出版发行行业不断深化体制改革的过程中，来自业务层面的升级改造一定会遇到更多新的情况和新的问题。因此，根据行业发展需要，及时进行政策引导层面的保驾护航会更加重要。

2016年是各行业"十三五"规划实施的开始，行业规划当中的重点项目发展、传统出版业务与新兴互联网工具融合、行业政策的实施以及文化产业发展专项资金的后续规模与投向都会对整个图书出版发行行业的发展产生重大影响。未来，新闻出版发行行业的下一个五年计划也将指导整个图书出版发行行业开启新的征程。

特别说明：除特殊说明外，本文所涉及到零售市场数据均来源于北京开卷信息技术有限公司自1998年建立的"全国图书零售观测系统"。

（杨伟　北京开卷信息技术有限公司）

第二节 "十二五"期间中国期刊出版业发展报告

回顾"十二五",我国期刊业在国家顶层设计、宏观布局下,在期刊管理、期刊改革、期刊产业、期刊上市、期刊评价、期刊数字化等方面都取得了新的进展和成绩。

一、期刊管理:加强顶层设计,加大规范力度

(一)相关管理机构、行业协会和科研院所对期刊业发展进行顶层设计和总体布局[①]

"十二五"期间,国家新闻出版广电总局、教育部、中国科协、中科院等机构通过重大工程项目、奖项设置、资助项目、精品工程、博览会等形式带动期刊业发展。

国家新闻出版广电总局(以下简称"总局")通过制定《新闻出版业"十二五"发展规划》,对期刊业的发展进行总体布局。规划中,"国家重点学术期刊建设工程""国家学术论文数字发布平台""国家数字复合出版系统工程"都对期刊业的发展进行了顶层设计。"十二五"期间,总局还通过"中国出版政府奖·期刊奖"和"百强科技期刊"等奖项的设置,对期刊业发展进行评奖激励。此外,"十二五"期间,总局还牵头主办了期刊交易博览会,2013—2015 年的 3 年间,"刊博会"组织了几十场有关"创新传播,融合发展"的专业论坛,为期刊界搭建了一个崭新的交流平台。

"十二五"期间,教育部通过第 4 届、第 5 届"中国高校精品·优

[①] 颜帅,付国乐,张昕. 往者不可谏,来者犹可追——中国科技期刊"十二五"回顾与"十三五"展望[J]. 科技与出版,2016(1):27-38.

秀·特色科技期刊奖"评选活动，遴选出一批中国高校精品、优秀、特色科技期刊，从而带动了高校学报群体的发展。

中国科学技术协会（以下简称"科协"）的宏观布局体现在精品科技期刊的打造上，科协"十二五"规划（2011—2015）把打造精品科技期刊作为促进学术交流繁荣发展的主要部分。打造精品科技期刊具体化为：提高科技期刊论文质量、加大"精品科技期刊工程"实施力度、推进科技期刊国际化进程、推进科技期刊数字化平台建设、加强科技期刊发展能力建设。

此外，作为聚集了多种一流、权威科技期刊的中国科学院，在"十二五"期间积极参加6部委推出的"国际影响力提升计划"；推动中科院"知识服务平台建设方案"研究制定工作；修订完善并出台中科院科学出版基金专项择优支持办法和科技期刊增刊备案管理细则；继续组织实施《中国科学》杂志社、OA期刊平台等改革试点工作；实施期刊出版领域引进优秀人才计划等。

（二）新闻出版行政管理部门从政策和制度层面，对期刊数字化转型指明了方向，并树立了标杆

"十二五"期间，在数字化浪潮的冲击下，国家行政主管部门顺应时代发展要求，为期刊业的数字化转型和逆袭提供政策和制度保障。原国家新闻出版总署于2011年公布的《新闻出版业"十二五"规划》中所确定的七大任务之一便是"顺应数字化、信息化、网络化趋势，推进新闻出版业转型和升级"，据此明确了"十二五"时期新闻出版业发展的总体目标之一是，到"十二五"期末，新闻出版业发展方式转变基本到位，新兴业态蓬勃发展，数字出版等战略性新兴产业领域的发展达到世界先进水平。此外，针对学术期刊数字化转型，《新闻出版业"十二五"规划》中也给出了明确的方向：建立"国家学术论文数字化发布平台"，并将其作为新闻出版四大精品生产工程之一，该工程主要内容包括：建立覆盖主要学科领域的数字学术期刊，打造基于"云计算"技术的学术论文发布平台，建立多学术期刊单位的在线投稿、同行评议、出版与发布系统，鼓励传统学

术期刊与数字学术期刊互动，推动学术期刊出版数字化转型，带动原创学术文献数字出版的产业化、规范化、规模化发展。

为加快传统出版业向数字出版升级转型的步伐，促进数字出版产业快速发展，2012年11月，原国家新闻出版总署下发了《关于开展传统出版单位转型示范工作的通知》，决定在全行业确定一批在数字出版业务领域起步较早、思路清晰、成效明显的传统出版单位为"数字出版转型示范单位"。2013年公布了首批转型示范单位，共计70家，北京卓众出版有限公司、青年文摘杂志社、人民论坛杂志社、中华医学杂志社有限责任公司、中国激光杂志社、中国国家地理杂志社等20家期刊出版单位入围。2015年又公布了第二批转型示范单位，包括读者出版传媒股份有限公司、河北教育报刊社、销售与市场杂志社等29家期刊社，为期刊业数字化转型树立了标杆，起到了积极的示范作用。

（三）规范行业秩序力度加强，整治非法出版取得成效

行业秩序是否规范决定了该行业是否能有一个公平竞争的环境，它也是该行业能否实现科学发展、可持续发展的关键因素。"十二五"期间，行政管理部门针对期刊市场存在的影响行业秩序的问题集中整治，发布和修订了一系列相关法律规章，进一步加大了对行业秩序的规范力度。

一是整治非法和违规期刊，打击扰乱期刊市场的行为。全国"扫黄打非"办公室组织开展了"秋风行动"，对"假媒体、假记者、假记者站"进行严厉打击。此外，国家新闻出版广电总局还组织开展了报刊市场专项检查和清理工作。

二是开展学术期刊资质认定，规范学术期刊出版秩序。《关于规范学术期刊出版秩序，促进学术期刊繁荣发展的通知》明确提出开展学术期刊资质认定和清理工作；之后，又印发了《关于开展学术期刊认定及清理工作的通知》，组织专家开展学术期刊认定工作。国家新闻出版广电总局有关负责人表示，此项工作的开展为实施期刊分类管理和开展学术期刊质量评估奠定了基础，为规范期刊出版秩序创造了良好条件，有利于推动学术

期刊发展长效机制的建立。

二、期刊改革：以非时政类期刊转企改制为突破重点①

"十二五"期间，也是我国新闻出版体制改革进入攻克非时政类报刊出版单位体制改革这一堡垒的关键时刻，这是一场比图书出版单位体制改革涉及面更广，影响更大、更强的改革。

2011年5月，《中共中央、国务院办公厅关于深化非时政类报刊出版单位体制改革的意见》出台，根据非时政类报刊的不同性质和功能，分期分批进行转制。省级、副省级和省会城市党委机关报刊所属的非时政类报刊出版单位，文化、艺术、生活、科普等非时政类报刊出版单位，专业技术性较强的行业性报刊出版单位，隶属于法人企业的报刊出版单位，要先行转制。2011年7月21日，原新闻出版总署署长柳斌杰在全国新闻出版局长座谈会上表示，新闻出版体制改革已进入深水区，推进非时政类报刊出版单位体制改革，是2011年新闻出版体制改革的核心工作，并明确提出在2012年9月底前全面完成转企改制任务。为保证转制工作顺利进行，2011年8月，非时政类报刊出版单位体制改革工作联席会议办公室制定出台了《中央各部门各单位非时政类报刊出版单位转制工作基本规程》，供中央各部门单位非时政类报刊出版单位转制工作参考。

几年来，在转企改制过程中，涌现出了读者出版集团、知音传媒集团、卓众出版、中科期刊等一批转企改制的标杆单位，并在重点领域和环节取得突破：实现了产权明晰下的所有权与经营权的分离；初步建立了党委领导和法人治理结构相结合的领导体制；逐步建立健全了经营管理制度体系，夯实企业经营管理基础；促进了资源整合和生产集约化、规模化水

---

① 杨春兰，黄逸秋. 难中求进，坚韧攻关——非时政类报刊转企改制阶段性成果综述[J]. 传媒，2011（11）：11-14.

平的提升；促进了产业结构调整和转型升级；积极探索股份制改造和上市。

三、期刊产业：纸质期刊下滑、停刊成为常态；期刊集群初具规模

（一）纸质期刊的种数在逐年增加，但平均期印数和总印数都呈下滑趋势

根据《中国新闻出版统计资料汇编》的数据显示，一方面，2011—2015年，我国期刊种数在逐年增加，从2011年的9 849种到2015年的10 014种，5年间期刊种数增加了165种，平均每年增加33种。另一方面，期刊印数却呈下滑趋势，5年间平均期印数从16 880万册下降为14 628.25万册，平均每年下降约450万册；总印数从32.85亿册下降为28.78亿册，平均每年下降约0.8亿册。具体数据见表1。

表1 2011—2015年我国期刊种数和印数变化情况

年份	期刊种数	平均期印数（万册）	总印数（亿册）
2011	9 849	16 880	32.85
2012	9 867	16 767	33.48
2013	9 877	16 453	32.72
2014	9 966	15 661	30.95
2015	10 014	14 628.25	28.78

数据来源：新闻出版统计资料汇编

期刊种数增加，而平均期印数和总印数都呈下滑趋势，这在一定程度上，反映出纸质期刊发行量的下滑。但纸质期刊发行量的下滑，并不代表期刊所传播内容的影响力在下降。一方面，以知网、万方等为代表的期刊数据库大大增加了纸质期刊内容的传播力，据相关数据，仅万方医学网一天就有几百万的点击率；另一方面，以超星为代表的"域出版"平台，通过平台化传播重构学术期刊传播模式，为我们勾画了移动互联网时代学术期刊实现逆袭和反超的新机会。因此，虽然纸质期刊发行量在下滑，但借

助新的传播媒介和传播手段,期刊的内容传播力却在一定程度上得到了提升。

(二)"停刊""暂时休刊""停发印刷版"成为市场化期刊的高频词汇

"十二五"期间,市场化期刊的频频停刊,让业界愈益感受到"纸刊冬天"的来临。据原新闻出版总署官方网站所公布的数据,仅2013年一年,就有43种期刊由于各种原因被总署注销刊号,其中一个重要原因是期刊中止出版活动超过180天,违反了《出版管理条例》的规定。这从一个侧面反映出,越来越多的期刊由于市场萎缩、持续亏损等问题,难以为继,不得已中止出版活动。《钱经》《好运MONEY+》《飞·奇幻世界》《天南》《动感驾驭》《数字通讯》《Oggi今日风采》《yes!》《电脑乐园游戏攻略》《大众软件》《家用电脑与游戏》《时尚生活》《轻音乐》等市场化刊物先后停刊,或者停止了纸质期刊的出版,改出数字化内容。此外,还有一些发不出工资和稿费的"僵尸纸媒"更是不胜枚举。在新媒体的冲击下,在生与死的较量中,唯有市场能够决定去留,唯有用户能够决定市场。

(三)期刊集群化建设初具规模、初显效益,并形成了科技、学术期刊集群化建设的四种模式①

伴随着激烈的市场竞争和国际竞争,单刊的力量往往难以形成规模优势,"抱团取暖"是市场竞争的需要,更是期刊业自身发展的需要。"十二五"期间,我国期刊尤其是学术、科技期刊在集群化建设方面逐渐成型,涌现出了不同类型、不同集群模式的期刊群,并获得了一定的社会效益和经济效益。

笔者曾专门撰文对我国学术、科技期刊的集群化建设的四种模式进行归纳分析:

---

① 杨春兰. 我国学术、科技期刊集群化建设研究[J]. 中国编辑,2016(4):43-48.

一是以出版单位为依托的期刊集群模式。如社科文献出版社和北京中科期刊出版有限公司（以下简称"中科期刊"）。前者对70余种社科院院属期刊进行集中统一运营，以便提升质量、降低成本、扩大发行、改进服务、提高效益。后者汇聚了270多种科技期刊，形成了以生命科学、技术科学和地球科学等为核心的科技期刊学科集群。此外，清华大学出版社期刊中心的期刊群也主要是以出版单位为依托。

二是以管理为依托的期刊集群模式，即在同一主管单位下，聚集多种学术、科技期刊进而形成刊群的集约化发展模式。这方面的典型代表是中国科协科技期刊群和中科院院属期刊群。

三是以专业内容为依托的期刊集群模式，又被称为"学科刊群"模式，它是以某一学科内容为依托，将同一学科内容的期刊聚集起来，发挥刊群的合力。这方面以"中华医学会期刊群""上海生命科学学术期刊群"为代表。

四是以网络平台为依托的期刊集群模式。指的是以相同专业为导向建立的跨主管、主办、地域的数字出版平台。这一类型的集群模式以"中国光学期刊网""地球与环境科学信息网""中国科技论文在线""中科院科技期刊开放获取平台"等为代表。

四、期刊上市：读者传媒成期刊上市第一股

（一）知音传媒上市因质疑遭搁浅

2012年年初，知音集团在具备各方面条件后，向有关方面提出了申请，准备上市。此事件成为当年媒体关注的焦点之一，不少媒体发表文章，对此表示质疑。其质疑主要集中于集团的主刊《知音》被指"缺乏道德底线、内容灰色低俗、公信力充满危机"等方面。知音传媒上市也由此搁浅。据专业人士分析，从此前国内媒体上市经验来看，知音集团的广告、发行业务已经符合上市标准。知音传媒上市所遭遇的一波三折终被搁

浅,最主要的阻力仍然是体制方面的问题没有解决。

(二)读者传媒成期刊上市第一股

2014年4月,以《读者》杂志为核心的读者传媒,出现在证监会IPO预披露企业名单之中。消息一经公布,瞬间便引发了各大媒体以及业内人士的热议。2015年6月3日,读者传媒的首付申请获得通过。6月24日,读者出版传媒股份有限公司获准上交所上市,被誉为"国内期刊第一股"。

上市后的读者传媒,虽手握资金,但转型之路依旧艰难,在数字化浪潮的冲击下,读者传媒也进行了种种探索和尝试。2011年,《读者》首款苹果APP上线;2012年,读者传媒开通阿里巴巴官方店铺,尝试进行网络销售;2012—2013年,读者传媒又斥巨资涉足影视制作,但都收益平平,甚至血本无归;2012—2015年,读者传媒紧跟移动互联网的脚步,推出手机、平板电脑等产品,依旧反响平平。①

此外,值得关注的还有,2015年6月30日,湖北特别关注传媒股份有限公司在全国中小企业股份转让系统(新三板)挂牌,标志着华文期刊第一股登陆新三板。

五、期刊(论文)评价:探索纸网互动的小同行评议模式②

以文献计量学三大经典理论"文献聚散定律""引文集中定律"和"文献老化指数和引文峰值理论"共同构成理论基础的核心期刊评价,在学术界和社会上影响最为广泛深远。这种以"影响因子"为核心的评价体系,其评价的对象是以"刊"为位,其反映的实质是整本刊物的影响力,这种评价体系的缺点和不足显而易见:第一,它难以反映刊物的真正的学

---

① 激荡30年,做成期刊上市第一股,读者还是找不到传统杂志出路[EB/OL].[2017-04-13]. http://news.xinhuanet.com/zgjx/201509/06/c_134593408.htm.
② 范军:《2015—2016中国出版业发展报告》[M],中国书籍出版社,2016:43-45.

术水平，充其量只是它的影响力而已；第二，对于学术期刊核心组成部分——学术文章的评价没有涉及。

一直以来，不少机构都在努力改变这种现状，中国人民大学书报资料中心已连续发布十几年的"人文社科学术期刊与教学科研机构排名榜"便是基于同行评议的学术期刊评价新体系。教育部"中国科技论文在线"更是引入"先发后审"的机制，打破传统出版物的概念，免去传统的评审、修改、编辑、印刷等程序，给科研人员提供了一个方便、快捷的交流平台和及时发表成果的有效渠道。

"十二五"期间，顺应移动互联网的发展趋势，中国人民大学书报资料中心以"壹学者"开启刊网互动的小同行评议模式，进一步推动了从"以刊论文"向"以文论文"评价机制的转变，"壹学者"以"荐稿"的方式，"宽进严出"的审稿流程和"小同行评议"的审稿模式，不仅扩大了稿源，团结了业内专家，也保证了学术公正，一定程度上避免了学术评议结果与利益分配的过度关联。以《高校思想政治理论课教学研究》为例，通过"荐稿"的方式，在思想政治研究方面吸引了一万多人投稿，其中包括顶级专家137人；经过"壹学者"平台的小同行评议后，筛选出了600多篇文章；参照国外发达国家的做法，小同行评议环节中采取了二级评审制度，即小同行评议选出的候选文章，要再送交专家评议组进行评审打分，然后确定拟用稿；拟用稿件由专家评议组确定后，还会在"壹学者"平台上公示。公示过后，最终稿件由中国人民大学书报资料中心定稿出刊。

"壹学者"所开启的纸网互动小同行评议模式，不仅为刊网融合提供了一种全新的探索模式，也适应了从"以刊论文"向"以文论文"转变的发展趋势，它将在一定程度上成为打破我国学术评价困局的破冰之举。当然，这种模式能否得到有效的推广和普遍的认可，还有待观察。

六、期刊数字化：积极探索全方位转型与融合

"十二五"期间，我国期刊业面临不可阻挡的数字化浪潮，以及纸媒

"下滑""停刊"等严峻形势,积极寻求转型,并在内容、营销、发行、传播模式等方面进行全方位的融合探索。

(一) 从内容商向服务商转型

新媒体时代,用户取代了读者,能否为用户提供精准、贴切的服务,能否满足用户需求,成为期刊是否具有核心竞争力的关键所在。2014 年,《精品购物指南》改版后,组织了大规模的接受度调查,把阅读方式、阅读环境等反馈给编辑部。"我们将目标受众划分成十几个不同的细分人群,然后针对其不同的特征提供适应性和针对性更强的产品建议。"《精品购物指南》还通过电商项目和微信平台,拥有一批网络注册用户,通过分类和数据挖掘,为不同客户提供精准服务。

(二) 利用微博、微信等社交媒体开展营销和提升品牌活动

移动互联网时代,一切脱离微博、微信等自媒体的转型都是空谈,期刊业的转型也不例外。在这方面,《创业家》杂志的实践和做法可以为刊业转型提供些许借鉴。该刊自 2012 年起进行微博营销,即通过转发微博赠送杂志,2013 年又联合了酒仙网,"一本杂志 + 一瓶美酒"开创了"创、酒"双赢的模式。据有关数据显示:在短短两天时间内,微博转发超过 10 万。两家企业也由此收集到 10 万名粉丝的微博名、真实姓名、地址及电话,其中不乏两家企业的潜在客户,通过对这些粉丝资料的分析,在今后内容的针对性和广告投放的精准性方面必然有其优势。

无独有偶,《家庭》杂志通过杂志官微、微信公众号"饭米粒"开展"示爱活动",对于提升期刊品牌,吸引读者参与,开展杂志营销,也同样收到了较好的效果。

(三) 以平台为基础打造期刊全产业链生态圈

数字化转型离不开互联网,搭建平台、聚集人气、打造品牌是互联网经济的通用法则,平台战略成为具有强大盈利能力的商业模式,期刊的融合发展也离不开数字化平台的搭建。《浙商》杂志便是这方面的典型代表。一直以来,《浙商》杂志都致力于打造一个完善的、成长潜能强大的"生态圈"。通过"浙商圈"平台的搭建,杂志的枢纽地位日益突出,以"新

闻+资讯+社交+服务"为核心功能的生态平台，为成员提供从资讯到交互和交易的增值服务。在这个平台之上，《浙商》设计了"游、学、购、通"四大新业务，为平台成员提供有针对性的定制化服务。①

（四）发挥"线上+线下"的协同效应

"十二五"期间，"纸媒停刊"成为一个高频词汇，这也是不争的事实，但与此同时，还有一个现象值得关注：在媒介融合过程中，纸媒价值回归，"线上+线下"的协同效应凸显。正如《新闻周刊》恢复印刷版，业内人士评价道："市场发出了信号，印刷杂志是有价值的，它们能够带来效益。"

商界传媒集团旗下的《中华手工》杂志，在刚创刊的几年，市场销量很小。后来转变了思路，依托《中华手工》杂志所聚集的资源，推出了全国首个专注于传统手工艺品的垂直电商网站"漫淘网"、成立了"百工创意研究院"、打造"百工制器"品牌、成立实体连锁店等。通过"线上+线下"的互动协同，不仅开拓了多种经营业务，也体现了《中华手工》有效聚合资源的价值，2013—2014年，杂志发行量出现了15%的逆势增长。

（五）"域出版"重构学术期刊数字化传播模式②

一直以来，以知网、万方、维普等为代表的商业化期刊数据库成为学术期刊数字化传播的主要模式，并且几近垄断。不可否认，这些商业期刊数据库在推动学术期刊数字化转型方面，起到了一定作用，但这种传播模式在对期刊内容进行数据转换的同时也拆解了期刊，使刊物的整体风格和选题策划难以呈现，数据库对内容生产者的回报也是微乎其微。最致命的是，学术期刊数据库对传播渠道的掌控和垄断使得传统期刊难以成为数字化转型的主体。为了进一步推动学术期刊数字化转型，《新闻出版业"十二五"发展规划》将建立"国家学术论文数字化发布平台"作为新闻出版精品工程之一。

---

①②中国期刊协会，传媒梦工厂. 2014中国杂志媒体创新报告【M】. 中国期刊年鉴杂志社，2014.

"十二五"期间,超星进行了"域出版"平台的构建。"域出版"平台依托移动互联网的社交手段,汇集学者、作者、读者、用户、大众就相关主题开展观点交流与碰撞,打造包括专栏出版、文献、图片、音频、视频、论坛和授课等多媒体功能在内的学术交流移动互动平台,该平台使得编辑与专家可以完美结合,编辑可以以经纪人、社会活动家、编剧等角色,组织专家发起学术研究,甚至引领学术研究。因此,"域出版"最能体现编辑思想、编辑理念和编辑不可替代的作用,是学术期刊编辑价值的集中体现。

毫无疑问,超星集团的"域出版"为我们勾画了移动互联网时代学术期刊实现逆袭和反超的新机会,即通过平台化传播重构学术期刊传播模式,但这幅美好的蓝图能否实现,还需要战术层面的具体运营和实施,如果没有可持续的盈利模式做支撑,那么,"域出版"也终将是空中楼阁。

(杨春兰　中国新闻出版研究院)

第三节 "十二五"时期中国报纸出版业发展报告

"十二五"期间,在经济增速放缓、信息需求消费升级、技术革命日新月异的时代大背景下,作为传统媒体重要组成部分的报业进入了快速下滑期,主要表现为:市场化报纸断崖式下滑,供给侧改革启动,陷入亏损难以为继的只能停刊休刊,但党报则出现了逆势上涨。在转型方面,各类新媒体探索积极推动,多元产业在积极拓展中。

一、"十二五"时期报业整体情况

(一)报业发展整体情况

根据中国新闻出版研究院的《新闻出版产业分析报告》(以下简称《报告》)显示,从2011年到2015年,我国报纸的数目从1 928亿印张下降到1 906亿印张,减少了22亿印张,下降了1.14%;营业收入从818.9亿元下降到626.15亿元,减少了192.75亿元,下滑了23.54%;利润总额从98.6亿元下降到35.77亿元,减少了62.83亿元,下降了63.72%;定价总金额从400.4亿元增长到434.25亿元,增长了33.85亿元,增长了8.45%;从业人员从2012年的26.31万人下降到2015年的24.16万人,减少了2.15万人,下降了8.17%;总印数从467.4亿份下降到430.09亿份,减少了37.31亿份,下降了7.98%;总印张从2 272亿印张下降到1 554.93亿印张,减少了717.07亿印张,下降了31.56%。具体见表1、2。

表1 "十二五"期间我国报业整体情况 单位:种,亿元,%

时间	品种		营业收入		利润总额		定价总金额	
	值	增速	值	增速	值	增速	值	增速
2011	1 928	-0.6	818.9	12.3	98.6	-2.2	400.4	8.9
2012	1 918	-0.52	852.32	4.09	99.24	0.64	434.39	8.48
2013	1 915	-0.16	776.65	-8.88	87.67	-11.66	440.36	1.37

(续前表)

时间	品种		营业收入		利润总额		定价总金额	
	值	增速	值	增速	值	增速	值	增速
2014	1 912	-0.16	697.81	-10.15	76.44	-12.81	443.66	0.75
2015	1 906	-0.31	626.15	-10.27	35.77	-53.21	434.25	-2.12

资料来源：根据历年《新闻出版产业分析报告》资料整理。

表2 "十二五"期间我国报业整体情况

单位：万人，亿份，亿印张，%

时间	从业人员		总印数		总印张	
	值	增速	值	增速	值	增速
2011	—	—	467.4	3.4	2 272.0	5.8
2012	26.31	6.30	482.26	3.17	2 211.00	-2.68
2013	26.31	-0.01	482.41	0.03	2 097.84	-5.12
2014	24.59	-6.54	463.90	-3.84	1 922.30	-8.37
2015	24.16	-1.75	430.09	-7.29	1 554.93	-19.11

资料来源：根据历年《新闻出版产业分析报告》资料整理。

（二）我国报业的结构变化

《报告》显示，从2014年到2015年，全国性报纸从80.43亿份下降到79.44亿份，减少了0.99亿份，下降了1.23%；省级报纸从232.39亿份下降到209.81亿份，减少了22.58亿份，下降了9.71%；地市级报纸从150.26亿份下降到140亿份，减少了10.26亿份，下降了6.83%；县级报纸从0.83亿份增长到0.84亿份，增加了0.01亿份，增长了1.08%。具体见表3。

表3 "十二五"期间我国报业的层级结构

单位：亿份，%

时间	全国性报纸		省级报纸		地市级报纸		县级报纸	
	值	增速	值	增速	值	增速	值	增速
2011（份额）	14.8	-0.8	52.7	2.9	32.3	6.3	0.2	-4.1
2012	—	—	—	—	—	—	—	—
2013	—	—	—	—	—	—	—	—
2014	80.43	-0.5	232.39	-5.3	150.26	-3.3	0.83	0
2015	79.44	-1.23	209.81	-9.71	140.00	-6.83	0.84	1.08

资料来源：根据历年《新闻出版产业分析报告》资料整理。

(三）发行量居于前十位的报纸

《报告》显示，2015 年我国发行量居于前十位的报纸分别是：《英语周报》、《人民日报》、《参考消息》、《南方都市报》。具体见表4。

表4 "十二五"期间平均期印数排名前10位的报纸

时间	排位									
	1	2	3	4	5	6	7	8	9	10
2015	英语周报	当代中学生报	学习方法报	中学生学习报（初中版）	英语辅导报	人民日报	参考消息	关心下一代周报	语文学习报	南方都市报

资料来源：根据历年《新闻出版产业分析报告》资料整理。

（四）报业集团发展情况

首先，主要报业集团的资产总额增加，但利润却大幅度下滑。《报告》显示，从2014年到2015年，43家报业集团中，主营业务收入从422.85亿元下降到394.31亿元，减少了28.54亿元，同比下滑了6.75%；资产总额从1 450.90亿元增加到1 567.13亿元，增加了116.23亿元，同比增加8.01%。2015年，上海报业集团、成都传媒集团和浙江日报报业集团资产总额都超过100亿元，浙江日报报业集团成为新的资产过百亿额报业集团；所有者权益从784.89亿元增加到845.85亿元，增加了60.96亿元，同比增长7.77%；利润总额从39.54亿元下降到22.47亿元，减少了17.07亿元，同比下滑43.16%。2015年，43家报业集团中有31家报业集团营业利润出现亏损，较2014年增加14家，报业集团的主营业务亏损面进一步增加。具体见表5。

表5 "十二五"期间报刊出版集团经济规模整体情况 单位：亿元,%

时间	主营业务收入		资产总额		所有者权益		利润总额	
	值	增速	值	增速	值	增速	值	增速
2014	422.85	-0.98	1 450.90	9.35	784.89	9.99	39.54	-16.03
2015	394.31	-6.75	1 567.13	8.01	845.85	7.77	22.47	-43.16

资料来源：根据历年《新闻出版产业分析报告》资料整理。

其次，前十位的报业集团出现了变化。从 2012 年到 2015 年，上海报业集团取代成都传媒集团成为第一位，浙江日报报业集团则取代广州日报报业集团成为第二位，而广州日报报业集团则从第二位下降到第十位，华商传媒集团、湖北日报报业集团、深圳报业集团和四川日报报业集团则成为新晋者。具体见表6。

表6 "十二五"期间总体经济规模综合评价前 10 位的报业集团

时间	排位									
	1	2	3	4	5	6	7	8	9	10
2012	成都传媒	广州日报	解放日报	北京日报	文汇新民	大众报业	浙江日报	南方报业	河南日报	杭州日报
2013	成都日报	浙江日报	大众报业	广州日报	解放日报	文汇新民	河南日报	南方报业	湖北日报	四川日报
2014	上海报业	成都传媒	浙江日报	大众报业	广州日报	河南日报	湖北日报	南方报业	重庆日报	新华日报
2015	上海报业	浙江日报	成都传媒	大众报业	华商传媒	湖北日报	南方报业	深圳报业	四川日报	广州日报

资料来源：根据历年《新闻出版产业分析报告》资料整理。

二、市场化报纸发展进入下行通道

"十二五"期间，在受众快速流失、广告主抛弃、互联网媒体带来致命冲击等因素的影响下，市场化报纸快速步入下行通道，一些有一定影响力的报纸停刊休刊。

（一）互联网广告超越传统媒体广告

首先，网络广告市场规模超过 2 000 亿元。根据艾瑞咨询的数据，2015 年，我国互联网广告市场规模超过 2 000 亿元，达到 2 096.7 亿元，同比增长 36.1%，是 2010 年 325.5 亿元的 6.44 倍，具体见表7。从表7可以看出，随着互联网市场基数的快速增加，互联网增速也有所放缓，首次低于 40%，但是依然保持 35% 以上的高速发展。

表 7　2010—2014 年我国网络广告收入　　　　单位：亿元,%

年份	广告额	
	值	增速
2010	325.5	—
2011	513.0	57.6
2012	753.1	46.8
2013	1 100.0	46.1
2014	1 540.0	40.0
2015	2 096.7	36.1

资料来源：根据艾瑞咨询的报告整理。

其次，互联网市场规模超过传统媒体。由于国家工商总局 2015 年的广告业数据尚未公布，我们这里以国家工商总局 2014 年的广告数据为基数，采取央视市场研究（CTR）发布的《2015 中国广告市场回顾》发布的增长率计算出传统媒体 2015 年的广告数据。根据 CTR 的数据显示，2015 年电视广告下跌 4.6%，报纸广告跌 35.4%，杂志广告跌 19.8%，电台下跌 0.4%，进而可以计算出 2015 年广电、报刊四大传统媒体行业的广告之和为 1 743.53 亿元，远远低于互联网广告市场规模。这充分证明，2015 年我国传媒业市场发生了本质性的革命性变化，互联网媒体的广告收入首次超过电视、报纸、广播和杂志四家传统媒体广告收入之和，从市场规模上，互联网媒体成为真正的主导，而传统媒体则更加式微，具体见表 8。

表 8　互联网广告和传统媒体广告比较表　　　　单位：亿元

	2013 年	2014 年	2015 年
互联网	1 100.0	1 540.0	2 096.7
电视	1 101.1	1 278.5	1 219.69
报纸	504.7	501.67	324.08
广播	141.18	132.84	134.30
报刊	87.2	81.62	65.46
传统媒体广告收入之和	1 834.18	1 994.63	1 743.53

资料来源：根据国家广电总局、CTR、艾瑞相关数据整理。

尤其需要指出的是，报纸的广告收入从 2013 年的 504.7 亿元下降到 2015 年的 324.08 亿元，减少了 180.62 亿元，下降了 35.79%，而且百度、淘宝的广告收入都超过了中国报纸的广告收入之和，百度的广告收入是中国报纸广告收入之和的 2 倍左右。

（二）市场化报纸开始停刊休刊

首先，根据国家新闻出版广电总局的网站显示，按照《出版管理条例》等报刊出版管理有关规定，自 2012 年 1 月 1 日至 2013 年 7 月 9 日，各级新闻出版行政部门依法共对 46 种报刊注销登记，其中报纸包括《购物导报》等 21 种。而自 2013 年 7 月 10 日至 2013 年 12 月 4 日，各级新闻出版行政部门依法共对 54 种报刊注销登记，其中报纸 11 种，具体见表 9。

表 9 报纸注销登记情况表

编号	报刊名称	CN 号	属地
1	中国特产报	CN11－0159	北京
2	女性时报	CN12－0031	天津
3	远东时报	CN23－0030	黑龙江
4	上海新书报	CN31－0036	上海
5	湖南邮电报	CN43－0021	湖南
6	南方财经导报	CN43－0053	湖南
7	信息通信导报	CN33－0021	浙江
8	老友报	CN14－0010	山西
9	巷报	CN22－0040	吉林
10	贵州广播电视报（黔南版）	CN52－0016/02	贵州
11	东陆时报	CN53－0052	云南

资料来源：http://www.gapp.gov.cn/news/1663/164157.shtml

在短短的一年多的时间内，就有 100 种报刊被注销登记，其中报纸 32 种。此外，2013 年 10 月 28 日，刚刚合并成立的上海报业集团在短短的不到两个月的时间内就在关停并转方面有大动作，12 月 23 日，其旗下的《新闻晚报》宣布将于 2014 年 1 月 1 日休刊。据了解，《新闻晚报》的休刊涉及到 300 多位人员，其中采编人员 130 多位、经营人员 110 多位，人员安置方案的原则是：转型发展、充实一线；双向选择、竞争上岗；市场原则、有情操作。可以预测，上海报业集团未来将会有更多的子报刊休刊，而《新闻晚报》也是中国很多报纸的一个缩影。

其次，2016 年，传统媒体的滑坡速度加快，连号称要做百年大报的《京华时报》都停出纸质版而只出新媒体版。必须指出的是，将有越来越来越多的传统媒体难以为继,关停并转将成为新常态。具体见表10。

表10 2016年停刊的报纸

名称	所属行业	所属单位	创立时间	停刊时间	备注
京华时报	报业	北京市委宣传部	2001年5月28日	2017年1月1日	改出新媒体版
东方早报	报业	上海报业集团	2003年	2017年1月1日	员工整体转入澎湃新闻网
太阳报	报业	香港东方报业集团	1999年3月14日	2016年4月1日	—
九江晨报	报业	九江日报社	2010年10月11日	2016年4月1日	—
今日早报	报业	浙江日报报业集团	2000年	2016年1月1日	—
河南青年报	报业	河南省共青团	1949年6月	2016年9月27日	—
时代商报	报业	辽宁日报报业集团	2005年5月1日	2016年8月31日	—

资料来源:根据网络资料整理。

三、党报逆势上扬

近些年来,尤其是2015年以来,在传统媒体收入大幅度下滑的背景下,各级党委和政府为了保障传统媒体更好地做好舆论引导工作,在财政补贴、政策红利等方面给予了一定的支持,而且党报也通过"一升一降"等创新措施实现了自身的逆势上涨。

(一)各级财政对党报等进行了财政补贴

首先,在中央级媒体方面,2014年8月18日,中央提出媒体融合之后,中央财政给予了更多的财政拨款,此外,中宣部、中央文资办的各项专项资金也给予了更多支持。

其次,在区域媒体方面,上海市、广东省、重庆市、四川省、河北省等地给予财政补贴。一是从2012年上海报业开始改革时,上海市委、市政府每年给予《解放日报》和《文汇报》5 000 万元；二是从 2013 年开始，广东省委、省政府每年拿出 1.5 亿元现金，其中给予《南方日报》7 000 万元、《羊城晚报》5 000 万元，广东电视台 3 000 万元，连给 3 年，2016 年开始，财政补贴增加到每年 2 亿元，其中给予《南方日报》1 亿元，《羊城晚报》6 000 万元，广东电视台 4 000 万元；三是 2015 年广州市委市政府支持广州日报社 3.5 亿元。2016 年 12 月 14 日晚，粤传媒发布公告称，其全资子公司广州日报报业经营有限公司于当日收到《广州市财政局关于下达支持党报媒体发展资金的通知》：安排 3.5 亿元支持党报媒体发展资金，用于《广州日报》的印刷、发行支出。四是从 2016 年开始，深圳市委市政府每年各给深圳特区报业集团和深圳广播电视台 1 亿元，用于支持他们的新媒体发展，连给 6 年；五是重庆市委市政府每年给予重庆日报社财政拨款 1 亿元；六是珠海市委市政府每年给珠海特区报社 3 000 万元资金支持；七是河北省出台相关政策要求各级财政资助各级媒体，当然，重点是支持当地的党报党刊。

第三，财政出资购买党报等。一是吉林省、内蒙古自治区等由省级财政直接出资购买省级党报再免费分发给相关人员，而不是由党报社自己负责党报发行工作。二是重庆市由重庆市财政局出资购买 10 万份《重庆日报》免费发给相关人员。三是上海市委市政府由上海市财政局出资购买 10 万份《上海观察》的电子版，再免费分发给相关人员。

（二）给予各类优惠政策

首先，给予党报集团税收、资源等各种优惠政策。一是在税收方面，各级政府对转企改制之后的文化企业采取减免所得税的措施，时间到 2018 年 12 月 31 日；二是重庆市委市政府对重庆日报报业集团的营业税、增值税、所得税等所有税收采取先征后返的方式进行全部返还；三是山东等地区对传媒单位的划拨地以转增注册资本金的方式转变为商业用地，这能够在很大程度上提高传媒单位的资本实力；四是云南省等地区把优质旅游资源交给传媒单位进行运营；五是在数据资源上给予大力支持。

（三）党报党刊充分利用政策优势采取"一升一降"的方式创新经营

首先，党报党刊的发行属于行政指令性发行范畴，尤其是在党费足额收取之后，购买党报的财力大幅度提升，各级党报党刊纷纷通过提高发行价格的方式来实现发行大规模盈利。我国报纸的发行价格与国外发达国家尤其是日本相比普遍较低，发行出现严格"倒挂"现象，这就导致其盈利模式存在过于依赖广告的问题，而党报党刊利用政策优势提高发行价格就能摆脱发行"倒挂"的窘境。例如，某地地市级党报的发行量为20万份，发行价格为每年200元/份，发行费率为50%，则其发行收入为2 000万元，而如果发行价格提高到每年400元/份，发行费率降到30%，则其发行收入将为5 600万元，而这增加的3 600万元基本上是净利润。目前，无论是中央级的《光明日报》，还是省级的《南方日报》等，纷纷采取提价增质的措施来创新经营，当然，地市级报社更是纷纷提价。

其次，降低无效版面。报纸要实现盈利，一定要保证30%以上的广告占版率，但是由于各级党报在上一轮的"厚报"运动中也纷纷增加版面，在广告投放下降的情况下，已经难以保障基本的广告占版率。为了更好地节流，各级党报纷纷通过降低无效版面的方式来节省投入。

第三，利用好"八项规定"带来的政策利好。"八项规定"导致各级政府之前大操大办的晚会等项目不能继续，由于我国财政管理的刚性约束，这部分资金就必须另寻出口，否则就可能导致自己手中的财权大大缩水。这种情况下，各级政府就把这笔钱花在党报党刊的专版上进行形象宣传，虽然党报党刊的商业广告大幅度降低，但是政府形象广告的增长不仅能够弥补这部分下滑而且能够实现逆势上扬。

但是也必须清楚的是，这种财政补贴的包养方式并不能从根本上解决党报党刊的发展难题，虽然在一定时期内能够保障党报党刊的低水平维持，但是也将极大地降低党报党刊的核心竞争力。

四、区域化整合取得积极进展

(一) 上海报业市场实现整合

2013年10月28日,解放报业集团与文新报业集团合并后的"上海报业集团"正式挂牌,总资产规模达到208.71亿元,净资产为76.26亿元,如果其旗下的不动产采取完全市场化的估值方法,其总资产和净资产则会更高。结合国家新闻出版广电总局发布的《2012年新闻出版产业分析报告》的数据,解放报业集团和文新报业集团分别居于报刊出版集团总体经济规模综合排名的第三和第五位,因此,合并后的上海报业集团无疑是中国最大的报刊集团。这次整合的主要内容有:一是成立相关委员会。整合后的上海报业集团成立了如下委员会:中共上海报业集团委员会、中共上海报业集团纪律检查委员会,其党组织关系归属中共上海市委宣传部;此外,其旗下的解放日报、文汇报、新民晚报也都分设了中共解放日报社委员会、中共解放日报社纪律检查委员会;中共文汇报委员会、中共文汇报社纪律检查委员会;中共新民晚报社委员会、中共新民晚报社纪律检查委员会。由裘新任中共上海报业集团委员会书记、上海报业集团社长。从上述设置可以看出,集团委员会实质上相当于其他报业集团的党委会,是集团的最高决策机构。而和其他报业集团相比,尚缺乏社委管理委员会和编辑委员会,目前也没有任命总编辑,但由于报业集团具有很强的意识形态属性,未来有可能会设置这些委员会。二是上海报业集团为控股型集团。从公布的方案来看,上海报业集团的性质尚不清楚,是法人联合体?是事业法人?还是企业法人?而且集团虽然任命了总经理,但是尚未成立集团公司,也未成立董事会。目前能够明确的是,由于恢复了解放日报、文汇报和新民晚报这三张报纸的独立法人资格,集团应该是控股型集团,且解放日报和文汇报由于获取了上海市政府的财政支持,其应该是事业法人,而新民晚报未获得财政支持,未来有可能彻底转企改制,成为企业法人。此外,三大报社有很大的自主权,在年度预算之内,三大报社总编辑还将拥有完全自主的财权,三大报社未来还将拥有对中层干部的提名权、决定权和任命权。三是获得了市委市政府的大力支持。在上海报业这次大整合中,上海市委市政府给予了大力支持:市财政每年分别给《解放日报》和《文汇报》5 000万元,以支持这两张党报的发展。这也说明这两张党报在新一轮的非时政报刊单位转企改制中,将被铁定定为时政类报刊;将认购解放日报旗下的APP"上海观察"10万份,为新项目的启动提供了资金支持和客户支持;将从上海市宣传文化产业扶持基金中对上海报业集团的新媒体拓展项目给予大力支持。四是将大力发展新媒体产业。在上海报业集团成立的仪式上,刚刚成立的上海报业集团与百度公司签署协议,双方宣布就合作共同运营百度新闻"上海频道"达成一致,双方将开展的战略合作涉及上海本地新闻搜索引擎、媒体资源购买、云服务器资源提供、舆情报告、手机阅读服务、人才合作、战略资源购买七个方面。双方将采取共同组建团队,联合运营的方式来运营百度新闻"上海频道"。再加上此前腾讯网与新闻晨报合办的大申网,可以说,上海报业集团将进一步大力拓展互联网媒体。

(二)青岛报业整合

2013年3月,半岛都市报社和青岛日报报业集团签订战略合作协议,共同成立青岛新报传媒公司运作《青岛早报》和《青岛晚报》,其中,半岛出资2 500万元注册资本金和1.5亿元的溢价在新成立的公司占股50%,9席董事会职位占5位,经过合并,半岛传媒对青岛报业资源的整合基本完成。2013年7月份,青岛早报广告刊登额同比增长16%,青岛晚报同比增长35%,早报和晚报双双实现盈利。

五、积极探索资本运营新路子

首先,浙报传媒和华媒控股实现借壳上市。2011年,浙报传媒借壳上市,2014年华媒控股借壳上市,打通了直接融资的通道,他们均顺利完成了3年利润承诺,并取得了较好的发展。

其次，组建各类基金。浙报传媒、华媒控股、华商传媒、大众报业、南方报业、河南日报、上海报业集团、四川日报报业集团等纷纷组建相应的产业基金，其中，浙报传媒的基金运营取得了较好的成效。

第三，新媒体网站纷纷挂牌新三板。济南日报报业集团的舜网成为挂牌新三板的"第一股"之后，南京报业集团、湖北报业集团、江西日报报业集团、辽宁日报报业集团等报业集团旗下的新媒体网站到新三板挂牌，虽然融资能力有限，但是能够有效地倒逼内部管理能力提升。

第四，引进战略投资者。上海报业集团旗下的澎湃网等通过引进战略投资者来补充自身的资金，并规范公司治理机制。

六、多元产业探索亮点频频

（一）产业园区探索方面

羊城晚报报业集团利用自身现有的土地资源，和外部合作者有效整合，较为成功地打造了自身的产业园区。园区内入驻了YY、酷狗音乐等。南方报业、大众报业、华商报业、四川日报等也纷纷打造自身的产业园区。

（二）教育产业

华媒控股收购并控股了中教未来公司，进入了职业教育领域；河南日报和大众报业等也纷纷进入教育产业。

（三）旅游产业

云南日报报业集团等利用当地的政治资源，积极进入当地的旅游产业。

（四）地铁及户外媒体等

华媒控股、深圳报业等进军当地的地铁媒体，并积极进行异地扩张。华媒控股旗下的户外媒体风盛传媒成功挂牌新三板。

（五）房地产业等

湖北日报报业集团和云南日报报业集团旗下都成立了专门的房地产公司，运转良好。

此外，我国报业也在养老、特色小镇等方面进行了积极有效的探索。

七、新媒体转型在探索中前进

虽然我国报业也积极进行各类新媒体探索，但是囿于观念、体制、能力等多方面的因素，整体成效不大，取得实效的较小。

首先，浙报集团、杭报集团等集团的新媒体转型取得了较好的成效。2012年，浙报传媒通过非公开发行募集31.9亿元收购边锋和浩方，2016年，通过非公开发行募集19.5亿元布局大数据产业，目前把新闻传媒类资产剥离出浙报传媒，并更名为浙数文化，来自新媒体收入占浙报集团总收入的四成左右，净利润在一半左右；杭报集团的新媒体收入占比超过30%。

其次，出现了一批用户量大的新闻客户端。封面、人民日报客户端、澎湃、并读、南方+、浙报新闻、上游、九派的下载量都数以千万计乃至数以亿计，但是从营收来看，尚没有出现实现长期盈利的互联网产品。

第三，积极探索各类技术平台。目前，除了人民日报社搭建的"中央厨房"之外，各地都在积极搭建自己的"中央厨房"，但中央厨房面临两大难题，一是难以常态化，二是难以探索出新的商业模式和盈利模式。浙报集团委托拓尔思打造的"媒立方"在解决上述难题上取得了较大的进展。

八、"转企改制"等改革仍然存在诸多问题

（一）非时政类报刊出版单位转企改制工作仍不彻底

首先，表面上看改革基本完成。2011年5月，《中共中央、国务院办公厅关于深化非时政类报刊出版单位体制改革的意见》（简称19号文）出

台，明确提出在2012年9月底前全面完成转企改制任务。相关数据显示，全国承担改革任务的580多家出版社、3 000多家新华书店、38家党报党刊发行单位等已全部完成转企改制；全国3 388种应转企改制的非时政类报刊已有3 271种完成改革任务，占总数的96.5%，可以说从表面上非时政类报刊出版单位的转企改制工作基本完成。

其次，成为真正的市场主体急需解决诸多难题。当前，有些转企改制的企业实行的转企改制并不彻底，仅仅成为翻牌企业，例如，改制不彻底的企业存在产权不清晰或保留着部分事业编制等问题，这些都需要进一步深化改革，使之成为真正的市场主体。

一是要解决出资人问题。对于非时政类报刊出版单位来说，一方面，由于其所经营业务具有不同程度的意识形态属性，另一方面多为国有独资，这两方面的原因导致其出资人的职责需要多部门行使，其出资人职责更难履行。目前，中央文化企业由中央文化企业国有资产监督管理领导小组办公室履行出资人职责，而地方上则每个地方多根据本地的具体情况采取独特的解决方案，导致方案林林总总、五花八门，但尚没有形成统一的明确的出资人制度。

二是清晰界定非时政类报刊出版单位的范围问题。当前的相关文件规定：省级、副省级和省会城市党委机关报刊所属的非时政类报刊出版单位，文化、艺术、生活、科普等非时政类报刊出版单位，专业技术性较强的行业性报刊出版单位，隶属于企业法人的报刊出版单位，要先行转制。从这条规定可以明确看出，省级、副省级和省会城市党委机关报刊毫无疑问是属于时政类报刊，而其旗下所属的其他单位可以认定为非时政类报刊，但是为数不少的地市级党委机关报刊是属于时政类报刊还是属于非时政类报刊尚未明确，这也使得地市级报刊的转制改企缺少指导性原则，会导致其无所适从。

三是非时政类报刊出版单位的认定标准问题。当前的相关文件规定：晚报、都市报和财经类报刊不同于一般非时政类报刊，承担着重要舆论引导职责，按照有利于做大做强主流媒体的要求，中央各部门各单位所属的都市类和财经类报刊、省级和副省级及省会城市党报党刊所属的晚报、都市类和财经类报刊等出版单位，经批准可进行转制。一方面，晚报、都市类和财经类报刊等有着一定的意识形态属性，其转制改企应该更加慎重；另一方面，如果能把这些报刊单位转制改企并全面推向市场，将能极大地促进中国报刊业的改革与发展。文件中提出"经批准可进行转制"，但是从相关文件规定中尚不清楚由谁进行批准，到底是从中宣部和新闻出版总署进行批准，还是由当地的主管部门进行批准？如果是由当地的主管部门进行批准，则不同的地方认定标准肯定会存在较大差异，也会对晚报、都市类和财经类报刊的转制改企造成一定影响。

四是人员分流安置等问题。相关文件规定：分期分批按照规范的程序改制，在清产核资的基础上，核销事业编制，注销事业单位法人，进行企业工商登记注册，与在职职工全部签订劳动合同，按照企业办法参加社会保险；非时政类报刊出版单位经批准予以撤销的，其主管主办单位要制定专门的人员分流安置办法，采取多种渠道进行安置。要优先考虑在本部门本系统内部进行安置；经协商一致自谋职业的，由主管主办单位依照国家有关规定支付经济补偿、接续社会保险关系。在转制改企中，人员分流安置等问题是核心问题，一方面牵涉到经济补偿问题，另一方面牵涉到接续社会保险关系问题，而这两个问题的关键又在于标准和资金来源。目前，经济条件较好的单位其经济补偿标准和接续社会保险的标准较高，如浙江的一些报刊单位为员工买了企业年金，而经济条件较差的单位由于缺乏资金则标准较低。建议由国家根据各地实际情况制定最低标准，并由各级政府联合提供资金来源。

五是刊号资源是否进入企业问题。报刊出版单位的刊号资源作为市场准入的牌照资源，对于转制改企之后的企业极其重要，目前，相关规定尚未明确刊号资源能否进入转制改企之后的企业。现在，一些非时政类报刊出版单位进行整体转制改企，这些企业本身成为主管主办单位，其刊号资源也只能放入企业，而如果不允许刊号资源放入企业，那这些企业的刊号资源如何处理就成为一个难题。

（二）主管机构合并

从全世界传媒业的发展趋势来看，传媒业的混业经营是大势所趋，但是由于我国对传媒业一直采取的是"条块分割"的管理体制，这种管理体制也必然导致传媒业的区域分割和行业分割，使得传媒业市场尤其报业市场高度碎片化，报业市场存在着中央、省级、地市级等三级管理体制，有一些县还有县级报，这种情况就导致报业呈现小、散、弱的局面，不利于进一步发展壮大。

2013年，新闻出版总署和国家广电总局合并为国家新闻出版广电总局，从国家管理层面实现了"条"的整合，顺应了传媒业融合的大趋势，将有力地促进报业和广电业的相互进入和融合，必将有利于市场化能力强、品牌影响力大、人才储备多的大型报业集团的快速发展壮大。

（郭全中　国家行政学院社会和文化教研部）

第四节 "十二五"时期中国音像电子出版业发展报告

音像电子出版业是出版业中特色鲜明的两种重要业态。其中，音像业已经形成出版、制作、复制、进口、批发、零售、出租等较为完整的产业体系，涉及到广播、电影、电视、网络、演艺、卡拉OK、动漫、家庭娱乐、播放设备制造等多个行业。电子出版业相比其他行业，虽然整体规模偏小，但在2010年电子出版物出版品种就达到1.12万种，已跻身世界排名前列，"十二五"期间也一直呈现稳步增长的态势。音像电子出版业作为介于传统出版与新兴媒体之间的媒体形态，借助数字化技术对传统出版业进行改造，大大提升出版业的发展空间和速度；随着互联网技术的发展，出版物的内容正在减少对传统载体的依赖，音像电子出版业经过在业态创新、渠道拓展、产品增值等方面的探索，正在逐步实现转型融合，谋求新的发展。

一、"十二五"时期音像电子出版业发展态势

"十二五"期间，音像制品和电子出版物的出版品种和数量增长趋势并不明显，但营业收入和利润总额均呈上升态势，质量效益在一定程度上提高。

1. 音像制品。2015年，出版音像制品1.54万种，较2010年下降28.70%；出版数量2.94亿盒，较2010年下降30.5%；实现营业收入26.25亿元，较2010年增长30.08%，年均增长率5.4%；利润总额3.93亿元，较2010年增长增长65.13%，年均增长率10.55%（见表1）。"十二五"期间，音像品种数和出版数量双双下降，年均下降9.66%和7.02%，但是营业收入和利润总额则呈上升态势，年均增长率分别达到5.4%和10.55%。

表1 "十二五"期间音像制品出版主要指标情况

单位：万种，亿盒（张），亿元,%

年度		品种数	出版数量	营业收入	利润总额
2010		2.16	4.23	20.18	2.38
2011		1.94	4.64	26.06	2.75
2012		1.85	3.94	28.34	3.44
2013		1.70	4.06	24.72	3.35
2014		1.54	3.28	29.21	4.11
2015		1.54	2.94	26.25	3.93
"十二五"末比"十一五"末	增长额	-0.62	-1.29	6.07	1.55
	增长率	-28.70	-30.5	30.08	65.13
	年均增长率	-6.54	-7.02	5.4	10.55

数据来源：《中国新闻出版统计资料汇编》（2011—2016）、《新闻出版产业分析报告》（2010—2015）。

2. 电子出版物。2015年，出版电子出版物1万种，较2010年下降9.9%；出版数量2.14亿盒，较2010年下降17.37%；实现营业收入12.41亿元，较2010年增长68.84%，年均增长率11.04%；利润总额2.32亿元，较2010年增长了132%，年均增长率18.33%。（见表2）

表2 "十二五"期间电子出版主要指标情况

单位：万种，亿册（张），亿元,%

年度		品种数	出版数量	营业收入	利润总额
2010		1.11	2.59	7.35	1.00
2011		1.11	2.13	6.21	1.28
2012		1.18	2.63	9.23	2.27
2013		1.17	3.52	10.23	2.77
2014		1.18	3.50	10.89	1.84
2015		1.00	2.14	12.41	2.32
"十二五"末比"十一五"末	增长额	-0.11	-0.45	5.06	1.32
	增长率	-9.9	-17.37	68.84	132
	年均增长率	-2.06	-3.75	11.04	18.33

数据来源：《中国新闻出版统计资料汇编》（2011—2016）、《新闻出版产业分析报告》（2010—2015）。

电子出版业自2009年电子出版物品种突破1万种、出版数量达到2亿张以来，在"十二五"期间经历了起起落落，2013年突破3亿张，2015年品种数又回落到1万种、出版数量回落到2.1亿张，但从2015年营业收入12.4亿元、利润总额2.3亿元来看，比2014年分别增长14.0%和26.1%的幅度，说明电子出版业正处于一个提质增效的发展阶段。

二、音像电子出版成绩斐然

（一）始终坚持正确导向，精品力作不断涌现

"十二五"时期音像电子出版业牢牢把握正确导向，在传承文化、传播文明过程中，始终坚持把社会效益放在首位，努力实现社会效益与经济效益相统一。同时，积极适应媒体融合发展趋势，注重在出版题材、出版形式和传播载体等方面的创新，注重新技术的应用，出版物从数量型增长向质量型提高转变，创作了大批精品力作。

1. 389个音像电子出版项目列入"十二五"国家重点出版物规划。其中，获得国家出版基金资助的46项，向全国青少年推荐了16项，列为主题出版重点选题的23项。从国家出版基金近年来扶持资助的情况看，2013—2015年的3年中，国家出版基金共资助1 003个图书、音像电子出版物项目近11亿元，其中音像电子出版物项目96个（不足1/10），获得资助2.05亿元（近1/5），说明音像电子出版物资助的额度远高于平均水平，涌现出了一批大制作、好项目。

2. 主题突出、导向鲜明的出版物，为营造良好舆论氛围作出了积极贡献。如中央教育科学研究所音像出版社的《伟业之梦》、《飞天梦》，广东海燕电子音像出版社有限公司的《追梦在路上——我的梦·中国梦》等出版物紧扣时代脉搏，凝聚社会共识，激发全国各族人民同心共筑"中国梦"。围绕进一步弘扬中华民族优秀传统文化，整理出版了一批具有重要文化价值、艺术价值、学术价值的出版物，展示了中华文化的独特魅力。如山西春秋电子音像出版社《古琴遗珍——二十世纪古琴名家散佚曲集》，

收集整理出版了 20 世纪最具价值的古琴曲目，具有很高的艺术价值；上海文艺音像电子出版社有限公司的《天籁——中国 55 个少数民族原生态民歌典藏》，采集中国 55 个少数民族近 600 首原生态民歌的音频，为研究我国民族音乐文化提供了非常珍贵的第一手文献资料。围绕内容创新、形式创新，创作出版了一批内容鲜活、形式新颖的出版物，如四川数字出版传媒有限公司的《E 眼藏地行——大型藏地文化系列富媒体电子书》，融合文字、图像、影像、音乐、游戏于一体，支持多屏互动，对西藏文化的传承与发展进行了有益的探索和尝试。围绕讲好中国故事、传播好中国声音，创作出版了一批面向国外读者，着力弘扬中华优秀传统文化，构建对外话语体系的出版物，如北京天盛科学技术音像出版社的《风情中国——大型少数民族文化系列纪录片（英文）》，通过真实镜头记录新时代中国少数民族的人文风貌，向世界展示中国少数民族文化的发展和进步，天津外语电子音像出版社的《中华文化概览》（汉阿、汉葡、汉意）、浙江文艺音像出版社有限公司《"传世盛秀"百折昆曲中英文出版工程》等多语种出版，实现了此类音像制品的突破。

（二）围绕中心，服务大局，主题出版持续发力

音像电子出版工作始终围绕中心，服务大局，唱响主旋律，打好主动仗，不断壮大主流思想文化阵地、培育和践行社会主义核心价值观，切实增强中国特色社会主义的道路自信、理论自信、制度自信和文化自信。2013 年以来，中宣部和总局围绕深入学习宣传贯彻党的十八大和十八届三中、四中、五中全会精神、宣传阐述习近平总书记系列重要讲话精神、弘扬和培育社会主义核心价值观、配合纪念建党 95 周年、新中国成立 65 周年、抗战胜利 70 周年、红军长征胜利 80 周年等重大活动推出主题出版重点出版物 139 种。其中，2016 年解放军音像出版社的《震撼世界的长征——纪念红军长征胜利 80 周年》、英华电子音像出版社的《入党第一课》、金报电子音像出版中心的《历历在幕——没有共产党就没有新中国》、2015 年中国唱片总公司的《正义之声——百首优秀抗战歌曲集》、解放军音像出版社《历史不能忘记》、辽宁教育电子音像出版社《伟大的

胜利——中华民族抗日战争纪实》、吉林音像出版社有限责任公司的《我的爷爷是抗联》、山东电子音像出版社有限公司的《正道——社会主义核心价值观影像读本》，2014年国家行政学院音像出版社的《习近平总书记系列重要讲话精神解读》、中央教育科学研究所音像出版社、中国国际电视总公司共同出版的《丰碑》、上海教育音像出版社有限责任公司的《家风·家教·家训》等实现了双效统一，社会反响良好。

（三）大力倡导全民阅读，公共文化服务力度不断加大

通过全民阅读活动充分发挥优秀出版物的引领作用，关注和保障特殊群体、困难群体基本阅读需求。

一是坚持不懈地在青少年中倡导"爱读书、读好书、善读书"。为推动青少年阅读广泛深入开展，从2013年起，已连续4次开展向全国青少年推荐优秀音像电子出版物活动，累计推荐优秀音像制品和电子出版物322种，关注度和影响力逐年上升。推荐的优秀出版物中，有紧扣时代主题，突出"中国梦"宣传教育的学习出版社、中国国际电视总公司共同出版的《百年潮中国梦》、金报电子音像出版中心的《中国自信》、广东海燕电子音像出版社的《中国道路》；有围绕社会主义核心观建设，进一步加强未成年人思想道德建设，弘扬爱国主义、集体主义和社会主义精神的，中国国际电视总公司的《国魂》、与教科所音像社共同出版的《最美孝心少年》、河南电子音像出版社的《焦裕禄的儿女们》；有弘扬民族精神和中华传统文化的教科所音像社的《抗战史上的今天》、光明日报出版社的《诗词中国》、山东电子音像出版社有限公司的《文化中国——影像典藏》；有倡导科学精神的北京语言大学出版社的《汉字的智慧》、浙江电子音像出版社的《我爱这蓝色的海洋——青少年海洋知识E读本》，为不断提升青少年阅读内容质量作出了积极贡献。

二是推出一大批服务特殊群体的出版物。以国家"十二五"、"十三五"重点出版规划的民族出版子规划带动，出版了大批服务少数民族群众的出版物，如上海城市动漫出版传媒有限公司的"最美民族风"中国少数民族经典动画片、农业教育声像出版社的《美丽乡村——和谐农家》《农

村经营管理（蒙古语、藏语、维吾尔语）》等。音像电子出版物对于盲人读者能发挥特殊而重要的作用，通过打造盲残人中、小学生无障碍阅读工程（广东大音音像出版社）、中国无障碍电影音像出版工程（中国盲文出版社）、智障儿童无障碍学习全媒体出版工程（方圆电子音像出版社）等精品工程，实现对特殊群体文化教育的精准服务。

三是加大老龄读物出版工作力度。从贴近老年人生活、关注老年人身心健康等方面，策划出版一批老年人喜闻乐见的优秀出版物。在老年人中开展内容丰富、形式多样的阅读推广活动，从2014年起，已连续两年为老年读者推荐适合他们阅读的优秀音像电子出版物，涉及内容主要集中在历史文化、养生保健等方面，如红星电子音像出版社的《红色故事汇》、黄河音像出版社有限公司的《科学养老　快乐生活》等，充分满足了老年读者的阅读需求。

三、着力融合发展，探索转型发展途径

相比纸质出版，音像出版、电子出版本身就是新媒体，音像电子出版的自身基础最具融合条件，是传统媒体和新兴媒体结合的方式之一。随着国家对媒体融合发展的高度重视，三网融合进程的加快和智能手机的普及，以及宽带中国、"互联网+"、大数据等战略的实施，给音像电子出版业的发展带来新的机遇。不少音像电子出版社在巨大的压力和挑战下，开始了媒体融合发展的实践探索，并取得了一定的进展。

据调查，已经有超过2/3的音像电子出版单位开展了新媒体出版业务，有1/4的音像电子出版单位自建并运营了数字平台，有33%的音像电子出版单位有盈利的新媒体出版项目，还有22%的音像电子出版单位有年销售收入超过50万元的新媒体出版项目。开展的新媒体出版业务项目排在前三位的分别是电子书、内容资源与数字平台合作分成和APP。盈利的新媒体出版项目排在前四位的分别是内容资源与数字平台合作分成、自建并运营数字平台、数据库出版和电子书。

较其他传统出版业而言，音像电子出版业的数字化程度走在了前列，

关键是要探索形成新的运行模式。音像电子出版业现有的融合发展可归纳总结为以下几种模式：一是资本融合发展模式，即通过资本市场，运用参股、控股、并购等方式，从产权上进入新兴媒体，在业务上进行上下游整合，打通资源、完善生态、促进融合。二是运营主体融合发展模式，即利用广电、出版职能合并，三网融合等有利形势，构建全媒体的企业集群和平台，实现传统音像电子出版与新媒体深度融合、一体发展。三是组织结构融合发展模式，即积极适应出版融合发展要求，主动探索单位内部组织结构的重构再造，逐步建立顺畅高效、适应市场竞争和一体化发展的内部运行机制。四是技术融合发展模式，即通过多种方式吸收借鉴、善加利用先进的媒体技术和传播技术，加快发展新媒体、新业态。五是编辑出版流程融合发展模式，即从编、印、发到采、集、编、传，建立起"中央厨房"式的流程，实现复合出版。六是产品介质融合发展模式，即通过数字技术，以"平台型媒体"为核心，实现产品的媒介多样化和盈利多元化。七是渠道与营销融合发展模式，即用在线网店销售传统产品，用授权合作销售数字资源产品，高度重视并采用新媒体营销方式。

中国唱片总公司、中央广播电视大学音像社、中国学术期刊（光盘版）电子杂志社、北京希望电子出版社、时代新媒体出版社、河南电子音像出版社、新疆电子音像出版社等单位，结合自身资源优势、渠道优势、数据优势等，在融合发展上取得了一定成绩，在一定程度上代表了音像电子出版单位在融合发展上的探索。以中国学术期刊（光盘版）电子杂志社有限公司为例，该公司所属同方知网数字出版集团，通过数字出版、知识发现、知识管理、知识传播技术与标准，集成整合了近百年来国内外各学科领域的研究成果与各类知识文化内容，对文献及其碎片、各类知识元进行了深度加工与挖掘，形成了当今世界上规模最大的权威性文献检索与知识发现系统。其中，文献与信息类型涉及30多种，涵盖期刊、会议论文与信息、博硕士学位论文、报纸、专著、年鉴、图谱、工程技术手册、科学数据、专利、标准、科技报告、科研项目信息、法律法规与政策、司法案例、临床病例、辞书、古籍、方志、社会与经济统计数据、行业经济信息等。此外，在CNKI基础上，同方知网细分需求，开发了能源、交通、通讯、电子、材料、机械制造、航空、航天、医疗、预防、制药、种植、养殖等数百种行业的 I-CNKI，并提供了个人用户的 P-NKI 定制平台。各行业组织机构用户遍布 40 多个国家和地区，个人用户达 2 亿以上。

四、围绕音乐产业链建设，大力推动音乐产业发展

一是出台了《关于大力推进我国音乐产业发展的若干意见》。2015 年 11 月，总局发布《关于大力推进我国音乐产业发展的若干意见》。该文件是国家部委层面出台的第一个全面系统阐释音乐产业发展的文件，在社会上产生了强烈反响。《若干意见》共三部分 17 条，围绕大力推动民族原创音乐作品的生产和出版，提出"形成一个体系、推出一批经典音乐作品、催生一批创新型音乐企业、造就一批重量级音乐人才"四个发展目标，"推进优秀国产原创音乐作品出版、激发音乐创作生产活力、培育大型音乐集团公司、加快音乐与科技融合发展、推进音乐行业标准化建设、搭建大型专业音乐平台、促进国际交流与合作、推动中国音乐走出去、实施音乐人才培养计划、推进国家音乐产业基地建设"十项主要任务，"实施项目带动战略、加大产业资金支持力度、推动行业组织建设、加强版权保护和市场监管"四项保障措施。我们的目标是在"十三五"期间基本形成上下游相互呼应、各环节要素相互支撑的音乐产业综合体系。到"十三五"末，整个音乐产业实现产值 3 000 亿元（主要包括实体唱片、数字音乐、音乐版权、卡拉 OK、音乐演出以及乐器、音响等音乐装备）。现在，我们正按照《若干意见》的精神，逐条逐项加以落实。

二是成立了音乐产业促进工作委员会。在出版管理司的推动下，中国音像与数字出版协会 2015 年 5 月 11 日成立了二级协会音乐产业促进工作委员会。音促会成立以来以国家音乐产业基地建设为抓手，建立起了音乐关联产业间的桥梁，搭建了总局与音乐产业各企业单位之间的桥梁，全社会共同促进音乐产业发展的合力正在形成。

三是发布了《中国音乐产业发展报告》。在出版管理司的直接指导下，中国传媒大学从 2014 年开始，每年发布一个《中国音乐产业发展报告》。2016 年报告显示，2015 年中国音乐产业市场总规模约为 3 018.19 亿元，

这其中，围绕音乐作品原创而构成的"实体唱片、音乐演出、音乐版权经纪与管理、数字音乐、音乐图书出版"等音乐产业核心层市场规模达到665.32亿元；以音乐作品的传播、消费、服务、制造为主的音乐产业关联层总产值达到1 456.27亿元；与广播电视、文化娱乐等行业相融合的音乐产业拓展层的产值达到896.6亿元。增速较2014年的4.9%提高了19.4%，标志着中国音乐产业继续保持了中高速增长。音乐产业总体上处于过渡转型、稳步上升期，伴随信息技术的进步，音乐产业开启了"互联网+"时代下的发展新格局。

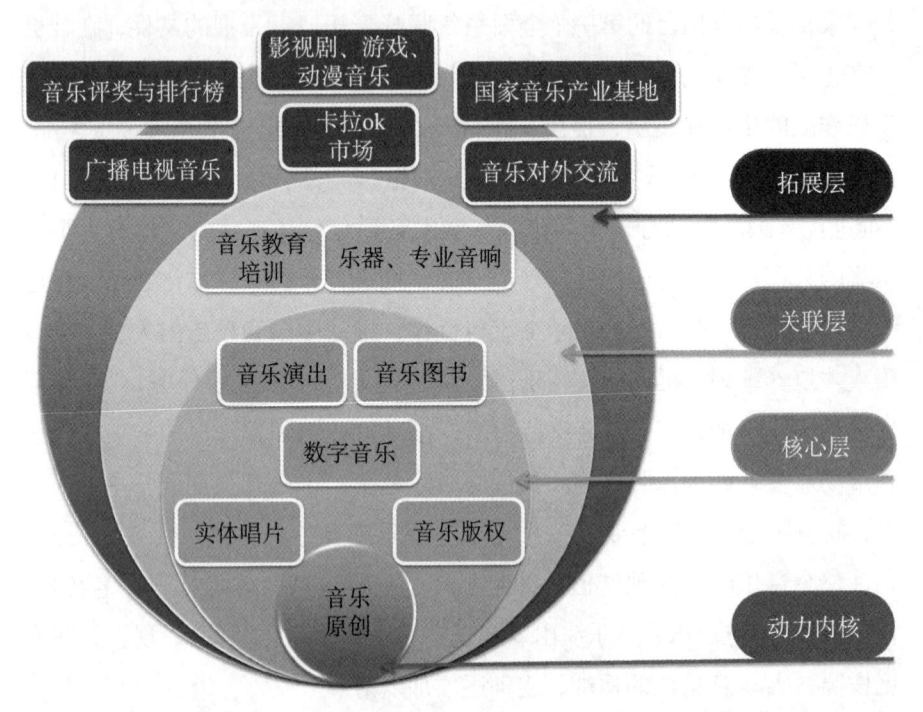

四是成立了北京、上海、广东和成都四个国家音乐产业基地。2009年以来，经原新闻出版总署批准，北京、上海、广东和成都四个国家音乐产业基地相继挂牌成立。近年来，在各个基地（园区）有关省市党委、政府的高度重视和大力支持下，基地（园区）快速发展，集聚效应明显，已成为我国音乐产业的重要聚集区。据统计，2015年，4个国家音乐产业基地总资产达178.38亿元，同比增长了47.6%。营业收入总额80亿元，主营业务收入75.91亿元，基地园区利润总额达6.6亿元，其中主营业务利润4.73亿元。2015年音乐产业基地各园区与音乐产业相关入驻企业总数

1 755个，从业人员总数为13 690人，同比增长42.5%。各个园区在音乐机构聚集、音乐人才汇集、产业服务集成等方面表现突出。在以音乐为主线，以聚集高端音乐产业要素为动力，促进原创音乐的生产和出版，构建完整音乐产业体系的过程中，国家音乐产业基地将发挥越来越重要的作用。

五、音像电子出版业发展面临的问题和发展思路

"十二五"时期，音像电子出版业虽然已经取得了很大发展，但也面临一些问题：一是精品力作数量不多，有"高原"缺"高峰"，抄袭模仿、千篇一律的问题还比较突出；二是规模较小，产业集中度不高；三是人才缺乏，原创能力不足，高水平人才缺乏，特别是懂出版、懂技术的复合型人才匮乏；四是活力不强，市场主体没有形成。随着以互联网为代表的数字、网络、信息技术的迅猛发展，音像电子出版面临的更大的挑战。

1. 阅读方式发生变化，音像消费方式出现危机。用户阅读需求变化对出版业内容生产带来挑战，阅读内容表现形式和传播形式的多元化，阅读时间的碎片化，阅读终端的多屏化带来了新的阅读方式和阅读需求，一些传统音像制品载体的衰落不可避免。

2. 音像销售终端急剧萎缩，传统音像制品的产业链发生断裂。在销售渠道极度萎缩的情况下，音像电子出版业的产业闭环就出现了断裂，产品的价值无法实现，新的产业链又未能及时建立起来，整个音像电子出版业面临着严峻的挑战。

3. 盗版和网络非法下载现象还比较猖獗，音像电子出版单位的市场环境没有得到根本改善。音像电子出版行业一直是盗版的"重灾区"。在信息化时代，网络非法下载已成为盗版的主要渠道。盗版和网络非法下载的存在，直接导致音像电子出版单位对节目的投入减少，粗制滥造的节目越来越多，精品力作越来越少，造成产品质量不断下降，从而形成了一种恶性循环，已经严重威胁到产业的生产与发展。

4. 产业竞争主体发生变化，音像电子出版运营机制面临挑战。随着信

息传播全媒体化，音像电子出版单位的市场竞争对手已经不单是原来出版业的同行，而是扩张到了互联网、移动互联网等新媒体企业，甚至是其他行业。音像电子出版单位的体制机制难以适应新的产业竞争环境。

面对上述问题和挑战，音像电子出版业必须加大体制机制的改革力度，勇于创新，实施项目带动战略，在特色发展上助推发力，同时要大力推动融合发展。

一是积极鼓励音像电子出版单位拓展业态。支持音像电子出版单位业务范围向广播、电影、电视、网络试听等领域延伸。

二是利用大数据和云计算等新技术推进内容生产，优化内容资源制作、存储、分发流程，提升数据处理能力，实现信息资源整合的现代化、专业化和规模化，拓宽内容来源渠道，实现市场需求的精准预测，个性化内容和服务的精准推送。

三是充分利用移动互联网技术，将音像电子出版单位掌握的丰富内容与移动互联网深度结合，产生发展的强大推力。

四是要强化互联网思维，培养用户服务意识，尊重用户需求，注重用户体验，利用最佳、最适合的技术，达到最好的水准，实现业务流程的革新和产品形态的创新，为用户提供高质量的内容、产品及服务，实现从内容提供到信息服务再到知识服务的职能转变。

五是要遵循新媒体传播规律。根据新媒体的特点进行内容加工，根据不同的产品形态、传播方式、传播渠道对内容予以差异化呈现。同时，注重分众化互动式内容推送，既要提供具有市场共性需求的产品和服务，也要根据用户的不同需求，在内容和服务供给上做到量身定做、精准传播，丰富人们的阅读体验。

（国家新闻出版广电总局出版管理司音像电子处）

第五节 "十二五"时期中国数字出版发展报告

"十二五"期间，我国经济发展步入"新常态"，经济增长从规模速度型迈向质量效益型，文化产业被确定为国民经济支柱型产业，以互联网新技术引领数字出版产业不断创新。宏观环境与技术进步，为数字出版发展提供了重大发展机遇，数字出版获得空前快速的增长。

一、宏观政策与数字出版产业互为支撑

"十二五"期间，我国推出一系列促进文化产业、数字出版发展繁荣的政策文件，这些政策的推出可分为三个阶段：

第一个阶段是2012年11月，党的十八报告明确提出"扎实推进社会主义文化强国建设，使文化产业成为国民经济支柱产业"，明确指出了文化产业在国民经济转型升级中的重要地位。

第二个阶段是2014年8月，中央全面深化改革领导小组第四次会议审议通过《关于推动传统媒体和新兴媒体融合发展的指导意见》，随后，国家新闻出版广电总局和财政部联合印发了《关于推动传统出版和新兴出版融合发展的指导意见》，"融合发展"成为新闻出版产业发展的关键词，各级政府与相关企业纷纷加大对"融合发展"的投资力度并出台各种配套政策，加快了数字化改革的步伐，极大推进了传统媒体数字化的发展进程。

第三个阶段是2015年3月，在第十二届全国人民代表大会上，"互联网+"首次写入政府工作报告，数字出版顺应政策导向，从媒体间的融合发展走向与相关行业的跨界融合发展阶段，在整合资源、创新发展上，跨出了一大步。

三个重要文件的出台，从大力发展文化产业，到推动媒介融合（传统媒体与新兴媒体），再到跨界融合（互联网+行业），意味着国家文化产业的政策支持由宏观走向微观，由方向指引走向具体工作。数字出版的跨越

式发展与阶段性政策引导相辅相成，可以说，每个阶段的政策，准确把握住文化产业发展的新趋势，而政策的推出，又起到很好的引导作用，促进了数字出版产业的进一步繁荣与发展。

二、数字出版产业规模高速增长

"十二五"时期，我国数字出版保持了快速发展的态势，年产值从2011年的1 377亿元到2015年的4 403.85亿元，年均增长高达34%，已经成为新闻出版业重要的经济增长点和主体产业。从产品来看，电子书产品从2011年的90万种增长到2014年的160万种，互联网原创增加至201万种[①]。

从趋势来看，数字阅读已经被大众所接受，2014年，数字阅读率达到58.1%，首次超过纸质阅读率；移动互联网的快速发展和智能终端的普及，使得数字出版产品和信息得以更为广泛传播，消费市场逐渐活跃，数字出版业全球累计用户超过十亿；走出去步伐明显加快，成效显著，2014年，数字出版产品海外市场收入超过30亿美元。

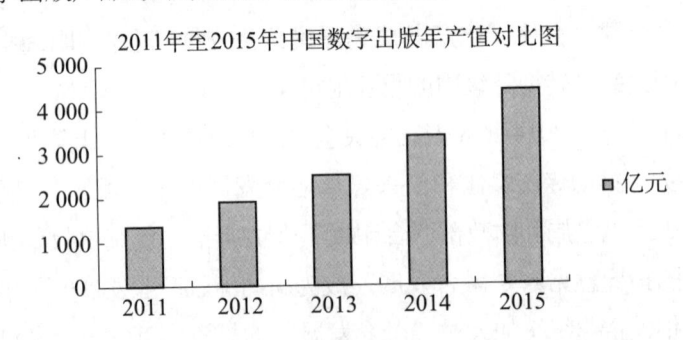

2011年至2015年中国数字出版年产值对比图

三、数字出版产业形态不断创新

（一）技术创新——新兴技术引领产业升级

"十二五"期间，云计算、物联网、虚拟现实、智能语音、机器写作

---

① 数据来源于中国新闻出版研究院2010—2016年中国数字出版年度报告。

等新兴技术在新闻出版领域应用创新，引领了传统出版产业的数字化转型升级。

凤凰出版传媒集团2013年9月落成的凤凰云计算中心是全国前三、华东第一的五星级云计算中心，拥有IDG、ISP数据中心顶级运营资质，吸引了百度、优酷等一批一线互联网企业入驻。2015年，数据中心实现营收1.8亿元，利润4 100万元。

江西出版集团2015年7月全资收购了美国物联网技术公司意联科技，随后建立新闻出版物联网应用研发基地，筹建新闻出版产业物联网技术应用实验室，起草"新闻出版领域物联网应用标准体系"，大力研发物联网在新闻出版物流领域的应用。

北京出版集团将虚拟现实与纸质书结合，于2016年4月推出全国首部VR图书——"大开眼界恐龙世界大冒险丛书"，继而大力投资可穿戴设备。2013年，中文传媒天地股份有限公司收购北京百分在线信息技术有限公司，进军虚拟现实领域，进行虚拟现实数字旅游、虚拟现实数字图书馆、虚拟现实数字博物馆、虚拟现实游戏等内容研发，并联合美国好莱坞打造虚拟现实主题公园。2012年，凤凰集团收购控股厦门创壹软件有限公司，以此为基础构建起了在职业教育三维互动虚拟实训系统市场的全国领先优势。

广东出版集团利用智能语音技术开发出英语人机对话智能评测练习系统，应用于广东省中考口语考试，用技术使英语口语考试实现了标准化。

新华社开发人工智能写作，推出写稿机器人"快笔小新"，已广泛应用于财报新闻与体育新闻撰稿。

（二）媒介融合——图书与影视游戏、音视频产业融合发展

近年来，以网络小说为源头，进行影视剧-图书-音像出版物-游戏-动漫-玩偶-周边-明星-粉丝-社群的IP运营模式日臻成熟，仅在2015—2016年，就有30部网络小说被改编为影视剧，各大网络文学网站TOP100的作品，乃至TOP200的网络小说改编权，都已被买光。影视剧是IP运营中最主要的开发方式，而游戏则是目前最快的变现方式。2015年，

天象互动推出和电视剧同步上线的《花千骨》手游，成功地吸引到女性玩家，月收入高达2亿元。

鉴于影视游戏的超高利润率，国内一线出版传媒集团加大布局影视、游戏产业力度。凤凰出版传媒集团在过去两年里，业绩增长最快的即为影视板块。2016年上半年凤凰传奇影业实现34倍的跨越式增长。2013年9月，江苏译林出版社与作家饶雪漫共同成立了江苏译林影视文化传播有限公司，首部电影与光线影业合作，将销量超过一千万册的本版饶雪漫同名小说《左耳》改编为同名电影，投资3 000万元，收获票房5亿元。

2014年6月，江西出版集团旗下上市公司中文传媒出资26亿元，全资收购游戏公司智明星通，收购甫一完成便连续获得高净值回报。2016年，智明星通年收入46.9亿元，净利润贡献为7.92亿元，比2015年的35亿元增长了7.76%。

2012年7月，浙报传媒出资32亿元收购盛大游戏平台边锋浩方，打造"新闻+娱乐+社区化"全媒体平台，为用户提供从新闻资讯，到竞技、娱乐、阅读、时尚等综合文化服务。凤凰出版传媒集团投资并购或参股模式进军游戏市场，旗下游侠网和3DM网在国内游戏资讯类网站排名中均稳居前十位，控股公司上海慕和网络科技公司则是国内一流的手游开发企业，曾开发出《魔卡幻想》等明星级手机游戏。

除了影视与游戏开发，布局快速增长的有声读物市场亦是一个新方向，青岛出版集团旗下城市传媒进军时下最火的音频市场，与喜马拉雅共同开发互联网电台。

（三）跨界融合——以品牌为优势拓展相关领域

传统出版集团依托既有品牌优势与资源优势，利用互联网，打通线上线下，做大相关文化产业，亦是"十二五"期间数字出版在"互联网+"方向上进行的成功探索。如江西出版集团利用"瓷都"的品牌优势，成功申报了文化产业专项基金"瓷上世界"项目，从传统的相关瓷器鉴赏图书起步，延伸至艺术品网站运营，到线下的收藏鉴定与鉴赏，再到运营艺术江西博览会，将图书出版、数字出版与O2O运营、文化活动相结合，通过整体运营，使"瓷上世界"这一品牌得以最大程度的价值发挥。

湖南出版传媒集团旗下中南传媒则定位于老年群体，构建《快乐老人报》－老年杂志《康颐·活过一百岁》－老年网站枫网－老年旅游的美时美刻国际旅行社－老年购物"快乐老人生活馆"，从产品到服务的全产业链，做活了从经营产品到经营用户，再围绕用户，做相关产业开发的一条龙服务。

除了老年产业，幼教产业则是"十二五"期间一个更大的热点，国有出版公司与民营教育公司都有相当成功的案例。安徽出版集团旗下时代出版传媒公司依托幼儿教育图书，从内容、衍生和幼儿园等领域全面进入幼教产业。旗下拥有"金宝国际幼儿园"和"紫荆幼儿园"两大幼儿园品牌运营权和开办权；子公司时代漫游推出的豚宝宝电子课件，主要针对机构用户，已在多家终端幼儿园所落地；豚宝宝妙趣盒，针对家庭用户，融合"APP、绘本、动画、玩具"，已有 15 款单品完成批量生产；基于加盟和连锁的豚宝宝早教中心，定位高端目标客户。子公司时代紫荆集中高端幼儿园投资与管理运营，打通了幼教全产业链。

民营公司威创股份投资贝聊、程博士育儿等家园共育、自媒体流量入口，搭建"家庭个性化教育方案"云平台，通过测试以及孩子在幼儿园积累的数据，向家长提供个性化的育儿方案，并通过早教中心、幼儿园、培训机构、在线教育产品、家园共育、幼儿园信息化、玩教具装备、纸质出版物、数字阅读物、电子科技产品、儿童游戏及应用、教师继续教育、亲子游、家庭教育等全方位布局，打造幼教全产业链。

四、数字出版面临的问题与挑战

"十二五"期间，数字出版在快速增长与创新的同时，也伴随着空前激烈的行业竞争与挑战。

（一）互联网公司跨界生长，野蛮入侵

1. 微信阅读快速崛起。"十二五"期间，受众的阅读方式发生了很大

的变化，据最新一次国民阅读调查显示，2015年，我国成年国民日均手机阅读时长首次超过一小时，达62.21分钟。在手机阅读里，"微信"成为首选，阅读时长为44.06分钟，而人均每天电子阅读器阅读时长仅为6.82分钟。以微信为代表的社交化阅读成为人们每日数字化阅读的首选，耕耘多年的电子书、电子期刊、电子报纸则多沦落为微信传播的内容源。

2. 蓬勃兴起的自媒体内容创业。自2015年起，内容创业成为互联网领域最大的投资热点。内容创业是指以创造高质量的内容为手段的创业方式，如微信公众号、自媒体播客或自媒体平台。其中著名的自媒体公众号罗辑思维估值已达13.2亿元，吴晓波频道达20亿元，PAPI酱的首笔贴片广告即达2 200万元……伴随喜马拉雅、得到等移动自媒体平台的快速发展，以及BAT加大自身门户网站的自媒体平台的引流与稿酬，越来越多的传统媒体人辞职加入到自媒体创业中，以自身的知识、思想、个性征服受众。如前爱乐主编刘雪枫在得到平台推出一款讲授古典音乐的节目"雪枫音乐会"，每天15分钟，每周5期，年收费199元。产品在得到平台上线20天，订户超过2万，收入600多万元，远超《爱乐》杂志年广告收入。而类似收入过千万元的单品已经有很多款。有专家预测，2017年，年收入过亿的自媒体单品将成为现实。

3. 知识共享经济模式冲击传统知识生产模式。2011年，美国互联网研究学者克莱·舍基（Clay Shirky）提出"认知盈余"的概念——"如果将全世界的自由时间看作一种资源，有效'认知盈余'并加以有效利用，将会累积成巨大的后果"。这一预言在随后的共享经济时代得到了充分验证。在国内互联网领域，以开放、共享、社会化服务为基础的知乎、喜马拉雅、豆瓣、无讼等知识共享经济平台快速崛起，带来了全新的知识服务模式。

共享经济模式打破机构与资质的限制，将个人的知识与技能作为资源加入到更加开放自由的价值交换体系中，通过共享流通，优化配置，实现知识传播。产品、服务、业务模式因为互联而发生和发展的社会化协作，是互联网的先天基因。国内内容产业领域，最大的移动新闻客户端今日头条没有一个记者；最大的影视音书评论网站豆瓣没有一个写手；最大的专业知识问答平台知乎没有一个专家；最大的音频网站喜马拉雅没有一个播音员；最大的视频网爱奇艺没有一个制作人……这些平台认知并有效使用了社会中大量存在的"智力盈余"，以社会化协作的方式，聚合和调动个人资源，实现规模化的有效供给，使知识传播达到最大效率。

基于共享经济的知识服务模式对传统数字内容生产模式带来巨大冲击，传统出版业在数字化过程中如何与互联网思维接轨，如何有效利用与借鉴社会化分工模式，在投资并购的时候，该投资什么不该投什么，是数字出版产业必须要思考的重要问题。

(二) 数字出版概念范畴仍在探索之中

数字出版的概念诞生于2005年，指"建立在计算机技术、通讯技术、网络技术、流媒体技术、存储技术、显示技术等高新技术基础上，融合并超越了传统出版内容而发展起来的新兴出版产业"。在由新闻出版总署主办、中国新闻出版研究院承办的首届数字出版博览会上，数字出版年产值第一次发布，其统计范围主要包括电子图书、数字报纸、数字期刊、网络原创文学、博客、网络地图、数字音乐、网络动漫、网络游戏、互联网广告、手机出版物等。其后，数字出版概念在出版界被广泛使用，代指数字化的出版新业态、新模式。2013年，新闻出版总署、广电总局的职责整合，组建国家新闻出版广电总局，数字出版司成为独立的司局。

历经10多年，互联网产业各相关子产业快速进步，当初的数字出版概念范畴暴露出颇多问题，如互联网广告、游戏产业早已成长为文化产业中的巨无霸，其生产、运营与管理模式，与出版产业已完全不同，将之纳入数字出版产业已不适宜；博客已被微博所取代，进而又被微信所取代，而微信因"社交+信息+服务"的综合属性，又不便将其整体纳入数字出版统计范畴；基于共享经济而建立的互联网内容产业，由于没有传统出版基因，更是从一开始就弃用数字出版这一概念，如果将整修互联网内容产业这一大概念纳入数字出版这一专业概念中，也颇为不妥。

国外的数字出版（Digital Publishing），通常仅对应传统出版的数字化，而非包罗万象，如全球数据统计互联网公司Statista[①]在其定期发布的

[①] Statista是全球领先的数据统计互联网公司，总部位于德国，分支机构扩展到纽约、柏林、伦敦、马德里等地。公司有250名数据库、统计专家、分析师。2014年，Library Journal（图书馆杂志）授予Statista"最佳统计门户"称号。网站可供访问的数据来自市场和民意研究机构，也包括英国和德国的商业组织和政府机构。作为全世界最成功的统计数据库之一，平台拥有超过100万项统计数据，涵盖8万多个主题，数据来源超过18 000项。

"2016年全球数字出版领域报告"中,对数字出版的统计范畴仅限于电子书、数字期刊、数字报纸等主流形态。全球2016年数字出版收入仅为14亿美元。依我国数字出版概念范畴,我国2015年数字出版总收入已超过700亿美元,2016年3月发布的《国民经济与社会发展"十三五"规划纲要》中明确指出"加快发展网络视听、移动多媒体、数字出版、动漫游戏等新兴产业"。纲要将"数字出版"与"网络视听、移动多媒体、动漫游戏"并列提出,可见,在国家层面上,也认为上述业务非包含关系。

在"十三五"期间,我国数字出版概念范畴到底应该包括哪些领域,如何与国际接轨,能否让新兴自媒体等内容产业接受并使用这个概念,是数字出版在未来5年里面临的另一大严峻挑战。

(汤雪梅　北京印刷学院数字出版与传媒研究院)

第六节 "十二五"时期中国印刷业发展报告

"十二五"时期,我国印刷业克服国内外经济环境中诸多不确定性因素的影响,面对各种困难和挑战,开拓进取,勇于创新,在提质增效、转变发展方式方面取得了积极进展,为"十三五"时期继续稳步发展与提升打下了良好的基础。

印刷业作为国民经济的"晴雨表",受宏观经济调整影响,在"十二五"期间,遭遇了增速放缓、成本上升、环保压力加大等诸多挑战,部分中小企业经营遇到一定困难,转型升级步伐缓慢。印刷业工业总产值由"十一五"末期2010年的7 706.50亿元增长至2015年的11 246.24亿元,增长了45.93%。受宏观经济换挡减速和关联行业增势放缓影响,同比增速同样呈现逐年下降趋势,由2011年的12.59%降至2015年的3.58%。但从整体上看,随着"互联网+"行动计划在印刷业的逐步落地,以及行业资本意识的觉醒,印刷业可持续发展的新动能正在逐步显现。

为了梳理"十二五"时期我国印刷业发展的趋势及特点,本文以国家新闻出版广电总局印刷企业年度核验数据为基础,对2011—2015年间我国印刷业发展的关键数据指标进行全面梳理和解读。

一、"十二五"时期印刷业发展的基本情况

"十二五"时期,我国印刷业与整个国民经济一道迎来了换挡减速的发展新常态。在此期间,我国印刷业整体上保持了向上态势,产业规模继续增长,但增速有所下滑,以利润总额为代表的个别关键数据指标出现波动。

数据显示,"十二五"期间,我国印刷企业数量有所波动,但变化幅

度不大。2015年，我国共有印刷企业103 467家，比2011年增加了983家，增长率为0.96%。期间，我国印刷企业数量呈"抛物线"走势，由2011年的102 484家连续增至2013年的105 890家，达到区间高点；随后，又连续两年呈下行走势。

印刷企业数量走势平稳，表明我国印刷业的基本面仍保持良好。虽然一方面有少量印刷企业由于各种原因出现关厂、倒闭、破产，但另一方面也不断有新兴企业加入进来，这保证了印刷产业生态正常的新旧交替。

"十二五"期间，印刷业面临的市场调整压力，在三项关键数据指标上得到了不同程度的体现。数据显示，2015年，我国印刷业资产总额、工业总产值、利润总额三项指标分别为12 357.31亿元、11 246.24亿元、698.60亿元，与2011年比分别增长了33.49%、29.61%、-5.58%。其中，工业总产值同期增速低于资产总额的增加幅度，表明投资对印刷业产业规模的拉动效应有所下降。在资产总额、工业总产值双双上行的情况下，利润总额出现超过5%的负增长，则表明印刷业的投资回报率和利润率向下压力明显。

三项关键数据指标呈现出的不同走势表明，在印刷企业数量保持平稳的前提下，印刷业仍表现出了一定的投资和扩大再生产意愿。但由于外在经济环境的变化，印刷业产业规模扩张动能减弱，盈利能力有所下滑。对此，国内印刷企业应因应外部环境的变化，合理制定发展目标和投资计划，以维持自身的健康和可持续发展。（见表1）

表1 "十二五"时期印刷业资产总额、工业总产值和利润总额

年份	印刷企业数量（家）	资产总额（亿元）	资产总额增长率	工业总产值（亿元）	工业总产值增长率	利润总额（亿元）	利润总额增长率
2011	102 484	9 257.09	—	8 677.13	—	739.87	—
2012	104 367	10 461.29	13.01%	9 510.13	9.60%	724.98	-2.01%
2013	105 890	11 024.71	5.39%	10 312.45	8.44%	772.20	6.51%
2014	104 981	11 762.98	6.70%	10 857.51	5.29%	714.17	-7.52%
2015	103 467	12 357.31	5.05%	11 246.24	3.58%	698.60	-2.18%

"十二五"时期无论对整个国民经济，还是对印刷业而言，都是改革开放30多年来非常重要的减挡变速期。在这五年里，随着国内外经济环境的变化，党和政府主动调整经济发展思路，引导国民经济从主要追求速度和规模的高速发展期，进入更加注重质量和效益的新常态，积极培育经济内生动力，以应对错综复杂的国际经济形势。在国民经济的调整与升级过程中，印刷业与很多实体行业一道，遇到了一定的困难和挑战，具体表现为增长速度放缓，综合成本上升，盈利能力有所下降，部分企业生产经营困难。但从整体上看，"十二五"时期，我国印刷业的向上动能保持稳健，市场规模继续扩大，全员劳动生产率稳步提升，对国际资本的投资吸引力继续提升，这些都表明我国印刷业的基本面并未出现根本性逆转。当前，需要引起关注和重视的是，在整个国民经济由速度、规模型向质量、效益型转轨的过程中，广大印刷企业也亟待重新审视既有发展模式，积极利用互联网、工业4.0等新型工具和理念，实现商业模式和管理体系的更新和再造，寻找新的增长动能，为未来的可持续发展打好基础。

二、"十二五"时期印刷业区域发展的特点

"十二五"时期，珠三角、长三角、环渤海和中部地区四大产业带，以及四大产业带外的其他地区，印刷业产业规模都保持持续增长，这表明我国不同地区印刷需求相对平稳，并未出现明显波动，但由于相对发展速度存在差异，四大产业带及其他地区在全国印刷业工业总产值中的占比此消彼长，这凸显了我国印刷业区域格局的不断调整。

数据显示，2015年，珠三角、长三角、环渤海和中部地区印刷业工业总产值分别为2 001.11亿元、3 397.27亿元、2 282.64亿元、1 764.89亿元，与2011年相比，分别增长了24.95%、14.37%、34.42%、60.40%。其中，中部地区增速显著高于其他三大产业带。虽然"十二五"时期我国印刷业的区域格局处于再平衡过程中，但四大产业带在全国印刷业中的位置仍保持稳定。按产值规模排序，长三角稳居第一位，环渤海次之，珠三角占

据第三位，中部地区仍排在最后，表明印刷业区域格局的调整和再平衡是一个缓慢的过程，需要与关联产业的区域转移力度和步伐保持一致。（见表2）

表2　"十二五"时期区域印刷业工业总产值在全国总量的占比

区域	2011年 印刷业工业总产值（亿元）	在全国印刷业工业总产值中的占比	2012年 印刷业工业总产值（亿元）	在全国印刷业工业总产值中的占比	2013年 印刷业工业总产值（亿元）	在全国印刷业工业总产值中的占比	2014年 印刷业工业总产值（亿元）	在全国印刷业工业总产值中的占比	2015年 印刷业工业总产值（亿元）	在全国印刷业工业总产值中的占比
珠三角	1 601.60	18.46%	1 699.36	17.87%	1 805.98	17.51%	1 904.10	17.54%	2 001.11	17.79%
长三角	2 970.49	34.23%	3 011.38	31.66%	3 156.51	30.61%	3 279.06	30.20%	3 397.27	30.21%
环渤海	1 698.09	19.57%	2 003.21	21.06%	2 107.07	20.43%	2 180.39	20.08%	2 282.64	20.30%
中部地区	1 100.32	12.68%	1 350.06	14.20%	1 601.96	15.53%	1 779.78	16.39%	1 764.89	15.69%
其他地区	1 306.63	15.06%	1 446.12	15.21%	1 640.93	15.91%	1 712.93	15.78%	1 800.33	16.01%

三、"十二五"时期印刷业产业结构的变化

印刷经营活动主要分为出版物印刷、包装装潢印刷品印刷、其他印刷品印刷三类，此外，还有少量企业从事排版、制版、装订等专项业务的经营。从产业结构来看，出版物印刷和包装装潢印刷品印刷创造了九成以上的印刷业工业总产值，是我国印刷业的主体；从企业数量来看，其他印刷品印刷企业数量超过4万家，仅次于包装装潢印刷品印刷企业。这类企业虽然普遍规模不大，但量多面广，广泛服务于各行各业，是印刷业中不容忽视的一支力量。

（一）"十二五"时期出版物印刷发展态势

从大的社会背景看，"十二五"时期是社会传播媒介与信息流通渠道

发生大调整、大变革的五年。随着智能手机、平板电脑及移动互联网的发展和普及，人们获取信息与知识的渠道逐渐从线下向线上转移，图书、期刊、报纸等纸质出版物的发展均遇到了一定挑战，尤其是以新闻、资讯传播为主要功能的报纸、期刊遭遇的挑战更为严峻，部分报刊由于在经营上难以为继，出现停刊。这些都对"十二五"时期出版物印刷市场的走势产生了重要影响。

图书、期刊、报纸出版市场的下行不可避免会制约和影响出版物印刷的发展。"十二五"时期，受三类出版物总印数和总印张数双双下滑的影响，出版物印刷企业面临着比其他类型出版企业更大的转型升级、创新发展压力。部分企业由于转型迟缓，创收、创利能力下滑明显，但也有很多企业通过产品创新和多元化战略，克服了上游市场下行压力，保持了正常向好的发展态势。从整体上看，"十二五"时期我国出版物印刷市场克服了纸质出版物市场调整的压力，关键数据指标保持了上行走势，但增速逐年放缓。

数据显示，2015年，我国共有出版物印刷企业7 176家，比2011年增加5.20%；实现出版物印刷产值1 738.01亿元，增加值444.81亿元，分别比2011年提高32.27%、36.25%，与同期图书、期刊、报纸出版总印数和总印张数负增长20.40%的发展态势形成了鲜明对比，且高于同期全国印刷业工业总产值、工业增加值的增长率，这是十分难能可贵的。"十二五"时期，出版物印刷产值在全国印刷业工业总产值中的占比，由2011年的15.14%提高到2015年的15.45%；出版物印刷实现工业增加值在全国印刷业工业增加值中的占比，由15.07%提高到17.16%。（见表3）

表3 "十二五"时期出版物印刷关键数据指标及增长情况

年份	企业数量（家）	企业数量增长率	产值（亿元）	产值增长率	增加值（亿元）	增加值增长率
2011	6 821	—	1 313.94	—	326.47	—
2012	7 041	3.23%	1 470.15	11.89%	372.97	14.24%
2013	7 133	1.31%	1 594.01	8.42%	412.32	10.55%
2014	7 153	0.28%	1 728.12	8.41%	443.05	7.45%
2015	7 176	0.32%	1 738.01	0.57%	444.81	0.40%

（二）"十二五"时期包装装潢印刷品印刷发展态势

包装装潢印刷品印刷的主要作用是为国民经济"穿衣戴帽"，即为各行各业的产品，尤其是轻工业产品，提供外包装印刷和加工服务。包装装潢印刷品印刷服务的关联产品，如食品饮料、烟酒糖茶、医药用品、家用电器、手机电脑、纺织服装等，主要提供人们的日常消费品。"十二五"时期，由于宏观经济环境和居民消费习惯的变化，部分消费品行业发展出现波动，增速有所放缓，这对包装装潢印刷品印刷的发展产生了一定影响。

从整体上看，"十二五"时期包装装潢印刷品印刷保持了上行态势，关键数据指标增速有所放缓，但优于印刷业整体表现。数据显示，2015年，我国共有包装装潢印刷品印刷企业51 024家，比2011年增长7.70%，而同期我国印刷企业总量仅增长了0.96%；实现包装装潢印刷品印刷产值8 406.20亿元，比2011年增长33.04%，比同期印刷业工业总产值29.61%的增长率高出3.43个百分点，实现包装装潢印刷品印刷工业增加值1 929.19亿元，比2011年增长25.07%，比同期印刷业工业增加值19.65%的增长率高出5.42个百分点。

包装装潢印刷品印刷从市场总量上看是我国印刷业最大的门类。由于整体增速高于印刷业整体水平，"十二五"时期包装装潢印刷品印刷在印刷业主要关键指标中的占比均有所提升。其中，包装装潢印刷品印刷企业在全国印刷企业总量中的占比由2011年的46.23%提高到2015年的49.31%；包装装潢印刷品印刷产值在全国印刷业工业总产值中的占比由2011年的72.82%提高到2013年的74.75%；包装装潢印刷品印刷工业增加值在全国印刷业工业增加值中的占比由71.20%提高到74.42%。（见表4）

表4 "十二五"时期包装装潢印刷品印刷关键数据指标及增长情况

年份	企业数量（家）	企业数量增长率	产值（亿元）	产值增长率	增加值（亿元）	增加值增长率
2011	47 377	—	6 318.77	—	1 542.52	—
2012	49 707	4.92%	7 119.08	12.67%	1 665.76	7.99%
2013	50 433	1.46%	7 749.57	8.86%	1 735.22	4.17%
2014	50 871	0.87%	8 068.42	4.11%	1 835.44	5.78%
2015	51 024	0.30%	8 406.20	4.19%	1 929.19	5.11%

包装装潢印刷品印刷是我国印刷业产值规模最大的门类，其市场走势在相当程度上决定了整个行业的景气度高低。从整体上看，在国民经济换挡减速的情况下，包装装潢印刷品印刷表现出了较好的抗跌性，产值和增加值稳步提升，且增速高于印刷业的整体水平，是行业增长的主要带动力量。不过，值得注意的是，前些年在国民经济维持高速增长的情况下，包装装潢印刷品印刷一度被认为拥有巨大的发展潜力和市场空间，加之宽松的货币政策，各路企业和资本纷纷加大对这一领域的投入，包装装潢印刷品印刷产能快速增加，在市场增速放缓之后，产能过剩的问题逐步凸显。尤其是在低端瓦楞纸箱、彩色纸盒印刷领域，由于市场竞争压力不断加大，产品毛利率逐步下滑，企业盈利空间不断被压缩，增产不增收的情况较为普遍。少数资金杠杆率过高的企业甚至由于订单萎缩、成本上升、盈利能力不足等问题陷入经营困境。在当前的经济和市场环境下，业界必须对包装装潢印刷品印刷市场保持清醒的认识，一方面要坚信随着我国经济结构的优化和调整，主要服务于日常消费品行业的包装装潢印刷品印刷仍有良好的发展前景和上升空间，另一方面也要积极转变发展方式，逐步实现由规模扩张型思维向更加注重质量、效益、创新能力的新型发展模式的过渡。

（三）"十二五"时期其他印刷品印刷发展态势

其他印刷品印刷是我国印刷业的一个重要门类，泛指除了出版物、包装装潢印刷品之外各种印刷品的印刷。从历年印刷业统计数据来看，其他印刷品印刷的主要特点是企业数量众多，但平均产值规模不大，这主要是由其他印刷品印刷企业和产品的多样性决定的。例如，同样被划入其他印刷品印刷领域，部分票据、有价证券、安全防伪印刷企业技术装备水平很高，产值规模很大，丝毫不逊色于一些大型出版物或包装装潢印刷品印刷企业，而在这一领域占据主体地位的商务快印企业数量众多，却一般都生产空间相对有限，设备相对简单，主要提供文件、资料、图表、名片、标书、会展用品等相对简单的印刷品制作，产值规模普遍较小。虽然产值规模与出版物、包装装潢印刷品印刷无法相提并论，其他印刷品印刷却直接服务于社会商业活动，是整个国民经济顺畅运转不可缺少的重要组成部分。"十二五"时期，受整个国民经济增速放缓的影响，其他印刷品印刷市场出现一定波动，整体增速没有达到行业平均水平。但从走势上看，"十二五"五年间，其他印刷品印刷市场呈现V字型翻转，2015年产值、增加值同比增速出现大幅回升，且高于同期印刷业工业总产值、工业增加值增速，有率先企稳回升迹象。

数据显示，"十二五"时期，我国其他印刷品印刷企业数量由2011年的44 868家下降到到2015年的42 233家，减少了5.87%，在此期间除了2012年出现1.25%的微幅增长，其他年份均呈现下降趋势；其他印刷品印刷产值由708.51亿元增长到873.96亿元，增长率为23.35%，比同期印刷业工业总产值29.61%的增长率低6.26个百分点；其他印刷品印刷工业增加值由182.77亿元增长到198.49亿元，增长率为8.60%，比同期印刷业工业增加值19.65%的增长率低11.05个百分点，差距较大，不过，2015年与2014年相比，其他印刷品印刷增加值增长了8.74%，比同期印刷业工业增加值3.72%的增长率高出5.02个百分点。由于主要指标增长率均没有达到行业平均水平，"十二五"期间，其他印刷品印刷企业在全国印刷企业总量中的占比由2011年的43.78%下降到2015年的40.82%；其他印刷品印刷产值在全国印刷业工业总产值中的占比由8.17%下降到7.77%；其他印刷品印刷工业增加值在全国印刷业工业增加值中的占比由8.44%下降到7.66%。（见表5）

表5 "十二五"时期其他印刷品印刷关键数据指标及增长情况

年份	企业数量（家）	企业数量增长率	产值（亿元）	产值增长率	增加值（亿元）	增加值增长率
2011	44 868	—	708.51	—	182.77	—
2012	45 431	1.25%	766.19	8.14%	196.19	7.34%
2013	45 188	-0.53%	791.79	3.34%	175.46	-10.57%
2014	43 445	-3.86%	810.56	2.37%	182.53	4.03%
2015	42 233	-2.79%	873.96	7.82%	198.49	8.74%

四、"十二五"时期规模以上重点印刷企业发展态势

规模以上重点印刷企业（年产值在 5 000 万元以上）是我国印刷业的支柱力量。这部分企业在行业企业总量中占比不大，但对印刷业工业总产值和利润总额的贡献却均超过了 50%。"十二五"时期，随着国民经济的换挡减速，我国印刷业也步入转型调整期，各种不确定性因素的存在使广大印刷企业面临前所未有的困难和挑战。在复杂的行业形势下，规模以上重点印刷企业在整体上保持了稳健向上的发展态势，成为行业持续、健康发展的"稳定器"。

"十二五"时期，我国规模以上重点印刷企业关键数据指标保持稳定发展。2015 年，我国规模以上重点印刷企业数量达到 3 247 家，比 2011 年的 2 439 家增长 33.13%；规模以上重点印刷企业资产总额、工业总产值、工业增加值、利润总额分别为 6 822.81 亿元、6 085.64 亿元、1 583.99 亿元、459.07 亿元，与 2011 年的 4 699.26 亿元、4 396.89 亿元、1 189.17 亿元、365.53 亿元相比分别增长 45.19%、38.41%、33.20%、25.59%，相较同期我国印刷业资产总额、工业总产值、工业增加值、利润总额增长率，规模以上重点印刷企业各项指标的增长率均高于印刷业的整体水平，尤其是在行业利润总额出现负增长的情况下，规模以上重点印刷企业的利润总额逆势上涨，且 2015 年规模以上重点印刷企业各项指标的同比增长率与 2014 年相比都有所提升，在行业中率先出现企稳态势。（见表 6）

表 6 "十二五"时期规模以上重点印刷企业资产总额、工业总产值、工业增加值和利润总额

年份	企业数量（家）	资产总额（亿元）	资产总额增长率	工业总产值（亿元）	工业总产值增长率	工业增加值（亿元）	工业增加值增长率	利润总额（亿元）	利润总额增长率
2011	2 439	4 699.26	—	4 396.89	—	1 189.17	—	365.53	—
2012	2 839	5 024.10	6.91%	5 500.02	25.09%	1 320.71	11.06%	418.48	14.49%

(续前表)

年份	企业数量（家）	资产总额（亿元）	资产总额增长率	工业总产值（亿元）	工业总产值增长率	工业增加值（亿元）	工业增加值增长率	利润总额（亿元）	利润总额增长率
2013	3 075	6 247.53	24.35%	5 816.38	5.75%	1 483.36	12.32%	498.62	19.15%
2014	3 125	6 291.52	0.70%	5 855.30	0.67%	1 520.47	2.50%	442.81	-11.19%
2015	3 247	6 822.81	8.44%	6 085.64	3.93%	1 583.99	4.18%	459.07	3.67%

"十二五"时期，规模以上重点印刷企业各项关键指标保持稳健增长，且增速高于行业整体水平，这意味着长期困扰我国印刷业发展的"小而散"的问题正在逐步得到化解，行业集约化程度有所提高。

五、"十二五"时期数字印刷发展态势

"十二五"时期，作为广受业内人士关注的新兴技术形式和不同于传统印刷的商业形态，数字印刷在技术上不断取得突破，应用范围持续扩大，各项关键数据指标在整体上保持了快速增长态势。

数据显示，"十二五"时期，我国兼营和专营数字印刷企业数量由2011年的539家增长到2015年的2 855家，增长率高达429.68%；数字印刷产值由34.64亿元增长到176.15亿元，增长率达到408.52%；数字印刷机累计装机量由1 785台、套增长到10 002台、套，增长率达到460.34%。从整体上看，数字印刷的这三项关键数据指标均呈现出超常规、跨越式发展态势，增长率远高于行业平均水平。这表明数字印刷在我国正处于快速普及期，发展潜能逐步得到释放。（见表7）

表7 "十二五"时期数字印刷关键数据指标及增长情况

年份	企业数量（家）	企业数量增长率	产值（亿元）	产值增长率	数字印刷机装机量（台，套）	数字印刷机装机量增长率
2011	539	—	34.64	—	1 785	—
2012	738	36.92%	62.86	81.47%	2 354	31.88%

（续前表）

年份	企业数量（家）	企业数量增长率	产值（亿元）	产值增长率	数字印刷机装机量（台，套）	数字印刷机装机量增长率
2013	2 488	237.13%	103.36	64.43%	7 715	227.74%
2014	2 622	5.39%	101.80	-1.51%	8 792	13.96%
2015	2 855	8.89%	176.15	73.04%	10 002	13.76%

从整体上看，数字印刷在"十二五"时期呈现出快速向上的发展态势，主要关键数据指标增长速度大大优于行业整体水平，成为印刷业重要的市场增长点。概括而言，"十二五"时期，数字印刷的发展主要有以下几个特点：

一是数字印刷产值实现较快增长，在印刷业工业总产值中的比重稳步提升。2015年，数字印刷产值在印刷业工业总产值中的占比约为1.56%，比2011年的0.40%提高了1.16个百分点。

二是传统印刷与数字印刷相互促进、相互补充，融合发展。从我国从事数字印刷企业的类型看，传统印刷企业在既有业务基础上拓展兼营数字印刷业务是市场的主流，兼营数字印刷的企业实现的数字印刷产值也显著高于专营数字印刷的企业。尤其是"十二五"末期，随着大型工业化数字印刷设备的发展和成熟，传统印刷更是成为发展数字印刷的主力，广东虎彩集团、江苏凤凰新华印务有限公司等原本以传统印刷为主的企业正在成为工业化数字印刷的领跑者，传统印刷与数字印刷融合发展的态势日渐明显。

三是数字印刷与数字、网络技术的结合催生了印刷业新的商业模式。"十二五"期间，网络印刷、按需出版印刷、个性化印刷等新型商业模式快速发展，并渐趋成熟，逐步为市场所接受。这些新型商业模式，一方面充分利用了大数据、移动互联网等数字、网络技术，另一方面也离不开数字印刷在生产环节提供的技术支撑。相对于传统印刷技术，数字印刷可以"一张起印、张张不同"的特点，使其在按需印刷、个性化定制方面具有先天优势。

六、"十二五"时期绿色印刷发展态势

"十二五"时期,加强环保工作,大力推进生态文明建设成为党和国家的大政方针。印刷业作为国民经济和新闻出版产业的重要组成部分,在国家新闻出版广电总局(原国家新闻出版总署)的积极引导和推动下,积极贯彻绿色、可持续发展理念,在各行各业中率先开展大规模的国家环境标志产品认证工作,在推进绿色印刷、清洁生产方面取得了巨大的成绩。

在"十二五"时期短短的五年时间里,绿色印刷在我国快速完成了由概念普及、标准制定、宣传引导,到企业参与、市场认同的过程,并在这一过程中取得了一系列阶段性、标志性成果。首先,绿色印刷标准从无到有,初步形成了较为完整的绿色印刷产品认证、检测标准体系。自2011年起,在国家新闻出版广电总局(原国家新闻出版总署)的推动下,我国先后颁布了《环境标志产品技术要求 印刷 第一部分:平版印刷》《环境标志产品技术要求 印刷 第二部分:商业票据印刷》《环境标志产品技术要求 印刷 第三部分:凹版印刷》等国家标准,以及《绿色印刷 术语》《绿色印刷 通用技术要求与评价方法 第1部分:平版印刷》《绿色印刷 产品抽样方法及测试部位确定原则》《绿色印刷 产品合格判定准则 第1部分:阅读类印刷品》等行业标准。这些标准覆盖了平版印刷、凹版印刷两大主流印刷方式以及出版物、票据、软包装等主流印刷产品,并且认证标准与检测评价标准相配套。此外,《绿色印刷 通用技术要求与评价方法 第3部分:柔性版印刷》标准的制定工作也于2015年启动。这些都为绿色印刷的规范、稳步推进提供了基础性条件。

其次,各级政府为推进绿色印刷提供了积极的政策和资金支持。特别是针对印刷企业在推进绿色印刷,进行技术改造与升级中面临的投入资金不足的问题,国家新闻出版广电总局积极协调有关部门,为印刷企业争取国家财政资金和文化产业专项发展资金的支持,自2013年起,印刷企业累计获得的中央财政扶持资金达到5.5亿元。此外,各地的文化产业发展资金也对绿色印刷项目给予政策倾斜,有力地推动了绿色印刷的深入发展。

第三,通过认证的绿色印刷企业数量保持较快增长。"十二五"时期,在国家新闻出版广电总局和有关方面的大力推动下,我国的绿色印刷企业认证工作成效显著,通过认证的企业数量连年保持快速增长,由2011年11月的60家增长到2015年的925家,翻了近四番。(见表8)

表8 "十二五"时期通过绿色印刷认证的企业数量(截至各年度11月)

年份	通过绿色印刷认证企业数量	增长率
2011	60	—
2012	153	155.00%
2013	388	153.59%
2014	716	84.54%
2015	925	29.19%

第四,绿色印刷理念得到了市场和社会的广泛认可。绿色印刷不仅得到印刷企业的广泛认同和积极参与,而且在国家新闻出版广电总局的积极宣传和引导下,得到了相关行业的认可和支持。在出版领域,全国各大出版社,尤其是教育出版社和少儿类出版社,积极采用绿色印刷方式。2015年,全国12亿册中小学秋季教科书全部实现了绿色印刷,北京、上海地区部分婴幼儿读物也主动选用绿色印刷;截至2015年9月,全国45%的票据采用绿色印刷方式;在食品、药品领域,绿色印刷的理念也在逐步得到相关企业的认可。

第五,绿色印刷的推进有效提升了印刷业的环保水平,向社会展示了印刷业的责任意识和行业担当。印刷业不是污染大户,但在各行各业中率先行动起来,大力推行绿色发展理念,环保水平不断提高,实现了良好的生态效益。据国家新闻出版广电总局联合北京印刷学院发布的《2015绿色印刷实施成果分析报告》显示,截至2015年11月,获得绿色印刷认证的企业,数量只占全国的1%,但产值已约占行业总量的15%。根据抽样统计测算,环保油墨使用量占到全国油墨总使用量的25%,较2014年提高了5个百分点;在胶印领域,已经有30%的企业安装了粉尘收集装置。这使得印刷行业近50%的从业人员的工作条件得到了改善。

党的十八大把生态文明建设纳入中国特色社会主义事业"五位一体"总体布局。"十二五"期间,我国就加快推进生态文明建设作出了一系列重大决策部署,这对各行各业的生态文明建设意识都提出了更高的要求。印刷业自2010年开始主动承担社会责任,大力推进绿色印刷,取得了一系列的成果,但新的形势下,必须进一步提高认识,以更加积极主动的姿态贯彻生态文明建设的要求,把绿色发展的理念贯穿到企业经营活动的始终。尤其是根据国家财政部、国家发展改革委、环境保护部联合发布的《挥发性有机物排污收费试点办法》,自2015年10月1日起,国家对包括包装印刷在内的重点行业开始征收VOCs排污费。目前,很多省份已经出台了针对印刷业VOCs排放收费的细则,绿色发展、节能减排对印刷业而言已经成为一种硬约束。尽管当前业内对印刷业的污染程度以及各地VOCs收费标准的科学性、合理性存在不同的意见,但必须认识到,积极贯彻实施绿色、可持续发展理念已经成为各行各业不能回避的社会责任,广大印刷企业只有从思想上充分意识到环保问题的重要性,并积极采取措施与国家生态文明建设的要求相对接,才有可能在新的市场和社会环境下保持健康、稳定的发展,顺利实现企业的转型升级。

(张羽玲　刘成芳　中国新闻出版研究院)

第七节 "十二五"时期中国出版物发行业发展报告

"十二五"是推动我国由新闻出版大国向强国迈进的五年,也是我国出版物发行业转型升级的重要时期。《新闻出版业"十二五"时期发展规划》确定这一时期发行产业的发展重点是:"基本形成以连锁经营、物流配送、电子商务为主要特征,以大城市为中心、中小城市相配套、贯通城乡的出版物发行流通网络。跨地区发展取得重大突破,基本形成以南方、北方全国性新华发行集团和邮政报刊发行集团为主导的发展格局。建成3~4家辐射全国的现代新闻出版流通企业,有效降低新闻出版业物流成本。形成4~5家科技含量高、具有自主知识产权、销售额超亿元的数字发行和互联网发行企业。到'十二五'期末,力争实现出版物发行网点覆盖到全部乡镇。"经过五年的努力发展,这一时期,实体书店积极探索转型升级,从"倒闭潮"走向复苏,网上发行新业态新模式日新月异,民营发行力量不断壮大,基础物流设施日臻完善,海外发行渠道日益畅通,"十二五"建设目标基本完成。

一、"十二五"时期出版物发行业基本状况

(一) 出版物销售额、营业收入、利润稳步增长

根据《中国新闻出版统计资料汇编》(2011—2016)及国家新闻出版广电总局公布的《新闻出版产业分析报告》(2010—2015)统计数据,"十二五"末,全国新华书店系统和出版社自办发行单位出版物总销售额为2 563.74亿元,与"十一五"末相比,增加了809.58亿元,增长了46.15%,年均增长率为7.89%;营业收入为3 234.02亿元,比"十一五"末增加了1 335.5亿元,增长了70.34%,年均增长率11.24%;利润总额为259.67亿元,比"十一五"末增加了52.91亿元,增长了

25.60%，年均增长率4.66%。从历年数据变化情况看，出版物总销售额和营业收入两项指标均呈逐年增长、稳步发展态势，利润指标除在2011年有所波动以外，其他各年也呈稳步增长态势。（见表1）

表1　全国新华书店系统和出版社自办发行单位出版物销售情况表

（单位：亿元,%）

年度	总销售额	营业收入	利润总额
2010	1 754.16	1 898.52	206.76
2011	1 953.49	2 162.89	185.14
2012	2 159.9	2 418.65	196.03
2013	2 346.2	2 710.74	221.11
2014	2 415.5	3 023.76	254.91
2015	2 563.74	3 234.02	259.67
"十二五"末比"十一五"末 增长额	809.58	1 335.5	52.91
"十二五"末比"十一五"末 增长率	46.15	70.34	25.60
"十二五"末比"十一五"末 年均增长率	7.89	11.24	4.66

数据来源：《中国新闻出版统计资料汇编》（2011—2016）、《新闻出版产业分析报告》（2010—2015）。

（二）非出版物商品销售增势迅猛

"十二五"时期，正是实体书店从"倒闭潮"逐步走向复苏的重要时期，多元经营成为实体书店转型升级的重要途径。这一点在非出版物商品销售额的变化上有所反映。"十一五"末，我国出版物发行业中非出版物商品销售额仅为32.11亿元，到"十二五"末，这一数字已达到242.64亿元，增长了210.53亿元，增长比达到656.65%。其中，2013年是非出版物销售增长最快的一年，比上年猛增了2.7倍。（见表2）

表2　非出版物商品销售情况表

（单位：亿元,%）

年度	"十一五"末	2011	2012	2013	2014	2015	"十二五"末比"十一五"末	
							增长额	增长比
非出版物销售额	32.11	55.01	54.16	145.65	178.72	242.64	210.53	656.65

数据来源：《中国新闻出版统计资料汇编》（2011—2016）。

（三）出版物发行网点和从业人员数量有所减少

出版物发行网点建设一直是行业关心的重要问题。在全球实体书店发展不景气以及大型网络书店持续冲击的大环境下，根据国家新闻出版广电总局2011以来的统计数据，"十二五"时期，全国出版物发行网点总体数量有所下降，但仍稳定在16万处以上，2012—2013两年突破17万处。与"十一五"末相比，"十二五"末出版物发行网点由167 882处下降到了163 650处，减少了4 232家，尤以2015年降速最大。

从表3可以看出，"十二五"末，除网上书店、新华书店系统外批发网点两类有所增加，其他类型网点数量与"十一五"末相比均呈下降态势。其中，集个体零售网点减少数量最多，五年内减少了2 178家。其次是文化、教育、广电、邮政系统网点和新华书店及其发行网点，分别减少了1 678家和1 067家。

表3　全国出版物发行网点数情况表　　　　（单位：处）

年度	合计	新华书店及其发行网点	供销社	出版社	网上书店	文化、教育、广电、邮政系统	新华书店系统外批发网点	集个体零售
2010	167 882	9 985	1 520	462	174	39 264	6 483	109 994
2011	168 586	9 513	997	447	101	36 455	7 141	113 932
2012	172 633	9 403	748	446	619	37 821	7 505	116 091
2013	172 447	9 255	839	447	728	38 062	7 984	115 132
2014	169 619	8 922	700	444	724	37 785	8 462	112 582
2015	163 650	8 918	537	425	—	37 586	8 368	107 816
"十二五"末比"十一五"末	-4 232	-1 067	-983	-37	+	-1 678	1 885	-2 178

数据来源：《中国新闻出版统计资料汇编》（2011—2016）。

注：因2015年网上书店数量确有增加，但并未对其作确切统计，此处仅以"＋"号表示增加。

行业从业人员数量是反映行业吸引力的重要指标。根据《中国新闻出版统计资料汇编》资料数据，"十二五"末，我国共有出版物发行业从业人员69.63万人，与"十一五"末的72.38万人相比，共减少了2.75万人，主要集中在集个体网点，减少了2.69万人。其次是新华书店及其发行网点，从业人员减少了0.74万人。文化、教育、广电、邮政系统和新华书店系统外批发点从业人数有所增长。

二、出版物发行业热点

（一）政策环境利好，实体书店探索转型升级走向复苏

书店是人类的精神殿堂，是城市的文化坐标。尤其是在我国公共图书馆数量严重不足的国情下，实体书店承担了部分的公共文化服务功能。然而从"十一五"下半期起，全球实体书店经营都开始进入惨淡经营时期。在英美等出版强国，实体书店倒声一片。在国内，这一时期房地产持续攀升推高店面、租金成本，劳动力短缺推高人力成本，两方面原因导致实体经济经营成本居高不下。与此同时，电子商务的迅猛发展、经济下行压力等因素也在进一步冲击和压缩实体经济的盈利空间，实体书店在夹缝中艰难求生。2011年6月，继北京五四书店、上海席殊书屋建国路店、上海季风书园来福士广场店、光合作用大望路店和五道口店等一批"文化地标"纷纷关张之后，风入松书店也宣布歇业，在社会上激起强烈的反响，社会各界纷纷呼吁"救救书店"，引起中央领导、政府管理部门和社会人士的高度关注。

为挽救实体书店，2011年，中宣部、原新闻出版总署、住房和城乡建设部联合下发《关于加强城乡出版物发行网点建设的通知》，要求各级党委、政府要在政策、资金、税费、占地等方面给予出版物发行网点建设以必要的扶持。2013年12月，财政部、国家税务总局联合发布《关于延续宣传文化增值税和营业税优惠政策的通知》指出，"自2013年1月1日起至2017年12月31日，免征图书批发、零售环节增值税"，对国有书店和民营书店、大型书城和中小书店实现了全行业普惠。同年，财政部首次安排实体书店奖励资金，12个城市的56家特色实体书店获得资金9 000万元资金支持，2014年，奖励范围扩大到12个省，2015年扩大到了16个省

市，累计资助额度达到3亿元。中央奖励政策的出台，带动了地方扶持政策，北京、天津、上海、江苏、浙江、安徽、福建、广东、广西、四川成都等地相继出台了对实体书店的资金奖励、政府补贴、贷款贴息、租金减免等扶持措施。

政策利好为实体书店转型发展提供了良好的外部环境。在政策的激励下，以新华书店为主的大型书城，以品牌、特色实体书店为代表的中小书店，主动寻求转型升级，创新经营模式，经济效益和社会效益有所提升，重新焕发出活力，进入更新换代复苏期。根据开卷发布的全国图书零售市场报告，2014年，全国实体书店零售市场同比增长3.26%，北京等一线城市大型书店的零售增幅超过了8%；2015年同比增长0.3%，北上广深一线城市实体书店渠道继续保持快速增长。

这一时期，资本、政策与文化相结合，在市场上催生出了一大批新的实体书店。大型书城数量增势明显，一些新鲜另类的书店，如社区书店、体验书店、书吧、文化MALL等新型书店明显增多，一些品牌书店走上了连锁经营之路。根据2015年全国出版物发行年检数据，在实体书店当中，全国1 000平方米以上的书城共计809个，比上年增加44个，增长了5.8%。5 000平方米以上的大型书城共计127个，比上年增长了16.5%，其中新华书店所属的大书城103个，占全国大型书城数量的81.1%。一些品牌书店、特色书店，开展连锁经营，扩大经营规模。仅2015年，北京字里行间就新开了12家门店，西西弗书店在全国新开了20家分店。

这一时期，实体书店的功能也开始由单一的售书场所向复合文化空间转型。不少实体书店致力于扩大文化内涵，突出传播优质文化生活方式，将图书销售与服饰鉴赏、品茶、电影鉴赏会、戏剧鉴赏会等休闲文化结合，探索多元业态经营模式，向复合文化空间转型。还有一些品牌书店将图书销售与阅读推广、读书品书相结合，突破原有售书功能，迎来读者群的同时也为书店发展迎来新的发展契机，实现了社会效益和经济效益双丰收。

实体书店的服务也开始向现代化升级。2014年，三联韬奋书店24小时试运营，在全国刮起24小时书店热潮。实体书店通过打造新颖、充满文化气息的卖场环境，完善图书品种，提升选书质量，提升服务质量，延长服务时间,提供支付宝、微信支付等多种便捷的网络支付手段,为读者提供了现代、便捷的文化消费体验,实现了服务上的现代化升级。

我国实体书店从"倒闭潮"走向复苏是"十二五"时期重要的文化热点和现象,其转型升级力度之大、步速之快,举世罕见。过程中经历了艰难的求索,最终留住了读者,是出版物发行业的胜利,也是整个出版界的胜利。

(二)网上发行阵营不断扩大,线上线下融合步伐加快

"十二五"时期,随着传统出版物发行商纷纷触网以及新兴发行渠道的建立,网上书店数量较"十一五"末快速增长,销售额继续保持高速增长的发展态势,实体书店和网上书店从对立走向并存并融合发展成为这一时期图书零售市场的"新常态"。

随着互联网技术的快速普及和发展,出版物线下发行单位触网热情高涨,国内一些有实力的实体书店通过开设线上业务,赢得了一定的市场份额。如浙江新华的博库书城、四川文轩的文轩网,在全国网上书店中占有重要地位,销售额仅次于当当、京东、亚马逊三大图书电商。2015年"双十一"期间,文轩网上出版物销售当天突破了1亿元。

智能手机的普及以及微信等社交媒体平台的繁荣,使得出版物发行业O2O模式更添新业态,如重庆新华建立了电子商务平台"阅淘网",深圳书城推出了云书城和微商城,在京东图书业务中,2015年手机APP端、微信、手机QQ端订单已占到62.9%。与此同时,个人社群营销成为图书销售领域的一匹黑马,借助微信以及微博等公众平台建立自媒体营销平台吸引到大批粉丝,带来流量和品牌效应,吸引了越来越多的读者。

一些大型的出版社、民营书企也纷纷加入社群营销阵营,或建立自己的自媒体社群平台,或与大V店、罗辑思维等第三方自媒体平台合作。移动社交电商平台大V店主要销售童书,创建不足2年已拥有百万级妈妈精准用户,出版社供应商达到120家,年销6 000个品种,销售额突破10亿元,用户遍布北上广一线城市,并向二三线延伸。罗辑思维2015年仅靠不到60本书就实现了一年超过一亿的销售额。自媒体社群营销创新了图书销

售渠道，随着智能手机用户的增多和社交媒体的发展，市场前景将更为可观。

当当网、京东商城、亚马逊持续保持网上书店销售前三强的位置，其出版物销售占整个网上书店销售额的40%以上。与此同时，网上书店也在利用自身优势探索线下发展。2015年11月，全球最大图书电商亚马逊在西雅图购物中心开设了第一家实体书店，成为亚马逊网络书店的实体延伸。随后，中国最大的网上书店当当网宣布推行开设实体书店计划，形成完整的线上销售和线下体验产业链。一些电商开始与实体店、便利店合作，探索"网订店取""网订店送"等模式。

总之，线上营销、线下体验、交易方式多样化，已成为图书零售市场的重要模式。线上和线下加快融合发展成为"十二五"时期出版物发行业重要的特点。

（三）非公经济地位提升，民营发行企业取得快速发展

党的十八大以来，党和国家对非公经济，包括非公文化发展给予前所未有的重视，推出了一大批扩大非公有制企业市场准入、平等发展的改革举措，形成了鼓励、支持、引导非公有制经济发展的政策体系，非公有制经济发展面临前所未有的良好政策环境和社会氛围。国家新闻出版广电总局作为出版行业的行政管理部门，"十二五"期间出台了一系列支持民营书业的政策措施。

在税收政策方面，免征图书批发、零售环节增值税政策使民营发行企业真正得到了实惠。在发挥民营资本功能方面，2012年6月，原新闻出版总署制定了《关于支持民间资本参与出版经营活动的实施细则》，支持民营资本继续从事印刷复制、出版物发行、数字出版等领域，允许民营资本有条件地参与党报党刊的经营，允许民间资本设立的文化企业申请国家文化产业发展专项资金，在出版产业园区和产业基地建设中给予一定的国民待遇等。2013年7月，国家新闻出版广电总局取消了出版物全国连锁经营单位的行政审批，鼓励更多民营资本进入出版物流通渠道的建设经营。在资金扶持方面，财政部、总局2013年启动的实体书店扶持试点工作，奖励

资金范围涵盖民营书店，促进民营实体书店转型升级，推动了钟书阁、言几又、西西弗等一大批特色品牌连锁书店进入人们视野。在出版权方面，2013年，党的十八届三中全会明确提出"在坚持出版权、播出权特许经营前提下，允许制作和出版、制作和播出分开"，为民营书企在政策上扫清了在编辑和印刷环节的障碍。2014年10月，新闻出版广电总局发布《非公有制文化企业参与对外专项出版业务试点办法》，允许非公文化企业与国有出版单位共同投资设立有限责任公司，允许非公有制文化企业绝对控股，给予新设立公司从事对外出版的专项出版权。2015年，北京华语联合出版有限责任公司获得此权限。

随着最近两年全民阅读深入开展和实体书店回暖，民营发行企业取得了较大的发展。"十二五"末，在出版物发行企业中，民营发行企业营业收入2 186亿元，较"十一五"末增长了86.24%，国有全资企业发行营业收入占行业营业收入的28.86%，较"十一五"末减少1.5个百分点，民营发行企业占67.6%，较"十一五"末提高5.77个百分点。"十二五"末，国有全资企业利润总额占行业利润总额的29.47%，较"十一五"末减少0.5个百分点；民营企业占67.43%，较"十一五"末提高1.43个百分点。"十二五"末，国有全资企业纳税总额占行业纳税总额的16.1%，民营企业占78.5%。从数据可以看出，民营企业在实现出版物发行业增长中发挥着十分重要的作用。

随着制版分离、对外专项出版权、特殊管理股等权限的放开，民营发行企业有了更大的发展空间，逐渐向出版产业链上游和多元经营方向发展。除了继续巩固传统出版物发行业务，还借助资本的力量，通过融资拓展新业务。"十二五"时期，新三板成为不少中小型企业实现资本运作和规划管理路径的选择，"十二五"期间共有156家文化企业登陆新三板。在发行领域，也有越来越多的企业参与其中，希望借此实现转型升级，增强出版发行主业，或拓展影视、动漫、教育等新业务，获得更大的发展空间。山东世纪天鸿文教科技股份有限、中航传媒及皖新传媒控股后的蓝狮子相继获批上市。据统计，仅2015年就有约13家出版企业挂牌新三板，其中12家均为民营出版实力品牌机构。

（四）物流基础设施建设日趋完善，逐渐向现代物流升级

物流业被誉为最后一块"经济领域的黑暗大陆"，而现代物流被视作当今世界经济发展的三大支柱产业之一。2009年，国务院制定了《物流业调整和振兴规划》。"十二五"初期，在政府的推动下，我国物流产业迎来举国发展物流业的热潮，阿里巴巴、海尔集团等大公司纷纷加入物流建设阵营。一些较大型储运企业物流意识逐渐增强，如中远集团、中国外轮代理公司、中国物资储运总公司等开始率先在我国发展现代物流服务。全国物流业规模快速增长，物流基础设施条件逐步完善，物流业发展环境明显好转。现代物流业成为"十二五"期间国家经济结构调整中服务业在国民经济结构比例上升4个百分点的重要抓手和推动力量。

现代物流借助计算机信息处理技术和互联网技术以及现代交通工具等多种现代手段，为出版物流业引入了新的时间和空间尺度，并引起其组织形式、经营模式的变化。现代物流对打破出版物发行市场条块化格局、推动发行业跨地区连锁经营，打破现有"中盘"格局、推动发行业打造图书"大中盘"，打破城市中心格局、推动发行业覆盖农村及边远地区，打破专业性格局、推动发行业向出版及相关产业链延伸等方面具有重要的意义。

"十二五"以前，国内已成立有湖南华瑞物流有限公司、安徽省新华发行集团有限公司物流配送中心、北京出版发行物流中心、上海新华传媒图书流转中心、武汉市出版物物流中心等大型出版物流中心。借助国内发展物流业的大好形势以及出版业自身发展的迫切需求，原新闻出版总署把"建成3~4家辐射全国的现代新闻出版流通企业，有效降低新闻出版业物流成本"列入"十二五"时期的发展重点之一。2011年，新华书店推出"中国新华书店跨地区协作网"，致力于转型成为像邮政、DHL的大型物流企业。2013年，四川新华文轩"西部文化物流配送基地"一期工程完成，并与全球最大的快递公司敦豪（DHL）、京东达成合作，积极面向市场开发第三方物流业务。2014年，全国仓储面积在5 000平方米以上的出版物物流中心已达到156家，其中，国有91家、民营53家、外资6家、其他6家，仓储面积总计379.2万平方米，年发货量码洋总计984.9亿元。此外，当

当网、亚马逊网、京东商城等大型网店自建配送中心，在全国大中城市内也形成了网状物流系统。我国的出版物流业正逐步由以储运为主的传统型出版企业物流向现代物流企业转型。

（五）国际出版物发行渠道日益畅通，助力出版走出去

"十二五"期间，原新闻出版总署实施的中国出版物国际营销渠道拓展工程进入实质性实施阶段。该工程包括国际主流营销渠道合作计划、全球百家华文书店中国图书联展、跨国网络书店培育计划3个子项目，致力于构建包括国际主流营销渠道、海外主要华文书店、重要国际网络书店在内的中国出版物国际立体营销网络，以推动更多中国优秀的中文版和外文版出版物走向世界。

上海新闻出版发展公司与法国拉加代尔集团联合在美国、加拿大、法国、德国、澳大利亚等10个国家的20个国际机场、100家书店同时举办为期3周的外文版中国图书全球春节联合展销活动。全球百家华文书店中国图书联展在韩国、新加坡、越南、日本、美国、加拿大、巴西、英国、毛里求斯等27个国家的100家华文书店开展中国图书联展活动。

"十二五"期间，福建新华发行集团在海外设立了14家新华书店分店，在美国、南非、丹麦、匈牙利、捷克、阿根廷及菲律宾建成7家闽侨书屋。安徽新华发行集团所属新龙图贸易进出口有限公司与新加坡友联书局合作成立新龙图（新加坡）贸易发展有限公司。北京时代华语图书股份有限公司在美国纽约投资成立了中国时代出版公司。北京语言大学出版社在美国芝加哥陪德中国书店设立了专柜。民营发行企业昆明新知集团走出国门，开设了9家国际连锁华文书局。

这一时期，我国的海外数字发行平台也逐步建立起来。2011年，中国国际图书贸易集团与美国亚马逊公司合作成立亚马逊"中国书店"，截至2015年上半年，品种已达39万种，销售范围覆盖全球185个国家和地区，实现发行26万多册。中国图书进出口（集团）总公司开发的"易阅通"已有6万多种电子书上线。五洲传播出版社建立的that's books多文版中国数字内容运营平台，上线销售图书3 000余种，内容涉及英文、西班牙文、

阿拉伯文、法文、德文、俄文等近20种语言文字。

三、出版物发行业发展趋势

"十三五"时期是落实"四个全面"战略布局,实现"两个一百年"宏伟目标的关键时期,也是全面推进新闻出版事业产业繁荣发展的关键时期。我国出版物发行业在全面深化改革、"一带一路"战略、"京津冀一体化"、供给侧改革等重大历史背景下,预计在"十三五"将呈现出以下几个趋势:

一是实体书店将进入深度转型时期。一方面,在当前的实体书店探索转型升级、引入多元经营模式的过程中,一些有担当有情怀的企业家坚持以售书为主、其他业态为辅的发展理念,实现社会效益与经济效益双丰收。但也出现一些书店,把卖书当作幌子、副业,图书销售只占很少比例,少卖书,甚至不卖书,以盈利为目的,弱化了自身的文化服务功能。目前,已有不少有识之士认识到这一点,并呼吁书店回归本位与主业。另一方面,当前的实体书店转型升级还主要集中在一、二线大城市,预计在"十三五"时期会进一步在三、四线城市深入,最终完成全国实体书店的整体升级换代。

二是网上发行将成为主渠道。在"十二五"时期,实体书店与网上书店尽管竞争激烈,但仍还坚守着出版物发行主渠道的地位,但甫一进入"十三五",这一形势迅速发生了变化。据开卷数据显示,2016年,网上书店销售额首次超过实体书店。当年中国图书零售市场总规模为701亿元,实体书店渠道同比增长率为-2.33%,网上书店依然保持30%左右的增长。一消一涨,趋势明显。出现这一变化,一方面是由于读者越来越习惯网上购书,另一方面也是出版社和传统发行渠道加入网上发行所产生的必然结果。此外,第三方平台也是网上书店成为发行主渠道的重要推动力,2016年,第三方图书业务同比增速高达60%。

三是民营企业将释放更多发展活力。2016年前后,国家新闻出版广电总局将江苏、北京、湖北等地设为"制版分离"改革试点。6月末,江苏省新闻出版广电局印发了《江苏省图书制作和出版分开改革试点工作实施细则》，北京市新闻出版广电局印发了《北京市图书制作和出版分开改革试点工作方案》《北京市图书制作和出版分开改革试点工作实施细则》，标志着"制版分离改革"试点工作正式启动。图书"制版分离"改革将出版环节中的编辑和印刷环节纳入到民营书企的业务链条，自此，民营书企从单纯的图书流通性企业变成了流通兼生产性企业，产业链环进一步打通的同时也必将释放出更大的发展活力。

四是国际出版物发行渠道有望布局"一带一路"沿线国家。国家"一带一路"战略的提出，为出版走出去提供了新的政策优势，也为国际出版物发行渠道的进一步拓展带来新的发展机遇。目前，已有至少16家中国出版企业在"一带一路"沿线国家设立了分支机构或引入本土化运作机制，发行渠道紧随其后。"加大拓展与丝路国家主流营销商的合作"已被列入行业"十三五"发展规划草案"中国出版物国际营销渠道拓展工程"项目中。但也应看到，"一带一路"沿线有64个国家，分布于亚洲、北非和独联体以及中东欧等地区，且多数是发展中国家，文化差异和意识形态较为复杂，这势必会为出版物发行渠道在这些国家的拓展带来不小的挑战。引入本土化运作机制是解决问题的一个办法，发行企业如何选择输出适销对路、符合当地阅读价值观的图书，需要认真甄别与研究。

（陈含章　中国新闻出版研究院）

第三章
专题研究报告

DISANZHANG ZHUANTIYANJIUBAOGAO

第一节 "十二五"时期全国国民阅读趋势与解读

"十二五"时期，是全面建设小康社会的关键时期，是深化新闻出版体制改革、加快转变发展方式的重要时期。服务能力显著增强，产业规模快速提升，改革开放全面推进。在"十二五"时期新闻出版业发展的重点任务中，提出要大力发展全民阅读工程，即以推动儿童阅读与青少年阅读、满足特殊群体阅读需求为重点，大力推广数字阅读，传播阅读理念，培养全民阅读习惯，提高全民阅读能力。本文基于"十二五"时期（2011—2015年）国民阅读调查的数据，从各媒介阅读率、阅读量和阅读时长等方面综合分析后发现，我国国民的阅读发展趋势发生了诸多变化，数字化阅读方式飞速发展，微信阅读成为表现最突出的新兴阅读方式。尽管数字化阅读的迅猛发展在不断挤压纸质阅读的空间，但从长远来看，纸质阅读将和数字化阅读长期共存。

一、数据解读

由中国新闻出版研究院组织实施的全国国民阅读调查项目，从1999年至今已经连续开展了十四次，调查样本覆盖我国29个省（自治区）、直辖市。基于调查数据，我国国民的阅读状况在"十二五"时期呈现出如下特点：

（一）成年国民综合阅读率稳步增长

现代社会对阅读能力的定义不再局限于通过纸质媒介获取、组织、使用文献信息的能力，通过多种媒介获取、使用信息的能力是现代社会对阅读能力提出的新要求。因此，综合阅读率是衡量我国国民阅读水平的核心指标。2015年，我国成年国民包括书报刊和数字出版物在内的各种媒介的综合阅读率为79.6%，较2014年的78.6%上升了1.0个百分点。由下图可以看出，虽然过程略有曲折，但在 2011—2015 年的五年间，我国国民的综合阅读率从 2011 年的 77.6% 增长到 2015 年的 79.6%，意味着越来越多的国民通过传统媒介或数字化媒介进行阅读活动。

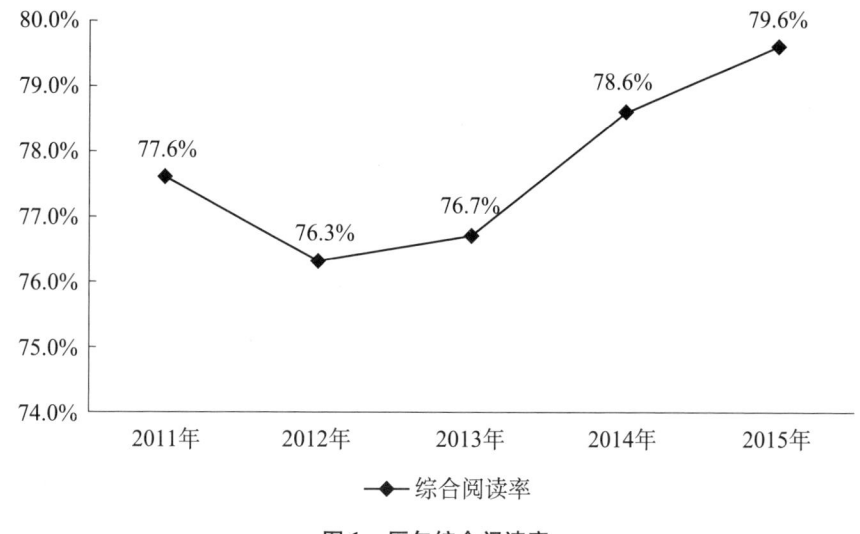

图 1　历年综合阅读率

（二）纸质图书阅读率、阅读量平稳上升

调查数据显示，2011 年，我国成年国民的纸质图书阅读率仅为 53.9%，在 2013 年有了显著的增长，之后步入平稳增长期，到 2015 年增长至 58.4%，与第一次国民阅读调查（1999 年）的图书阅读率（60.4%）差距不断缩小。

图 2　历年纸质图书阅读率

从对图书阅读量的考察来看，2011 年到 2015 年的五年间，我国成年国民的纸质图书阅读量一直处于较平稳的状态，如下图所示，2011 年的 4.35 本是近五年来国民图书阅读量的最低点，在 2013 年达到五年来的最高值 4.77 本。2015 年我国成年国民的纸质图书阅读量较 2014 年略有增长，为 4.58 本，较 2011 年的 4.35 本增长了 0.23 本，虽然增幅较小，但相对于我国庞大的人口基数而言，已是不小的进步。

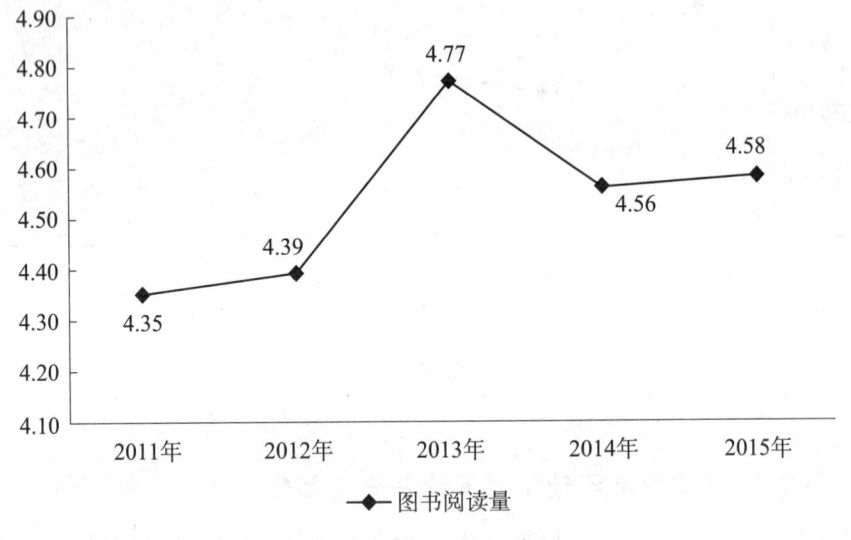

图 3　历年纸质图书阅读量

（三）报纸、期刊阅读率总体呈下滑趋势，近三年来图书阅读率居主要纸质媒介阅读率之首

数据显示，2011—2015 年，我国成年居民报纸、期刊的阅读率整体呈下降趋势，自 2013 年起，图书阅读率超过报纸、期刊的阅读率。

从 2011 年开始，我国成年国民的报纸阅读率整体呈下降趋势，数据虽然在 2014 年回升到 55.1%，但在 2015 年又降至 45.7%，较 2014 年的 55.1%下降了 9.4 个百分点，降幅显著。

我国成年国民的期刊阅读率在曲折发展中呈现出下降趋势，且降幅较为明显。数据显示，2015 年我国成年国民的期刊阅读率为 34.6%，较 2014 年的 40.3%下降了 5.7 个百分点，比 2011 年的 41.3%下降了 6.7 个百分点。

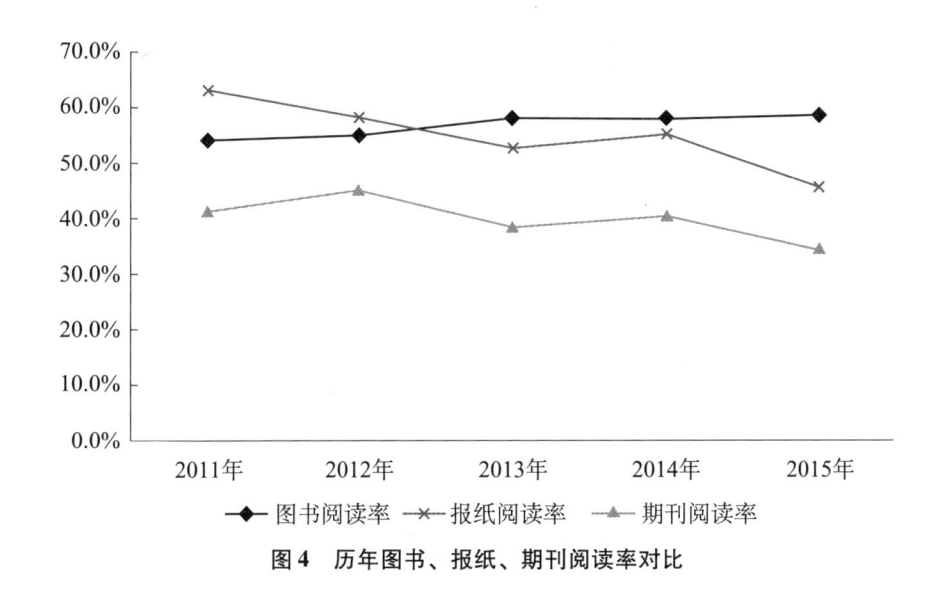

图4 历年图书、报纸、期刊阅读率对比

（四）数字化阅读方式接触率增势迅猛，赶超纸质图书阅读率

与图书阅读率一直处于稳步增长的态势相对的是，数字化阅读方式接触率近年来呈现出跨越式发展的趋势，由下图所示，自2011年起，成年国民的数字化阅读方式接触率呈快速持续上升的态势，于2015年达到64.0%，较纸质图书阅读率（58.4%）高出5.6个百分点。由下图可以看出，我国成年国民的数字化阅读方式接触率从2011年的38.6%到2015年的64.0%，增幅达65.8%，且连续两年超过纸质图书阅读率。

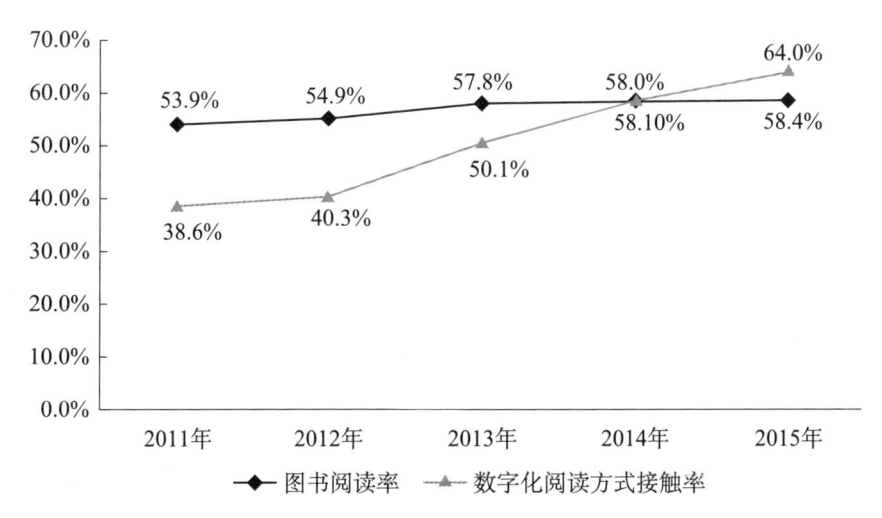

图5 数字化阅读方式接触率与图书阅读率历年变化趋势

（五）手机阅读接触率5年间增长了约1.17倍，增速居各类数字化阅读方式之首

2011年到2015年是数字化阅读飞速发展的5年，相较于网络在线阅读，手机阅读接触率近年来增势迅猛。2015年，我国有六成（60.0%）的成年国民接触过手机阅读，不但高于各项传统媒介的阅读率，还与网络在线阅读率逐渐拉开距离。由下图可见，虽然网络在线阅读近年来在各类数字化阅读方式中占据主要地位，但手机阅读的增势较网络在线阅读更加显著，手机阅读接触率自2014年起大幅赶超网络在线阅读接触率，并在5年间增长了约1.17倍，增速居各类数字化阅读方式之首。

	2011年	2012年	2013年	2014年	2015年
网络在线阅读接触率	29.9%	32.6%	44.4%	49.4%	51.3%
手机阅读接触率	27.6%	31.2%	41.9%	51.8%	60.0%
电子阅读器阅读接触率	5.4%	4.6%	5.8%	5.3%	8.8%

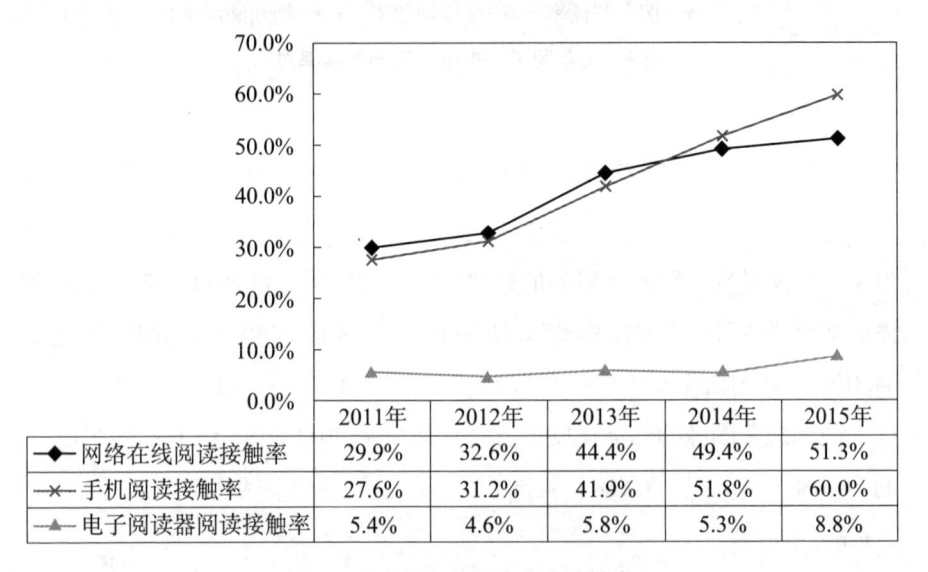

图6　各类数字化阅读方式接触率

电子阅读器阅读接触率在各类数字化阅读方式中占比较少，且数据发展较为平稳，2015年达到历年最高值8.8%。

（六）电子书阅读率与电子报刊的阅读率差距显著，电子书阅读量逐步缩小与纸质图书阅读量的差距

对我国成年国民的电子书报刊阅读率的分析发现，从2011年至2015年，电子书阅读率处于直线增长的态势，且高于电子报刊的阅读率，于2015年达到26.8%。而电子报的阅读率处于波动上扬的态势，从2011年

的 8.2% 增长到 2015 年的 12.0%；电子期刊阅读率在经历了 2012 年和 2013 年的回落后，在 2015 年增长至 9.4%。

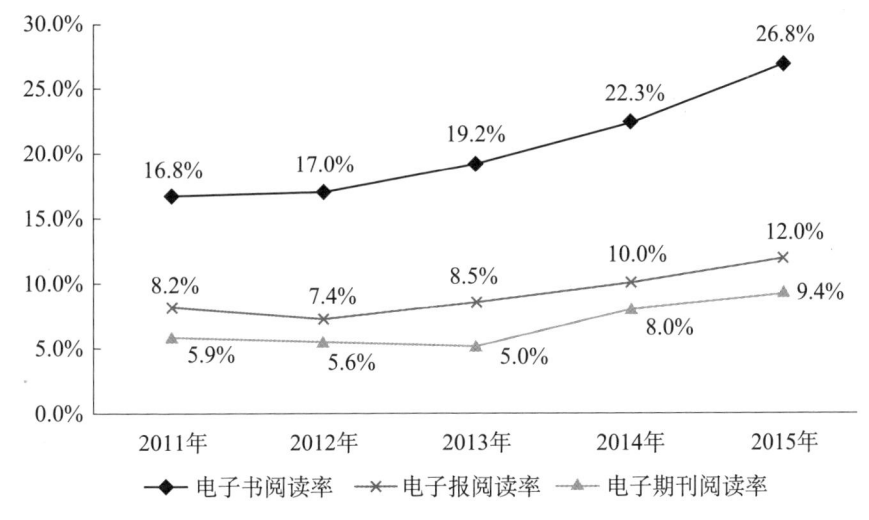

图 7　电子书报刊阅读率年度比较

从成年国民的电子书阅读量与纸质图书阅读量的对比来看，在 2011 年，我国成年国民的电子书阅读量仅为 1.42 本，与纸质图书的 4.35 本相距甚远，之后的两年里，电子书阅读量呈直线型增长。在经过 2013 年的平稳期后，2015 年又直线攀升至 3.26 本，与纸质图书的 4.58 本的差距逐渐越小。从增长速度来看，电子书阅读量明显高于纸质图书阅读量。

图 8　纸质图书阅读量与电子书阅读量对比

（七）网络在线阅读时长和手机阅读时长的增势较图书等纸质媒介更为强劲

从阅读时长来看，网络在线阅读时长和手机阅读时长的增速显著高于传统纸质媒介。从数字化媒介的阅读时长来看，2011年以来，网络在线阅读时长一直高于各纸质媒介阅读时长；自2013年开始，手机阅读时长高于各纸质媒介的阅读时长。数据显示，近年来，我国成年国民手机阅读时长持续增长，在2015年首次超过一个小时，达62.21分钟，首次超过网络在线阅读时长（54.84分钟）。

从传统媒介的阅读时长来看，除纸质图书阅读时长逐年稳步增长外，纸质报纸、期刊的阅读时长总体呈下降趋势。

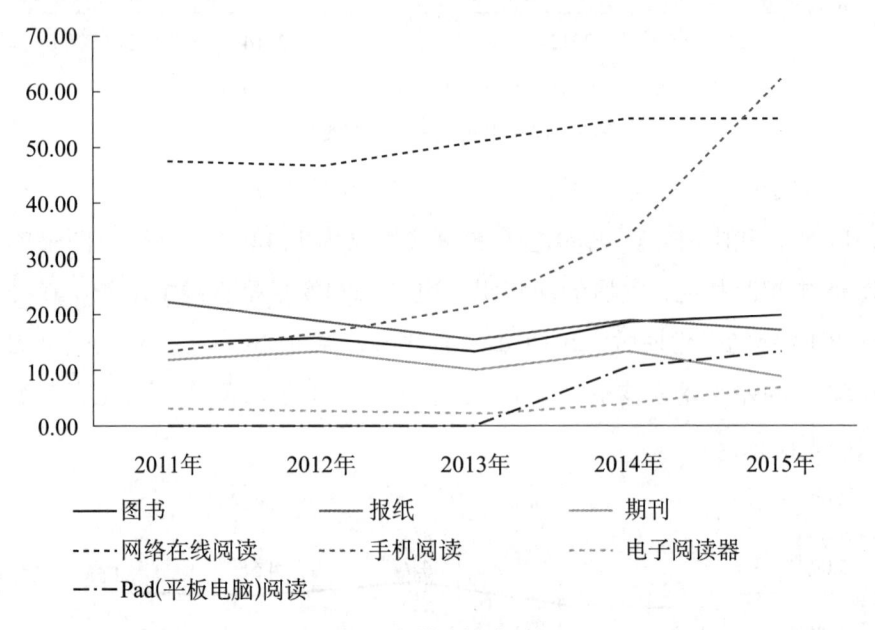

图9　各媒介阅读时长

（八）0—17周岁未成年人图书阅读率①整体呈上升趋势

2011年，我国0—17周岁未成年人的图书阅读率为83.1%，2012年至2014年持续走低，于2015年回升至81.1%。在0—8周岁、9—13周岁、14—17周岁三个年龄段的未成年人中，0—8周岁儿童的图书阅读率最

---

① 未成年人阅读调查中的图书指教科书以外的课外书。

低且发展曲线较为波动；9—13 周岁少年儿童的图书阅读率在三个年龄段中最高，且稳中有升；14—17 周岁青少年的图书阅读率在 2014 年以后呈显著增长趋势。具体如下图所示：

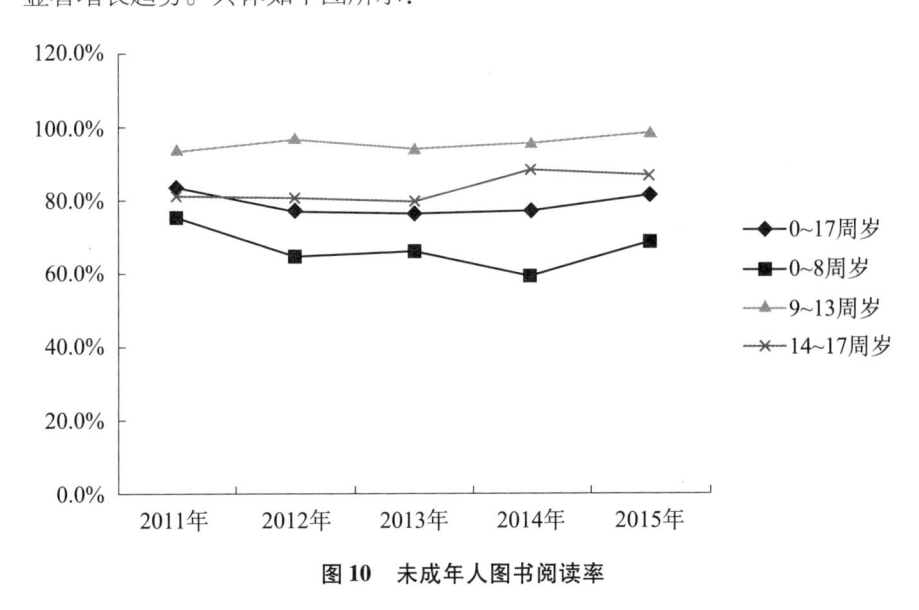

图 10　未成年人图书阅读率

（九）我国成年国民倾向的阅读方式日趋多元化

从近五年来的调查数据可以看出，在阅读方式日趋多元化的形势下，纸质阅读和数字化阅读将长期共存。尽管在数字化阅读方式的冲击下，倾向于纸质阅读的群体比例在逐年下降，但拿一本纸质书阅读仍然是大多数成年国民青睐的阅读方式，在经历了 2013 年和 2014 年连续两年的大幅下降后，2015 年我国成年国民中倾向于"拿一本纸质图书阅读"的人较 2014 年略有增加。

与此同时，随着数字化阅读方式的多元发展，偏爱手机阅读和网络在线阅读的群体比例逐渐增高，自 2013 年以来，倾向于手机阅读方式的比例飞速增长，且远超网络在线阅读。

（十）以微信为代表的社交化阅读成为表现最突出的新兴阅读方式

以微信为代表的社交化阅读方式逐渐成为国民阅读方式的新选择，也

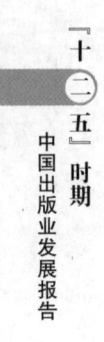

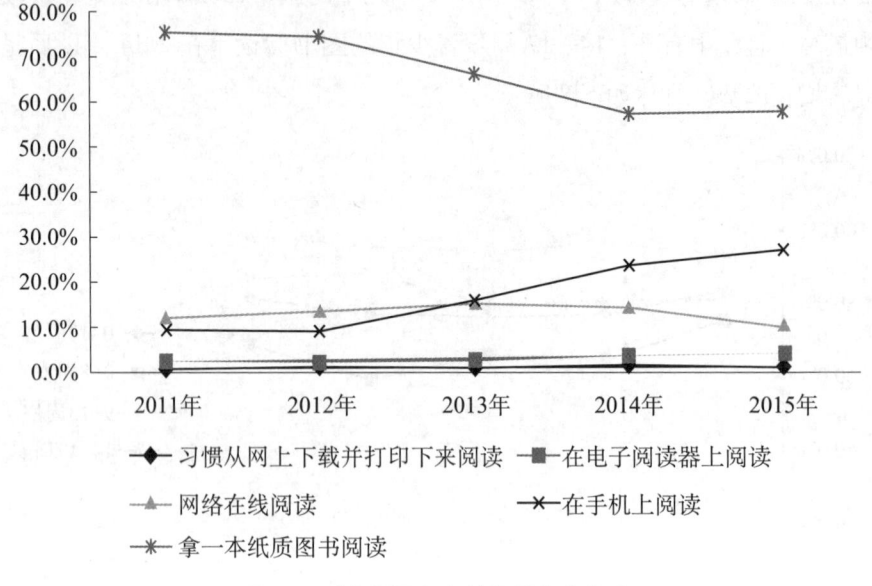

图 11　成年国民倾向的阅读方式变迁

是当前手机阅读中表现最为突出的新生力量。调查数据显示，2015 年我国成年国民的微信阅读接触率、微信阅读频次、微信阅读时长与上一年相比均呈现出大幅增长的态势。对微信使用情况的考察发现，有 51.9% 的成年国民在 2015 年进行过微信阅读，较 2014 年的 34.4% 上升了 17.5 个百分点。在手机阅读接触者中，超过八成的人（87.4%）进行过微信阅读。成年手机阅读群体的微信使用频率为平均每天 2.67 次。

从微信阅读时长来看，2015 年我国成年国民人均每天微信阅读时长为 22.63 分钟，较 2014 年的 14.11 分钟增加了 8.52 分钟，超过了我国成年国民纸质书报刊的人均阅读时长。其中，微信阅读接触群体人均每天微信阅读时长为 44.24 分钟，较 2014 年的 40.98 分钟增加了 3.26 分钟。2015 年，我国成年手机阅读接触者每天通过微信阅读的时长在 1 小时以上的比例为 21.5%，较 2014 年高出 1.8 个百分点。

我国成年手机阅读接触者通过微信进行的活动不仅限于聊天（聊天、收发文字、语音、图片等）、查看朋友圈中的朋友状态等即时通讯、社交活动，与阅读相关的活动也是很多微信阅读接触者的主要选择。2015 年的手机阅读接触者中，通过微信看腾讯新闻、阅读朋友圈中分享的文章的比例分别较 2014 年增长了 9.7 个和 5.5 个百分点。

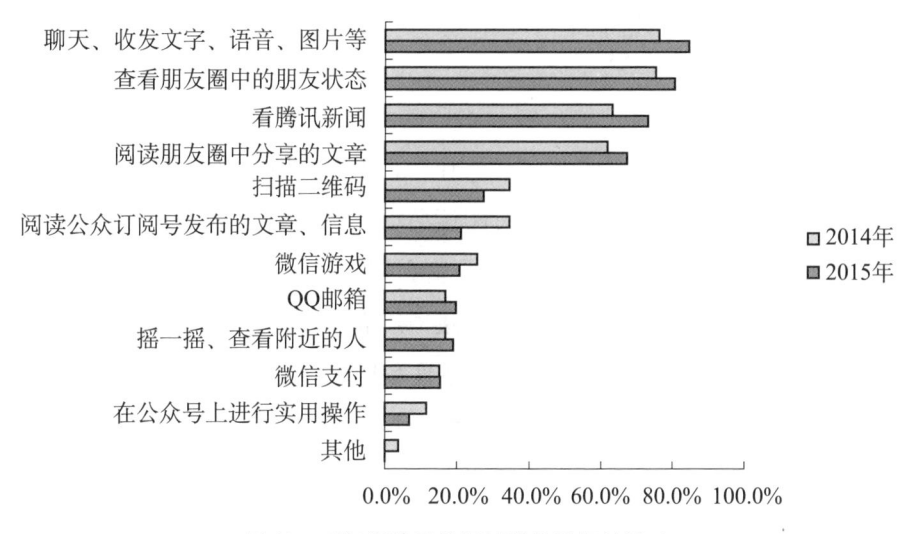

图 12　手机阅读群体通过微信进行的活动

二、结论

"十二五"时期我国国民阅读状况的调查数据表明，虽然传统媒介的阅读率的发展势头不及数字化阅读率，但从"十二五"初期到"十二五"末期的数据均表明：正确的阅读理念逐渐渗透社会各个阶层，我国国民对阅读的重要性认知日渐提升，尽管在衡量阅读行为的数据指标上增长较慢，但阅读意识的提升是现阶段全民阅读工作最大的成果。同时，我们也要更加深刻地认识到将全民阅读上升到国家战略及建立健全全民阅读政策法规保障体系的必要性，通过国民的阅读状况的整体了解，有针对性地解决全民阅读工作中出现的重点问题。

首先，应将全民阅读上升到国家战略，建立健全全民阅读政策法规保障体系。

阅读不只是个人行为，更关系到国家的长远发展。一个不读书的人是精神发育不健全的，一个不读书的民族是没有灵魂的，一个因不阅读而失去独立思考、创新能力的国家是危险的。

因此，通过顶层法律制度设计推动全民阅读的可持续发展，是提升国家文化软实力、增强国民文化认同、建立社会主义核心价值、凝聚民心、弘扬人文精神的国家战略需要。

健全的政策法规体系是长期有效持续开展全民阅读工作的必要保障。在"十二五"时期开展的全民阅读工作中，虽然各地如火如荼地开展了一系列以读书月、读书节为主的全民阅读活动，活动参与人数逐年上升，但嘉年华式的活动效应有限，提升居民的阅读兴趣、培养其阅读习惯是一项长期的、系统的过程，因此，需要从法律层面将全民阅读工作制度化、常态化，以确保全民阅读工作开展的系统性和稳定性。

其次，儿童尤其是弱势儿童群体应成为全民阅读工作的重点保障群体。

儿童是阅读的起点，全民阅读工作应该从培养未成年人的阅读习惯开始，保障其阅读权利，提高其阅读兴趣，增强其阅读意识，提升其阅读能力，尤其应将0—8周岁的儿童应作为重点培养对象。科学实验表明，人类最开始的阅读学习发生于幼儿期，未成年人在智力形成期，尤其需要通过阅读的学习来转变思想，最终实现智力的优化和价值观的塑造。从"十二五"时期我国未成年人的阅读调查数据来看，0—8周岁儿童的图书阅读率在三个未成年年龄段中最低，且数据较为波动，说明与其他两个年龄段相比，该年龄段的家长需要进一步提升、巩固培养孩子良好阅读习惯的观念。因此，全民阅读工作的重点应放在儿童群体上。

从我国的具体国情来看，随着经济的发展，流动人口的规模不断增大，出现了大批的农民工群体，随之在城市和农村产生了大量的流动儿童和留守儿童。此外，还有一类特殊的儿童群体为贫困家庭儿童，包括低保家庭儿童、农村五保儿童、孤儿、福利机构收养的流浪儿童和受艾滋病影响的儿童。以上三类儿童群体在基本生活方面尚且面临各种困难，在阅读权利方面很难得到保障。

国家民政部2016年发布的数据显示，目前，中国农村留守儿童数量为902万人，超过90%分布在中西部省份①。中部省份农村留守儿童463万

---

① 《全国农村留守儿童精准摸排数量902万人 九成以上在中西部省份》http://www.gov.cn/xinwen/2016–11/09/content_ 5130653.htm

人，占全国总数的51.33%；西部省份352万人，占全国总数的39.02%。如果在全民阅读工作中对以上群体的阅读权利视而不见，不但会加剧我国城乡二元结构的社会矛盾，还可能进一步激化各地区、各阶层之间的矛盾。因此，建议在全民阅读工作及立法条款中，重点保障儿童群体，尤其是弱势儿童群体的阅读权利。

第三，建立全民阅读保障与评估机制。

虽然在《新闻出版业"十二五"规划》中对全民阅读工作设立了一些重点项目，但在系统性、长期稳定性方面缺乏保障，尤其是资金保障。全民阅读事业属于公益事业，若要长期有效地开展工作，就需要政府投入专项资金，形成常态化的全民阅读经费保障体制。目前，我国尚无为全民阅读工作而设立的专项资金，资金来源缺乏稳定性。一些经济欠发达地区的政府近年来在全民阅读理念方面得到了很大的提升，在全民阅读推广工作方面拥有很高的热情，但时常因经费保障不足而偃旗息鼓。因此，建议通过政府设立"全民阅读基金"，由政府主导，鼓励引导社会资金参与全民阅读，为全民阅读工作的持续、有效开展提供经费保障。

虽然当前全国的全民阅读工作呈蓬勃发展之势，但对于阅读的基础理论研究尚处于起步阶段，全民阅读工作的开展多依托于各类活动的形式，全民阅读工作及阅读推广活动的效果难以评估。因此，应建立全民阅读理论研究与评估机制，组织权威机构定期开展阅读监测，通过全民阅读指数等可量化的科学评估体系对全民阅读活动的开展进行评估与指导。

（田菲　中国新闻出版研究院）

第二节 "十二五"时期出版物市场及网络文化环境治理情况

"十二五"时期,随着互联网技术的飞速发展,传统出版结构不断优化,新兴出版业态蓬勃兴起,出版物市场环境也发生了巨大变化。非法出版活动在传统市场中继续变换手法,逃避监管,同时,迅速向网络蔓延,出版物市场治理面临网上网下两个战场,形势更趋复杂,难度不断加大。面对这些变化,全国各级"扫黄打非"部门一手抓突出问题整治,一手抓基础性制度建设,针对各类非法出版活动采取了具有针对性的策略和措施,打了一系列总体战、攻坚战、遭遇战,广度不断扩大、深度不断拓展、力度不断增强,取得了重要成效,也积累了有益经验。2011年至2015年,全国各级"扫黄打非"部门共收缴各类非法出版物14 828万余件,查办各类案件59 487起。习近平总书记在党的十八届五中全会讲话中,专门强调了"开展'扫黄打非',查处各类非法有害少儿出版物",对"扫黄打非"工作予以充分肯定。

一、2011—2015年出版物市场治理基本情况

(一)坚持问题导向,开展专项行动进行深入治理

密切关注出版物市场动态,以问题为导向,问题出在哪里,工作就跟进到哪里,是"扫黄打非"部门开展出版物市场治理的重要工作方法。

1. 强化部署,解决突出问题。2011年至2014年,全国各地普遍部署开展了以扫除互联网和手机媒体中的淫秽色情信息及淫秽色情出版物、打击假媒体假记者站假记者、打击非法出版活动等为主要任务的几大专项行动,2015年增加了以深化打击有害和非法少儿出版物及信息为主要任务的"护苗2015"专项行动。"十二五"期间,"扫黄打非"部门持续开展以上专项行动,深入持久治理市场中存在的突出问题。同时,适应形势发展变

化，每年的专项行动都聚焦新情况新任务，部署开展若干个专项整治，推动行动取得实际治理成效。

2. 狠抓落实，确保见到实效。从年度各大专项行动整体方案的规划到各个专项行动的具体方案设计，突出管用、有效两个目的。为狠抓落实，全国"扫黄打非"办公室每年都会同中央有关部门，先后数次对各地专项行动开展情况进行督查，查市场、查网络、查案件，查进境、寄递、印刷、物流等各环节，对发现的问题全部督促整改。每开展一个专项行动或实施一项管理措施，一旦确定目标就一抓到底，从安排部署到线索通报，从宣传教育到发动群众，从市场清查到查办案件，从督办督责到舆论曝光，从反馈通报到责任落实，环环相扣，逐层递进，务必确保工作要求落实到位，工作部署见到实效。

（二）把握发展态势，推动工作向网络主战场转移

2014年2月，习近平总书记在中央网络安全和信息化领导小组第一次会议上鲜明指出："没有网络安全就没有国家安全。"适应新的形势变化，"扫黄打非"战线不断将工作向网络主战场转移，特别将打击网络传播淫秽色情信息、建设清朗网络空间作为当前重要工作任务常抓不懈。

1. 工作重心转换。2011年9月至11月开展的打击淫秽色情出版物和有害信息专项行动，仍是以打击淫秽色情光盘为工作重点，以中心城市为主要区域，以遏制其反弹势头为目标。2012年7月至11月，各地"扫黄打非"部门开展的集中整治淫秽色情出版物及信息专项行动，就开始注重将网上治理与网下打击相结合。这次专项行动中查处的北京"MM公寓"网站传播淫秽色情信息案就是从网上清除延伸到落地查人。该网站注册会员100多万人，发帖数达800余万条，抓获涉案人员2 148人，其中达刑事处罚标准的530人。2013年3月上旬至6月底开展的专项行动，被正式命名为"净网"行动，治理重点明确为网络，以打击网络淫秽色情信息为主要任务。行动期间，清理处置了大量网络有害信息，查处了一批违法违规网站。全国"扫黄打非"办公室还先后约谈了苹果公司和腾讯、快播、新浪、网易、百度等大型网站，对提供淫秽色情软件下载和登载淫秽色情

信息问题提出批评和整改意见，并依法给予处罚。2014年4月中旬至11月继续组织开展"净网2014"专项行动，对传播淫秽色情信息的主要犯罪嫌疑人进行了刑事打击，对违法违规网站进行了行政处罚。其中包括依法吊销新浪网《互联网出版许可证》《信息网络传播视听节目许可证》，并处508万多元罚款；依法吊销快播网《增值电信业务经营许可证》，迫使其彻底关掉网站，并将其负责人王欣从境外押解回国审讯。2015年开展的"净网2015"专项行动，主要任务则是全面扫除网络淫秽色情信息，严惩违法违规网站，严厉打击制作、传播淫秽色情信息的违法犯罪活动。行动期间，果断查处了北京优衣库试衣间、浙江嵊州、四川成都九眼桥、浙江丽水万地广场等系列涉不雅视频案，主要案犯均被刑事拘留，腾讯、新浪等互联网企业受到行政处罚。

2. 工作策略转化。密切与网信、通信、网安等部门的协作，针对不同的网络传播载体和平台采取不同的治理策略，形成较为完备的工作机制。加强网上监测和市场清查，对互联网站、搜索引擎、移动智能终端、应用软件商店和网络电视棒、机顶盒等设备，以及繁华街区、电子商城、交通枢纽、校园周边等重点地区书刊、音像制品、电子出版物等销售网点进行全面监测、清查，并组织辖区互联网企业开展自查。凡包含淫秽色情内容的信息、出版物、电视棒、机顶盒等，立即予以删除或查缴。同时，针对通过微视自拍、微博推广、微信和QQ群组传播、云盘存储等新的产品形态和传播方式制售传播淫秽色情信息的突出问题，及时向微博、微信、微视、微电影、云盘等"微领域"延伸工作触角，开展集中整治。不断完善互联网站、域名、IP地址实名管理等制度，不断加大对未注册、未备案网站的清理力度，健全移动智能终端应用软件管理措施，建立长效机制，实现源头治理。

3. 工作责任转变。加强网络空间治理，既要坚决履行政府部门的监管责任，发动社会的监督责任，同时更要积极推动互联网企业履行自身的主体责任。督促互联网企业，尤其是影响力较大的知名企业进一步落实内容安全主体责任，建设内容安全管理队伍，完善信息安全管理制度和信息安全技术手段，主动监测、发现和及时切断淫秽色情信息传播渠道。先后以约谈等方式，督促阿里巴巴、新浪、百度、腾讯等互联网企业，对有害信息第一时间发现、第一时间处置。各大互联网企业的主体责任意识不断增强，例如，新浪微博2015年全年主动清理淫秽色情信息270万条，关闭传播淫秽色情等有害信息账号5.75万个。

（三）抓住重点环节，持续加大对传统出版物市场的整治力度

在不断强化网络主战场工作的同时，始终保持对传统出版物市场中非法出版活动的高压态势，抓住重点，严查严管。

1. 开展针对性集中整治，纸质非法出版物大幅减少。2011年，先后开展打击盗版工具书专项整治工作，集中查缴盗版工具书23万多册；开展打击侵权盗版和非法出版中小学教辅材料专项整治工作，严查校园周边出版物市场；2012年部分省（市）开展了出版物市场和非法盗印复印行为集中整治行动。"十二五"期间，随着"扫黄打非"工作力度的持续加大，市场上的纸质非法出版物已经大量减少。从各地"扫黄打非"部门历年收缴的非法出版物收缴数量就能明显看到这一趋势，2015年收缴的非法出版物数量比2011年减少了71%。

"十二五"期间各地"扫黄打非"部门收缴各类非法出版物数量

（单位：万件）

年份	2011年	2012年	2013年	2014年	2015年
收缴数量	5 200	4 500	2 053	1 579	1 500

2. 严把印制销售环节，严惩侵权盗版行为。严格印刷复制企业监管措施，督促落实印刷复制委托书等各项法定管理制度，建立健全印刷复制企业风险等级管理制度。对印刷企业和出版物市场加强巡查检查。2011年河北三河查获非法盗印《中国共产党历史》第二卷案，河南周口查办"5·07"系列非法出版物案，北京破获"2·18"鹏翔宏途图书有限公司制售盗版教材教辅案。2012年北京"12·17"盗印十八大报告辅导读物案中，查缴盗印的十八大报告辅导读物7万余件。2013年查办的侵权盗版案件中涉案金额达千万元以上的案件达7起。2014年，北京"7·1"特大侵权盗版团伙案抓获涉案人员87人，查获涉嫌非法图书120余万册、码洋近5 000万元。2015年重点查办了河北盗印《习近平谈治国理政》图书案。

3. 严查盗版光盘，严格企业监管。2011年，开展清查整顿光盘复制企业专项整治工作，严厉查缴非法光盘特别是使用异常形态光盘来源识别码的盗版光盘。2012年，江苏南京、广东广州、山东烟台"6·04"批销盗版光盘一案中，查缴盗版光盘60余万张，查获涉案光盘生产线20条、母盘生产线1条。不仅严打非法企业的侵权盗版行为，对正规企业的非法行为更是严惩不贷。2011年查获深圳深宇激光科技有限公司、佛山润生电子有限公司生产的非法光盘50余万张，随后查封了这些企业的光盘生产线15条。

4. 举行集中销毁活动，加大宣传警示力度。每年在"4·26"世界知识产权日期间，全国"扫黄打非"办公室都组织各省市区开展侵权盗版及非法出版物集中销毁活动，邀请驻华使领馆、国际组织、新闻媒体参加，使国际社会和广大群众更多地了解我国政府保护知识产权、打击侵权盗版的决心、立场和取得的成果。2011年1月和4月分两次举行了侵权盗版及非法出版物集中销毁活动，销毁侵权盗版及非法出版物3 169万件。到2015年，集中销毁的侵权盗版等出版物下降为1 645万件，减少了48%，客观反映出打击侵权盗版出版活动的成效。此外，连续5年，全国"扫黄打非"办公室会同原新闻出版总署、国家版权局、中央电视台等部门在全国开展以"拒绝盗版 从我做起"为主题的系列宣传活动，进一步增强了公众抵制侵权盗版及非法出版物的社会责任意识。

（四）坚决打击"三假"，有力维护新闻出版传播秩序

新闻"三假"活动严重干扰基层正常工作，侵害群众切身利益，败坏新闻机构和新闻工作者形象，扰乱新闻出版传播秩序，必须狠狠予以打击。

1. 及时公布非法报刊目录，突出重点，督导整治。通过中央各大媒体及时公布非法报刊、非法新闻网站等"假媒体"目录，一方面明确要求各地"扫黄打非"部门按照属地管理原则严厉打击，另一方面提醒广大读者和网民提高警惕，避免被"假媒体"欺骗或误导。同时，抓住重点顽疾进行督导整治，2012年重点推动河北、山西、北京、陕西等地集中整治非法

医疗报刊等；2014年对山西、陕西、河南、内蒙古等存在问题较为突出省份的打击"三假"工作予以重点督查，督导山东、山西分别对济南、青岛、朔州等地存在的非法报刊问题进行了具有针对性的整治，督导广东对珠海校园周边报刊亭销售非法低俗报刊问题进行了治理。

2. 组织查办重点案件。查办案件、严惩违法犯罪分子一直是深入治理出版物市场的不二法门。2011年，北京"8·25"中天智博文化传媒有限公司制售非法刊物案，5名案犯分别被判处有期徒刑8年至2年不等；山东泰安非法制售盗版《语文报》案，3名案犯分别被判处有期徒刑5年至3年6个月不等；海南海口特大非法出版《中国教育研究》等报刊案，抓获犯罪嫌疑人9名。此外，北京还查处了中雏奋飞（北京）教育咨询中心非法出版《校园周刊·中国小记者专刊》案等。2014年，北京联合山西等地查处了国家信访局门前假记者敲诈勒索案，打掉高保国、李凌两个犯罪团伙，抓获犯罪嫌疑人7名。河南洛阳依法对假冒记者实施敲诈勒索的"谢振理团伙"、"吴昊团伙"共22名犯罪嫌疑人进行查处，查实其敲诈勒索40余起，涉案金额200余万元。2015年，江苏徐州马士平等假冒记者伪造中央巡视组文件诈骗案，主犯被判处有期徒刑5年6个月；陕西咸阳"8·15"新闻敲诈勒索案，主犯被判处有期徒刑8年。经过对这类大案要案的彻查彻究，以及媒体的公开曝光，违法犯罪分子受到强力震慑，假记者敲诈情况得到较大程度改善。

3. 强化打击真假记者内外勾连。假记者往往与真媒体、真记者有着千丝万缕的联系，内外勾连，共同作案。因此，单单打击假记者、假媒体不能从根本上解决问题，必须同时加强对正规媒体人员幕后策划、与"三假"内外勾连等行为的打击，严肃查处违法违规报刊单位。2014年，依法取缔了河南驻马店原《驻马店日报》副总编吴忠富未经批准擅自设立的《中国旅游摄影报》中原工作站，并依法没收其非法出版的《中国旅游摄影报》（中原版）。2015年更是将打击"三假"与清理整顿中央媒体驻地方机构和网站频道相结合，着力查处真假记者内外勾连行为。二十一世纪报系新闻敲诈案中，被告单位二十一世纪传媒公司被判处罚金948.5万元，主犯被判处有期徒刑4年。

（五）引导和打击相结合，护助青少年健康成长

2015年，全国"扫黄打非"办公室专门增加了"护苗2015"专项行动，深化打击有害和非法少儿出版物及信息。

1. 广泛开展"绿书签·护苗2015"行动。全国"扫黄打非"办公室在专项行动期间开展"绿书签·护苗2015"行动，以"扫黄打非"护助幼苗成长为主题，制作"绿书签"和相关海报下发，开展系列主题宣传活动，倡导绿色阅读、健康上网、抵制网上不良信息。各地积极配合，在中小学校广泛开展形式多样的倡导正版生活和绿色阅读主题活动，利用各种媒体和网络平台大力推介和组织阅读优秀少儿出版物；组织中小学校老师、学生家长积极发声，谴责不良文化产品，并加强对中小学生的教育引导，增强自觉抵制有害出版物和网络不良信息的能力，防止其在校园内传播蔓延。

2. 开展校园周边出版物市场清查。摸清出版物市场情况，建立完善中小学校园周边书刊、音像制品、电子出版物等批发零售网点台账，掌握游商地摊经常出没的时间和地点；突出清查重点，大力收缴宣扬淫秽色情、暴力、恐怖、迷信等有害内容以及非法出版的少儿出版物；强化执法检查，在中小学校开学以及节假日前后等重点时段和中小学生放学后等重点时间，对中小学校园周边及少儿文化用品销售店档等重点点位，进行高频次巡查，及时依法取缔关闭销售非法、有害少儿出版的游商店档。

3. 专项治理网络有害信息。结合"净网2015"专项行动部署，开展以少儿为主要用户的互联网站、社区、论坛、博客、播客等的专项监测，及时处置影响少年儿童身心健康的有害内容；加强对少儿网络新应用的专项研判，查处一批利用微博、微信、微出版、微视、微电影等制售传播淫秽色情等妨害少年儿童健康成长有害信息的案件，惩处一批违法犯罪分子，取缔关闭一批违法违规企业。

二、2011—2015年出版物市场治理主要经验

（一）党委政府高度重视

党中央、国务院和各级党委、政府高度重视"扫黄打非"工作，对出

版物市场治理和网络文化环境建设等工作给予坚强有力的领导。党的十七届六中全会决定指出，"深入开展'扫黄打非'，完善文化市场管理，坚决扫除毒害人们心灵的腐朽文化垃圾，切实营造确保国家文化安全的市场秩序"。这既是对"扫黄打非"工作内容的高度概括，也是对"扫黄打非"工作目标的深刻揭示。2012年，党的十八大更是首次把"开展'扫黄打非'、抵制低俗现象"写入报告，将开展"扫黄打非"作为扎实推进社会主义文化强国建设的一项重要内容作出了部署，对"扫黄打非"工作提出了更高要求，成为"扫黄打非"部门开展出版物市场治理等工作的指导思想，也成为做好工作的重要政治保障。

（二）多部门协同作战，形成合力

网信、公安、通信、文化、工商、城管、海关等部门都是"扫黄打非"工作的重要成员单位，也是做好出版物市场治理和网络文化环境建设工作的基本力量。各级"扫黄打非"办公室切实履行综合指导、协调督办职责，有效整合资源，形成工作合力。特别是文化市场综合执法改革后，各地贯彻中央关于"'扫黄打非'只能加强、不能削弱"的要求，积极探索"扫黄打非"与文化市场综合执法有效衔接的工作机制，用"扫黄打非"工作成果检验文化市场综合执法改革的成效，文化市场综合执法机构也将"扫黄打非"工作作为重要任务和衡量文化市场管理状况的首要标准。山东省青岛市等文化市场综合执法改革试点地区，始终将"扫黄打非"工作摆上重要位置，在落实重点任务、规范执法行为、强化内部管理、严格绩效考核、建立信息系统、完善长效机制、倡导部门文化、动员社会力量等方面作出了突出成绩，起到了示范作用。2011年8月，全国"扫黄打非"办公室在青岛市召开了建立完善"扫黄打非"长效机制现场经验交流会，对该市的经验和做法进行推广。

（三）树立以案促治的治理观念

大力查办案件是做好出版物市场和网络文化环境治理工作的重要方法，建立形成工作机制的有效途径，扩大"扫黄打非"工作影响的必要手段,也是培养锻炼队伍的重要方式。"十二五"期间,为鼓励支持各地"扫黄打非"部门多查案、查大案,全国"扫黄打非"办公室采取多种措施推动树立以案促治的治理理念,把案件查办情况作为工作评价考核的重要标准,加大挂牌督办案件查办工作在年终考核中的分值,对查办案件数量多、办案质量高的,及时通报表扬并反馈给当地工作领导小组主要负责人,对查办不得力的给予批评。对规模大、影响大、查办力度大、查办效果好的案件提供更有力的经费支持。同时,每年拨出专门名额用于表彰奖励全国重点案件专案组及办案有功人员。近几年的评选结果表明,被评为全国"扫黄打非"先进集体和先进个人的数量最多的,往往是案件查办最多、最深入、最有力的地区和部门。

(四)严格落实责任制和责任追责制

每年的工作部署,都要将落实"扫黄打非"工作责任制作为重要方面加以强化,制定责任清单,明确责任主体,及时督导检查。同时,严格落实责任追究制,对组织领导不力、工作不落实、造成不良影响或严重后果的,严肃追责问责。从2011年开始,全国"扫黄打非"办公室在查办重大案件时,要求案发地纪检监察部门同时介入,将外部查案与内部问责相结合,深入查处案件背后的利益链和"保护伞",依法依纪对有关部门公职人员失职渎职,甚至为违法犯罪分子通风报信、收受当事人贿赂及其他干扰执法办案的行为作出严肃处理。原新乡市文化新闻出版局文化稽查队书记邓某、原三河市新闻出版局党组副书记武某某等71名公职人员,因参与非法印刷、行贿受贿、为违法犯罪人员通风报信,或工作不力、失职渎职等行为,被追究党纪、政纪责任,5人被移送司法机关依法处理,追缴违法违纪金额120多万元。在查办案件的同时延伸追责,有力打击了非法出版物制售传播活动的保护伞,有效铲除了部分地区出版物市场长期混乱的根源。

(五)开展试点探索和示范引导

2011年,全国"扫黄打非"办公室确定北京市为推进联防协作机制科学化规范化工作试点地区、福建省为强化网上"扫黄打非"工作试点地区、上海市为将"扫黄打非"纳入领导干部政绩考核试点地区、浙江省为查堵非法出版物示范地区、江西省为旅游景区"扫黄打非"工作示范地区、江苏省为"扫黄打非"工作进基层示范地区。这些地区的"扫黄打非"工作各具特色,在各自的优势领域作出突出成绩,全国"扫黄打非"办公室对他们的经验和创新成果及时推广,对于"扫黄打非"工作的深入开展发挥了积极的带动作用。

(六)建立完善台账管理制度

台账是"扫黄打非"机构履行组织、协调、指导、督办职能的工作记录,是出版物市场管理信息化建设的一项基础性工作,是"扫黄打非"机构管理水平和工作能力的具体体现。2011年6月,全国"扫黄打非"办公室下发了《关于实行"扫黄打非"台账管理制度的通知》。建立台账的范围包括,出版物集中销售场所管理台账、印刷复制企业管理台账、游商摊点主要分布区域管理台账、出版物物流仓储企业管理台账、出版物市场检查管理台账、督办案件管理台账、举报线索管理台账等。全国"扫黄打非"办公室要求各地按时逐级上报台账数据,指定专人负责台账管理,根据实际情况补充台账内容和项目,加强台账管理制度的督导和检查。台账制度实行后,明确了监管重点,提高了执法效率,降低了行政成本,为各级"扫黄打非"办公室更好地履行职能提供了扎实的工作依据。

(七)深入推进"扫黄打非"进基层

"扫黄打非"工作的重点在基层、难点在基层、薄弱环节也在基层。深入推进"扫黄打非"进基层工作,坚决打击各类非法出版物和文化垃圾,是有利于加强基层政权建设、培育和践行社会主义核心价值观、维护国家意识形态安全和文化安全的重要举措,是维护群众利益并获得群众支持的重要途径,是夯实"扫黄打非"工作基础、确保"扫黄打非"持续深入的重要保障。2015年10月,全国"扫黄打非"办公室在广西南宁召开全国推进"扫黄打非"进基层现场会,总结推广广西推进"扫黄打非"进基层的经验做法，明确基层"扫黄打非"工作形势和任务，推动各地强化措施落实、创新工作方法，不断提升"扫黄打非"服务基层群众的能力和水平。此后，根据党的十八大以来有关加强"扫黄打非"工作的一系列重要指示精神，中央宣传部、中央综治办、全国"扫黄打非"工作小组办公室、教育部、公安部、文化部、国家工商行政管理总局、国家新闻出版广电总局、共青团中央、中华全国妇女联合会共同制定了《关于深入推进"扫黄打非"进基层的指导意见》，推动"扫黄打非"进基层工作迈入新的阶段。

（八）广泛宣传教育，发动群众参与"扫黄打非"

充分利用主流媒体阵地和新媒体平台宣传"扫黄打非"和出版物市场及网络文化环境治理工作，提高威慑力，扩大影响力，为工作开展营造良好舆论环境，形成群众热情支持参与的良好氛围。积极发动群众举报，按照"集中接报、分头办理、归口督办、统一对外"的工作思路，全国"扫黄打非"办公室举报中心、原新闻出版总署举报中心、国家版权局举报中心合并为联合举报中心，于2011年1月制定颁布《联合举报中心工作规范》。合并后的联合举报中心日常工作由全国"扫黄打非"办公室负责，实行24小时值班制度，受理群众通过电话、传真、信函、网站、电邮、来访等方式对侵权盗版、非法出版、网络传播淫秽色情及低俗信息等行为的举报和投诉，并及时进行登记、转办、核查、处置。联合举报中心对举报人个人信息严格保密，按规定及时向举报有功人员兑现奖金。2011年湖南长沙"1·19"储存盗版图书案的举报人获得奖金13万元，成为截至目前举报同类案件一次性获得奖金最高的举报人。举报奖励制度的落实，极大调动了广大群众参与"扫黄打非"工作的积极性。

三、下一阶段出版物市场治理重点

在已有工作基础上，下一步，"扫黄打非"部门将充分发挥体制机制优势，坚持打防并举、标本兼治、综合治理，深入开展专项行动，切实强化日常监管，严厉打击各类非法出版活动，持续净化文化市场和互联网文化环境，坚决维护意识形态安全和文化安全，为"十三五"开好局、起好步提供有力保障。

（一）深入开展各大专项行动

继续开展"净网"专项行动，专项整治利用网络直播平台和微博、微信、群组、网盘、弹窗等传播淫秽色情信息，深入清查含有有害内容的链接，有效治理网络文学等领域的低俗内容。依法惩处为淫秽色情信息传播提供支持的平台、渠道，严厉打击境内运营维护境外淫秽色情网站的行为，严格追查不法分子。继续开展"护苗"专项行动，在春季和秋季开学前后，专项整治中小学校园周边文化市场。持续清理宣扬淫秽色情、血腥暴力、校园霸凌、自杀自残等有害内容的网络出版物及信息，营造有利于未成年人健康成长的网络环境。继续开展"秋风"专项行动，严肃查处非法从事新闻采编活动的机构，加大打击新闻敲诈和假新闻、假记者力度，着力惩处以所谓舆论监督等为名招摇撞骗、敲诈勒索的不法行为，专项整治假冒学术期刊网站，取缔关停非法网络报刊，深入排查利用邮发渠道发行非法违规报刊。严厉惩治网上网下侵权盗版，着力查缴盗版文学作品、少儿读物、教材教辅，从严查处高校及周边复印店盗印、培训机构擅自编印教材教辅行为，专项整治利用电子商务平台销售侵权盗版出版物。严格落实新闻作品授权转载使用规定，依法查处严重侵权、涉嫌犯罪的网站和平台。

（二）健全"扫黄打非"工作责任体系

1. 严格落实主体责任。根据党内政治生活若干准则、意识形态工作责任制和网络意识形态工作责任制等有关规定，将"扫黄打非"作为重要政治责任，进行专题研究部署。落实"扫黄打非"工作责任制，制定责任清单，层层压实任务，及时督导检查。根据"扫黄打非"新形势新任务的要求，研究制定加强"扫黄打非"工作的意见和措施办法。在文化市场综合执法改革中，加强队伍建设，坚持将"扫黄打非"作为文化市场综合执法的首要任务，确保"扫黄打非"工作只加强、不削弱。

2. 不断深化协作配合。各级"扫黄打非"工作领导小组及其办公室在党委统一领导下，切实履行综合指导、协调督办职责，有效整合各部门资源和力量，加强重点工作统筹，形成"扫黄打非"整体合力。全国"扫黄打非"工作小组办公室组织修订成员单位职责分工，推动各成员单位进一步健全"扫黄打非"工作机制，严格执法办案，不断提高"扫黄打非"工作法治化水平。深化区域性联防协作工程建设，督促有关地区加强协同配合，开展经验交流，合力打好总体战。

3. 着力加强网络监管。网信、通信、公安、文化、新闻出版广电等部门要按照网络意识形态工作责任制的要求，强化网络空间治理，落实监管职责。督促互联网企业落实内容安全主体责任，坚决查处违法违规网上信息和网站。各地进一步健全网上"扫黄打非"联席会议制度，不断完善信息共享、应急处置、部门约谈、协同查处机制。加强网上网下联动处置，做到网上监管与网下基础管理、源头治理相结合。

4. 强化监督执纪问责。认真落实党的纪律处分条例、问责条例，加强违纪线索核查，坚决处理违纪的党员干部、公职人员，扩大典型事例通报范围，必要的公开曝光，确保处理到位、警示到位。对"扫黄打非"集中整治开展情况进行巡回督查、省际互查。对组织领导不力、工作不落实、查处整改不到位的单位和领导干部，及时约谈，严肃问责。

（三）抓好重点统筹

1. 统筹抓好专项行动与日常监管。集中时间、整合力量开展专项行动治理突出问题，改进、优化组织方式，丰富、创新实施手段。及时将专项行动好的经验、做法固化形成制度，完善长效机制。对市场主体实施全过程监管，事前监管突出防范、预警、规范，事中监管侧重监控、制约，事后监管重在追惩、反馈。将打击非法境外卫星电视网络接收设备纳入日常监管工作。

2. 统筹抓好案件查办与事件处置。不断完善"扫黄打非"法规制度，加强行政执法和刑事司法保障，深入查办大案要案，就近年来全国挂牌督办案件开展清案结案工作。建设全国"扫黄打非"举报线索数据库，整合举报线索资源。严格执行《中国共产党纪律处分条例》《行政机关公务员处分条例》《事业单位工作人员处分暂行规定》等，对制作、贩卖、传播非法出版物的党员、干部和事业单位工作人员依纪依法严肃处理并通报。

3. 统筹抓好宣传教育与舆论斗争。结合群众文化活动开展丰富多彩的"扫黄打非"宣传教育活动，积极应用新媒体提升宣传声势。将"扫黄打非"纳入各级党校、行政学院的教育培训内容。大力宣传"扫黄打非"工作先进典型，树立榜样，鼓舞士气。对噪声杂音坚决开展舆论斗争，通过境内外媒体及时发声，主动设置议题，澄清模糊认识，旗帜鲜明批驳反面论调。

（四）加强工作基础保障

1. 夯实基层基础。全面推进"扫黄打非"进基层，按照事有人抓、活有人干、责有人担的要求，指导乡镇（街道）、村（社区）建立完善"扫黄打非"工作机制，加强工作力量。将"扫黄打非"工作纳入基层党委和政府绩效考核、精神文明创建、社会治安综合治理（平安建设）考评。深入推进网格化管理，明确并落实乡镇（街道）、村（社区）开展"扫黄打非"宣传教育、搜集上报"扫黄打非"相关情况线索、协助查缴非法出版物和查处"扫黄打非"案件方面的职责。

2. 广泛发动群众。进一步动员群众参与和支持"扫黄打非"工作。运用好新媒体增强宣传教育效果，拓展微博、微信公众号等网络宣传平台。建设举报线索专项数据库，整合举报线索资源。修订全国"扫黄打非"举报奖励办法，加大举报奖励力度。

3. 加强工作保障。合理安排"扫黄打非"工作经费，提升资金使用效益。积极推进"扫黄打非"信息化建设，实施全国"扫黄打非"大数据监管工程、全国"扫黄打非"技术装备保障工程，运用好全国"扫黄打非"信息管理系统一期并加快二期建设。加强"扫黄打非"工作研究，不断提升工作科学化、规范化水平。加强"扫黄打非"队伍培训，继续评比表彰

"扫黄打非"先进集体和个人。

出版物市场及网络文化环境治理是事关国家文化繁荣、文化安全和创新能力建设的一项重要工作。只要非法出版活动和有害信息存在的根源没有铲除，这项工作就只有起点、没有终点。我们有理由相信，"十三五"期间，全国"扫黄打非"战线一定会忠于职守、求真务实，坚持不懈地进行出版物市场及网络文化环境治理，努力营造规范健康的市场环境和风清气正的网络空间，为促进经济社会又好又快发展作出更大贡献。

（张姝　国家新闻出版广电总局）

第三节 "十二五"时期新闻出版标准化工作综述

2015年是"十二五"规划收官之年,回顾五年,可以说"十二五"时期是新闻出版标准化工作发展最快、成果最多、实现突破最大的五年。截至"十二五"末,新闻出版业完成了标准化工作机构的全面布局,拥有覆盖全行业的印刷、出版、发行、信息化、版权5个国家级标准化技术委员会;委员总人数达到436名,ISO注册专家30名;建立各类标准化研究机构、实验室、实施机构11个,标准化试验与推广基地18个;制定并发布了新闻出版国家标准、行业标准、行业技术性指导文件,以及工程标准345项;国际标准化工作实现突破,我国主导研制的ISO 17316《国际标准关联标识符(ISLI)》正式发布,注册中心落户中国,在印刷领域承担了国际标准化组织印刷标准化技术委员会(ISO/TC 130)秘书处的工作;标准宣贯工作得到加强,"十二五"期间标准培训学员总数超过5 000人次。

一、"十二五"时期新闻出版标准化工作取得的成绩

(一)标准制修订总量快速提升

"十二五"期间,新闻出版业共完成并发布国家标准25项,行业标准112项,行业指导性技术文件27项,工程项目标准56项,总计220项,数量达到之前标准总量的1.76倍。

1. 国家标准

25项国家标准按发布时间划分:2011年11项,2012年4项,2013年8项,2014年2项,2015年0项(见图1);按领域划分,出版标准5项,印刷标准18项,发行标准2项(见图2)。

按时间划分

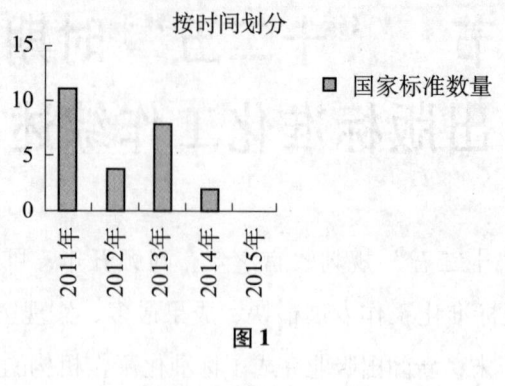

图 1

按领域划分

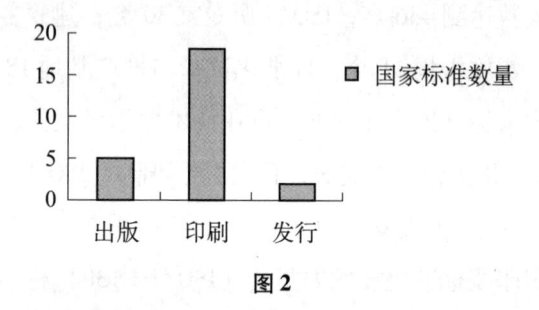

图 2

由于全国印刷标准化技术委员会是业内最早成立的国家级标委会，因此在国家标准中，印刷标准一直处于绝对的主体位置。从时间划分上看，标准的发布数量呈现出跳跃性，无规律可循，反映出新闻出版业国家标准的制定工作尚缺乏整体考虑和长期计划。

"十一五"期间共发布国家标准14项，其中出版标准1项，印刷标准13项。与"十一五"期间相比，"十二五"期间国家标准数量大幅度提高，达到1.79倍（见图3）。

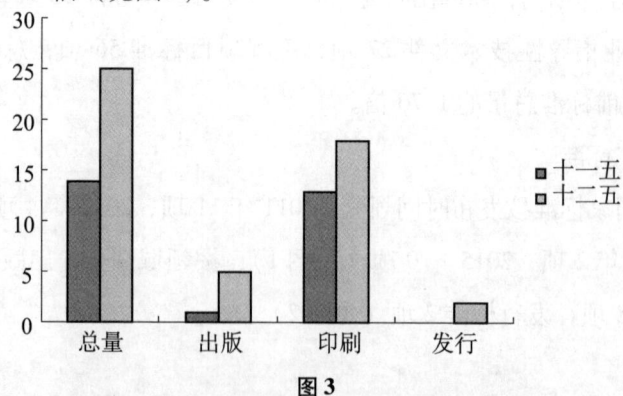

图 3

2. 行业标准和行业指导性技术文件

"十二五"期间,行业标准数量逐年增加,共发布行业标准 112 项,行业指导性技术文件 27 项,年平均增长率达到 60.75%。横向对比同期国家标准,不难看出,新闻出版业标准以行业标准为主体,同期发布的行业标准和行业指导性技术文件总量是国家标准的 5.56 倍。

按发布时间划分:2011 年 7 项,2012 年 15 项,2013 年 18 项,2014 年 29 项,2015 年 43 项;行业指导性技术文件按发布时间划分,2011 年 9 项,2012 年 1 项,2013 年 17 项(见图 4)。

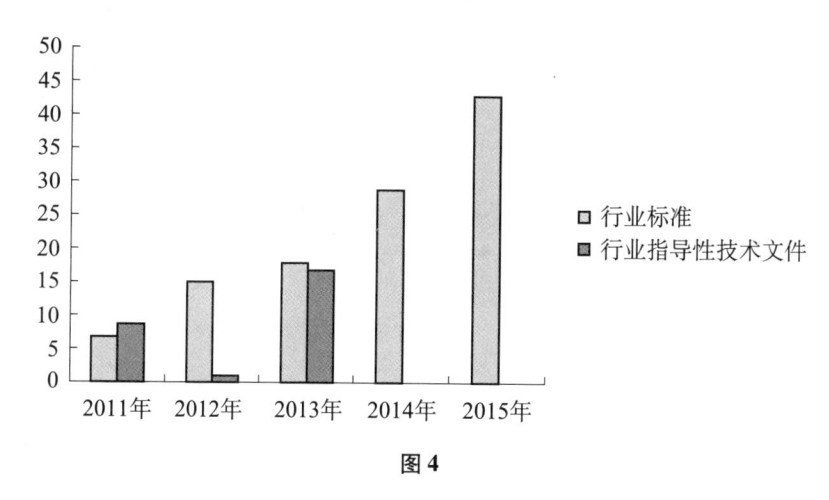

图 4

按领域划分:出版标准 56 项,印刷标准 20 项,发行标准 32 项,版权标准 4 项;行业指导性技术文件按领域划分,出版领域 25 项,印刷领域 1 项,发行领域 1 项(见图 5)。

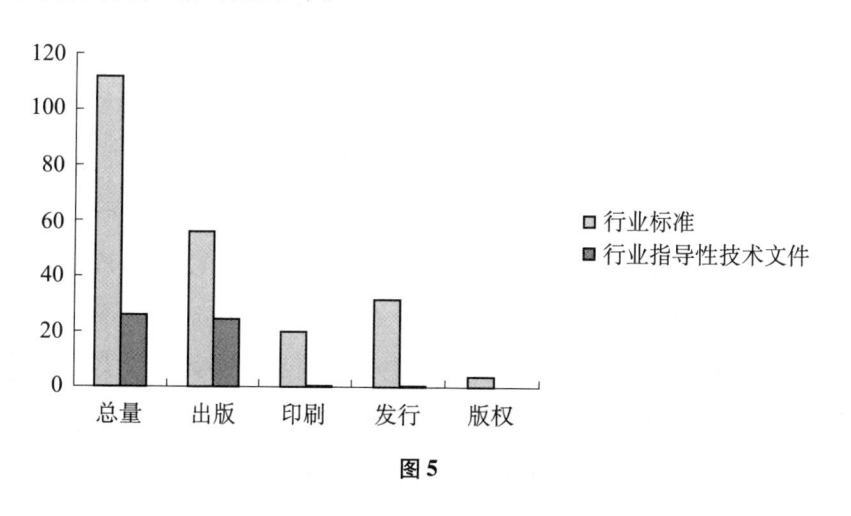

图 5

与"十一五"期间对比，行业标准和行业指导性技术文件数量以倍数增加，并且出现了新的标准化领域，版权标准的制修订成为新闻出版标准化工作的重要组成部分。"十一五"共发布行业标准27项，其中出版标准13项，印刷标准2项，发行标准11项；"十二五"发布标准是"十一五"数量的5.15倍（见图6）。

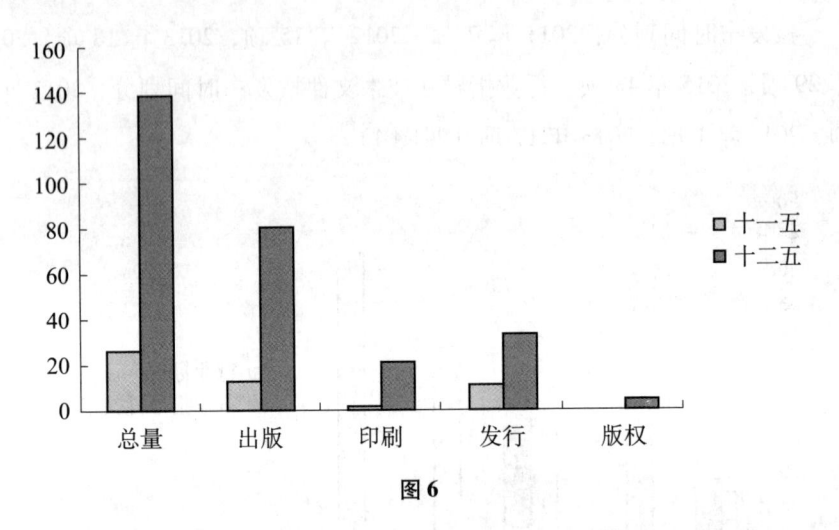

图6

3. 工程项目标准

工程标准是国家新闻出版广电总局通过项目以财政资金资助的方式，推动融合发展、转型升级的新举措产生出的新的标准层级，是出版领域标准化工作的机制创新之举，主要包括重大科技工程项目、央企技术改造项目等。

（1）重大科技工程标准

《新闻出版业"十二五"时期发展规划》明确把"中华字库工程""国家知识资源数据库工程（一期）""国家数字复合出版工程""数字版权保护技术研发工程"列为新闻出版科技创新工程。"十二五"期间，上述四大科技工程项目均已启动并取得阶段性成果，四大工程的研发任务都包括工程标准，既是工程研发的基础和支撑，也可以作为工程成果，未来服务于行业发展。

"中华字库"标准任务包括基础类、资源类、文字整理类、编码与字库类、工程技术类、工程管理类，共40余项。数字版权保护技术研发工程标准包括管理类、基础类、数据类、协议接口类、安全类5大类25

项标准，2015年2月，由新闻出版重大科技工程项目管理办公室发布实施。国家数字复合出版工程包括基础、数据、方法、技术、测试、服务和管理7类共38项工程标准，于2017年1月完成并发布。国家知识资源数据库工程的研发机制不同于前三项工程，在总局数字出版司的统一部署和推动下，2015年3月，通过专业数字内容资源知识服务模式试点工作，由28家试点单位结合自身的实践和探索，共同完成了知识服务标准体系的初步设计，以及首批8项通用标准的研制工作。值得一提的是，试点标准工作采用通用标准、企业标准同步推进的方式，一方面通过通用标准的规范要求，各试点单位细化形成企业标准，验证通用标准的实用性和适用性；另一方面，通过试点企业标准，提出共性需求，上升为通用标准。既保证通用标准的适用性，反过来通用标准可以指导企业标准的优化和修订，两者互为基础，互为补充。

（2）中央文化企业数字化转型升级项目标准

中央文化企业数字化转型升级项目由中宣部、国家新闻出版广电总局、财政部联合发起。全国出版物发行标准化技术委员会受总局委托，2014年2月启动了项目标准的制定工作，26家央企数字化转型出版单位、11家技术企业共同完成了项目管理、基础应用、数据加工、数据存储和流程接口5类23项标准的制定工作。主要包括数字出版资源对象存储、复用与交换基本规范、图书数字化加工规范以及软件接口规范等等，解决了出版单位在资源数字化加工、保存、复用、交换方面的需求。

（二）标准化机构建设完成总体布局

"十二五"期间，新闻出版标准化机构建设日趋完善，完成了标准化技术委员会的全面建设和布局，拥有覆盖全行业的印刷、出版、发行、信息、版权5个国家级标准化技术委员会。同时，还建立了各类标准化支撑机构，包括研究机构、实验室、实施机构11个，标准化试验与推广基地18个、联盟及试点单位31家等，为新闻出版标准化工作的有效开展提供了组织保障。（见图7）

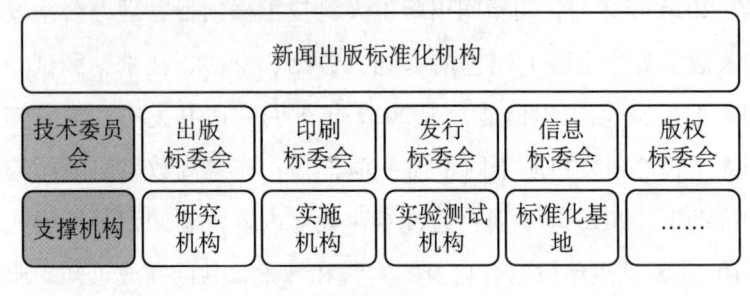

```
┌─────────────────────────────────────────────────────────────┐
│                    新闻出版标准化机构                          │
└─────────────────────────────────────────────────────────────┘
┌──────┬──────┬──────┬──────┬──────┐
│技术委员│ 出版 │ 印刷 │ 发行 │ 信息 │ 版权 │
│  会  │标委会│标委会│标委会│标委会│标委会│
├──────┼──────┼──────┼──────┼──────┤
│支撑机构│ 研究 │ 实施 │实验测试│标准化基│ …… │
│      │ 机构 │ 机构 │ 机构 │  地  │      │
└──────┴──────┴──────┴──────┴──────┘
```

图7

1. 标准化技术委员会

"十二五"之前，新闻出版业有3家标准化技术委员会，分别是1984年成立的全国信息与文献标准化技术委员出版物格式分技术委员会（SAC/TC4/SC7），1991年成立的全国印刷标准化技术委员会（SAC/TC170）和2010年成立的全国出版物发行标准化技术委员会。

"十二五"期间，新闻出版行政管理部门积极推进标准化机构建设，先后向国家标准委申请，推动成立了全国新闻出版标准化技术委员会（SAC/TC527）、全国新闻出版信息标准化技术委员会（SAC/TC553）和全国版权标准化技术委员会（现阶段为行业级标委会，等待国家标准委批复）。同时，印刷标委会还成立了书刊印刷、包装装潢印刷和丝网印刷3个分技术委员会。至此，全面涵盖出版、印刷、发行、版权领域的标准化技术组织架构完成构建。

2012年1月，全国新闻出版标准化技术委员会成立，编号为SAC/TC527，负责"新闻出版领域的基础性标准，以及书、报、刊、音像电子出版物、数字出版物和网络出版物相关的技术、管理、服务等方面的标准"。2012年6月8日，全国印刷标准化技术委员会成立了书刊印刷分技术委员会（SAC/TC170/SC1）、网版印刷分技术委员会（SAC/TC170/SC2）和包装印刷分技术委员会（SAC/TC170/SC3）。2013年12月，经国家新闻出版广电总局批准，成立全国版权标准化技术委员会（行业），负责版权产业相关领域的标准化工作。2014年12月，全国新闻出版信息标准化技术委员会正式成为国家级标准化技术组织，编号为SAC/TC553，负责新闻出版领域信息化建设方面的标准化工作。

从上述过程可以看出，"十二五"期间，新闻出版标准化组织建设每年都有新的举措和成果。

2. 标准化支撑机构

在完成标准化技术委员会全面布局的同时，为保障行业标准的实施应用，"十二五"期间陆续成立了多家标准化研究机构、实验测试机构和实施机构，标准化基地建设也取得新进展。

2012年2月，中国版权保护中心成立中国ISRC中心，作为中国标准录音制品编码（GB/T 13 396–2009）国家标准的执行机构。2012年3月，中国新闻出版研究院成立了标准化研究所，成为新闻出版领域首家专业的标准化科研机构。2012年8月，中国音像与数字出版协会成立了中国MPR注册中心，负责《MPR出版物》系列国家标准的实施，管理MPR编码的注册、发放等具体工作。2012年10月，中国版权保护中心联合北方工业大学建立了DCI（Digital Copyright Identifier）技术联合实验室，负责DCI核心技术研究、标准制定、系统开发和应用推广等方面的工作，成为我国数字版权公共服务的技术研发和试验基地。2013年3月，由发行标委会与北方工业大学联合组建的"中国ONIX标准应用研发实验室"正式挂牌成立，主要职责为《中国出版物在线信息交换》标准的研究、应用与推广提供技术支撑。2014年4月，由中国新闻出版研究院牵头，联合方正阿帕比和北京印刷学院申报了北京市科委的重点实验室，获得认定，名称为"数字出版标准符合性测试北京市重点实验室"。该实验室将瞄准数字出版内容、产品、服务标准的符合性测试开展前沿性研究、应用性测试工具开发和服务。"十二五"期间，印刷标委会继续推进基地建设，共在全国范围建立了三大类型共18家全国印刷标准化基地，有效地推动了标准的实施工作。

（三）国际标准化取得突破

长期以来，我国在新闻出版相关的国际标准化活动中处于被动、跟随的地位，经过近几年的发展，特别是在"十二五"时期，中国在国际标准化舞台上的影响力和作用日渐提高，从被动采标到参与制定、主导制定国际标准，从建立国际标准的中国分注册中心到承担国际注册中心，甚至承担国际组织秘书处和主席工作。国际标准化取得突破，一方面得益于国内新闻出版业数字化转型升级政策带动下的飞速发展，使标准化工作具备了一定的产业基础；另一方面得益于经济和技术全球化，使国内出版或技术企业谋求突破激发出的与国际接轨的内在动力。

1. 出版领域

从20世纪80年代开始，我国就积极跟踪国际标准，中国一直是国际标准化组织信息与文献标委会ISO/TC46的P成员，也就是积极成员。同时，我国还采标了多项ISO/TC46国际标准，例如《国际标准书号ISBN》、《国际标准连续出版物号ISSN》等等，对规范行业管理和提高出版质量都发挥了积极的作用。

2011年3月，中国提案的《国际标准文档关联编码（ISDL）》通过了ISO/TC46/SC9成员国投票正式立项。同年5月，成立了由中国、法国、德国、美国、瑞典、肯尼亚、俄罗斯等7个国家组成的"ISDL国际标准工作组"，并由中国专家担任项目组召集人，成为ISO/TC46/SC9的第11工作组。2013年6月，TC46在法国巴黎召开年会，年会通过决议，《国际标准文档关联编码（ISDL）》改名为《国际标准关联标识符（ISLI）》。2015年5月15日，ISO正式发布ISLI国际标准。

ISLI国际标准是我国新闻出版业首次向ISO提交的国际标识符标准项目，该项目在ISO获得立项并成功制定，打破了英、美、德、法在国际标识符领域的垄断，标志着我国新闻出版标准化在走向国际化的进程中迈出了重要的一步，使我国跻身于世界编码大国的行列，从根本上改变了我国在国际标准化舞台上被动、从属的地位，极大地提升了我国在标识符领域的话语权。

2. 印刷领域

我国参与国际印刷标准化活动较早。2007年，在ISO/TC130东京年会上，印刷标委会开始参与ISO 5776文字校对符号国际标准的制定。2009年，我国成功承办了ISO/TC130第23届国际印刷标准化年会，年会作出决议："同意由中国牵头建立新的印后项目工作组。"这是中国印刷业在国际标准化组织中第一次开始拥有重要的话语权和主动权。

在"十二五"期间，中国印刷业参与国际标准化活动迈上新的台阶。

2012年11月，ISO技术管理局TMB形成第42号决议，决定由中国承担ISO/TC130秘书处。这对促进我国印刷业"走出去"，提高在国际印刷标准化领域的话语权将产生积极和深远影响。

二、新闻出版标准化工作取得成绩的原因

新闻出版标准化工作在"十二五"期间取得了令人瞩目的成绩，既得益于深化文化体制改革，文化大发展大繁荣的方针、政策，也得益于数字和互联网技术与出版的不断融合；既有转企改制形成的竞争压力推动下的内在动力，也有外部技术环境飞速变化形成的外在压力。

1. 转企改制、市场竞争加剧，使标准化发展的内在驱动力逐步显现

新闻出版业属于内容产业和意识形态领域，一方面内容作为其产品或服务的核心无法像一般的工业产品，可以用比较具体的功能和性能指标来规制，无法用标尺和仪器来测量。因此，标准这把"标尺"的作用曾经长期受到忽视，政府对标准化工作的重视不够，行业的标准化意识不强。另一方面，在我国出版的准入是审批制，政府赋予了谁出版资质就意味着谁拥有出版的权力。换句话说，拥有出版资质的出版单位并不是通过市场自由竞争的规则选择出来的，新闻出版业市场化并不充分，很多出版单位还沿袭着事业单位的体制和待遇。在标准化方面，不像工业领域，标准是产品市场准入的门槛。这也造成了标准可有可无的尴尬地位。

伴随新闻出版业改革的不断深化，出版单位已经进行企业化改制，从其主管主办单位"断奶"，来自政府的天然保护逐渐弱化；同时，来自民营书业、互联网、移动运营商或下游发行端的竞争不断加剧，市场倒逼出版单位重新进行思考，其市场化角色定位逐渐清晰。同时，出版单位的标准化意识被激烈的市场竞争环境逐步激发出来了。2013年中央文化企业转型升级、2015年"专业数字内容知识服务模式试点"等多项、多系列新闻出版业的重点标准都是由出版单位主导制定的。相信未来，出版单位作为新闻出版业主体，在把握标准方面的意识和能力会不断加强。

2. 出版与科技融合，推动标准体系实现结构调整

数字技术、信息技术、互联网技术突飞猛进发展，给人们的文化生活带来翻天覆地的变化，也同样影响到新闻出版业的发展。电子书、手机出版、数据库、网络出版、知识服务等出版产品和出版服务类型异彩纷呈，新媒体、全媒体、富媒体、融媒体等新名词、新概念层出不穷。技术的发展强有力地推动着新闻出版业的创新实践，出版与科技的融合也不可避免地推动着新闻出版标准化工作，推动着新闻出版标准体系的调整和完善，以适应这个变革的时代。"十二五"期间，新闻出版标准体系结构更加完整，增加了版权标准体系，出版、印刷、发行、信息化标准体系更加完善；数字出版标准成为标准体系的重点和主体，以满足行业数字化转型升级的发展需求；CNONIX等一类基础性的标准的研制对打通产业链各环节，实现数据共享发挥了重要作用；工程项目标准成为标准体系的重要组成部分，重大工程和转型升级等工程项目标准作为标准机制创新的实验田，取得了非常良好的效果。

3. 政府的引导和推动在标准化发展上起到至关重要的作用

标准化工作是新闻出版科技体系的重要组成部分，也是推动行业转型升级的重要手段。"十二五"期间政府用标准化作为抓手，有力有效地推动了行业的科技进步和数字化转型，反过来也使标准化自身得到跨越式发展。第一，抓住核心关键标准，打破行业发展瓶颈。总局联合财政部，通过CNONIX和ISLI/MPR标准的试点示范应用，研制了一系列配套的标准，形成了较为完整的标准体系。CNONIX标准旨在解决出版产品在产业链上的数据一致性和共享问题，ISLI/MPR则是通过关联音视频或其他多媒体文件使传统出版物焕发新的生机。这两项标准是总局在"十二五"期间重点推动的标准，中央财政通过项目的方式分别投入资金支持标准实施，总额超过3亿元。第二，通过重大项目带动，结合转型实践，完成了一批数字出版关键标准。版权保护、复合出版、中华字库等重大工程完成工程标准超过百项，几乎涉及数字出版的方方面面，为全面形成数字出版标准体系打下了良好的基础。第三，转变机制，推动出版单位作为标准制定主体。"中央文化企业数字化转型升级项目标准"和"专业数字内容知识服务模式试点项目标准"研制打破了原来惯常由标准专家执笔的做法，而是由项目承担单位或试点单位承担标准的执笔任务，使标准的内容更加结合业务实际，同时，也锻炼了一批标准化人才。第四，给予标准化工作资金保障。"十二五"期间中央财政投入34亿元，推动新闻出版行业数字化转型升级，其中标准经费超过3 000万元。

三、新闻出版标准化工作存在的主要问题和发展趋势

在"十二五"期间高速发展的标准化工作，同样存在着无法回避的问题，主要有以下几个方面：

第一，标准还未成为行业和市场准入的门槛，没有成为对质量的"硬约束"。新闻出版领域的标准绝大多数是推荐性标准，企业是否执行，执行得怎么样，无人监督，缺乏实施验证，也不会影响到企业的市场收益，更不会关乎生存发展。说明现有标准化机制还存在缺陷，还没有把标准与新闻出版质量管理体系进行有效衔接。

第二，政府推动有余，产业和市场带动不足。前面提到"十二五"标准化发展政府的作用功不可没，但也从另一个角度说明，产业和市场对标准化的内在需求还没有很好地激发出来。

第三，标准体系尚不完善。出版、印刷、发行、信息、版权5家标准化技术委员会虽然都制定了各自的标准体系表，但由于没有有效的动态维护机制，无法跟上瞬息万变的技术发展，而与实际需求尚有距离。标准体系结构不合理，国家标准、行业标准层级定位不清晰，标准间存在交叉重复的情况。

第四，标准化体系缺乏整体设计。新闻出版标准体系、组织体系、政策体系、人才体系、实施体系、实验测试和认证认可体系等构成了新闻出版标准化体系。目前，标准体系和组织体系基本建立，而其他方面还有待建立和完善。

综观新闻出版标准化工作近几年的发展，其轨迹与新闻出版产业发展相伴相生。不难看出，当前新闻出版标准化工作已经基本走出原始积累阶段，未来发展将呈现以下几个特点：

一是数量上平稳增长，2013年发布国家标准和行业标准24项，2014年为31项，2015年为行业标准43项，基本年增长率在30%～40%，2016年将保持这样的增长速度。主要原因一方面是技术与出版的融合不断带来新的标准化需求，另一方面受现有标委会、委员专家等机构、人才限制，数量上不会有太大的突破。

二是在层级上，国家标准数量将明显提升，行业标准数量平稳增长，工程项目标准出现井喷，团体标准崭露头角，企业标准快速增长。

三是在领域上，数字出版标准主体地位更加突出。随着新闻出版业数字化转型，数字出版相关标准渐成主体，2016年数字出版标准的亮点将围绕大数据、知识服务、AR、VR技术在出版中的应用展开，此外，数字教育出版也将成为标准化工作关注的热点。

四、进一步推动新闻出版标准化工作发展的建议

"十二五"时期新闻出版标准化工作迈上了新的高度，"十三五"时期标准化工作应进一步适应新闻出版业体制和技术革新，创新标准化工作机制和方法，使标准化工作得到更好、更快的发展。

1. 顺应改革要求，尽快形成新闻出版标准化工作新思路

国务院印发的《深化标准化工作改革方案》提出："通过改革，把政府单一供给的现行标准体系，转变为由政府主导制定的标准和市场自主制定的标准共同构成的新型标准体系。政府主导制定的标准侧重于保基本，市场自主制定的标准侧重于提高竞争力。同时建立完善与新型标准体系配套的标准化管理体制。"新闻出版标准化工作同样存在着强政府弱市场的问题，因此应该根据改革要求，着力提高市场自主制定标准的意识和积极性，把企业标准、团体标准作为标准化工作的重点，从政策、机制上给予鼓励和扶持，并据此尽快形成新闻出版标准化工作的新思路。

2. 采用综合标准化的思路和方法，以新闻出版行业整体最优为目标

新闻出版标准体系已具雏形，但依然存在结构性问题。新闻出版标准

体系从产业链环节划分，可以分为出版、印刷、发行、版权、信息化的标准体系；从属性分，可以分为公共服务标准体系、市场化标准体系；从层级划分，又分为国家标准体系、行业标准体系、团体标准体系、工程项目标准体系、企业标准体系；从作用划分，可以分为基础标准体系（如标识、元数据、术语体系、标签体系等等）、管理标准体系、产品标准体系、方法标准体系、服务标准体系等。分类维度虽然不同，但都属于新闻出版标准体系的一个组成部分。建议采用综合标准化的思路和方法，以新闻出版行业整体效益最优为原则，全面统筹协调。一方面应加强国家标准和行业标准的整体规划，理清层级要求，另一方面，通过政策、资金等多种方式鼓励团标和企标的研制和实施，使出版单位真正成为标准化工作的受益主体，最终建立新型的新闻出版标准层级结构，形成以企标为基础，以团标为主体，以行标、国标为核心，以国际标准为突破的金字塔架构。

3. 加强标准化自身建设，完成标准化工作的配套设施

新闻出版标准化工作起步晚，加之又长期处于计划经济环境，发展不全面，基础配套设施薄弱，难以满足新闻出版产业高速发展的要求。首先，应该加强标准化基础建设，建立新闻出版业标准数据库、术语库、代码库、开发元数据注册系统等等，为更好地开展标准化工作，更好地为行业服务提供支撑。其次，应建立专门的新闻出版标准化管理服务机构，有效支撑行业标准化管理，提高行业标准化管理服务水平，促进标准实施应用，加强标准监督检查，实现标准的产业规范和科技转化引领作用。第三，应该以构建新闻出版质量保障体系为目标，推动新闻出版标准符合性测试、质量检测、认证认可工作，完善标准实施环节。第四，应该加强对国际相关的标准化组织的研究和参与，通过国际标准化推动中国新闻出版业"走出去"。

（刘颖丽　中国新闻出版研究院）

第四节 "十二五"时期出版研究综述

"十二五"时期,是全面建设小康社会的关键时期,是深化新闻出版体制改革、加快转变发展方式的重要时期。"十二五"时期,中央提出推动文化产业成为国民经济支柱性产业,使文化产业发展上升为国家战略,为新闻出版业发展提供了难得的历史机遇。新闻出版业作为一个关系国家稳定、国家形象、国家安全的"战略行业"①,处于大有作为的重要战略机遇期,具备了许多利于产业发展的有利条件,取得了较为丰硕的产业发展成果。"十二五"时期,出版科学研究活动立足于新闻出版产业发展的具体实践,全面深入地探讨了出版领域的理论与实践问题,为我国出版产业发展提供了智力支持。本文以"十二五"时期(2011—2015年)收录在中国知网上的出版研究文献为研究资源,对"十二五"时期我国出版研究整体状况和重点研究领域进行简要梳理,以期展示"十二五"时期出版研究重点成果,为科研工作者下一步研究提供基础。

本文研究文献以中国知网全文数据库为数据来源与分析基础,具体文献获取方式和结果是在中国知网全文数据库以"出版"为题名进行检索,检索出2011年至2015年间发表在核心期刊及以上的文献,共10 867篇;在中国知网全文数据库以"出版"为题名进行检索,检索出硕士、博士论文共676篇。由于以专著、研究报告以及课题的研究成果经常会以期刊论文形式全部或部分刊发,本文未对"十二五"期间以专著、研究报告和科研课题展开的出版相关研究成果做统计与分析。

一、"十二五"时期出版研究整体状况

(一)"十二五"时期出版研究年度论文发文量情况

在中国知网以"出版"为题名进行检索,检索出2011年至2015年出

---

① 魏玉山,关于我国新闻出版业发展战略的思考[J],出版发行研究,2010,(5).

版研究核心期刊及以上文献共 10 867 篇，学者在"十二五"期间出版研究发文量的年度趋势如图 1 所示。

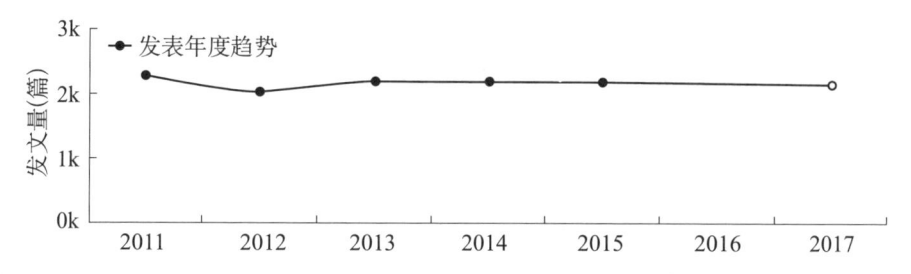

图 1 "十二五"时期出版研究论文发文量总体趋势计量可视化图（来源：中国知网）

从图 1 可以看出，"十二五"期间，出版研究热度整体较高，出版相关研究的发文量一直维持在每年 2 000 篇以上。"十二五"开局之年的 2011 年发文量接近 2 400 篇，其他各年出版研究的总体趋势发展均衡。从相关统计表来看，国家社会科学基金、国家自然科学基金以及各省市科研基金均有涉及出版研究项目。

（二）"十二五"时期出版研究者和研究机构论文发文量情况

由图 2 可知，"十二五"期间在核心期刊及以上发表出版研究论文 20 篇以上的学者有三位：黄先蓉、范军、张志强，这些学者"十二五"期间平均每年在核心期刊发文在 4 篇以上，在 10 篇以上的有 11 位，这些学者"十二五"期间平均年度在核心期刊发文在 2 篇以上。"十二五"时期，由

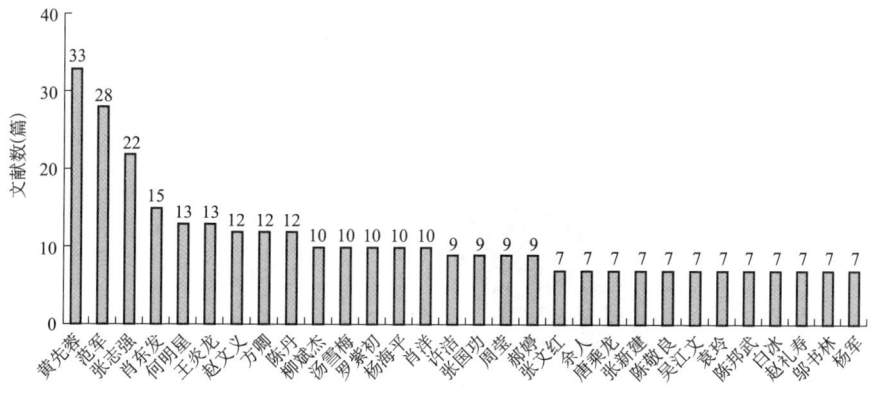

图 2 "十二五"时期出版研究者核心期刊论文发文量计量可视化图

（来源：中国知网）

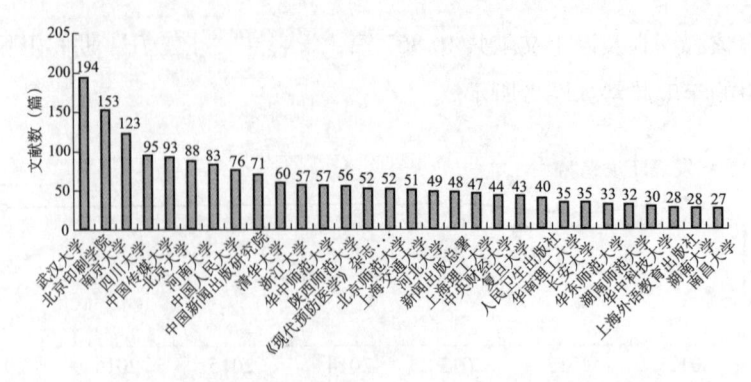

图 3　"十二五"时期出版研究机构核心期刊论文发文量计量可视化图
（来源：中国知网）

图 3 可知，出版研究发文机构前三名的是武汉大学、北京印刷学院、南京大学。这些机构在核心期刊发文总数超过 100 篇以上。接下来是四川大学、中国传媒大学、北京大学，这些机构"十二五"时期发文量接近 100 篇。上述图表表明，"十二五"时期出版研究的重镇集中在我国出版学学科建设较久、声誉较高、出版教育较为成熟的高校，出版研究发文数量与高校出版学学科建设、出版教育发展之间有着互证关系。

（三）"十二五"时期出版研究论文发布期刊发文数量统计

由图 4 可知，"十二五"时期出版研究论文核心及以上期刊发文量排在前五名的期刊是《出版广角》《中国出版》《科技与出版》《出版发行研究》《编辑之友》。值得注意的是，一些医学类期刊如《中国医学影像技术》《上海医学》《世界华人消化杂志》《中国矫形外科杂志》等榜上有名。

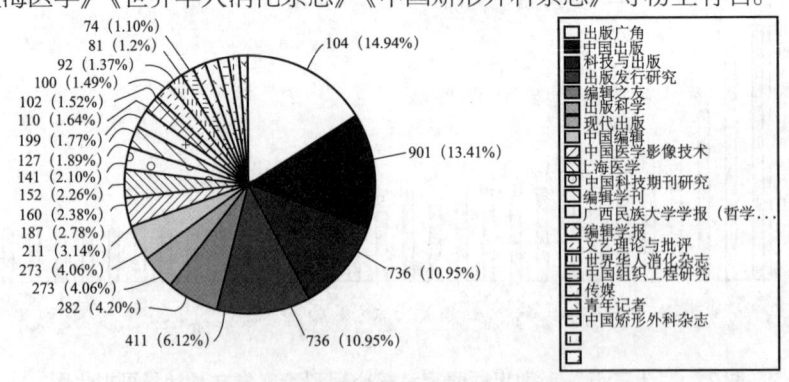

图 4　"十二五"时期出版研究论文核心及以上期刊发文量计量可视化图
（来源：中国知网）

（五）"十二五"时期出版研究硕士、博士论文情况

本次研究在中国知网全文数据库以"出版"为题名进行检索，检索出"十二五"时期硕士、博士论文共676篇。"十二五"时期硕博论文研究数量总体趋势如图5。

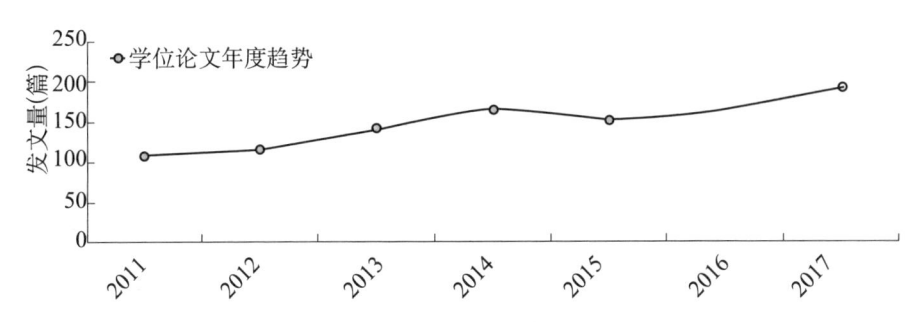

图5 "十二五"时期出版研究硕士、博士论文年度趋势计量可视化图
（来源：中国知网）

由图5可知，"十二五"时期，以出版为研究领域的硕士、博士论文呈现逐年增加的趋势。2011年全国有100多篇，2014年接近170篇。硕士、博士选作出版领域的论文原因是多方面的，仅从出版教育方面考查，2011年，全国出版专业硕士学位点开设，北京印刷学院、武汉大学等十多所高校作为第一批试点学校开始招生，出版硕士学位学生明显增加，这与硕士博士论文中出版相关研究论文数量增加有一定关系。从"十二五"出版研究硕博论文关键词情况看，出版发行、传统出版、出版产业、互联网出版相关研究成为硕博论文研究的关键领域。

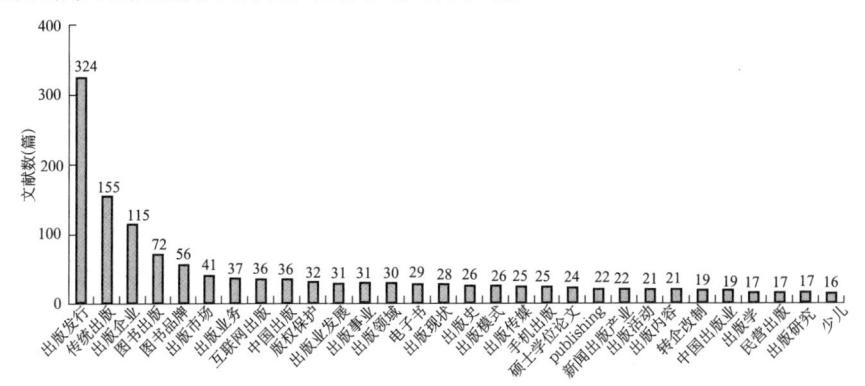

图6 "十二五"时期出版研究硕士、博士论文关键词计量可视化图
（来源：中国知网）

二、"十二五"时期出版研究重点领域——数字出版研究概述

在中国知网提供的全部出版类研究论文数据库中,以关键词进行检索会发现,在关键词分布上,"数字出版"的相关研究论文远远多于其他类别的研究,如图7所示。"十二五"时期,数字出版研究成为出版研究的重点领域和热点课题。在中国知网全文数据库中以"数字出版"为题名,检索出2011年至2015年间的相关文献共1 281篇,其中核心期刊论文共1 159篇,硕博论文共122篇。数字出版成为研究热点与数字出版产业在"十二五"时期获得迅速发展有直接关系。原国家新闻出版总署在2011年发布的《新闻出版业"十二五"时期发展规划》中明确提出大力发展"五大产业":以内容创新和数字化转型为重点,加快资源整合,继续发展图书、报纸、期刊等纸介质传统出版产业;以业态创新和服务创新为重点,加快新技术应用,大力发展数字出版等战略性新兴出版产业;以原创创意为重点,快速提高国产动漫出版产品的数量和质量,加速发展动漫游戏出版产业;以技术升级和绿色环保为重点,加快数字化技术推广,坚持发展印刷复制产业;以区域整合为重点,创新出版物传播手段和渠道,积极发展新闻出版流通和物流产业。

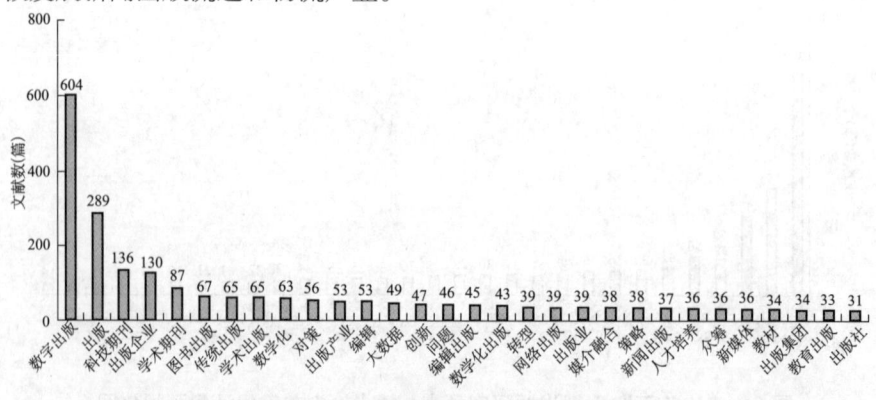

图7 "十二五"时期中国知网全文数据库出版研究论文关键词分布图

通过阅读文献题名，将这些相关文献中如"《现代预防医学》优先数字出版声明""第六届中国数字出版博览会在北京举行""'中国知网'优先数字出版授权书"等相关无效文献共353篇从检索结果中剔除。由于本部分内容为"十二五"时期相关学者对数字出版的研究成果，因此将各核心期刊采访性文章，如"数字出版，提升传统出版业态新途径"等类似文献共7篇从所有文献中剔除，所剩有效文献共921篇，其中数字出版研究核心期刊论文799篇、全国硕士、博士论文122篇。

为系统梳理数字出版相关研究成果，笔者根据"十二五"时期数字出版相关文献的题名、摘要等核心信息将有效文献分为概念界定、选题策划、编辑加工和校对、按需印刷、出版发行、营销策略、出版流程、编辑角色、用户研究、数字出版标准化、数字出版模式、出版社（企业、机构、单位）、案例分析、类别出版、人才教育培养、版权问题、出版业（行业、产业）、伦理及社会责任、文献综述、发展趋势研究、对图书馆的影响、其他类，共22类。各类别所包含文献数量数据如下图8所示。

从图8可发现，"十二五"期间数字出版研究主要集中在出版业（行业、产业）、出版社（企业、机构、单位）、类别出版、版权问题、人才教育培养五类，而在出版业（行业、产业）、出版社（企业、机构、单位）、类别出版这三个类别中，传统出版业向数字出版的转型升级、数字出版与传统出版的融合发展、各类别出版社和期刊社等向数字出版的转型等是其中研究的重点。下面从"十二五"时期专家、学者在数字出版领域主要关

各类别文献数量

类别	概念界定	选题策划	编辑加工、校对	按需印刷	出版发行	营销策略	出版流程	编辑角色	用户研究	数字出版标准化	数字出版模式	出版社（企业…）	案例分析	类别出版	人才教育培养	版权问题	出版业（行业…）	理论及社会责任	文献综述	发展趋势研究	对图书馆的影响	其他
各类别文献数量	4	10	1	2	1	19	5	23	6	7	17	127	10	147	40	74	255	2	19	15	13	124

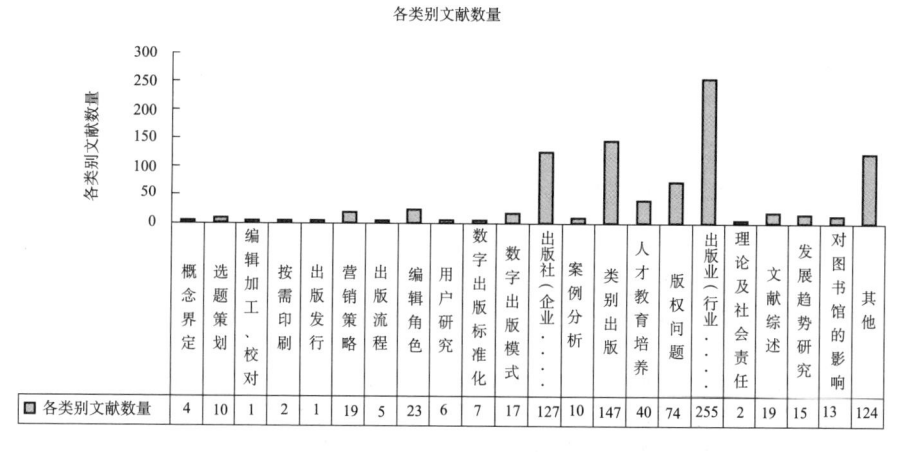

图8 "十二五"时期数字出版研究各类别文献数量统计图

注的传统出版向数字出版转型升级、数字出版产业的融合发展、数字版权保护和人才培养相关问题研究展开综述。

（一）传统出版向数字出版转型升级的相关研究

1. 理念与盈利模式的转型升级

我国的传统出版组织通过数字化改造和转型迈向数字出版领域，有关传统组织转型如何适应数字出版的需要、理念上的转型升级成为"十二五"期间相关学者研究的对象。

郝振省撰文指出，传统出版的数字出版转型，建立互联网思维是重中之重，转型不是转场，转型不是转移，而是一场革新。要认清数字出版与传统出版是两种经济发展模式下的产物，它们从内容生产方式到管理运营模式、传播发行方式、商业营利模式完全不同。未来，依托互联网思维，传统出版数字化将呈现三大转向，即：从版权售卖模式走向内容增值模式、由生产管理走向服务运营、由激烈竞争走向合作共赢。②

郑爱玲认为出版产业一直以来信奉"内容为王"，而数字化大潮之下，这一法则也可能受到冲击。优质内容固然重要，内容是否能够方便地被读者获取，传播方式是否符合数字化时代读者的习惯，变得同样重要。③ 辛文婷则进一步提出"运营至上"的理念，即"通过有效运营将内容和渠道建立密切的关系"。她认为数字出版将从"内容为王"到"产品为王"再到"运营至上"，未来数字出版运营将更加重要。④

关于传统出版的盈利模式，林利红认为在数字出版时代，具体的数字出版物的生产模式、营销模式等与传统出版都不同，无法复制其盈利模式。⑤

由于没有成熟的盈利模式可寻，传统出版社在开展数字出版方面，投

---

① 本图根据文献题名、摘要等核心信息，将"十二五"时期数字出版研究核心期刊论文和全国硕士、博士论文共921篇有效文献，分为22个类别，分别统计各类别包含的文献数量、制成柱状图。
② 郝振省. 互联网思维下数字出版发展新趋向［J］. 出版发行研究，2014，(4).
③ 郑爱玲. 传统出版社数字出版现状与发展策略研究［J］. 数字无限，2013，(5)：82-84.
④ 辛文婷. 专业出版社数字出版发展战略研究［D］. 陕西：西北大学，2011.10-11.
⑤ 林利红. 传统出版社数字出版盈利模式初探［J］. 中国编辑，2015，(76)：34-37.

入大于产出，盈利甚微。因此，"十二五"期间业界和学界针对数字出版的盈利模式进行探讨。

江波、袁泽轶、王鄂生认为 B2B 的销售模式不直接面向终端用户，专业社不了解用户需要什么样的产品，难以获得最终的反馈信息。在大数据时代，B2B 模式显然不符合互联网发展的特点。① 这就要求出版社培育有效的经营渠道，B2C 模式值得一试，而国内用户对于互联网早已形成了长期的免费午餐概念，且网络上盗版横行，用户消费习惯已经很难改变。② 李东红则对数字出版运作中的几个关键问题进行了探讨，在此基础上提出了更为合理的传统出版社数字出版盈利模式——"复合 B2B + B2C 新模式"。③

2. 各类别出版社和期刊的数字转型升级

除上述从理念和盈利模式入手探讨传统出版如何向数字出版转型外，学者们还从各种类别出版社和期刊如何应对数字出版进行了研究，分析了其向数字出版转型过程中面临的机遇与挑战。

江波、袁泽轶、王鄂生基于对专业出版社开展数字出版的现状分析，综合目前的社会发展形势、信息技术变革趋势以及读者阅读习惯的变化，提出了专业出版社在数字出版领域将至少要实现技术、角色、销售模式和服务模式上的转变。④

高标、陆小新、袁夏燕立足现状，分析专业出版社在数字出版中的现状，从专业出版社面临的机遇与挑战角度，提出了专业出版社若干举措：（1）积极关注业内相关信息；（2）内容提供商要确保内容本身，适合本社特色资源；（3）培养复合型的专业人才队伍；（4）走合作化的道路；（5）切忌盲目投资。⑤

科技期刊是传播科学知识的重要载体，自然也成为业界和学界研究分

---

① 江波，袁泽轶，王鄂生. 专业出版社数字出版发展现状及趋势浅析［J］. 科技与期刊，2013，(6)：97－99.
② 刘洋. 专业出版社数字出版思考［J］. 科技与期刊，2015，(5)：83－85.
③ 李东红. 传统出版社数字出版盈利模式探析［J］. 编辑之友，2012，(2)：40－42.
④ 江波，袁泽轶，王鄂生. 专业出版社数字出版发展现状及趋势浅析［J］. 科技与期刊，2013，(6)：97－99.
⑤ 高标，陆小新，袁夏燕. 专业出版社之数字出版思考［J］. 科技与出版，2012，(2)：75－77.

析的对象。李云霞在分析我国科技期刊数字出版现状的基础上，提出我国科技期刊目前还存在着单一发布、延时出版、利益分配机制不完善、无明显盈利模式以及技术力量落后、人才匮乏等问题，提出借船出海和打造国内出版平台实现科技期刊数字出版的思路。①

张秀梅从传播范围和实效性两个方面比较国内外科技期刊数字出版模式及其对引用延时的影响，以万方医学网的实践为例，重点从缩短数字出版流程中的编辑与出版、发行与论文获取两阶段提出相应的对策与建议。②

学术期刊是反映科学技术发展动态不可缺少的载体，在促进学科建设、人才培养、繁荣科技文化事业中发挥着重要的作用。而我国学术期刊大多都存在发表频率低、发表时滞长的问题。

关于学术期刊开放存取，何培育认为在确保版权人精神权利与经济权利的基础上，开放存取借助网络技术可以实现作品更为广泛、便捷的传播，对于学术观点交流具有重要意义。而我国开放存取期刊的发展还不完善，对此何培育提出了我国开放存取期刊的发展对策：（1）构建 OA 期刊学术评价体系；（2）促进 OA 期刊运行机制的完善；（3）调整 OA 期刊著作权保护规范。③

无论是学术期刊还是科技期刊，由于数字出版的冲击，业界及学界呼吁其注重优先数字出版，并对推进优先数字出版的问题及对策进行探讨。康军、陈磊认为，学术期刊应将信息服务功能放在重要位置，以高质量的学术内容和高效率的传播能力作为出版能力和提升竞争力的主要依托。④期刊优先数字出版是以印刷版期刊录用的稿件为出版内容，印刷版期刊出版前，数字出版的形式在网络上优先发表文献，有较大的优势，为学术期刊解决发展难题提供了新的方案。⑤

张春军、董凯则分析传统科技期刊出版模式的局限性，探讨科技期刊

---

① 李云霞．我国科技期刊数字出版的思考［J］．编辑学报，2011，（12）：77-78．
② 张秀梅，李婧，刘立营，程煜华．数字出版对科技期刊评价的影响［J］．科技与出版，2011，（11）：15-18．
③ 何培育．开放存取：走进学术期刊数字出版新时代［J］．出版广角，2015，（2）：79-81．
④ 康军，陈磊．学术期刊优先数字出版刍议［J］．出版广角，2014，（11）：38-41．
⑤ 吕赛英，王维朗，张苹，陈移峰．学术期刊推进优先数字出版的问题及对策［J］．编辑学报，2012，（2）：74-76．

需利用现有的中国知网及万方数据库等优先数字出版平台,通过实现学术期刊稿件的即时数字出版,加快文献信息的出版速度。

(二) 数字出版产业的融合与发展的相关研究

1. 数字出版产业的融合

我国数字出版产业主要由传统出版企业与 IT 企业这两类主体参与,由此也就形成了出版业主导的数字化改造和 IT 企业主导的数字出版这两条数字出版产业发展路径。这两条发展路径都存在各自的不足。

方卿认为,促进产业融合是数字出版产业发展的唯一可行之道。[①] 杨庆国、王娟认为,数字出版是新闻出版产业发展的关键,数字出版基地集群发展又成了数字出版产业壮大的关键,产业融合是数字出版产业发展的唯一选择。[②]

侯欣洁、乔兰对我国数字出版产业所面临的发展环境进行了研究。文章首先分析了数字出版产业实践与学界的理论界定之间不统一性。数字出版的界定从印刷发表扩展到复制传播与新技术存储层面,出版产业链条中的不同企业格局和地位发生较大变化。从微观产业环境角度来看,数字出版产业链条中的各个环节出现了主体身份单一化和多元化同步的情况。而数字出版产业的发展逻辑也与世界范围内的经济导向博弈、社会阶段更迭、经济结构调整以及低碳经济选择产生共鸣,呈现出一定的战略必然性。[③]

在数字出版领域,产业融合则意味着出版与 IT 的融合。学者们指出,出版与 IT 的融合实现的路径,包括企业间的跨企业并购、进行战略联盟、建立数字出版产业集群区、统一标准等。

2. 数字出版产业链融合路径

出版产业链是一个包含价值链、企业链、供需链和空间链四个维度的概念,主要指关联企业为了出版价值增值而构成的战略同盟。

[①] 方卿,曾元祥. 产业融合:数字出版产业发展的唯一选择 [J]. 出版发行研究,2011,(19):5-8.

[②] 杨庆国,王娟. 集群内数字出版产业融合机理研究 [J]. 中国出版,2015,(4):36-39.

[③] 侯欣洁,乔兰. 中国数字出版产业发展环境分析 [J]. 创新,2014,(3).

产业融合是数字出版产业链形成的社会背景和时代背景，出版产业与IT业的融合，一方面，催生了数字出版产业，产业链的形成具备了产业基础；另一方面，产业融合也促使了数字出版产业分工的产生和细化，推动了数字出版产业链的形成。①

在数字出版产业链的融合中，传统出版与数字出版产业的融合是学者们讨论的重点。传统出版产业链与数字出版产业链存在着较大的差异，数字出版产业链一般为内容的提供商、数字销售商、数字服务商、通信运营商、技术提供商及终端阅读器生成商等组成。② 从目前数字出版产业链的构成来看，数字出版对传统出版产业链的冲击主要表现在非出版环节，但提供阅读内容的出版商应当始终是产业链的核心价值创造性。

在实际的产业链融合过程中，如何协调好传统出版与数字出版的关系，从传统出版角度来看，其首要的任务还是挖掘有价值的阅读内容，不断为数字出版商提供丰富的上游出版资源，而与数字出版商达成共赢；其次，传统出版社在与数字出版商合作时，只能得到图书的版权售卖的利润，利润微薄，且在产业链中处于被动地位，因此必须在商业模式和盈利能力方面加强融合，使之成为利益共同体；最后，必须加强管理制度与人才队伍建设的融合，使得编辑和经营工作可以融合。

(三) 数字版权保护问题的相关研究

传统的版权保护模式在数字出版环境下面临挑战，数字版权问题不断凸显，随着2009年"国内数字版权第一案"——中华书局诉汉王科技侵权案、谷歌"版权门"、2010年的盛大文学等起诉百度文库、2011年的人民文学出版社就贾平凹小说《古炉》的数字版权起诉网易侵权案等的发生，促使业界和学界对我国数字出版产业和数字版权保护问题进行探讨。

黄先蓉、李晶晶认为无论是法律层面、产业层面还是技术层面，应积极调整和应对，适应新形势下版权保护的新特点，并提出应努力修订现有版权法，从着力实现传统出版时代版权人与使用者之间的利益平衡，转变

---

① 曾元祥. 数字出版产业链的构造与运行研究［D］. 武汉：武汉大学，2015. 1 - 3.
② 张振安. 传统出版与数字出版产业链融合之路探究［J］. 出版广角，2014，(9)：60 - 62.

为兼顾实现网络内容提供商和网络服务提供商的利益平衡。① 张洪波则通过分析谷歌"版权门"事件提出建议：加快集体管理组织的建设和发展，建立正常的作品授权通道；建立并完善数字版权认证和鉴定制度；尽快启动修法程序、完善著作权法律法规；政府主管部门应尽早出台数字出版与版权保护规范，加大对数字出版产业链的管理、引导和规范。②

谭玲认为，近年发生的谷歌"侵权门"、百度文库纠纷等事件已经表现出权利人、数字出版商、社会公众三者之间存在利益冲突。她结合数字版权纠纷频发、利益冲突的现象，从数字出版利益失衡的制度原因进行分析，总结出我国现有版权制度与数字出版版权保护不相适应的结论，提出从权利保护、权利实现和权利救济三个方面对数字出版版权法律制度进行调整，具体为数字出版版权保护制度的完善、数字出版版权授权模式的完善和数字出版纠纷解决机制的创新三个板块。③

在数字出版的环境下，数字出版的权利主体趋于多样化，数字出版的版权制度环境也相对复杂。王欢妮认为，在数字出版领域，要平衡的利益关系比传统出版复杂，因此，健康发展数字出版产业，要厘清各种利益关系，平衡各方利益。其一，区别对待不同著作权人的利益诉求；其二，数字出版企业要建立与著作权人和用户双赢的关系；其三，尊重公众接近使用信息产品的基本权益。④

杨惠明则从基本概念入手，结合国内数字出版企业版权纠纷的实例，通过分析我国部分数字出版企业版权意识的现状，概括出我国数字出版企业现存问题的具体原因有：版权保护意识淡薄、行业内部的恶性竞争、缺乏专业化的管理、版权文化氛围的欠缺和版权专业维护人才的匮乏，进而有针对性地提出四项应对措施。⑤

随着我国针对网络版权侵权的法律制度改革逐步展开，总体上整个立法进程适应了网络版权侵权的发展趋势，制定的条文规范更加完备且有较

---

① 黄先蓉，李晶晶. 浅析数字出版的版权保护策略 [J]. 科技与出版，2012，(12)：79-82.
② 张洪波. 从谷歌"版权门"事件看我国数字出版产业的版权保护问题 [J]. 编之友辑，2011，(1)：102-104.
③ 谭玲. 数字出版环境下版权利益失衡法律控制研究 [D]. 重庆：重庆工商大学，2015.
④ 王欢妮. 数字出版的版权保护和利益平衡问题研究 [J]. 科技与出版，2013，(1)：57-60.
⑤ 杨惠明. 数字出版企业版权问题研究 [D]. 河南：河南大学，2012.

强的操作性。但数字版权的侵权现状仍然有待改善,数字版权的保护还存在一定的困境,世界各国普遍面临着数字出版侵权的难题,建立相应的法律救济制度,部分国家已经取得了突出成果,美国、日本和韩国最具有代表性。

马明飞、周华伟认为,目前,这些国家的数字出版侵权救济制度的主要特征表现为:健全数字版权保护机制,防数字出版商对著作权人造成违法侵害;完善数字出版侵权的认定与责任追究举措,使遭受权利侵害的著作权人能够获得充分救济。黄先蓉则分别将英国、日本和韩国三国的数字出版法律制度的现状和趋势一一进行了研究和分析,为我国数字版权问题的解决提供了多种借鉴。

对于数字版权的问题,余义从传播的角度来看待此问题,认为对于数字出版的版权问题,传播技术的发展是客观推动因素,传播者的多样化是应关注的焦点,受众版权意识的培养是长治久安的土壤。如果将三者联系起来,在社会实践中兼顾,那么必将推动我国数字出版的健康发展。①

(四)数字出版人才的教育培养

1. 数字出版复合型人才培养

数字出版产业发展中数字出版人才的缺乏是一个突出问题,许多学者在数字人才教育培养方面进行了探索和研究。关于我国数字出版人才培养路径研究,赵晨阳、曾令秋通过分析数字技能人才培养的可能性路径,包括高校主体路径、企业主体路径、社会主体路径和政府主体路径,最终得出如何才能更加有效地形成适合出版需要的人才结论,即我国应该构建一个多元化的数字人才培养路径的综合体系。②

数字出版产业发展所需要的是什么样的人才?刘灿姣、姚娟认为,数字出版人才培养的目标就是培养具有跨学科知识结构和能力素质的复合型人才。知识结构包括人文社科和自然科学基础知识、编辑业务知识、计算机知识和新媒体技术知识;能力素质包括新的编辑业务能力、全方位的市

---

① 余义. 从传播的角度看数字出版版权问题 [J]. 中国出版,2013,(7):23-24.
② 赵晨阳,曾令秋. 我国数字出版人才培养路径研究 [D]. 成都:四川师范大学,2013.

场营销能力、较强的社交公关能力、新媒体运用及运营管理能力等。侯耀东也认为，目前我国的数字出版发展中一个突出问题是对传统出版流程和数字书及经营管理都比较精通的复合型人才的极度匮乏。

还有其他许多学者持相同的观点，并对数字出版人才的培养提出建议，认为应从更新理念入手。比如徐景学、秦玉莲认为，紧密联系数字出版企业对人才知识、能力、素质的要求，通过政府、学校、用人单位、社会培训机构、从业者自身共同努力，多管齐下，构建完整的培养体系，走产学研管一体化的培养道路。[1]

关于数字出版复合型人才培养这一做法，也有学者持不同观点。陈兴昌认为希望培养出既懂编辑又精通技术的复合型人才的可行性值得商榷。一是因为培养既懂编辑又精通技术的复合型人才过于理想化；二是出版和技术是数字出版产业链上的两个行业，数字出版不再需要印刷，省去了实体书店，不存在物流，产业链缩短了，内容的地位和技术的作用更加突出，如果想既从事内容生产又从事技术开发，将数字出版产业链上的两大优势均纳入怀中，不仅成功的可能性不大，而且会阻碍数字出版产业的发展。他认为数字出版人才需要的是"懂数字出版"，"懂数字出版"的含义既包括要熟悉传统出版的本质属性、特点、功能、读者需求、市场环境等，而且还包括掌握从事数字出版的生产流程、工作方式、工作技能以及管理方法等。

2. 高校数字出版教育分析

吴鹏、程放认为，传统纸质出版向数字出版的转型期，高校出版教育应跟上业界人才培养需求，在立足提升现有专业师资基础上，重点考量如何适应产业变化，充实课程教育的问题。

赵元、陈敏认为，数字出版专业本科生的人才培养定位从行业细分角度出发，学生培养定位应着眼于传统出版形式的数字化。在进行数字出版人才培养定位时，如将专业定位为"万金油"，什么都学，什么都做，则将失去专业聚焦和专业特色。

---

[1] 徐景学，秦玉莲. 数字出版人才培养策略研究［J］. 出版发行研究，2015，(11)：56-59.

胡维友在高职数字出版专业技能型人才培养方面，在分析数字出版特征和深入企业调研的基础上，分析基于数字出版产业链一线需要的高技能专业人才所必备的知识、素质以及能力结构，提出了"懂理论、会经营、善管理、精操作"的人才培养定位和"工学结合、企业全程参与、项目嵌入"的人才培养模式，在师资队伍建设、实习基地建设等方面做出了有益探索。

（张文红　杨阔　北京印刷学院）

第五节 "十二五"时期新闻出版人才队伍建设概况

一、"十二五"时期人才建设方面的主要成绩

人才是出版产业发展的基石,是出版业实现传统出版与新兴出版融合发展、转型升级的重要力量,是实现由新闻出版大国向新闻出版强国跨越的关键因素。"十二五"期间,新闻出版工作以高层次人才、高技能人才为重点,积极部署并实施人才兴业战略,统筹推进各类人才队伍建设,新闻出版人才队伍在总量、结构、素质等方面都有了长足的发展,队伍整体实力得到显著提升,我国新闻出版战线已初步形成一个多专业、多层次的专业人才体系,五年来,为新闻出版事业提供了坚强的人才保证和广泛的智力支持。

(一)行业人才规划体系基本建立,实施人才兴业战略向纵深推进

近年来,新闻出版人才工作认真贯穿落实党的十六大、十七大、十八大和全国人才工作会议精神,以及《国家中长期人才发展规划纲要(2010—2020)》,结合行业实际发布了《新闻出版业"十二五"时期人才发展规划》明确了新闻出版人才发展目标、主要任务和保障措施。各地省(区、市)新闻出版局结合本地区实际,积极制定了相应的人才发展规划和人才工作实施意见,上下贯通、衔接配套的行业人才发展规划体系基本形成。例如,江苏省新闻出版广电局制定的"十二五"时期发展规划中明确提出了"培养造就一批推动新闻出版业科学发展的创新型人才、复合型人才、外向型人才和科技型人才,形成一支门类齐全、结构合理、梯次分明、素质优良的新闻出版工作者队伍"。

（二）积极探索人事制度改革，初步形成了促进新闻出版事业和新闻出版产业发展的人才体制机制

"十二五"期间，新闻出版行业深化改革，图书出版单位实现转企改制，形成以市场为主体的框架，出版企业以此次改制创新为突破口，建立了有利于人才创新创业的评价、使用、激励措施，充分发挥用人单位在人才培养、吸引和使用中的主体作用。中国出版集团制定了《中长期人才发展规划纲要（2012—2020）》及《推动所属企业人事、分配制度改革30条》，提出了三条人才遴选思路：第一，做好优质人才的引进，在公开招聘和竞聘上岗的基础上，对于精通融合出版的人才，要突破条框化的用人机制限制，以多元化收益分配方式调动人才的创新能力和创造积极性，实现企业效益和个人效益的双赢；第二，对于企业内部的传统出版人才，加强新兴出版技术的教育普及，加强与国内外优秀数字技术企业与数字出版企业的沟通交流，选派人员赴海外学习先进的出版融合理念与技术，鼓励内部创业，推动传统出版人才向融合出版人才转型；第三，改善自身的用人环境是吸引融合人才的最根本要素，解决转企改制的遗留问题，改革人才工作机制、人才选拔机制和人才评价激励机制。

中国建筑工业出版社积极实施"复合型人才"培养机制，充分发挥内部资源，从平台、内容、技术、运营等多方面逐渐拓展和深入，以项目锻炼出版队伍，在业务工作中带动内部人才的成长，并出台鼓励政策，完善考核保障机制，先后研究制定了"数字出版重大项目实施管理办法"、"数字出版重大项目执行负责人管理办法"、"数字编辑考核分配办法"等，让传统编辑参与数字化项目实践，逐步实现由传统编辑向复合型编辑的转型；选派传统编辑到下属互联网企业工作，让其逐步适应"互联网+"思维模式和运营机制，鼓励人才脱颖而出。此外，建工社专门针对引入数字出版人才建立"协议工资制"，维护了企业人才的基本权益，促进了建工社民主管理机制的形成。

中国社会科学杂志社在"编制内外一体化"的基础上推行量化考核，全面实现聘用制人员与编制内人员在量化考核、职称评定、职务晋升、工资福利等方面的同等对待。同时，杂志社针对纸媒和新媒体的不同特点，

根据业务人员和管理人员的岗位职责，寻求不同媒介和不同岗位的最大公约数，制定科学化和精细化的量化考核标准，实现任务到岗、责任到人、全程监督、奖惩到位，做到部门能增能减、干部能上能下、人员能进能出，充分调动了广大职工的积极性，保证了各项工作的高效运作。

（三）确立人才优先发展战略，为行业培养了一批急需的应用型、复合型出版人才

近年来，中国经济发展进入新常态，对出版企业的发展也提出新的要求。新闻出版单位深刻认识到在传统出版向数字出版快速转型中，人才队伍建设对行业发展所发挥的重要作用，大型出版集团及上市公司积极开展"以培养新闻出版各类领军人物为目标，统筹抓好领导人才、经营管理人才、专业技术人才的队伍建设"的改革行动。2015年，国家新闻出版广电总局发布《关于推动传统出版和新兴出版融合发展的指导意见》，意见指出"制定出版融合发展人才培养规划，支持出版单位与高校、研究机构和创新型企业联合开展出版融合发展人才培养，加大新兴出版内容生产人才、技术研发人才、资本运作人才和经营管理人才培养引进力度，进一步优化人才结构"。我国出版企业在国家政策的支持下，积极建立协同创新平台，发挥双方优势为行业培养了一批急需的应用型、复合型出版人才。根据中国博士后网站统计显示，截至2015年底已有中国出版集团公司、江苏凤凰传媒集团有限公司、湖南出版投资控股集团有限公司、人民教育出版社有限公司、社会科学文献出版社、时代出版传媒股份有限公司、中国社会科学出版社等14家新闻出版单位建立了博士后科研工作站与相关高校联合培养人才。

在单位内部选拔具有较好能力素质和竞争优势的博士后人才进站开展出版企业战略课题研究，以项目为抓手推进转型升级、融合发展进程。对外，通过建立对外合作机制，为企业发展提供智力支持，与各高校、科研院所开展产学研全面合作，充分利用高校、科研院所的技术、人力资源，将科研成果转化为生产力。时代出版传媒公司于2009年取得博士后科研工作站资质，多年来先后和中国人民大学、中国传媒大学、中国科学技术大

学、复旦大学、武汉大学签署了博士后联合培养协议，并深入开展合作。时代出版传媒公司结合当下文化与科技融合的趋势并根据企业自身情况，建立了以文化产业、高科技产业与新媒体为主的三大研究方向，博士后在此范围内先后就传媒科技、内容开发、政策研究、产业战略、移动阅读等内容开展研究工作。在博士后工作站的智力支撑下，企业近年来取得了以"时代E博"全媒体数字出版运营服务平台、手机出版内容互动平台、无纸化（电子书包）等为代表的一批高端项目和科研成果。2012年，时代出版企业首次作为全国文化企业以出色的竞争优势、研发实力、基础设施、核心技术、人才队伍等方面的成绩入选国家认定企业技术中心。"人才优先发展战略"的实行，为时代出版集团培养了一批急需的应用型、复合型出版人才。

据统计，全国46%的高校得到了企业、科研机构的支持，建立了校外出版实践基地或校内出版研究中心。在政府管理部门、行业单位的支持下，目前高校每年为出版行业输送各学历、高层次的毕业生超过5万人，培养了一批应用型、复合型新闻出版人才。

（四）实施重大人才工程，培养造就了一批高层次、高素质人才队伍

国家新闻出版广电总局党组成员、副局长孙寿山曾指出："优秀的管理人才发挥的作用决定了新闻出版业改革发展的方向和质量，决定了行业未来发展的高度、层次，决定了企业经营效益增长速度和可持续性，是新闻出版事业兴衰成败的根本保障。""十二五"期间，培养了一大批新媒体人才、经营管理人才、外向型人才。其中，国家新闻出版广电总局高度重视对作为行业领军人才的培养，自2007年以来，每年拨专款数10万元用以主办"新闻出版领军人才能力建设高级研修班"，通过以宏观经济形势分析、国际出版业数字化发展与展望、"互联网+"时代传媒企业发展战略等方面的课程学习提高领军人才的国际视野，增强高级管理人员适应和驾驭市场的能力。截至2015年底已开展近10期高级研修班，累计培养来自各省和中央在京出版单位的600多位行业领军人才；由原新闻出版总署、

团中央、中国光华科技基金会共同举办，清华大学承办的"出版业工商管理高级研修班"，已累计培养100多家单位，300多名人员。"出版业工商管理高级研修班"侧重对出版业高级管理人员的培养，在培训期间，学员在学习营销、管理知识的同时为出版高级管理人员提供一个彼此交流学习的平台，深受学员们的好评。以上人才培训的重点班次的开展，有效地促进了行业人才结构的优化，为行业培养造就了一批高层次、高素质人才队伍。

（五）进一步完善新闻出版专业技术人员职业资格管理，建立多种形式的人才培训机制

在职业准入和岗位准入方面，由人力资源和社会保障部与国家新闻出版广电总局共同组织的每年一度全国专业技术人员职业资格考试，一直以来是行业选拔人才的重要手段。凡通过出版专业技术人员职业资格考试，取得初级资格者，可受聘担任助理编辑（助理技术编辑或二级校对）职务。凡通过考试取得中级资格的专业技术人员，可受聘担任编辑（技术编辑或一级校对）职务，并在办理注册手续、领取责任编辑证书后，上岗担任出版物的责任编辑（或责任校对、责任技术编辑）[1]。截至2015年底全国共有62 036人[2]通过了初级、中级出版专业职业资格考试。出版专业技术人员职业资格考试作为出版专业技术人员职业资格制度中的准入机制，13年来为行业选拔合格的出版人才发挥了重要作用。

出版专业技术人员继续教育制度，是出版专业技术人员在通过准入制度后，进行知识更新、补充、拓展和能力提高的一种高层次的追加教育，多年来，作为出版专业技术人员职业资格制度的有益补充，已经成为提高出版专业技术人员专业技能，促进从业人员职业化建设的重要途径。随着互联网的发展以及学习的信息化，人们学习形式变得多样化。"十二五"期间，为进一步落实《中共中央组织部关加强和改进基层干部教育培训工作的意见》要求，国家新闻出版广电总局教育培训中心紧跟时代发展，与

---

[1] 李文娟. 完善出版专业技术人员职业资格制度的建议 [J]. 科技与出版. 2015（5）.
[2] 数据来源于出版职业资格考试办公室。

时俱进地开展了线上线下结合的业务培训形式,加大网络培训资源的开发力度,大力开展远程教育;通过提高教育培训管理的信息化水平,以岗位调训、业务培训、重点专题培训、走出去与请进来培训等各种方式对新闻出版从业人员进行大规模、多层次、全方位的培训,实现PC与手机、平板等移动终端无缝衔接、三屏合一,让学员随时随地实现卓越的"碎片化"学习体验,为新闻出版行业人员提供了基于互联网和面授相结合的个性化"混合式"教学,创新性地实现了行业人才的培养方式。

总局教育培训中心(新闻出版方面)每年开展140个左右各级各类的继续教育培训班,按照中办印发的《2010—2020年干部教育培训改革纲要》要求,注重通过培训增强新闻出版工作者的政治意识和大局意识,提高用社会主义核心价值体系引领社会思潮的能力,提高从业人员舆情分析、舆情应对、舆情引导的能力,从而加强引导了新闻出版工作者的社会责任感,使出版业高层次人才真正做到自觉传承先进文化、传播科学知识,具有为党的事业奋斗、为人民服务、为时代放歌的信念和良好素质。培训课程包含了学习习近平总书记系列重要讲话精神、新闻出版岗位培训、专业技术人员知识更新、管理业务、基层人才队伍建设和其他培训共六部分,年均培训量达到18 000人次。继续教育的开展为出版专业技术人员提供了更新知识理念,完善知识结构,拓展和提高能力的平台,提高了出版专业人才队伍的整体素质。

(六)积极探索人才培养新路径,建立数字编辑从业资格准入制度

柳斌杰同志在2011年年底的全国数字出版工作会上指出:"要在数字出版领域引入从业人员职业资格制度。""十二五"期间,随着数字化出版进程的发展,北京市新闻出版广电局就开始积极探索数字传播人才培养的新路径。通过发放问卷、开展走访、组织座谈、举行论证、开展培训服务等形式,广泛听取各方意见,积极研究和探索数字出版人才培养的新模式。数据显示,截至2015年11月,北京地区有传统图书出版单位253家,传统报纸、期刊出版单位3 200家,互联网出版单位310家,广播电视节

目制作经营机构 3 688 家，网络视听持证机构 123 家，属地网站约 40 万个。2015 年，北京的数字内容产业产值达到 600 亿元，占全国的 1/4。虽然北京市已经形成了数十万数字编辑专业技术人员队伍规模，但数字内容产业缺乏规范的专业技术资格评定标准，从业人员没有相应的职称晋升渠道，影响了学术技术交流、人才流动和职业发展。2014 年，国家新闻出版广电总局和财政部联合下发了《关于推动新闻出版业数字化转型升级的指导意见》，指出要加强数字出版人才队伍建设。同年 10 月，国家新闻出版广电总局出台《深化新闻出版体制改革实施方案》提出要"将从事新闻转载、聚合、搜索等业务的新闻网站和网络出版单位编排人员纳入出版编辑职业资格管理"。经过五年的调研、论证，2015 年底，北京市完成了数字编辑初中级职称评审的相关工作，于 2016 年在全国率先启动数字出版、数字新闻、数字音视频等数字编辑专业领域职称评价工作，数字编辑职称评定更加注重对申报人员的专业技术水平、业务能力、工作业绩和创新成果等考核评价，突出对技术与技能融合创新的考核。北京市数字出版编辑职称制度是我国数字出版人才队伍建设的一个积极探索，对全国数字出版人才职业化、专业化、正规化发展，对国家数字出版行业整体快速发展起到积极的推动作用。

（七）加强组织保障，为新闻出版业人才发展创造了良好的条件和环境

"十二五"期间，总局及各新闻出版行业、各企事业单位组织开展多项活动，为新闻出版业人才发展提供了良好条件和环境。组织全国印刷行业职业技能大赛，针对平版印刷工、平版制版工、网版印刷工三个工种开展比赛，按照《平版印刷工国家职业标准》《平版制版工国家职业标准》《网版印刷工国家职业标准》的知识要求和技能要求，分理论知识和实际操作两部分竞赛，两部分竞赛采用开、闭相结合的考试方法进行，充分发挥了大赛培养高技能人才的作用。

由韬奋基金会委托中国记协主办的长江韬奋奖，是奖励我国新闻编辑、新闻评论员、新闻性节目制片人、通联、校对等新闻工作者的最高荣

誉奖，是经中宣部批准常设的全国性新闻奖项，旨在促进新闻界多出精品、多出人才，使新闻工作更好地为我国社会主义现代化建设服务，至今已举办了12届；由韬奋基金会与中国新闻出版研究院、中国新闻出版报社联合主办，与百道网协办的"韬奋出版人才高端论坛"已成功举办5届，每年以出版人才为主题，开展形式多样的人才征文活动，吸引了全国20多个省（区、市）的作者参与征文活动，获奖征文涉及传统出版人才研究、数字出版人才研究、出版专业教育等多个方面，论坛的成功举办为行业提供了一个权威的行业人才交流学习的平台，激发了行业人员提高自身素质，对优化行业人才队伍结构产生了积极的影响。

此外，"十二五"期间完成了出版专业职业资格考试教材修订工作，增加了《数字出版基础》教材，与时俱进地反映了出版业的新要求、新成、新理论，对提高出版专业职业资格考试水平，起到积极的作用。

修订《新闻出版职业分类大典》，服务新闻出版人才队伍建设。自1999年《职业分类大典》颁布以来，初步建立了适应中国国情的职业分类体系，经过十多年的时间，新闻出版行业快速发展，职业岗位的设置也有了很大的变化，在这种新的形势下，第一部《职业分类大典》已经不能客观地反映当前职业领域的变化。"十二五"之初，新闻出版行业职业分类修订工作逐步开展，成立了新闻出版行业职业分类大典修订工作领导小组，由5个小组牵头组织召开了调研会，通过国家职业大典修订平台发送2万多份问卷，全面采集全国出版行业各职业的真实需求，对新闻出版行业职业分类情况进行摸底，全面了解职业分类、岗位设置、职责划分等情况，分析十多年来新闻出版行业职业变迁的情况，设计出适应新闻出版行业发展的新的职业分类体系，对已有职业进行修订和完善，对已经不符合行业需求的职业予以取消，新修订职业体系特别体现了职业结构新的变动，增加了"数字出版编辑"、"版权服务师"等新职业，对职业定义进行描述，界定其主要工作内容和进入本行业所需教育程度等内容，并最大限度地防止职业的重复交叉、减少职业的遗漏，体现新闻出版职业分类的科学性、真实性和准确性，同时兼顾创新性和对99版大典的继承性。此次《新闻出版职业分类大典》的修订工作规范了相关从业人员行业准入标准，提出了职业具体要求，为规范管理相关行业市场提供了依据，为建立科学规范的职业发展机制奠定了基础，客观反映了当前新闻出版职业领域的变化，为服务新闻出版人才队伍建设和社会经济发展提供了良好的基础和条件。

二、新闻出版人才队伍建设前瞻

当前，部分出版企业在人才队伍建设方面仍然存在一些问题，如用人机制僵化、激励机制不健全造成高素质人才的流失，在人才评价标准方面缺乏对人才职业生涯的长远规划与指导，没有适合创新性人才成长的环境，新媒体人才不能适应产业发展的要求等。这些问题，需要在"十三五"时期，采取更加有力的措施加以解决。

"十三五"时期，是我国由新闻出版大国向新闻出版强国迈进的关键时期，也是新闻出版业优化产业结构、转变发展方式、实现科学发展的攻坚期，我们只有始终坚持人才是我国新闻出版业发展的第一资源的理念，始终坚持服务发展、人才优先、以用为本、创新机制、高端引领、整体开发的人才发展指导方针，大力营造人才成长的创新环境，构建人才培养的开发机制，才能推动新闻出版队伍建设取得新的成绩。

一是进一步加大新闻出版人才发展的资金投入力度，保障人才发展重大项目的实施。继续推进重点人才培养工程，大力培养全媒体记者、全媒体编辑，"四个一批"人才培养工程、新闻出版名家工程、领军人才工程和青年创新人才培养工程以及数字出版千人培养计划，大力培养造就一批新闻出版领域的行家、专家；加大对中西部地区新闻出版行业的财政转移支付力度，实施边远山区、少数民族科研骨干的培养计划。在重大建设和科研项目经费中，确保一定比例的经费用于人才的培训和学习；通过税收、贴息等优惠政策，鼓励和引导用人单位投资行业人才资源开发，从而进一步加强专业人才的队伍建设。

二是实施更加合理的人才流动政策，营造开放、包容的用人环境。进一步完善职业准入和岗位准入制度，把非公有文化机构的人才队伍纳入行业人才建设体系，引进新兴媒体内容生产、研发、资本运作和经营管理等各类人才加入到新闻出版的行列中来。在新闻出版企业继续探索实行职业经理人制度,明确所有者、经营者各自职责。探索建立首席编辑制度,进一步完善新闻出版企业总编(主编)职责管理办法。

三是创新人才选拔、评选的激励机制,进一步拓展行业人才的职业发展空间。要统筹推进专业技术职称和职业资格制度改革,改进专业技术人才收入分配等激励办法,建立起一套能上能下的人才选拔培养机制。加强新闻出版领军人才、核心技术研发人才培养和创新团队建设,健全有利于创新创业的评价、使用、激励措施。完善以企业为主体、职业院校为基础,学校教育与企业培养紧密联系、政府推动与社会支持相结合的高技能人才培养培训体系。制定新闻出版行业高技能人才与行业技术人才职业发展贯通的办法,充分发挥高技能人才对行业发展的推动作用。服务行业发展,调整优化人才培训辅导,加大急需研发人才和紧缺技术、管理人才的培养力度,大规模开展重点领域专门人才的知识更新培训,提高培训的实效性和针对性。鼓励科研院所、高校建立博士后工作站,建立多元化的投入渠道,实行"人才+项目"的培养模式,依托国家重大人才计划以及重大科研、工程、产业攻关、国际科技合作等项目,重视发挥企业作用,在实践中积聚和培养人才。

四是优化顶层设计,进一步完善人才结构。"十三五"将是我国由出版大国向出版强国迈进的关键时期,政府管理部门应制定出版人才队伍建设的总体思路,明确新常态下出版人才需求,结合政府、企业、高校、科研机构、行业协会等各方力量,合力推动出版人才体系的建立健全。首先,发挥党和政府的主导作用,继续完善出版人才制度建设。在"新闻出版人才测评体系"的基础上进一步修订和建立"中国出版人才发展指标体系",建立以出版人才队伍规模、出版人才队伍结构、出版人才队伍素质、出版人才队伍投入、出版人才队伍产出、出版人才队伍发展环境的一级指标体系①。建立出版融合发展人才资源库,充分发挥人尽其才、才尽其用的作用。其次,修改《出版专业技术人员职业资格管理规定》、完善出

---

① 夏晓勤.国家治理现代化原则下的中国出版人才发展指标体系构建[J].中国出版,2015(6).

人才培养、引进、管理、评价、考核、激励、退出等各方面机制。在准入机制方面将数字出版从业人员、民营文化企业从业人员纳入出版专业职业资格管理的范围内，为出版人才队伍的规模建设、业务水平的提高提供前提和保障。

五是继续教育方面进一步扩大承办继续教育的主体，在新闻出版行政管理机关直属培训机构、行业协会、学术团体、科研院所外，充分发挥企业在一线实践方面的优势，鼓励有条件和实力的出版集团、出版企业开展教育培训工作。同时，增强培训主体的服务意识，从课程设计、授课方式、授课专家、授课时间等方面进行创新改革，建立以"内容＋服务"为核心的教育理念，将出版从业人员的继续教育从之前的短期培训向长期化、终身化培训转变。此外，建立出版从业人员退出机制，强化政府在出版专业技术人员职业资格退出机制方面的监管职责，形成"能进能出、能上能下"健康的出版人才管理制度。

六是鼓励出版传媒集团设立人才基金，鼓励出版单位加强领军人才和复合型人才队伍建设，着力发现、培养、集聚战略领军人才、企业经理人才、高技能专业技术人才。完善人才流动机制，推进传统出版单位和新兴出版企业的优势互补，优化人才结构。建立健全绩效考核体系，创新项目用人机制，探索出版融合发展条件下吸引人才、留住人才、用好人才的有效途径。

（逯薇　中国新闻出版研究院）

第六节 "十二五"时期出版专业教育现状与发展趋势

长期以来,高校出版专业人才培养和行业对出版专业人才的能力需求之间一直处于"不匹配"和"错位"的矛盾之中,如何培养适应行业发展需求的出版人才,已经成为我国出版教育领域亟待解决的问题,迫切要求出版专业教育改革教学模式、提高人才培养质量,适应互联网和数字技术对出版行业的变革和发展需求。"十二五"时期,我国出版专业教育取得了长足的发展,但仍然存在不少问题。本文以开设出版专业的大中专院校为例,归纳我国出版专业人才的培养体系和特点,分析"十二五"时期出版专业人才的教育现状和困境,并探讨出版专业教育的发展趋势。

一、出版教育体系结构及其特点

(一)我国出版教育体系的结构

新中国成立以来,出版教育有了长足发展。从20世纪80年代开始,随着中国编辑学研究的兴起,国内一些重点高校纷纷开设编辑出版类本科专业。从20世纪90年代开始,出版本科教育增长迅速,尤其是1998年教育部调整了高等院校本科专业目录,正式设立"编辑出版学"本科专业,迎来了出版专业高等教育的大发展时期。

2011年,教育部本科目录增设"数字出版"特设专业,为高校人才培养适应数字出版产业发展奠定了基础。期间,多家拥有硕士、博士授权点的高校,通过开设二级学位点和增设研究方向等方式,积极开展出版专业的硕博士研究生教育。2010年7月,出版专业学位研究生教育正式纳入国务院学位办的研究生教育专业目录,开始了我国出版专业学位研究生教育的历史，14 所高校获批出版专硕授权点①，成为培养高层次出版专业人才的主力军。

此外，国家新闻出版管理部门十分重视在职在岗人员的出版教育和培训体系建设，除了国家新闻出版广电总局设立全国新闻出版教育培训中心外，各地新闻出版局都建有地方性的新闻出版培训机构，开展在职在岗的教育培训。2015 年，北京市开始数字编辑职业资格考试和鉴定工作，以满足数字出版和互联网环境下对出版专业人才新的社会需求。

目前，我国出版教育体系结构已经形成了中等职业教育、高等职业教育、普通本科教育、硕士研究生教育和博士研究生教育等多层级的教育体系；形成中专、大专、高职本科、普通本科、学术硕士、专业硕士、科学博士多学位层次的教育体系；形成了全日制高校、职业教育、成人教育、函授自考、网络教育、委托代培、专业证书班、在职培训、岗位培训、专题培训班、业务研修班等多类型的教育体系。为出版专业人才的培养提供了多元化、全方位的教育环境，可以说中国出版教育形式多样、体系完善、方式多样，较好地适应了行业和社会对多类型出版人才的需求。

（二）我国出版专业人才培养的特点

1. 出版专业教育纳入国家教育体系

我国是世界上为数不多的将出版专业教育和人才培养纳入国家教育体系的国家，国家对出版行业专业人才培养和出版教育十分重视，中等教育、职业教育、本科教育、硕士和博士研究生教育等领域全都纳入国家教育体系之中，同时，出版编辑类职业教育也被纳入国家职业资格认证和职业教育体系之中，这种人才培养模式在全世界范围内是较为罕见的。

2010 年 1 月，国务院学位委员会批准出版硕士专业学位设置方案，同年 3 月，全国出版专业学位教育指导委员会成立，标志着出版专业研究生教育正式列入我国研究生教育体系。2013 年 3 月，全国高等学校出版专业

---

① 国务院学位办首批授予出版专业学位硕士授权点的高校共 14 家：安徽大学、北京印刷学院、复旦大学、河北大学、河南大学、湖南师范大学、华中科技大学、吉林师范大学、南京大学、南开大学、北京大学、四川大学、武汉大学、中国传媒大学。

教学指导委员会成立，旨在充分发挥出版教育专家、行业专家的桥梁纽带和咨询指导作用，加强教育行政部门与行业主管部门与高等院校之间的沟通与联系，为出版专业高等教育改革发展创造良好环境。

2. 开办院校多，学生数量大

据笔者调查，统计到2016年7月，教育部批复专业建设的高职高专院校共1 072所①，大约有505所高职院校开设了754个出版及相近专业②；开设编辑出版学、数字出版等本科专业的普通高校共92家，招收学术型硕士研究生的高校有45家，出版专业学位硕士授权点高校20家，招收出版专业或设立研究方向的博士点院校约12家。每年高职高专的出版及相近专业招生总人数超过4万人③，本科生约5 500多人④，硕士研究生约1 000多人⑤，博士生约50多人⑥；再加上本科第二专业学生，以及设立出版专业课程的其他本科专业的学生人数，预计每年为出版行业输送各学历层次的毕业生超过5万人。

3. 注重产学合作教育模式

我国的出版教育注重产学合作，发挥高校和出版企业的优势，充分整合高校的人才资源和出版企业的行业资源，努力打造多层次的出版专业人才培养机制。目前，许多高校与出版企业联合建立了出版人才培养基地和出版专业实验室；国家新闻出版广电总局在武汉大学、北京印刷学院和上海理工大学等高校设立国家新闻出版广电总局出版高级人才培养基地。积极开展产学合作办学模式的创新，引进行业高端专业人才和先进技术，在师资团队建设、课程建设、教材建设和实践教学等环节充分利用行业资源和高校本身的优势，在人才培养上紧跟行业发展和行业动态，提升学生的

---

① 根据全国高等职业教育专业建设和职业发展管理平台的数据统计，http://www.tech.net.cn/web/index_zyjs.aspx，统计截止时间为2016年7月。
② 根据《普通高等学校高等职业教育（专科）专业设置管理办法》新闻出版类专业包括：图文信息处理、网络新闻与传播、版面编辑与校对、出版商务、出版与电脑编辑技术、出版信息管理、数字出版、数字媒体设备管理等，涉及出版行业岗位特征的专业还包括媒体设计编创、营销等方面的高职专业。
③ 按照每校每专业每年招收60人计算。
④ 按照每个本科专业每年招收60人计算。
⑤ 按照每个硕士点每年招收20人计算。
⑥ 按照每个博士点每年招收5人计算。

实践能力和专业技能，为出版行业培养高素质专业人才。

同时，许多高校都设立了校外实践基地和产学研基地。据统计，有46%的高校设立了校外出版实践基地或校内出版研究中心，且大部分开设出版专业高校的出版实践类学时超过总学时的15%，体现了出版专业教学的应用性和创新性。对动手能力和创新能力的培养，体现了我国的出版教育注重应用性和实用性。

二、"十二五"时期出版专业教育现状

（一）开设出版专业的学校和机构数量

1. 高等职业教育

职业教育强调职业技能和岗位适应性，2015年10月，国家教育部调整了普通高等学校职业教育（专科）专业设置目录，新闻传播大类下一共设置了23个专业，其中新闻出版类专业8个，分别是：图文信息处理、网络新闻与传播、版面编辑与校对、出版商务、出版与电脑编辑技术、出版信息管理、数字出版、数字媒体设备管理。涉及出版行业岗位特征的专业还包括图文信息处理、媒体设计编创、营销等方面的高职专业。我们通过登录全国职业院校专业设置管理与公共信息服务平台①，检索专业备案数据库，得出2016年度在教育部备案的高职高专出版专业及相近专业的开设情况，统计数据汇总如表1：

表1 高职院校出版及相近专业开设情况

专业名称	开设学校数	5年制专业数	3年制专业数	2年制专业数	专业类别
出版商务	16	1	15		新闻出版类专业
出版与电脑编辑技术	6		6		新闻出版类专业
数字出版	12		12	1	新闻出版类专业

---

① 全国职业院校专业设置管理与公共信息服务平台，网址 http://www.zyyxzy.cn。检索"高等职业教育专业设置备案结果"。

（续前表）

专业名称	开设学校数	5年制专业数	3年制专业数	2年制专业数	专业类别
出版信息管理	3		3		新闻出版类专业
版面编辑与校对	2		2		新闻出版类专业
图文信息处理	14		14	1	新闻出版类专业
网络新闻与传播	19		19		新闻出版类专业
数字媒体设备管理	2		2		新闻出版类专业
数字图文信息技术	29	1	28	2	出版相近专业
数字媒体应用技术	410	13	398	29	出版相近专业
网络营销	56		56		出版相近专业
媒体营销	2		2		出版相近专业
印刷媒体设计与制作	2		2		出版相近专业
印刷媒体技术	45	1	40	4	出版相近专业
数字印刷技术	46	1	44	4	出版相近专业
传播与策划	38		38	1	出版相近专业
文化创意与策划	14	1	13		出版相近专业

因此，据上述数据汇总得出，截止到2016年7月，在高等职业教育领域，共有505所高职院校开设了754个出版及相近专业的办学点[①]；如果按照每个专业招收60人计算，每年招收近5万名专业学生。全国高职高专院校开设出版类专业情况如下：

开设"数字出版"3年制高职专业的共12家，分别是：吉林经济管理干部学院、上海出版印刷高等专科学校、江苏城市职业学院、江苏工业园区服务外包职业学院、安徽新闻出版职业技术学院（该校开设有3年制和2年制的数字出版专业）、江西传媒职业学院、郑州职业技术学院、武汉信息传播职业技术学院、湖南大众传媒职业技术学院、广东轻工业职业技术学院、深圳职业技术学院、成都工业学院。

开设"出版商务"3年制专业共16家，分别是：河北工程技术学院、上海出版印刷高等专科学校、江苏联合职业技术学院（该校开设5年制出

[①] 登录全国职业院校专业设置管理与公共信息服务平台，检索"高等职业教育专业设置备案结果"。

版商务专业)、安徽新闻出版职业技术学院、江西传媒职业学院、郑州师范学院、湖北第二师范学院、广东轻工职业技术学院、广东岭南职业技术学院、广东理工职业学院、广西教育学院、南充职业技术学院、电子科技大学成都学院、四川文化产业职业学院、四川文轩职业学院、兰州文理学院。

开设"出版与电脑编辑技术"3年制专业共6家：上海出版印刷高等专科学校、上海震旦职业学院、漳州理工职业学院、江西传媒职业学院、东莞职业技术学院、四川文轩职业学院。

开设"出版信息管理"3年制专业共3家，分别是：安徽新闻出版职业技术学院、江西传媒职业学院、武汉信息传播职业技术学院。

开设"版面编辑与校对"3年制专业共2家，分别是：安徽新闻出版职业技术学院、武汉信息传播职业技术学院。

不少高职院校开设多个出版及相近专业，与出版行业企业的岗位设置相匹配，形成了专业集群的办学特征，以适应出版企业的岗位群。例如上海出版印刷高等专科学校开设有出版与电脑编辑、出版商务、数字出版、数字图文信息技术、印刷媒体技术、数字印刷技术等专业以及出版会计、网络编辑的专业方向，该校每年培养出版类专业学生达到1 000人。

2. 本科教育

我国开办本科出版专业的高等院校数量位居世界前茅。截至2016年5月，全国有92所普通本科院校[①]开设编辑出版学、数字出版的本科专业，

---

① 全国高校出版专业建设现状调查与分析（陈丹等，2014）统计数据为83所编辑出版学本科院校、5所数字出版本科院校。据此，检索2014－2016年教育部网站公布的全国高校新增本科专业和撤销本科专业目录得出：2014年新增本科专业6所：浙江传媒学院（数字出版）、金陵科技学院（数字出版）、湖北大学（编辑出版学）、曲阜师范大学（数字出版）、电子科技大学成都学院（数字出版）、云南师范大学文理学院（编辑出版学），2014年撤销本科专业1所：广西师范大学（编辑出版学）；2015年新增本科专业4所：广东财经大学（编辑出版学）、西北师范大学（甘肃）（数字出版）、西安欧亚学院（数字出版）、新疆大学（编辑出版学）；2015年撤销本科专业1所：四川传媒学院（编辑出版学）；2016年新增本科专业1所：绥化学院（黑龙江）（数字出版）。因此统计到2016年7月，全国开设的出版专业院校共92所。

其中12所本科院校[①]开设数字出版专业（分别为北京印刷学院、天津科技大学、武汉大学、中南大学、湘潭大学、浙江传媒学院、金陵科技大学、曲阜师范大学、电子科技大学成都学院、西北师范大学、西安欧亚学院、绥化学院）。按照平均每校每专业50人计算，全国每年培养至少5 000多位出版专业的本科生。开设编辑出版学、数字出版本科专业的高校中，985和211类高校有23所；普通高校中的一本高校有17所，占总数18.5%，二本学校有35所，占高校总数38%，三本学校有17所，占高校总数18.5%。可见，我国开办编辑出版学和数字出版本科专业的高校以二本院校和重点高校为主。

3. 硕士研究生教育

根据各高校网上公布的2016年度研究生招生专业的信息进行数据统计，全国至少有45所高校[②]的52个学术型硕士点招收出版专业的研究生[③]。其中设置了"编辑出版学"二级硕士点有3家（中国传媒大学、首都师范大学、四川大学）；"数字出版与传播"二级硕士点1家（上海理工大学）；"出版发行学"二级硕士点1家（武汉大学）。"出版学"二级硕士点1家（南京大学）。在"新闻传播学"一级学科下招收出版研究方向的高校有5家；在"新闻学"二级点开设出版研究方向的高校有9家；29家高校在"传播学"二级点下开设编辑出版研究方向；4所高校在"图书馆、情报与档案管理学"和"图书馆学"硕士点下开设出版研究方向；1所高校在"应用经济学"下设二级点"传媒经济学"，开设研究方向：出版产业研究。

根据全国出版专业学位研究生教学指导委员会网站信息的统计，全国

---

① 根据教育部网站各年公布的新增本科专业高校和撤销本科专业高校的文件统计，2013年前开设"数字出版"本科专业的高校有5所：北京印刷学院、天津科技大学、武汉大学、中南大学、湘潭大学；2014年新增4所：浙江传媒学院（数字出版）、金陵科技学院（数字出版）、曲阜师范大学（数字出版）、电子科技大学成都学院（数字出版）；2015年新增本科专业2所：西北师范大学（甘肃）（数字出版）、西安欧亚学院（数字出版）；2016年新增本科专业1所：绥化学院（黑龙江）（数字出版），如此，截止到2016年7月，全国共有12所高校开设数字出版本科专业。

② 根据中国研究生招生信息网上公布的2016年度各高校研究生招生专业信息统计，在硕士点和研究方向上注明"编辑""出版""数字出版""发行"等名称的学术型硕士点和研究方向的院校共45所；未标注研究方法的硕士点未统计在内。

③ 尚有不少高校按照一级学科招生，没有标明二级学科名称和研究方向，未统计在此。

共有20所高校获批出版专业学位硕士授权点。2010年7月,首批获得出版硕士专业学位授予权的院校有:北京大学、南京大学、武汉大学、复旦大学、南开大学、四川大学、北京印刷学院、中国传媒大学、河北大学、河南大学、湖南师范大学、华中科技大学、吉林师范大学、安徽大学等14所。2014年5月,第二批获得出版硕士专业学位授予权的院校有:青岛科技大学、华东师范大学、上海理工大学、南昌大学、苏州大学、陕西师范大学等6所。全国出版专业学位硕士点开设院校情况见表2:

表2 全国出版专业学位硕士点开设院校情况

学校名称	开设时间	开设院系
北京大学	2010年7月	停止招生
南京大学	2010年7月	信息管理学院
武汉大学	2010年7月	信息管理学院
复旦大学	2010年7月	中国语言文学系
南开大学	2010年7月	文学院传播学系
四川大学	2010年7月	文学与新闻学院
北京印刷学院	2010年7月	新闻出版学院
中国传媒大学	2010年7月	新闻传播学部传播研究院
河北大学	2010年7月	新闻传播学院
河南大学	2010年7月	新闻与传播学院
湖南师范大学	2010年7月	新闻与传播学院
华中科技大学	2010年7月	新闻与信息传播学院
吉林师范大学	2010年7月	传媒学院
安徽大学	2010年7月	新闻传播学院
青岛科技大学	2014年5月	传播与动漫学院
华东师范大学	2014年5月	传播学院
上海理工大学	2014年5月	出版印刷与艺术设计学院
南昌大学	2014年5月	新闻与传播学院
苏州大学	2014年5月	凤凰传媒学院
陕西师范大学	2014年5月	新闻与传播学院

2016年度全国出版专业学位硕士授权点的招生情况如下[①]:

---

① 根据中国研究生招生信息网公布的2016年度招生数据信息进行统计。

（1）中国传媒大学"出版"专业学位硕士点，研究方向：出版经营管理、现代出版业务，专业招生数15人；

（2）北京印刷学院"出版"专业学位硕士点，研究方向：编辑出版、出版产业与管理、数字出版，专业招生数32人；

（3）河北大学"出版"专业学位硕士点，研究方向：版权贸易、编辑出版业务、出版经营与管理，专业招生数18人；

（4）吉林师范大学"出版"专业学位硕士点，研究方向：不分方向，专业招生数17人；

（5）复旦大学"出版"专业学位硕士点，研究方向：出版业务与实践、数字出版，专业招生数24人；

（6）上海理工大学"出版"专业学位硕士点，研究方向：出版经营与管理、数字编辑、数字营销，专业招生数21人；

（7）华东师范大学"出版"专业学位硕士点，研究方向：书刊编辑出版、数字出版，专业招生数20人；

（8）南京大学"出版"专业学位硕士点，研究方向：图书出版、报刊出版、音像出版、数字出版、出版物编辑、出版物营销、出版经营管理、外国出版，院系招生总数95人；

（9）苏州大学"出版"专业学位硕士点，研究方向：数字出版、出版编辑、出版经营管理，专业招生数53人；

（10）安徽大学"出版"专业学位硕士点，研究方向：不分方向，院系招生总数110人；

（11）南昌大学"出版"专业学位硕士点，研究方向：编辑出版实务、新媒体与数字出版、出版创意与营销，院系招生总数91人；

（12）青岛科技大学"出版"专业学位硕士点，研究方向：不分方向，专业招生数15人；

（13）河南大学"出版"专业学位硕士点，研究方向：不分方向，院系招生总数119人；

（14）武汉大学"出版"专业学位硕士点，研究方向：不分方向，院系招生总数118人；

（15）华中科技大学"出版"专业学位硕士点，研究方向：不分方向，院系招生总数 81 人；

（16）湖南师范大学"出版"专业学位硕士点，研究方向：出版学，院系招生总数 95 人；

（17）四川大学"出版"专业学位硕士点，研究方向：不分方向，院系招生总数 375 人；

（18）陕西师范大学"出版"专业学位硕士点，研究方向：不分方向，院系招生总数 93 人；

（19）南开大学"出版"专业学位硕士点，研究方向：现代出版业务、出版经营与管理、出版营销，不招生；

（20）北京大学"出版"专业学位硕士点，校内调整，不招生。

2016 年度招收出版专业学位研究生的高校共 18 家（南开大学、北京大学 2016 年度停招）；2016 年全国共招收出版专业学位硕士研究生约 400 人。

此外，全国共有 96 所高校设有"新闻与传播"专业学位硕士授权点，其中有 13 所高校在该硕士点下开设编辑出版研究方向[①]。基本情况如下：

（1）北京印刷学院"新闻与传播"专业学位硕士点，研究方向：数字出版与传播、版权运营与管理；

（2）中国传媒大学"新闻与传播"专业学位硕士点，研究方向：新媒体采编实务；

（3）大连理工大学"新闻与传播"专业学位硕士点，研究方向：广告与编辑出版研究；

（4）南京师范大学"新闻与传播"专业学位硕士点，研究方向：编辑出版；

（5）南昌大学"新闻与传播"专业学位硕士点，研究方向：新媒体的采编与管理；

（6）湖北民族学院"新闻与传播"专业学位硕士点，研究方向：编辑出版实务；

（7）湘潭大学"新闻与传播"专业学位硕士点，研究方向：报刊采编

---

① 根据中国研究生招生信息网公布的 2016 年度招生数据信息进行统计。

与出版发行；

（8）广西大学"新闻与传播"专业学位硕士点，研究方向：编辑出版；

（9）重庆大学"新闻与传播"专业学位硕士点，研究方向：编辑与出版；

（10）电子科技大学"新闻与传播"专业学位硕士点，研究方向：编辑与出版；

（11）西安工业大学"新闻与传播"专业学位硕士点，研究方向：数字出版技术；

（12）西安工程大学"新闻与传播"专业学位硕士点，研究方向：新媒体策划与编辑；

（13）长安大学"新闻与传播"专业学位硕士点，研究方向：新闻报刊。

因此，根据上述信息，估计全国每年招收出版专业或研究方向的学术学位硕士生和专业学位硕士生超过1 000名。

4. 博士研究生教育

2002年，武汉大学在"图书馆、情报与档案管理"一级学科之下自设"出版发行学"二级学科博士点之后，多所高校纷纷在"图书馆、情报与档案管理""管理科学与工程""新闻传播学"等一级学科之下自设二级博士点或增设研究方向。目前，我国开设出版专业的二级博士点和研究方向的院校共12所[①]，分别是：

（1）武汉大学　图书情报学与档案管理一级博士点下自设"出版发行学"（1205Z1），研究方向：出版营销管理、数字出版、出版政策与法规、文化产业管理与版权贸易、媒介经营与管理、传媒集团战略管理、中外出版比较研究、数字出版与新媒体研究、近现代阅读文化史、近现代出版史、版权产业法律与政策研究、信息传播与知识产权法研究、新媒体与数字出版、数字资产管理；在"图书馆学"二级点下设置研究方向：中国图

---

① 根据各高校公布的博士点名称和研究方向名称中含有"编辑""出版""发行"等词汇进行统计。

书文化史等。

（2）北京大学　挂靠图书情报与档案管理一级博士点，自设"图书情报与档案管理（编辑出版学）（代码1205Z1）博士点；研究方向：现代出版业研究、出版产业与出版文化研究、文献学研究、媒介经营管理研究。

（3）中国传媒大学　在新闻传播学一级学科下自设二级博士点"编辑出版"（0503Z4），研究方向：编辑出版学。

（4）北京师范大学　在中国现当代文学（050106）博士点下，设置研究方向：现代出版与文化传播。

（5）中国人民大学　在新闻传播学一级博士点下自设二级博士点"传媒经济学"（0503Z1），设置研究方向：数字化与出版转型研究、版权管理。

（6）清华大学　在新闻传播一级学科下设置"文化产业与媒介经济"，研究方向：出版传媒产业经济。

（7）南京大学　图书情报与档案管理一级博士点下自设多个编辑出版研究方向：期刊出版、出版理论与历史、数字出版与文化产业发展、出版经济与管理、数字图书馆与数字出版、出版产业研究、数字出版与新媒体出版等。

（8）南开大学　在图书情报学与档案管理的二级学科"图书馆学（120501）"，设置研究方向：出版管理。

（9）上海理工大学　在管理科学与工程一级博士点下设二级博士点传媒管理，研究方向：传媒管理、出版传媒产业研究等。

（10）华东师范大学　在新闻传播学下的二级博士点传播学（050302）设置研究方向：编辑出版与传媒文化研究。

（11）浙江大学　在比较文学与世界文学（050108）博士点设置研究方向：编辑出版与当代文学。

（12）河北大学　在二级学科"传播学"博士点下设置研究方向：编辑出版。

保守估计，全国每年培养出版研究方向的博士研究生约50人。

5. 相关专业的培养

除了直接以编辑出版命名的本科、硕士和博士专业和方向之外，许多高校在传播学、新闻学、网络与新媒体、数字媒体技术、数字媒体艺术、影视艺术、广播电视新闻学、计算机信息科学、管理科学与工程、工商管理、公共事业管理、金融、会计、多媒体制作、广告学等相关专业中，开设编辑出版专业课程和选修课程，培养适应出版行业需求的专业人才。如果加上这类专业的毕业生，估计全国每年为出版行业培养的相关人才将超过 10 万人。

（二）出版专业课程体系设置情况

1. 出版本科课程体系设置

全国出版专业教学指导委员会对全国高校编辑出版学专业负责人问卷调查数据显示，编辑出版学本科专业的专业核心课程有：出版学概论、编辑实务、传播学、中外编辑出版史、出版物市场营销、出版法规等；数字出版专业核心课程有：数字出版概论、数字媒体技术与应用、传播学、数字媒体编辑、数字版权管理、数字出版营销等课程。大多数高校编辑出版学、数字出版的培养方案设计了多个课程组模块，主要有语言文字文化类课程、专业基础类课程、专业课程、实践课程和综合素质类课程，围绕厚基础、宽口径、多技能等方向培养出版人才。

2. 出版研究生课程体系设置

学术型研究生的课程体系主要根据所隶属的硕士点的课程体系设置，一般分为学科大类基础课程、研究方向专业课程、实践科研课程和跨学科跨专业的选修课程等，主要培养一专多能的科学研究和应用型人才。出版专业学位研究生课程体系是在全国出版专业学位研究生教育指导委员会的指导下设置的，分为：公共课、必修课、选修课和实习实践四个课程组，建议的核心课程有：出版学概论、出版物编辑与制作、出版物营销、数字出版及技术、出版企业经营与管理、出版法规。各高校可以根据办学特色增设编辑实务类、市场营销类、数字出版类、项目管理类等专业课程和选修课程，培养适应出版行业实务型、应用型高级专业人才。

此外，中专和高职高专的课程紧密围绕专业岗位群人才培养目标，突出技能型和实践动手能力的培养。

3. 实践教学情况

出版专业是一门应用型学科，各教育层次学校都比较重视出版专业实践能力和动手能力的培养，多数学校都建立了出版专业实验室、出版实训实验室和出版实践基地，不少本科高校积极开展产学合作，建立产学研合作基地、实践教学基地，突出动手能力培养、行业专业教育、创新能力培养和职业能力培养等特色。职业教育类院校更是突出实践教学、生产实训和实习实践，多数学校建有实训基地，与行业企业紧密合作进行职业教育。实践教学主要体现在两个方面，一是设置实践类课程，提高实践课程学时数占比。多数本科高校的实践课程占总培养计划学时的15%以上，职业教育类学校的实践课程课时大多超过30%。二是积极引进行业资源，产学合作开展出版人才培养工作，各校都重视专业教育的基地建设，这些实训实践基地或产学研基地为各校出版专业实践教育提供了良好的空间和平台。

4. 师资团队建设情况

全国高等学校出版专业教学指导委员会秘书处2013年对我国开设出版专业的80所本科高校进行调研，对师资团队、核心课程设置、教材建设等情况进行调查，数据显示：全国各高校出版专业师资团队的教授职称占35%，副教授占26%，讲师占26%，助教占13%。70%的高校专业教师拥有博士学位的教师比例大于30%，更有40%的高校具有博士学位的出版专业教师占教师总数的60%以上。

近年来，各院校也纷纷引进出版行业一线的中高层专业人才进入学校充实专业教师队伍，逐步形成高校高层级人才和行业高层级人才相结合的双师型教师团队。尤其是出版专业硕士学位的师资，国家明文规定要求双导师制联合培养。行业教师和导师进入课程、进入学生指导工作，将实践经验、行业最新发展和前沿信息融入到出版专业教学中，将学术研究和生产实践相结合，缩短了高校教育与行业实践之间的距离，为培养符合出版业需求的高质量复合型人才奠定了坚实的基础。

三、出版专业教育面临的困境

经过多年发展，我国出版专业教育取得了显著成果。但是，出版人才培养的困境与矛盾依然存在，主要表现在以下几点：

1. 出版行业快速发展与出版人才培养滞后性的矛盾

随着互联网、数字技术、新媒体的快速发展，对出版流程、产品模式、市场渠道和管理方式等方面带来了新的变化和变革，如何培养能够适应行业发展要求、具有竞争力的优秀出版人才，是摆在出版教育院校面前的一道难题。然而，大多数出版教育院校的人才培养计划和方案具有相对滞后性的特点，即招生第一年就要制定好往后四年的培养方案和课程体系，设计好四年后社会对出版人才能力和素质的需求，而数字技术和新闻出版行业发展是瞬息万变的，高校难以洞察四年后行业的新业态和新发展，难以跟上行业快速变化的节奏。这种高校专业人才培养的滞后性带来的毕业生行业适应性问题和人才供求矛盾，在高校出版专业办学过程中一直是一个老大难问题。

2. 新产品、新技术、新业务对人才要求更高，高校难以适应

出版行业新产品推陈出新、新技术日新月异、新业务不断拓展，对出版行业从业人员的要求越来越高。例如新媒体编辑、大数据出版、数字营销等是最近兴起的新业务和新领域，出版行业的从业人员除了要具备过硬的出版专业技能外，还要具备较强的新技术应用能力和实践创新能力。但是，长期以来，学校对人才的培养机制具有一定的惯性和惰性，重视学术科研，轻视教学育人，循规蹈矩、照本宣科、墨守成规、缺乏创新等严重影响了专业学生的行业适应性和创新能力的培养，难以适应行业对出版人才的新要求。部分院校专业办学条件欠成熟、基础薄弱，不同程度地存在着学科定位不准、培养目标不明、课程设置不清、师资力量不足、教材选择不当、硬件投入不够等问题。因此，完善出版人才的培养机制，提升出版人才培养的创新性和实践性是出版教育院校的当务之急。

3. 出版融合和数字出版对专业人才素质要求高、知识结构更新快，师

资团队和课程体系难以适应

出版产业的融合化、数字化是大势所趋，对具备较高专业技能和创新实践能力的复合型人才的需求也是出版行业发展的必然结果。但是，高素质的复合型人才的紧缺问题是目前出版行业发展的一个瓶颈。一方面，复合型人才的培养并没有规律可循，出版教育院校只能"摸着石头过河"，自行探索复合型人才培养的路径；另一方面，大多数院校受限于师资力量、教学条件的不足，难以适应出版行业发展新趋势，人才培养的质量难以保障。如在课程设置上理论类课程多于实践类课程，课堂讲解类课程多于实践操作类课程；有的学校甚至以学术理论传授代替专业能力培养，课程知识体系与出版专业人才培养的关联度较差；教材陈旧；教师培训跟不上行业发展；学校教学与行业实践的对接不紧密，获得行业资源有限等等问题，都是困扰出版专业人才培养质量的问题。

四、出版专业教育的发展趋势

通过对全国高校出版专业教育情况的调查，结合我国出版行业发展趋势，可以看出中国出版专业教育具有以下几个趋势：

1. 多学科交叉联合培养出版专业人才

目前，我国的出版产业呈现出融合化的趋势，移动终端、社交媒体、云计算、大数据等领域将对出版行业带来变革，也给出版专业教育带来深刻的影响。出版教育院校已经认识到这些新变化和新要求，积极整合学科资源，注重多学科交叉融合开展专业教育。在课程的设置上，注重各学科的交叉融合，新媒体编辑、数字营销、AR&VR、数字编辑、微内容编创、大数据出版、数据营销等课程已经在部分高校开设，以更新知识体系和能力结构，培养适应出版新业态、新产品、新市场发展需求的新出版专业人才。

2. 更加注重实践教学环节，产学合作更加深入

注重产学合作，增强实践教育，提升学生的实践能力，将理论与实践相结合，是培养实践型人才的行之有效的路径。随着出版产业的发展，许

多高校更加注重实践教学环节的设计和实践平台建设，充分发挥高校和出版企业各自的优势资源，合力打造产学研基地、出版实验室和出版研究中心等人才培养平台，形成多层次的复合型出版专业人才培养机制，推动培养出版企业适用的高质量复合型人才。

3. 加强师资团队建设，打造双师型师资团队

师资团队建设是提高出版专业教育质量的前提条件。打造多学科、双师型、产学合作的教学团队已经凸显其对专业建设和人才培养质量的重要性；因此，引进优秀的行业高层次专业人才和海内外高学历专业人才，着力打造高素质、多元化的出版专业师资团队对提高出版专业人才培养质量具有重要作用。

4. 开门办学，合作办学

面向行业企业办学、面向社会办学、面向海外办学，在出版专业教育中成为一种新的趋势。不少高校面向行业和社会开放实验室和产学研重地基地，吸引人才、吸引社会资源。同时，积极拓展中外合作办学途径，与国外高校联合开展教学、科研合作、教师互访、互换学分、专业教育国际认证、交换留学生、联合召开专业学术会议等越来越多。积极开拓国际视野，为培养适应国际化出版市场需求的出版专业人才奠定基础。

总之，综观中国出版专业教育的过去、现在与未来，面向行业、面向社会，通过学科交叉融合、注重实践教学、加强师资团队建设、多渠道多方式开展产学研合作、开门办学等多种方式，我国的出版专业教育将会更好地服务出版行业、服务社会，将会成为出版行业企业人力资源保障的重要支柱，为出版业的美好未来奠定人才基础。

（施勇勤　上海理工大学）

第七节 "十二五"时期新闻出版法规概述

"十二五"时期，对于新闻出版法制建设来说是丰收的五年：中央全面深化改革的决策部署在新闻出版领域持续深入推进，多部法规、规章相应调整；出版管理领域最重要的两部行政法规《出版管理条例》《音像制品管理条例》全面修订；《出版物市场管理规定》《音像制品进口管理办法》《内部资料性出版物管理办法》《网络出版服务管理规定》等重要规章相继修订；规范性文件清理工作取得突破性进展，原总署首次公布了现行有效的规范性文件目录。以上事件标志着中国特色社会主义新闻出版法制体系在"十二五"期间初步建成。"十三五"时期，对广大新闻出版从业人员将是充满期待的：公共文化服务保障及产业促进立法将会加强，《全民阅读促进条例》将颁布实施；简政放权、构建公平开放的市场环境仍将不断推进；网络管理、新闻管理、出版物进口管理等重点领域立法将进一步加强。

一、《出版管理条例》等两大条例全面修订完成

2011年3月19日，温家宝总理签署国务院令，公布了《国务院关于修改〈出版管理条例〉的决定》（第594号令）和《国务院关于修改〈音像制品管理条例〉的决定》（第595号令），均自公布之日起施行。

此前实施的《出版管理条例》《音像制品管理条例》是2001年底颁布的，这两部行政法规是我国新闻出版管理最重要、最基本的法规依据，在规范出版单位依法经营和新闻出版行政部门依法监管、打击非法出版活动等方面发挥了重要作用。也应看到，条例实施近十年来，是出版业取得重大变化的十年：新闻出版体制改革取得重大进展，体制机制发生显著变化；新闻出版产业实现跨越式发展；以网络出版为代表的新媒体、新业态发展迅猛；行政管理体制改革不断深入，出版行政部门的职能得到根本转

变。为适应新形势的变化,迫切需要对原条例予以完善。2011年,国务院颁布修改的这两部条例体现了发展的要求、时代的要求和管理的要求,是全行业的经验总结和智慧结晶,是新闻出版法制建设的一件大事。2011年修订的《出版管理条例》主要有以下七大亮点:

（一）体现新闻出版体制改革和产业发展的要求,增加对出版单位分类管理的规定

一是在相关条款中增加关于出版产业的表述;二是按照事业单位法人和企业法人类别对出版单位进行分类,在设立、变更、注销等程序方面分别作出不同规定。

（二）适应信息时代新技术发展的需要,反映新技术、新业态的管理要求

随着新业态的发展,网络出版已成为出版业的重要力量。如何在条例中体现网络出版管理的内容,是修改中的重点问题之一。考虑到设立网络出版单位的具体审批条件和其管理要求与传统出版单位有所不同,条例在附则中作了授权规定,授权由原总署按照新条例的原则另行制定"网络出版审批和管理办法"。

（三）完善准入制度及监管措施,增加有关监督管理的专章规定

出版单位的法人准入、产品准入、人员准入、岗位准入这四大准入制度是出版管理的基本制度。由于原《出版管理条例》的体例限制,除法人准入制度外,其他监管制度在行政法规中并无体现。2011年修订的条例总结了长期以来新闻出版行政管理的经验,增加了监督管理专章,强化了新闻出版行政部门的监管职责,明确了质量检查制度、综合评估制度和出版从业人员职业资格制度,在法规层面完善了四大准入制度。

（四）巩固行政审批制度改革的成果,取消部分审批项目,缩短审批时限

一是依照国务院关于取消和调整审批项目的决定,删除现行条例中关

于从事出版物印刷业务由公安机关按照特殊行业进行审批的规定。二是提高审批效率，将出版单位设立、变更的审批时限由 90 日调整为 60 日。三是依据国务院有关决定，明确规定出版单位变更资本结构、设立分支机构等事项须经审批。

（五）鼓励出版物"走出去"和文化创新、服务"三农"，完善国家支持鼓励的规定

条例充实了支持、鼓励的出版物范围，增加了对推进文化创新、促进国际文化交流以及服务农业、农村和农民，促进公共文化服务有重大作用的出版物的支持和鼓励。

（六）加强行政执法，完善法律责任

随着新闻出版改革的深入，出版单位结构调整增多，新条例完善了出版单位中止及终止出版活动的退出机制，避免出版单位多年来"只生不死"的局面。此外，根据多年执行实践中反映的问题，新条例在违法行为处罚数额、出版物质量处罚、吊销人员资格等方面完善了法律责任的有关规定。

国务院同时颁布了新修订的《音像制品管理条例》，2011 年的修改调整了音像制品进口、发行制度和监管部门，明确了新闻出版行政部门的职责，简化了复制单位接受委托复制音像制品的程序要求。此外，考虑到电子出版物与音像制品管理基本相同，规定除个别条款外，电子出版物的出版、制作、复制、进口、发行等活动适用《音像制品管理条例》。

二、公共文化服务立法加强，《全民阅读促进条例》起草完成

"十二五"期间，公共文化服务立法开始走向前台。党的十八届三中全会、四中全会均提出制定《公共文化服务保障法》。2014 年 4 月，有关

部门启动该法的起草工作。2016年12月25日,《公共文化服务保障法》正式颁布。这是我国宣传文化领域第一部保障法和基本法,对社会主义文化事业的发展具有里程碑的重要意义,是完备我国法律规范体系的重要步骤,对于文化领域的其他立法工作将产生积极的示范、促进作用。

新闻出版领域,新闻出版广电总局于2013年启动了《全民阅读促进条例》的起草工作。促进全民阅读,是弘扬社会主义核心价值观、满足人民群众精神文化需求、提升我国文化软实力的客观要求,对传承中华优秀传统文化、提高社会文明程度、推动社会进步具有重要作用。党中央、国务院高度重视全民阅读,中央文件多次提出"倡导全民阅读""开展全民阅读活动",国务院的政府工作报告连续三年提出"倡导全民阅读"。为了促进全民阅读,推动学习型社会建设,回应各方面关切,总局从2013年开始组织研究起草了《全民阅读促进条例》,于2016年12月将送审稿报请国务院审议,预期将于2017年内颁布实施。条例主要包括以下几方面内容:

(一)发挥政府主导作用,强化责任,推动全民阅读促进工作

一是县级以上人民政府将全民阅读促进工作纳入本级国民经济和社会发展规划,将政府开展全民阅读促进工作所需资金纳入本级预算;二是县级以上人民政府根据基本公共文化服务有关标准,科学规划、合理布局,有计划地设置覆盖城乡、实用便利、服务高效的全民阅读设施;三是政府及有关部门通过举办形式多样的活动,动员、引导公民参加阅读活动。

(二)鼓励社会力量积极参与,在全社会形成爱读书、读好书、善读书的良好氛围

一是鼓励公民、法人和其他组织依法通过捐赠等方式支持全民阅读促进工作,并依法给予税收优惠;二是新闻媒体宣传优秀出版物,普及阅读知识,营造全民阅读氛围,增强公民阅读意识;三是鼓励有关组织和个人为阅读活动提供志愿服务,向公众传播阅读理念、开展阅读推广、提供阅读指导;四是鼓励学校图书馆、科研机构图书馆向公众提供阅读服务,支

持实体书店的发展，鼓励实体书店宣传展示优秀出版物，并根据自身条件开辟阅读空间、开展阅读活动。

（三）明确保障措施，提升阅读服务水平

一是支持和引导传承中华优秀传统文化、弘扬社会主义核心价值观、促进未成年人健康成长等作品的创作出版；二是鼓励和支持促进阅读的新技术开发与应用，推动阅读数字化和阅读便利化；三是全民阅读设施管理单位公示服务项目，配置、更新服务内容和设备，加强全民阅读设施经常性维护管理工作，按照规定向公众免费或者优惠开放，在节假日期间适当延长开放时间；四是鼓励和支持为视障等阅读障碍者提供盲文出版物、大字出版物、有声出版物等；五是国家扶助老少边穷地区的全民阅读促进工作。

（四）关注未成年人阅读，提高未成年人阅读兴趣，培养其阅读习惯，提升其阅读能力

一是国家新闻出版广电、教育主管部门根据不同年龄段未成年人身心发展状况，推广阶梯阅读，出版单位根据阶梯阅读的要求，有针对性地出版适宜不同年龄段的出版物；二是幼儿园积极开展有利于培养学龄前儿童阅读兴趣和阅读习惯的活动；三是中小学校通过组织阅读学习、开展校园阅读活动提高中小学生阅读能力，并加强对教师的阅读指导培训；四是针对未成年人的父母或者其他监护人开展家庭阅读，促进未成年人养成良好阅读习惯；五是全民阅读设施管理单位与各级学校尤其是中小学校加强合作，支持和帮助学生利用全民阅读设施开展校外阅读活动。

三、《出版物市场管理规定》等规章修订，进一步向外资开放市场

2011年3月至4月，原新闻出版总署相继公布了新修订的《出版物市

场管理规定》《订户订购进口出版物管理办法》《音像制品进口管理办法》等3部规章。修订前的《出版物市场管理规定》是原新闻出版总署于2003年9月1日颁布实施的，2004年6月18日为贯彻落实行政许可法对个别条款作了修改；《订户订购进口出版物管理办法》是原总署于2004年12月31日颁布的；《音像制品进口管理办法》是文化部和海关总署于2002年6月1日发布的。之所以对这几部规章进行集中修订，是因为这几部规章的制定依据是《出版管理条例》和《音像制品管理条例》，鉴于国务院已经对这两部行政法规进行了修改，有关部门职责、管理要求和一些表述都进行了修改，这几部规章要与其协调，进行相应修改；同时，随着新闻出版改革的深化和技术发展的变化，出版物市场环境发生了很大变化，也需要对有关规章内容作出调整。这几部规章修订主要涉及以下几个方面：

（一）与修订后的《音像制品管理条例》相一致，将音像制品进口、发行的管理部门修改为新闻出版行政部门，并统一了《出版物经营许可证》

2008年，国务院将音像制品进口及发行管理的职能从文化部调整到原新闻出版总署，修订的《音像制品进口管理办法》和《出版物市场管理规定》作了相应修改，包括音像制品在内的各类出版物发行活动统一适用《出版物市场管理规定》，各类出版物发行企业统一核发《出版物经营许可证》，不再单独核发《音像制品经营许可证》。

（二）与国务院颁布的《出版管理条例》相一致，调整了出版物发行单位、音像制品进口单位设立或变更的具体程序规定，修改了中小学教科书发行单位的管理要求

2002年以来，有关部门在国务院统一部署下，分阶段开展了中小学教材出版发行招投标试点工作。此后，开展试点工作的外部环境发生重大变化，义务教育阶段的绝大部分学生可以享受到国家免费提供的教科书，免费教科书通过政府采购提供。因此，2011年修订的《出版物市场管理规定》与《出版管理条例》相一致，对中小学教科书发行问题作出了新的规定。

（三）根据出版物发行市场的情况和管理实践需要，适当修改或充实有关条文内容

2011版《出版物市场管理规定》适度调整了出版物批发企业注册资金和经营场所面积的要求。又如，考虑到发行单位适应市场环境灵活经营以及促进全民阅读、服务读者，特别是缓解农村地区买书难问题的需要，2011版《出版物市场管理规定》改变了原来一律禁止店外经营的规定，对临时零售店增加了规定。

（四）与有关世贸承诺相一致，进一步开放外资市场准入，落实国民待遇

原新闻出版总署认真研究了有关世贸争端案专家组裁决，修订的几部规章进一步落实了中国的入世承诺和世贸规则，更大范围地开放了出版物发行市场，无论在审批条件、审批程序还是经营范围等方面都赋予了国有企业、民营企业和外资企业以同等的国民待遇，有利于构建中国统一、开放、竞争、有序的出版物市场环境；在进口出版物方面，也进一步完善了管理制度，以促进国际文化交流。2016年再次修订的《出版物市场管理规定》取消对外资、港澳台投资者设立出版物发行连锁单位的股权比例限制，取消外资只能以中外合作企业的形式从事音像制品发行业务的限制。

（五）适应新业态发展状况，规范网上书店及第三方平台管理

网上书店的大量出现给广大读者带来了方便，但部分网上书店不具备合法资质，或不从合法渠道进货，给非法出版物和盗版出版物的传播提供了渠道，需要通过立法进一步引导和规范。修订《出版物市场管理规定》，一方面调整了网上书店的审批条件，使之更科学实际；另一方面，严格了对提供网络交易平台服务的经营者的管理要求，规定了其核验义务和报告义务。这些规定有利于构建更为健康有序的网上出版物发行秩序。

四、全面深化改革，加快转变政府职能，若干行政法规、规章一揽子修订

党的十八届三中全会通过《中共中央关于全面深化改革若干重大问题的决定》，要求"进一步简政放权，深化行政审批制度改革，最大限度减少中央政府对微观事务的管理，市场机制能有效调节的经济活动，一律取消审批，对保留的行政审批事项要规范管理、提高效率；直接面向基层、量大面广、由地方管理更方便有效的经济社会事项，一律下放地方和基层管理"。此后，国务院分几批又取消调整了几批行政审批事项，为依法推动改革，国务院以一揽子的方式集中修订法规，巩固改革成果。新闻出版领域主要有以下情况：

《国务院关于取消和下放一批行政审批项目等事项的决定》（国发〔2013〕19号）、《国务院关于取消和下放50项行政审批项目等事项的决定》（国发〔2013〕27号）和《国务院关于取消和下放一批行政审批项目的决定》（国发〔2014〕5号）先后取消出版物全国连锁经营企业、出版物总发行单位审批，下放音像复制单位审批权限。为做好取消下放项目后的有关法规衔接工作，国务院发布《国务院关于废止和修改部分行政法规的决定》（第638号令）、《国务院关于废止和修改部分行政法规的决定》（第645号令）和《国务院关于修改部分行政法规的决定》（653号令），修改了《出版管理条例》《音像制品管理条例》的个别条款，解决了行政审批项目调整后的法规依据问题。

2014年，国务院下发《国务院关于取消和调整一批行政审批等事项的决定》（国发〔2014〕50号），国务院第六批取消和下放审批项目，并将一大批工商登记前置审批事项改为后置审批。与此衔接，国务院于2016年2月6日颁布666号令，修订了《出版管理条例》和《印刷业管理条例》若干条款，对包装装潢和其他印刷品印刷企业，以及出版物发行单位由"先证后照"改为"先照后证"。

此外，根据《国务院关于印发注册资本登记制度改革方案的通知》

（国发〔2014〕7号）和《国务院办公厅关于加快推进落实注册资本登记制度改革有关事项的通知》（国办函〔2015〕14号）的要求，新闻出版广电总局对涉及注册资本登记制度改革的现行规章和规范性文件进行了清理。2015年8月28日，以广电总局3号令的形式集中修订了一批规章和规范性文件，其中有新闻出版类的规章8件，包括《印刷业经营者资格条件暂行规定》《设立外商投资印刷企业暂行规定》《音像制品出版管理规定》《电子出版物出版管理规定》《音像制品制作管理规定》《图书出版管理规定》《复制管理办法》《出版物市场管理规定》，删去了这几部规章中对印刷业经营者工作场所面积的要求和注册资本最低限额要求。

2016年，总局再次修订《出版物市场管理规定》，集中落实了国务院行政审批制度改革成果，在取消审批、证照改革、降低门槛等方面均有实质变化。一是按照行政审批改革的要求取消和调整有关内容。根据国发〔2013〕19号、国发〔2014〕5号文件要求和国家新闻出版广电总局"三定"规定，删除原规定中有关出版物总发行和连锁经营企业的表述；取消对举办全国性出版物展销活动的审批，改为备案。二是将审批程序由"先证后照"改为"先照后证"。按照国务院"第六批取消和下放的行政审批项目和改为后置审批的工商登记前置审批项目"，将设立出版物批发、零售单位的审批程序由"先证后照"改为"先照后证"，即企业和个体工商户取得营业执照后，到省级或县级出版行政部门审批获得《出版物经营许可证》。三是降低企业准入门槛。批发单位经营场所面积要求，取消了场内场外的区别，统一规定为经营场所不少于50平方米，放宽了场地要求；发行分支机构设立由审批改为备案；取消出版物发行员职业资格要求。

五、网络出版管理新规出台

2016年2月4日，新闻出版广电总局与工业和信息化部以广电总局5号令联合颁布了《网络出版服务管理规定》，这一规定替代了原新闻出版总署和信息产业部2002年颁布的《互联网出版管理暂行规定》（以下简称《暂行规定》）。《暂行规定》的颁布填补了当时网络出版管理工作缺乏法律依据的空白，为原总署在依法履行网络出版监管职责、促进产业发展方面发挥了重要作用。该规定实施已经十几年，无论是网络出版业的发展还是中央对于网络管理的要求都有一些新情况、新要求，亟待通过修订予以解决。

与《暂行规定》相比，新规定整体结构作了较大调整，单列了监督管理一章，增加了保障与奖励一章，其他各章内容也均作了较大幅度补充和完善，主要体现在以下方面：

（一）厘清网络出版服务等概念表述，明确管理职责

网络管理涉及国务院多个部门的职责，新规定修订主要以《出版管理条例》和《互联网信息服务管理办法》为上位法依据，严格按照国务院三定规定的授权进行概念表述和职责界定，避免职责交叉。新规定将"互联网出版"改为"网络出版服务"，与相关法规、规章的表述方式相一致，也体现了网络出版产业的实际状况要求，即其产品是以无形化服务形式出现的。同时，增加了"网络出版物"定义，采取概括加列举的定义方式，规定"网络出版物是指通过信息网络向公众提供的，具有编辑、制作、加工等出版特征的数字化作品"，并从四个角度对网络出版物进行了列举式描述，将原创出版、集成出版、已出版作品的传播等不同形式都纳入其中。

（二）科学设定网络出版服务许可的准入条件，规范与鼓励并重

传统出版单位编辑审核能力强，为体现国家鼓励传统出版单位加快与新媒体融合发展的政策，规定其从事网络出版业务仅需较少条件；其他单位进入网络出版服务领域则需更为严格的资质条件，如应达到8名以上编辑出版等相关专业技术人员等条件。在外资政策方面，由于网络出版属于出版业的重要组成部分，新规定明确中外合资经营、中外合作经营和外资经营的单位不得从事网络出版服务。同时，明确网络出版服务单位与外资企业或境外组织及个人进行网络出版服务业务的项目合作，应当事前报新

闻出版广电总局审批。

（三）细化了网络出版服务的管理要求，增强可操作性

强调按照"谁登载、谁负责"、"网上、网下相一致"的原则，进一步明确了网络出版服务单位的内容审核责任。此外，要求网络相关服务提供者在为网络出版服务提供者提供人工干预搜索排名、广告、推广等服务时，应当查验服务对象的《网络出版服务许可证》，防止为未取得相关许可的非法网站提供相关服务。针对某些取得网络出版许可的公司以合作为名，在他人运营的网络出版平台上"一证多用"的情形，进一步严格许可证管理，规定"网络出版服务单位允许其他网络信息服务提供者以其名义提供网络出版服务"，属于转借、出租、出卖《网络出版服务许可证》的行为。

（四）强化事中事后监管要求，加大违法行为处罚力度

新规定新增了监督管理一章，对各级新闻出版行政部门的监管职责作了细化规定，对年度核验的实施机关、年度核验的要求、程序、报送材料、结果的公开等事项作了具体规定。同时，新规定根据《出版管理条例》、现行《互联网信息服务管理办法》等法规重新梳理、充实了法律责任条款，加大了对违法行为的处罚力度。

规定从最初酝酿修订到2016年出台，已逾十年的时间，其间历经互联网产业的重大变革和政府内部机构改革、上位法修订等种种变化，可谓十年磨一剑。修订工作受到了各界的广泛关注，原总署和总局通过多种方式广泛听取意见，反复研究修改，也导致出台的时间一再延后。当然，新规定也并非尽善尽美，如网络出版服务行为的概念如何界定、网络出版许可的条件如何规范、网络出版的编辑责任制如何落实等问题，管理部门、业界、专家、网民可能会有不同的认识，这是正常的。网络管理是世界性的难题，面对这一新事物，管理部门还要在实践中不断探索、完善。

六、《内部资料性出版物管理规定》修订出台

近20年来,内部资料性出版物(以下简称内部资料)制度的实施满足了机关团体、企事业单位研究问题、交流信息、总结经验和指导工作的现实需要,对其业务工作和文化建设发挥了积极作用。但随着社会经济的深入发展,各类群体对于内部资料的编办需求也前所未有的高涨。与此同时,内部资料在管理、运行中存在的诸多问题也逐渐暴露出来,如主体要求不一致、各地审批条件不统一、管理方式差别化等,出现了一定程度的管不住、管不好的现象。为加强对内部资料的统一管理,满足不同主体的编办要求,原总署从2009年开始着手对《内部资料性出版物管理办法》进行了修订。为科学地把握《办法》修订的重点、难点和基本原则,通过深入调研,基本摸清了内部资料编印现状以及管理中和运行中的问题和难点。新《办法》与原《办法》的不同之处体现在三个方面:

(一)适度放宽编办主体准入范围

内部资料作为社会信息资源的适当补充,在思想交流、信息传递、问题探讨、愿望表达方面发挥着重要作用,社会需求非常大。原《办法》未对申办主体作出具体规定,由各地行政主管部门在审批时根据地方情况对单位资本性质或行政级别作出了一些具体规定。经过调研,新《办法》修订时从实际需求出发,放宽了编印主体准入范围,除明确个人不得编印内部资料外,不再对编印主体的行政级别或者资本性质进行限制。

(二)进一步规范准入条件和审批程序

原《办法》仅规定了内部资料的审批制度,未详细规定内部资料的审批条件和审批程序。《行政许可法》颁布后,地方纷纷呼吁总局能够修订《办法》,予以细化明确。新《办法》第二章明确规定了一次性内部资料和连续性内部资料的审批条件、报送材料、不予批准的情形及审批程序。同

时，为防止放宽准入范围后增大审批的随意性，除从正面规定审批条件外，第九条又列出了三种不予核发准印证的情形。

（三）管理要求更加细化

现实中，有些单位和部门不恰当地扩大内部资料的适用范围，将它作为正式出版物的替代品，超出法律规定的范围对外公开进行传播。因此，这次修订，既回应了现实中各类主体对编印内部资料的巨大需求，又进一步明确了内部资料与正式出版物的区别，即内部资料仅在单位内部传播、不能对外发送的性质，细化了管理要求，在放宽准入的同时加强事中事后监管。

新《办法》的出台将有利于进一步规范如此巨大的编办内部资料市场需求行为，在降低内部资料编办申请门槛的同时，细化审批条件和审批程序，既满足市场主体顺利申请准印证，又规范行政部门的工作程序。

七、规范教材教辅管理的文件集中出台

教材教辅类出版物在出版市场中占有重要地位，其管理也一直是出版管理工作中的重点和难点。2011 年下半年以来，原新闻出版总署深入开展了中小学教辅材料出版发行管理专项治理工作，先后下发了《关于进一步加强中小学教辅材料出版发行管理的通知》和《关于加强图书出版单位中小学教辅材料出版资质管理的通知》。2012 年，教育部、原新闻出版总署、发改委、国务院纠风办下发《关于加强中小学教辅材料使用管理工作的通知》。2015 年 8 月 3 日，国家新闻出版广电总局、教育部、国家发展改革委印发《中小学教辅材料管理办法》，该《办法》共 14 条，全面规定了中小学教辅材料的定义、编写出版管理、印刷复制管理、发行管理，以及质量、评议、选用、价格管理等。

在教材管理方面，国务院 2011 年修订的《出版管理条例》修订较大。修订前的《出版管理条例》第三十一条规定了中小学教科书招投标制度；

修订后的《出版管理条例》第三十条作出了新的规定:"中学小学教科书由国务院教育行政主管部门审定;其出版、发行单位应当具有适应教科书出版、发行业务需要的资金、组织机构和人员等条件,并取得国务院出版行政主管部门批准的教科书出版、发行资质。纳入政府采购范围的中学小学教科书,其发行单位按照《中华人民共和国政府采购法》的有关规定确定。"2016年,总局以规范性文件颁布了《中小学教科书出版资质管理办法》,并在新修订的《出版物市场管理规定》中规定了中小学教科书发行资质的审批条件、程序及相关管理规定。

八、系统清理公布现行有效规范性文件

规范性文件清理工作是完善法制的重要环节,该项工作于2011年取得了突破性进展。原新闻出版总署不仅继以往工作成果,公布了《新闻出版总署废止第五批规范性文件的决定》,还系统清理了新中国成立以来新闻出版领域上千件规章、规范性文件。2010年和2011年,原新闻出版总署先后以公告的形式开创性地公布了《新闻出版总署现行有效规章目录》及《新闻出版总署现行有效规范性文件目录》。截至2010年12月31日,原新闻出版总署负责实施的现行有效的规章共28件,现行有效的规范性文件共251件。现行有效规范性文件目录的公布,无论是对新闻出版管理者还是对从业人员均有重要意义,未公布有效的文件今后不得作为管理部门行政执法的依据。

九、中国特色社会主义新闻出版法制体系初步建成

2011年,是中国特色社会主义法律体系形成之年。新闻出版领域两大条例及有关规章的颁布,以及规章规范性文件的系统清理完成,标志着我国新闻出版法律体系已经形成,这是中国特色社会主义法律体系的重要

方面。

目前，新闻出版领域已经初步建成以宪法为指导，以《出版管理条例》《音像制品管理条例》《印刷业管理条例》三部行政法规为核心，以《图书出版管理规定》《报纸出版管理规定》《期刊出版管理规定》《音像制品出版管理规定》《电子出版物出版管理规定》《互联网出版管理暂行规定》《复制管理办法》《出版物市场管理规定》等25部行政规章为配套，以及300多件规范性文件为补充，内容涵盖了出版、新闻报刊、印刷复制、市场监管和行政执法等众多领域的具有中国特色的社会主义新闻出版法律制度体系。新闻出版法律制度的不断完美，为坚持依法管理、加强社会监管、推动改革发展以及有效维护国家意识形态安全提供了良好的制度基础。

（杨颖　国家新闻出版广电总局）

第八节 "十二五"时期出版业走出去发展概况

"十二五"期间,我国新闻出版业全面实施走出去战略,走出去脚步更加有力,步伐不断加快。从版贸升级到多元输出,版权输出数量不断增加,输出品种不断丰富;从政府主导到企业发力,政策扶持体系更加完备,企业走出去势头持续强劲;从"走出去"到"走进去",国际传播力、竞争力、影响力和认可度进一步提升。出版走出去工作稳步推进,成绩斐然。

一、"十二五"期间出版业走出去概述

(一)各类政策不断推出,扶持体系更加完备

"政府主导,企业主体"一直是走出去战略的重要原则,出版走出去取得的重大进展,离不开党中央的高度重视和政府部门的大力推动。"十二五"时期是新闻出版行政管理部门大力推动行业走出去的阶段,走出去范畴得以明确,扶持政策不断细化,形成了系统集成的政策体系。

2011年,党的十七届六中全会首次将"文化命题"作为全会的议题,提出建设社会主义文化强国的目标,确定提高文化开放水平,推动中华文化走向世界。同年4月,原新闻出版总署专门制定《新闻出版业"十二五"时期走出去发展规划》,对"十二五"期间走出去工作的指导思想、基本原则和主要目标作了全面阐述,第一次将新闻出版业走出去划分为版权贸易、数字出版产品出口、实物产品出口、印刷服务出口、新闻出版企业走出去等五个方面,并强调了拓展国际营销网络、构建走出去人才体系和优化走出去格局的重要性。

2012年,党的十八大把社会主义文化强国的建设目标从国内精神文化建设延伸到不断提高中华文化国际影响力。原新闻出版总署以年度一号文

件的形式发布《关于加快我国新闻出版业走出去的若干意见》，首次从国家层面对新闻出版业走出去进行全方位布局，这也是我国出台的首个新闻出版业走出去专门文件。《意见》对"十二五"末的主要目标提出量化标准，明确加强走出去宏观布局、加强版权贸易等八项重点任务，提出优化新闻出版资源配置的10条新政，大大激发了企业开展海外业务、拓展海外市场的积极性。

2013年，在8月召开的全国宣传思想工作会议上，习近平总书记强调要"要精心做好对外宣传工作，创新对外宣传方式，着力打造融通中外的新概念新范畴新表述，讲好中国故事，传播好中国声音"，为走出去工作指明了方向；11月党的十八届三中全会强调，要"扩大对外文化交流，加强国际传播能力和对外话语体系建设，推动中华文化走向世界""支持重点媒体面向国内国际发展""培育外向型文化企业，支持文化企业到境外开拓市场"，为推动新闻出版业走出去提供了强大动力。国家新闻出版广电总局制定了《关于加快推动中国新闻出版业国际布局的实施意见》，加快打造一批具有国际竞争力的大型传媒集团和物流企业。

"十二五"末期，随着"一带一路"重大战略部署的全面展开，出版走出去的产业国际布局也发生了战略性改变。2014年，国家新闻出版广电总局颁布《深化新闻出版体制改革实施方案》，除注重以往政策的优化与执行外，强调配合"一带一路"建设，大力实施"丝路书香工程"；加快实施边疆地区新闻出版走出去扶持计划，扩大对周边国家和地区的辐射力。2015年，国家新闻出版广电总局全面实施"丝路书香工程"，面向"一带一路"沿线64个国家，对出版企业走出去提供扶持，并专门制定了向周边国家和"一带一路"沿线国家走出去的工作方案，出版走出去的市场逐步从欧美等传统版权输出市场向"一带一路"国家拓展。

此外，其他部委或对新闻出版走出去企业和项目予以表彰，或与国家新闻出版广电总局签订合作协议，或给予走出去重点企业提供特殊便利服务，财政、金融、税收等配套政策不断完善，为企业走出去创造了更为有利的投融资和对外贸易环境。

（二）对外贸易取得新突破，版权输出发生质的变化

"十二五"时期，我国新闻出版版权贸易取得了长足进步，对外贸易取得新突破。版权贸易规模不断扩大，版权输出从2010年的5691项增长到2015年的一万多项；版权贸易逆差大幅度缩小，从2010年的3∶1缩小到2015年的1.6∶1；图书等实物产品累计出口2 000多万册，实物出口总量较"十一五"增幅127.9%；网络游戏出口、期刊数据库海外付费下载等各类数字产品出口金额从2010年的2.3亿美元，增长到2015年的50亿美元。

版权贸易逆差进一步缩小，版权输出发生质的变化，主要表现在：

1. 比例结构不断优化。"十二五"期间，我国版权输出数量不断提升，引进与输出比例不断下降。表1可见，2011年至2015年，我国版权引进数量变动不大，除2013年超过1.8万种，其他年份均保持在1.6万种多一些。而版权输出数量增长迅速，从2011年的7 000多种，到2015年的一万多种，2015年比2010年增长了84%。版权贸易逆差情况大大改善，版权引进与输出的比例从2011年的2.1∶1逐年下降至1.6∶1左右，超额完成了《新闻出版"十二五"时期走出去发展规划》中提出的"在'十二五'末期版权输出数量突破7 000项、引进与输出比例降至2∶1"的目标。

表1 "十二五"期间我国引进、输出版权情况

年份	引进版权		输出版权		引进与输出比例
	数量（种）	较上年增长比例	数量（种）	较上年增长比例	
2011年	16 639	0.2%	7 783	36.8%	2.1∶1
2012年	17 589	5.7%	9 365	20.3%	1.9∶1
2013年	18 167	3.3%	10 401	11.1%	1.7∶1
2014年	16 695	-8.1%	10 293	-1.0%	1.6∶1
2015年	16 467	-1.4%	10 471	1.7%	1.6∶1

2. 区域结构不断优化。在版权贸易数量增长的同时，版权输出的区域结构也在不断优化。版权贸易输出的地区和对象国不断增多，从原来的以向港澳台地区输出繁体字版为主到现在对西方发达国家版权输出逐年递增。如图2所示，"十二五"期间，我国对美、英、德、法、日五个发达国家的版权输出数量稳中有升，除2011年不到2 000种之外，2012年至2015年均保持在3 000种左右，分别占当年总输出的25.3%、29.4%、

29.6%、28.1%和27.4%。"十二五"期间，我国对上述五个发达国家的版权输出数量（3 000种左右）与2003年的34种相比，增长了约87倍。

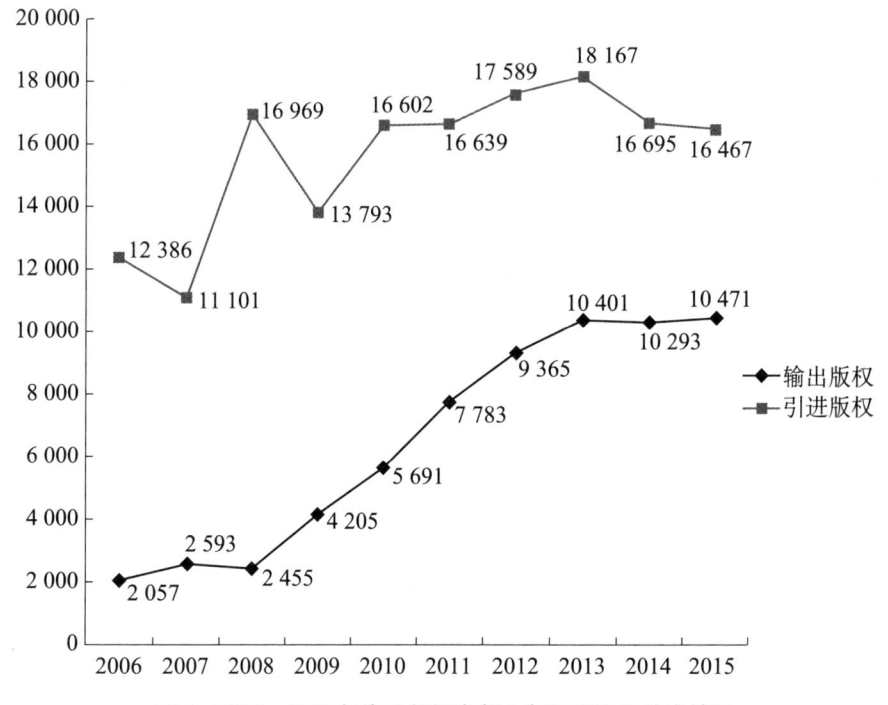

图1 2006—2015年我国新闻出版业版权引进和输出情况

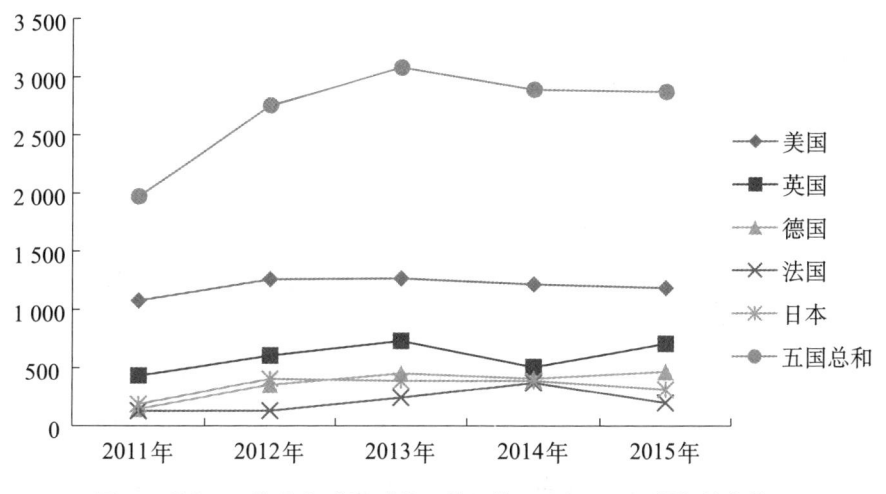

图2 "十二五"期间我国对美、英、德、法、日五国版权输出情况

3. 内容结构不断优化。《习近平谈治国理政》《历史的轨迹：中国共产党为什么能》等一批探讨中国发展道路、中国经验、中国模式，阐述中

国共产党治党、治国经验，反映当代中国发展变化的当代主题图书进入西方主流市场；2012年莫言获得诺贝尔文学奖更是强烈刺激了包括欧美国家在内的国际出版界对中国文学创作的关注，国际社会对我国当代实力派作家及其作品为主体的中国文学图书有了更进一步的认识；以让国外读者学好汉语为目标的对外汉语教材和以弘扬中国优秀传统文化为核心的中国传统文化图书也成为重点输出内容。内容输出类型已经大范围突破了中医、服饰、饮食类等早期走出去的传统品种。

4. 语种结构不断优化。在英文版权输出不断增长的同时，其他语种版权输出实现了较快增长，多语种特别是小语种图书的版权输出不断增长。随着国家"一带一路"战略的推进和"丝路书香工程"的全面实施，越来越多的出版企业加大了对沿线国家小语种项目的开发。如图3所示，2015年"丝路书香工程"翻译资助入选项目共涉及语种29个。北京语言大学出版社2015年出版了针对东欧、东南亚、南亚部分区域的小语种图书41种，其中，希伯来语、土耳其语、罗马尼亚语、捷克语、印地语、乌兹别克语、泰米尔语、匈牙利语均已构成套系产品，填补了原有市场的空白。

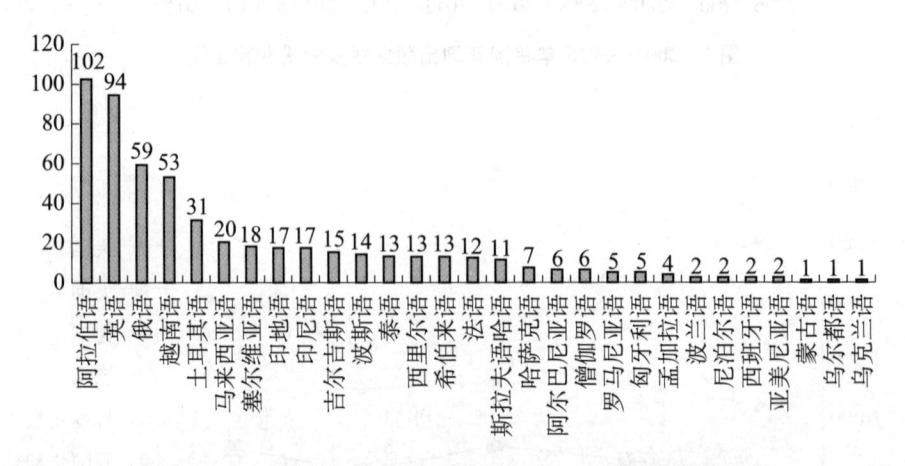

图3 2015年度丝路书香工程翻译资助入选项目文版情况

（三）重要书展发挥平台功能，走出去步伐更加矫健

国际书展是新闻出版走出去的重要平台。放眼全球，我国出版企业每年参加的国际重要书展遍布五大洲，伦敦书展、法兰克福书展、美国书展、东京书展、意大利博洛尼亚儿童书展、巴黎图书沙龙、莫斯科国际书展、印

度新德里世界书展等综合性和专业性书展上，处处可见中国出版人的身影。

在各大国际书展上，我国出版企业主动出击，并在国家新闻出版广电总局等部门的组织下，渐渐从过去以参展为主转化为主宾国的角色。2012年伦敦书展中国主宾国活动，来自中国的180余家出版社、一万多种图书、300多场活动、1 859多项版权输出汇聚2019平方米的展区。2013年，中国首次以主宾国身份参展第32届伊斯坦布尔国际书展，主题语为"新丝路，新篇章"，100多家中国出版单位展示了5 000多种优秀出版物，向土耳其民众展现中国文化艺术成就与魅力。2014年，我国首次在中东欧地区规模最大的贝尔格莱德书展上担任主宾国，主宾国活动主题为"书香增友谊，合作创未来"，中国展台面积约1 000平方米，71个中国图书出版企业展出图书5 000多册。同年，第16届斯里兰卡科伦坡国际书展我国作为首任主宾国也开展了丰富多彩的活动，中国国家主席习近平与斯里兰卡总统马欣达·拉贾帕克萨共同为活动揭幕。2015年，中国先后以主宾国身份参展明斯克国际书展和美国书展。第22届明斯克国际书展中国首次并作为主宾国参展，由43家出版单位组成的中国展团带来了5 017种优秀参展图书，中国国家新闻出版广电总局与白俄罗斯新闻部签署了《中白经典图书互译出版项目备忘录》。2015年美国书展上，中国主宾国活动以"感知中国，共创未来"为主题，展台面积为2 342平方米，由近150家出版单位组成的中国出版代表团携一万余种精品图书参展，此次主宾国活动首次实现中国图书进入美国主渠道。

在参加国外各大书展取得成绩的同时，国内书展也在不断进步，积极提升。在国际书展同业下滑的大背景下，北京国际图书博览会逆市上扬、一枝独秀，国际影响力进一步提升，跻身世界第二大国际书展。第一届图博会参展国家和地区共35个，展商总数仅有224家，其中海外展商165家，达成版权贸易97项；而在2015年的第22届北京国际图书博览会上，82个国家和地区的2 302家出版相关机构参展，共有来自英、法、美、韩、日、印度等国的1 305家海外出版机构报名参展，达成输出版权协议2 887项。与此同时，上海国际童书展、中国（深圳）国际文化产业博览交易会、中国国际动漫游戏博览会、中国（武汉）期刊交易博览会、中国国际全印展也越来越受到国际关注和参与，国内"走出去"交流平台不断丰富。

（四）重点项目发挥支撑作用，走出去取得良好效果

近年来，国家新闻出版广电总局先后实施了中国图书对外推广计划、中外图书互译计划、经典中国国际出版工程、中国出版物国际营销渠道拓展工程、重点新闻出版企业海外发展扶持计划、边疆新闻出版业走出去扶持计划、图书版权输出普遍奖励计划、丝路书香工程等工程，资助项目的类型从单纯的图书翻译出版转变为翻译出版、海外设立分支机构、境外参展、建立数据库等大型综合性项目，构建了内容生产、翻译出版、发行推广和资本运营等全流程、全领域的走出去扶持体系，如表2所示。

表2 国家新闻出版广电总局扶持出版走出去主要项目情况

序号	项目名称	组织实施	起始年份	支持方向
1	中国图书对外推广计划	国务院新闻办公室、国家新闻出版广电总局	2006	图书翻译资助，先期资助
2	中外图书互译计划	国家新闻出版广电总局	2008	签署政府间互译协议，双方互译重点作品
3	中国文化著作翻译出版工程	国务院新闻办公室、国家新闻出版广电总局	2009	以资助系列产品为主，既资助翻译费用，也资助出版及推广费用
4	经典中国国际出版工程	国家新闻出版广电总局	2009	图书翻译资助，先期资助
5	重点新闻出版企业海外发展扶持计划	国家新闻出版广电总局	2009	支持外向型骨干企业扩大境外投资，输出重点产品，参与国际资本运营和市场竞争
6	边疆新闻出版业走出去扶持计划	国家新闻出版广电总局	2009	鼓励边疆省区通过版权贸易、资本走出去、营销渠道拓展、会展平台搭建等方式，扩大对周边国家辐射力和影响力
7	中国出版物国际渠道拓展工程	国家新闻出版广电总局	2010	发行渠道拓展、海外华文书店发展
8	丝路书香工程	国家新闻出版广电总局	2014	资助图书翻译和重大项目实施，先期资助
9	图书版权输出奖励计划	国家新闻出版广电总局	2014	纸质图书版权输出，后期奖励
10	图书走出去基础书目库	国家新闻出版广电总局	2015	重点资助入库图书的多语种翻译

2015年8月，被誉为"科幻界的诺贝尔奖"的"雨果奖"揭晓，中国作家刘慈欣的《三体》获得最佳长篇小说奖。《三体》的翻译和出版得到了经典中国国际出版工程、丝路书香工程等"走出去"工程的资助，不但出版了英文版，还出版了土耳其语、波兰语、德语等多个版本，成为国际图书市场上最为畅销的科幻读物。刘慈欣在获奖后写信向国家新闻出版广电总局致谢，希望有更多的中国作家获此资助，更好地走向世界。在政府的支持下，"走出去"项目有效提升了版权输出的数量和质量，成功打开了国外出版物市场，支撑作用日益凸显。

"中国图书对外推广计划"和"中国文化著作翻译出版工程"自2006年、2009年启动以来，两个工程版权输出总量保持连续上升态势，从2007年的1 132项，跃升为2015年的4 375项（不含中国港澳台地区、不含数字出版物），增长近4倍；"中国图书对外推广计划"共与71个国家的564家出版机构达成资助协议1 454项，涉及2 792种图书，47个文版；"中国文化著作翻译出版工程"与24个国家59家海外出版机构达成资助协议95项，涉及957种图书，15个文版①。

截至2015年，经典中国国际出版工程已经出版的项目在美国、英国、法国、德国、俄罗斯、新加坡、韩国、日本等42个国家以当地的语言出版发行，涉及英语、西班牙语、阿拉伯语、德语、俄语、法语、日语、韩语、荷兰语、吉尔吉斯语、罗马尼亚语、波兰语、挪威语、葡萄牙语、格鲁吉亚语、塞尔维亚语、泰语、西里尔语、希腊语、匈牙利语、意大利语、越南语22个语种②。

2015年，"丝路书香"重点翻译资助项目共资助546种图书，丝路书香出版工程的资助语种也达到了29个，资助金额达到6 400万元，对加快中国精品图书在沿线国家的出版发行起到了极大的推动作用。"图书版权输出普遍奖励计划（一期工程）"则对53家单位的112个重点奖励项目、74家单位（个人）的370个普遍奖励项目进行了奖励，奖励金额达700多万元。中国出版物国际营销渠道拓展工程于2011年9月29日启动亚马逊

---

① 刘亚．"中国图书对外推广计划"工作小组谋新篇［N］．中国出版传媒商报，2016-06-14（01）．
② 钱风强，刘叶华．论中国图书海外推广中的政府扶持与市场机制［J］．中国出版，2016（4）．

"中国书店"。书店成为亚马逊图书频道首页上显著的七大特色书店之一，更是亚马逊网站上有史以来第一个以"国家"命名的主题书店。截至2015年，亚马逊中国书店已累计推送中国图书上线近50万种，涵盖了国内400多家出版单位的出版物[①]，为"走出去"搭建了一条直通海外终端市场的重要渠道。

（五）从版权贸易到输出资本，"走出去"进入新阶段

"十二五"期间，越来越多的出版企业尝试开拓国际出版市场，通过投资或并购现有海外机构、与境外文化企业合作经营等多种方式，积极推进跨国经营，参与国际资本运营和国际市场竞争。目前，中国新闻出版单位已在50多个国家和地区投资或设立分支机构450多家，本土化发展质量稳步提高，涌现出一批运营良好的本土化公司，国外分支机构的建立则形成了一批战略支点。

企业走出去的主体中，既有国内大型出版集团和上市公司，如中国出版集团、凤凰出版传媒集团等。"十二五"期间，中国出版集团继续深化与国际一流出版机构合作关系，在海外成立了20多家分支机构，2015年与阿拉伯出版商协会签订了战略合作协议，涵盖22个阿拉伯国家的近900家出版机构，向"一带一路"国家大规模输出重点图书。凤凰出版传媒集团在2012年于伦敦成立首家境外实体企业，2013年在英国设立"香都出版公司"，在澳大利亚设立了子公司凤凰传媒国际（澳大利亚）有限公司，于2014年又斥资8 500万元收购了美国出版国际公司（PIL）的童书业务及其德国等海外子公司的全部股权和资产，2015年直接投资2 500万美元成立凤凰美国控股管理公司。也有单体出版社，通过建立分支机构、翻译研究出版中心、编辑部等多种形式，开拓国际市场。2015年，接力出版社和埃及智慧宫文化投资出版公司合资成立接力出版社埃及分社；北京师范大学出版社与约旦阿克拉姆出版社合资成立约旦分社。2014年，广西师范大学出版社在澳大利亚墨尔本成功完成对澳大利亚视觉出版集团的

---

① 李丹. 让世界品读"中国故事"——2015年中国图书国际传播力大幅提升［N］. 经济日报，2016－02－16（01）.

收购。

"十二五"期间,中国出版企业海外投资项目的分布地域进一步扩大,特别是在"一带一路"沿线国家的投资项目增加较快。根据2010—2016年中外媒体的新闻报道,中国主要新闻出版企业海外投资项目已经上升至116件,在西方发达国家英语圈的投资项目比例已经下降至48%。[1]据2015年国家新闻出版广电总局统计的"一带一路"沿线国家走出去项目显示,正在实施或者即将实施的"本土化"项目,即境外投资项目多达52项,参与的中国新闻出版企业有37家,覆盖蒙古、俄罗斯、哈萨克斯坦、吉尔吉斯斯坦、越南、马来西亚、新加坡、印度尼西亚、菲律宾、印度、巴基斯坦、尼泊尔、波兰、匈牙利、罗马尼亚、塞尔维亚、土耳其、阿联酋、黎巴嫩、约旦、以色列、埃及22个国家。[2]

二、未来出版业走出去发展趋势展望

(一)抓好内容建设是基础

党的十八大以来,以习近平同志为核心的党中央高度重视文化走出去工作,要求扩大对外文化交流,加强国际传播能力和对外话语体系建设,推动中华文化走向世界。强调要努力传播当代中国价值观念,讲好中国故事,传播好中国声音,提高国家文化软实力。出版业应当始终牢记出版走出去的根本使命,实体产品输出、版权输出、资本输出都是出版走出去的具体形式,其根本目的应当是有利于推动中华文化走出去。

"十三五"时期是推动中华文化走出去迈出更大步伐的关键时期。提升国家文化软实力,植根于而且贡献于文化自信建设,迫切需要加强内容建设,重点翻译出版一批深入阐释习近平总书记系列重要讲话精神和治国理政新理念新思想新战略、新发展理念、中国梦、当代中国发展道路和当

---

[1] 刘叶华,刘莹晨. 从中国图书走出去到中国出版本土化——谈中国新闻出版业"十二五"国际化进程以及"十三五"展望[J]. 出版广角,2016(9).
[2] 钱风强,刘叶华. "十三五"时期我国图书走出去提质增效路径分析[J]. 中国出版,2017(7).

代中国价值观念的主题出版物，一批大力传播中华文化精髓的传统文化经典著作和通俗读物，一批反映中国人审美追求、生动展现中国老百姓现实生活的当代文艺作品，一批代表我国哲学社会科学和自然科学技术领域最新研究成果的出版物，一批展示中华文化独特魅力的网络原创精品等。

（二）构建平台渠道是支撑

一是加强书展平台建设。书展是走出去重要服务平台。近年来，在国家新闻出版广电总局直接领导下，北京国际图书博览会已成为全球第二大书展，国际影响力不断提升。2016年的版权输出达3 075项，占全国输出量近1/3，已经成为我国出版业版权输出和国际合作的重要平台。未来，要不断提升北京国际图书博览会服务质量和服务水平，进一步扩大世界影响力，并着力打造系列面向"一带一路"国家的高端出版交流平台。此外，通过法兰克福书展、伦敦书展等多个国际重要书展，中国出版单位在版权输出、合作出版、产品营销、品牌宣传等方面都取得了实效，未来要继续办好国际书展中国主宾国活动，鼓励出版企业组团参展办展。二是创新对外传播平台。积极运用互联网、手机及各种移动阅读终端，通过新媒体、新平台、新载体对外传播我国优秀新闻出版产品。拓展对外传播渠道，扶持骨干企业到境外创办出版机构，参与国际资本运营和出版市场竞争，支持出版企业挖掘和利用海外各种资源，灵活运用市场化、商业化的手段方式，开拓多元传播渠道。三是积极搭建服务平台。建设走出去信息服务平台，为企业提供国别地区合作信息和指南、市场供求、版权贸易、政策咨询、法律服务等信息，尤其是加强对周边国家和"一带一路"沿线国家的文化市场、出版产业政策、重点出版企业等信息采集、分析、整理和综合研究；建设走出去翻译平台，建立完善的翻译人才激励机制，实施国外译者、作者、出版人发展计划，搭建与海外汉学家、翻译家的沟通交流平台；建设外文版中国图书信息汇总整合和推送平台，准确定位目标读者。

（三）媒体融合是机遇

当前，中国出版业走出去即将迈入2.0时代，成为本届论坛最突出的共识，而数字出版成为走出去2.0时代的显著标志和高效路径。传统出版企业应整合内容资源，生产外向型数字出版产品，积极开拓海外市场。数字出版企业应创新海外运营模式，加强与国外技术服务商合作，优化用户体验，实现按需服务，精准推送产品。加强全球发布平台、数字资源管理运营平台、图书对外传播平台、融合媒体运营平台等数字出版服务平台建设，通过数字服务平台支撑企业参与到国际化竞争。

"十三五"时期，随着移动互联网、智能物联网、大数据、云计算、3D打印、虚拟现实等新媒体技术的不断发展与突破，媒体融合成为行业发展的重要关键词，也为国内大型出版集团实现弯道超车、成为国际知名出版集团提供了前所未有的机遇。"十三五"时期的数字出版走出去更加注重媒介融合发展，除了电子书和数据库以外，也要与时俱进，打造融合出版物、游戏出版物等融合产品，提供趣味性和娱乐性的阅读体验。

（四）项目督查评估是保障

当前，国家新闻出版广电总局等相关部门高屋建瓴、整体谋划，结合我国外交战略和文化走出去整体规划，布局了一系列走出去工程项目，制定重点项目清单，实行启动一批、储备一批、谋划一批，远近结合，滚动实施。这些工程与项目包含翻译出版、国际传与推广、出版本土化、对外出版交流、基础建设项目等内容，有效提升了版权输出的数量和质量，成功打开了国外出版物市场。但仍然要客观地看到，中国图书走出去特别是图书对外翻译出版过程中由于前期市场调研不够扎实，不能实现预期的社会影响和经济效益。因此，健全项目评审、效果评估、督促检查机制十分必要。要做好项目评审工作，严格把好评审标准，提升评审质量，在源头上评选出既能展现中国良好形象，又具有国际推广潜质的项目；要建立新闻出版业走出去效果评估机制和评估指标体系，将其不仅仅作为走出去评审和资金投放的重要依据之一，更是作为走出去的行动指引；要建立督促检查工作机制，加强已立项项目的管理，对重点项目建设情况开展考核检查。

（息慧娇　人民卫生出版社有限公司）

第四章
港澳特区、台湾地区出版业发展报告

DISIZHANG　GANGAOTEQUTAIWANDIQUCHUBANYEFAZHANBAOGAO

第一节 "十二五"时期香港特别行政区出版业发展报告

2008年全球经历金融海啸,2009年经济出现负增长,从2010年起经济逐步恢复,香港特区每年的经济增长尚算稳定下来,但书业是个很特别的行业,并非直接与经济情况挂钩。书业未因经济稳定而受惠,反而是连续几年的不景气,甚至是每况愈下,令业界担忧不已。究其原因,网络普及发展带来的阅读、生活、消费,以至商业模式的改变,清晰可见。阅读仿佛不是人们生活和消闲的必然选择,令图书有"被边缘化"的危机,加上香港回归后教育与课程考虑不周详,令文化水平、创意水平及国际视野不足,这些都影响着香港出版业的持续发展,令业界有识之士担忧痛心。以上的大环境和大背景,影响了这几年,甚至之后十数年香港出版、文化和教育的发展。回顾近五六年的情况,不无感触。以下尝试作概括的描述,既是深刻反省,也是为日后而奋发。

一、出版及图书市场呈现的一些特征

(一)出版量减少

由于近几年市道不好,出版社为避免存货积压,经营愈趋保守。其表现为新书出版量减少、初版印数不断减少、重版日趋审慎。同时,出版社愈来愈倾向于几个时段出版新书,集中于年初,特别是书展前夕。出版社希望在春销(或农历年假期)、台北国际书展、香港书展时能有所收获,但由于出版社的想法相近,令大量新书过度集中于某一两段时期,令书店、市场和读者均难于消化,产生了不良影响。出版量和节奏不均,令图书市场内耗加剧。

（二）本土化与国际化的思考

除出版量减少外，香港特区出版社选题又集中于本土题材。某地区较重视本地的历史、文化和相关题材，因较易受到读者追捧，原是无可厚非，但若过于倾侧，绝非好现象，长远地会令国际野视收窄。出版的本质毕竟是要具有引导和前瞻性。本土性与国际性的议题，已逐步引起香港出版人的关注和讨论。

以 2014 香港书展为例，本土题材成为各大出版社的重点项目。香港商务印书馆、中华书局、三联书店等都分别推出超过十种以上的本土题材，例如《香港指南》《四分之三的香港》《得闲去饮茶》《老兵不死：香港华籍英兵》等。在各出版社努力下，本土题材出版物依然吸引着大众读者的眼球，例如三联书店的《猫猫圆圆正好眠》、商务印书馆的《香港指南》以及中华书局的《港岛海岸线》等，销售都算可观。本土题材出版物一直为香港读者所接受，销售也十分理想。但近年来本土题材开始有"泛滥"的迹象，品种多而质量不一定好，所以，出版社应深思未来本土题材应如何深化，加强题材和形式的创新，逐步向专题化及细致化努力。

（三）童书一枝独秀

社会进步，教育自然成为社会关注的课题。几年前，香港特区流行"港孩"与"怪兽家长"两个名词，就是对教养问题的讽刺与反思。"望子成龙""赢在起跑线"的心理作祟，也令教育类、学习类和童书一枝独秀。加上内地游客数量增多，内地家长对英文童书和各类补充材料皆有一定的需求，令无论是读本、英语学习、绘本等，在不景气的图书市场中都有逆流而上的趋势。自 2013 年起，童书销售份额显著增加，之后持续不衰。不少出版社原非出版童书，也另辟部门出版，好不热闹。但随后却产生了质量良莠不齐、打折扣战的负面情况。无论如何，预计教育、教养和学习类图书未来仍是增长的板块。

（四）网络作品兴起的启示

网络对出版产生的影响，突出例子之一就是网络作品的兴起。之前香港特区的网络作品很少能正式用于商业出版,但情况在 2011 年和 2012 年间起了变化。一些网络作家作品在网络广泛流传,之后带动了图书销售。产生以上变化的原因,是香港出现了一批新型出版社,专门搜集及经营这类网络作品。网络及传统媒体,如期刊及报纸专栏并不相同,创作时间及空间相对自由、自主,作品多以香港城市为小说背景,或以广东话入文,故能吸引年轻读者关注。

从 2014 年起,网络作品进入调整期,销售不如从前,个别能站稳的作者创作及出版频率却逐渐稳定。一批极受欢迎的流行作家如 Middle、孤泣等渐渐冒起。这些作家群的文字简洁,较易为年轻读者吸收,题材又以爱情或城市触感为主,故被人称为"治疗系"写作人。他们不同于传统作家,擅长作多方位宣传推广,例如在社交媒体分享创作,或举办 talkshow 及唱歌活动,与读者紧密互动。网络作品的出版与经营与传统作法明显不同,充分利用了社交媒体为手段,掌握年轻读者的需求和习惯,这方面很值得传统出版人注意。

(五)出版社的转型尝试,融合发展与伸延

面对种种挑战,香港特区出版界都力求升级转型,如不少出版社转到内地和台湾地区发展,加强业务合作,如香港联合出版集团、天窗文化集团、香港皇冠出版社等。

根据之前已签订的 CEPA (《内地与香港关于建立更紧密经贸关系的安排》)协议,香港特区可逐步在内地参与印刷、发行和零售业务。因香港本土市场狭小,业界都期望能成功进入内地,但因种种原因,成效暂未彰显。

在出版形态和内容上,部分较具实力的出版社都作出一些转型尝试,在内容、作者和供应链上作有效的开拓延伸,扩大经营模块,增加收入的来源。2013 年,联合集团下属的香港三联书店出版了一部全新的杂志书——《WHAT》生活文化志,万里机构出版有限公司则尝试出版集信息、文化与活动推介一身的杂志——《YUMMe》,以内容信息实用为出版开展及延伸其他业务。但以上杂志在试办几年后,最终都以停刊告终。此外,联合集团下属的出版社又尝试运用作者和内容资源做些非出版项目。例如香港三联

书店开拓文化游业务,以文化历史内容资源带动深度旅游;新雅文化事业有限公司举办亲子工作坊;香港商务印书馆改组 eFun,举办英语培训课程等。以上成效应非短期可见,但若不及早起步,肯定未来的日子会更为艰难。

(六) 电子书未成气候,预期的情况未见发生

2010 年被人们称为"全球电子书元年"。亚马逊和苹果先后推出 Kindle、iPad,令电子书再度成为全球的热点。香港特区出版一直都关注世界业态的发展,自然不敢落后,纷纷部署电子书出版。起初,在未知市场的情况下,出版界大多倾向与行业外的载体及科技公司合作,授权予对方将部分轻巧的作品转成电子书。之后几年,业界经过不断调研,在电子书出版上又下了不少功夫。包括:第一,电子书出版量不断增加,形式愈见规范。据统计,2011 年香港出版的电子书累计约有 1 000 种,到 2015 年很多出版社的大部分新书已能同步制作(但不一定是同步出售)。第二,联合出版集团旗下联合电子出版于 2013 年推出崭新的电子商务平台"超阅网"(Super Book City.com),集实体书店、网上书店及文化活动于一身。这是本港电子书出版和销售的重要里程碑。第三,"Google Play 图书"与香港几家大型出版社合作,包括香港三联书店、香港商务印书馆、香港中华书局、万里机构、香港大学出版社等,为读者提供电子书及流行读物。第四,本港一些私立大专院校先后设立电子图书数据库,方便教与学。

尽管作出以上的努力,香港电子书销售仍未成气候,预期的情况并未发生。香港阅读市场小,加上只是繁体中文,若平台与格式太多,制作成本和入场门槛变高,将影响投入意欲,令电子书发展受到制约。因此,统一平台与格式,以及相应的版权保护技术,是香港电子书发展的重要前提。

二、业界努力自强

(一) 老牌出版社庆典——传承与发扬

香港出版业历史悠久,不乏百年老店。2012 年两家老牌出版社:中华

书局成立100周年及商务印书馆成立115周年。两家老店与时代共同发展，见证了近现代中国尤其是香港的变化。专业音乐社百利唱片在2012年也迎来成立50周年。

2013年是联合出版集团成立25周年。集团除筹办了一系列庆祝活动外（如举行"千年之声·钟乐和鸣"音乐会），又将何东、冯平山、南海十三郎及高锟四位香港知名人士的自传、回忆或日记重编，出版了《大写人生·细味香港》系列，鼓励年轻读者或学生阅读，从中了解香港的发展历程和人生的一些核心价值。这一年也是三联书店成立65周年志庆。

（二）香港书展人数过百万

香港书展是业界每年的盛事。经过多年努力，香港书展已成为本地暑假期间最重要的一项活动。从2014年起，香港书展连续三年进场人数超过100万人次。书展的性质也随时间不断变化。很多人评论：香港书展是业界展示文化出版理念的平台？是文化活动场所？是书籍大卖场？是流行文化大杂烩？还是各地版权的交流会？除进场人数外，书展另应追求什么？出版业对于书展的感受应是复杂的。得益于书展的人数，成为书籍的展销场；特别是出版物都集中在书展前出版，书展正好有助消化新旧书，又有效宣传新书。但同时，业界又希望书展可以办得更有文化内涵，主办单位能更有效地推动阅读文化及养成阅读习惯，或实质性地促进出版业发展。在推动文化和阅读上，书展仍有很多事情可做。

（三）成功举办"腾飞创意·香港馆"

出版及印刷是香港重要的创意文化产业之一，也在世界占有一定的位置。近年来，特区政府提出发展本港的文化创意产业，将其定位为六项重要工程之一。为了让出版印刷业开拓外地商机，令世界认识香港出版，业界与特区政府合作，自2011年起举办"腾飞创意·香港馆"，在北京国际图书博览会、法兰克福书展、伦敦书展、波隆那国际书展、南国书香节、台北国际书展设立"香港馆"，介绍具有特色的香港出版物和印刷成品，并举办文化活动和介绍会，与各地读者分享香港的出版和文化，展示香港特色。"腾飞创意·香港馆"已成为香港出版的一张品牌。

（四）开展全民阅读调查

香港一直缺乏与内地和台湾地区类似的全民阅读调查。这不利业界掌握变动中的图书市场，亦无法与其他地区作有效的比对。2015年年底，香港出版学会举行了首次全民阅读调查，以电话形式成功访问了1 765名读者，得悉在过去一年间有超过三成被访者未看过纸本书；又调查了读者一年看多少书，看什么书、买多少书、会上网阅读吗等。全民阅读调查将会持续进行，并作为追踪研究。近年来网络及电子出版的影响，加上阅读风气转变，全民阅读调查及网上阅读行为的追踪调查，将有助于业界了解阅读行为及习惯的变化，对业界确定出版方向及规划题材有所帮助。同时业界认为，调查对于特区政府相关部门制定香港中长期与文化相关的政策亦有参考作用。

（五）启动香港出版双年奖

相比华文其他地区，香港一直缺乏专业的出版奖项。举办一个被业界和社会认可的专业出版奖项，做到公平、公正、权威和业界认同，是业界的共同愿望。奖项可以通过公开报名参赛，以客观、专业的评选程序和机制，选出各类图书奖项，对表现卓越的香港出版物和作者、出版团队给予肯定和表彰，借以提升出版水平。这样的奖项既能反映香港出版的创意成果，同时可代表香港出版业在世界各地书展展出，增加版权输出的机会。

2015年，香港出版学会获创意香港资助，同时获得特区政府商务及经济发展局、民政事务局、艺术发展局和香港贸易发展局鼎力支持，并担任支持机构设立的。为了令奖项被认可和具有权威性，项目成立专责筹委会，由来自不同出版领域的香港资深出版人组成，敲定奖项内容，并举行业界咨询会，征求同人意见，以完善项目内容。香港出版双年奖得到出版界、学术界、文化界和教育界顶尖专家的支持并担任顾问。这对奖项获得社会关注，提高权威性和被认可有着重要作用。

被认可和双年奖按图书内容与形式分为十个组别，共吸引本港约80家出版社提交作品，403种作品参赛。以参加出版社的数字而言，奖项肯定是获得本港出版社认同和支持的；若以参赛出版种数而言，又反映出出版社不滥交作品，应该是经过精挑细选，以作品能达到一定水平才决定参加的。以上，都可视为奖项具有一定的认可度和水平，是业界期待的。

2017年5月26日上午，18位评审不辞劳苦，香港出版双年奖经过两轮投票，分别是第一轮由参加出版社代表投票选出各组别十优作品，再经第二轮由海峡两岸及香港资深出版人和专家投票选出各组别的最佳作品一种，最终顺利选出各组最佳作品。为隆重其事，香港出版双年奖获得香港贸易发展局、民政事务局等支持，在香港书展及一些地区举行展览和讲座，深化成果。活动包括书展期间特设香港出版双年奖得奖作品巡礼、香港书展时举行颁奖礼和分享会、在公共图书馆举行香港出版双年奖得奖作品展览等。以上活动对促进出版业发展，加强公众认识等有很大帮助。

（六）审议及争取数字版权立法

香港的版权法案在世界上是走在前端的。2011年，特区政府继续版权立法工程，审议具有争议的网络版权法案。其中的要点是：商定在数码环境中，如何在不阻碍信息流通的前提下，合理地保障版权持有人的利益。在此法案下，凡是涉及在网络上的下载行为，都将要受到一定的规范和管理。对出版而言，电子出版是未来的方向，在形成市场化的过程中，版权的保障是重要的条件。可惜由于大众，特别是网民在不理解条文和立法原意下，大加反对，令立法备受阻挠，特区政府被迫先后两度收回立法请呈。各界别的版权持有人对此极感失望。目前来看，立法启动要待2017年继续进行。

（七）争取借阅权（Public Lending Right）

2011年有媒体公布，特区政府下辖的公众图书馆每年借出图书的总次数高达6 000万次，数字令出版业感到惊讶。6 000万次借出的图书量表示它影响了购书量，令相关的出版社利益受到"间接"的损害。2013年，业界组成了"授借权联盟"推动出台"授借权"。"授借权"的概念，是公共图书馆每借出一本书，就要向出版社和作者付出版权使用费。"授借权"并非新事。以其他国家和地区为例，在英国、澳洲和欧盟国家早已存在。联盟的发起人为本港出版业界、作者及著作版权持有人，几乎涵盖本地所有重要的出版团体，包括香港作家联会、香港动漫画联会、香港出版总会、香港出版学会、香港版权影印授权协会等。联盟于2014年初发起联署行动，一些本港重要作家如金庸、倪匡、陶杰等均表示支持。目前来看，以上争取要待2017年继续进行。

（八）争取特区政府及社会对出版价值的重视

业界有感于特区政府和社会对出版界及它的贡献认识不足，故在香港特首选举期间（分别是2012年及2016年），运用出版界选委的身份，撰写了详尽的文件，提出如何推动文化阅读发展的蓝图及建议书，供特首参阅研究。出版文化发展不仅涉及业界的利益，更重要的是与香港的文化、教育发展息息相关。方向与策略正确，影响的不只是业界，更是整个社会。

三、书店寻求重新定位

近几年香港特区书店的生态和形态都因市场环境发生了变化。简言之，是经历了一次量变和质变。量变指的是书店的数量有所改变，但更重要的是质变，即定位和内涵及层次的改变。以下作简单的论述。

（一）量变

传统经营的压力增大，楼价上升带动商铺租值，加上最低工资，令总成本上扬，一些传统老书店被迫停业或搬迁。最突出的莫如旺角老区，如马健记停业、中南图书文具和汉荣迁出旺角等。一些新型的书店却加入战场：联合出版集团推陈出新，在新地点设立新形态的书店，包括图书馆、博物馆，以及在原有老铺上重新装修，如三联的中环、湾仔和元朗、商务的铜锣湾、中华的将军澳等。与此同时，外来书店诚品正式落户香港特区，前后在港设立了三家大型书店；新加坡的壹叶堂也在尖沙咀建立旗舰店，情况好不热闹（注：因出现经营问题，壹业堂在 2016 年结束在港所有书店业务）。令人感到奇怪的是，与世界各地书店都在减少相比，香港的书店总量却在增加，图书供应不减反增，书店的竞争愈趋加剧。

（二）质变

质变一：诚品到港的影响

台湾诚品书店于 2012 年正式在港开业，两三年间先后开了三家分店。业界对诚品到港持有两种不同的反应：从出版社角度看，寄望因诚品可增加图书的曝光机会，同时能带动全城的阅读风尚；从书店的角度看，一方面是增加了竞争，另一方面因有强劲对手而要精益求精，自我改进。今天看来，诚品并未产生预期的影响或"威力"——毕竟诚品在台湾地区致胜的经营及收入模式，在商业高度成熟的香港特区真的不可同日而语。

传媒、文化和出版界因诚品来港，思考、讨论与探索书店在社会中的角色，以及书店经营、转型、定位、产品布局等问题。在这个过程中，既令社会重新认识书店、重视书店，又令业界明白网络以外的最大挑战，可能是自身是否能与时并进。

继诚品后，台湾地区另一家大型书店网络亦于 2013 年落户香港，但其经营模式与诚品不一样，该店是与本港 OK 便利店合作，供读者在网络网路书店购书，到全港任何一家 OK 便利店提货。网络通过电子商务平台将业务拓展到香港市场。据说，网络的网购对本地书店的台版儿童书销售冲击较大。

质变二：内容及服务提供商，强调读者的体验与感受

市场不景气，加上外地冲击，本地书店如不想退场，就要转型，探索新的营运模式和路向。随之而来，本地一些重要的书店品牌相继设立新型书店，如 2013 年香港中华书局在香港中央图书馆开设"慢读时光"概念店、香港三联书店开设"元朗文化生活荟"，以及 2016 年的三联打造全新的"湾仔文化荟"。新型书店比过去要重视书种、产品组合、思维导引、

环境气氛、空间感、文化活动等。书店以内容提供商和服务者为定位，为读者营造阅读的体验和氛围。同时，书店在书以外伸延，扩充书与非书服务，又充分运用社交媒体、会员数据作更多和全方位的宣传，以上都是有别于过去的。

四、教育出版充满变数

近年来香港特区的教育出版，特别是课本，面对着很多很大的冲击。由于生育率降低，令近年的适龄在学人数不断减少，其中中学问题尤为严重。中一学生人数由2012—2013学年的约6.4万人，跌至2016—2017学年的5.4万人，跌幅达17%。由于在学人数锐减，令中学教科书市场萎缩。除以上的外围因素，近年来教科书出版又面对着三个重要挑战。

（一）教材分拆定价和供应的争议

香港特区政府教育局一直要解决教科书的书价问题，改变教师过于依赖教科书的教学模式，以及致力推动电子学习。三者之中，书价最为重要。从2009年起，特区政府已提出要将课本和教材分开供应、分拆定价的要求，但因思考不周、制度不完整，推行步骤又仓促，令业界不满，双方关系跌入空前的冰点。业界的倾向是同意用者自付的原则，但认为要推行课本分拆的首要前提，是要平衡三方利益，包括业界的利益、教学质素及书价，也需有相应的配套（包括额外拨款及行政措施）措施，充分咨询，方可推行。之后业界及教育局再三磋商，同意以三年时间逐步推行，但很多关键细节与安排尚需理顺，否则只会引起各方不便，未见其利，先见其弊。以2015年为例，学校对于付费购买教材并未习惯，故引起很多误会。分拆教材的制度固然要关注，但更重要的是，业界与教育局要恢复合作的信任与态度。

（二）如何迎接电子学习的来临

电子学习已是世界大势所趋，STEM近年也受到特区政府教育局和学校追捧，但如何能在学校全面推行电子教与学，进展似乎不太顺畅。教育局多年来对电子学习已投入不少资金，估计高达 8 亿元港元，又先后推出多项计划：如 2011 年的"电子学习试验计划"、2012 年的"电子教科书市场开拓计划"（EMADS）、2013 年接受电子课本送审并首次推出电子教科书适用书目表等，但其中较重要的，首推前两年完成的全港学校 WiFi 基建设备，为师生提供在校无障碍上网。

电子学习的成败肯定不在于机器或基建，而在于理念与文化的改造，例如教师的角色定位由传授内容变为学习促进者、教师为中心的学习变为学生中心的学习、评核方式与内容的转变等。作为学校及教育局的重要伙伴，出版社可扮演更积极的角色，一起为此努力。

（三）课程改动及高考的检讨

教科书及教育出版因课程而生，近年来香港特区课程出现较多大变化，包括新高中学制的检讨及微调、幼儿园课程和制度的改革、全港性系统评估（TSA）的存废争议等，以上可能令教育出版界重新洗牌。

五、结语

多年前，因网络及电子技术兴起，有人早已预言纸本书将死。结果是纸本书不死，还与电子书共存。今天有人也预言出版是夕阳行业，但夕阳之后还是能见到朝阳，循环不息。这在于当下怎样自处及应变。

香港特区出版业体积很小，却拥有相对稳定的格局，如出版种数、销售金额等。过去几十年来，香港业界用创意、策划能力、优质的设计和制作，出版了不少优秀作品，影响香港，并通过版权合作和不同方式，影响海峡两岸，推动华文出版，推动文化发展。时至今日，香港出版在某些领域仍能保持很高水平，例如在教育、生活百科、历史文化、英语学习、时潮等范围，还有相对的优势。香港特区政府提倡以六大产业发展作为未来的重心，创意文化产业即是其中一项。出版业作为文化产业之一，也在努力开拓外地市场，在国际级书展设立"香港馆"，展示香港出版及印刷业的创意成果，开拓更大的发展空间。

尽管网络时代来临，必然会对出版与传播形式、技术、宣传和商业模式等带来冲击，同样也会带来机会。网络时代（更多人会书写和分享）将更需要内容，特别是优质的内容。因此，出版业更要坚守、相信出版的价值和作用。

近几年来，很多资深出版人相继退休，后来者应懂得传承前辈的经验，在他们努力建立的基础上寻求创新。同人又需努力争取特区政府的支持和肯定，让更多人认识到出版对社会的作用与价值。香港特区同时要在国家发展文化产业、文化走出去、一带一路的发展策略上积极进取，扮演角色。

[李家驹　香港联合出版（集团）有限公司]

第二节 "十二五"时期澳门特别行政区出版业发展报告

一、2011—2015年出版概况

(一) 图书出版

本文主要参考澳门国际书目中心、澳门大学图书馆及笔者所收录的书目汇总而成。统计日期截至2017年5月1日。

2011—2015年，澳门特区共有544家单位曾出版图书，以社团出版最多，共300个；次为私人出版社，共111个；第三为特区政府部门，共65个；第四为个人自资出版，共43个；第五为学校，共24个；有1个出版单位不详（参见表1）。在首次出版方面，300个社团中，有147个为首次出版单位；私人出版社则有45个；而份额最大的是个人自资出版，有37个；特区政府部门及学校分别为7个及3个。从出版单位的数量分析，充分反映出社团文化在澳门的兴盛，商业出版的发展仍在起步阶段。

表1 2011—2015年不同类型出版单位统计表

出版单位类型	单位数量（占比）	首次出版图书单位数量
社团	300（55.14%）	142
私人出版社	111（20.4%）	45
特区政府部门	65（11.94%）	7
个人自资出版	43（7.9%）	37
学校	24（4.4%）	3
出版单位不详	1（1.8%）	0
总计	544	234

出版图书数量方面，五年间共出版了3 468种图书，平均每年出版693.6种，并以特区政府部门数量为最多，共出版1 655种，占总体的47.72%；次为社团，共1 053种，占30.36%；私人出版社有623种，占

17.9%；学校出版有 84 种；个人自资出版有 53 种。可见，特区政府出版品成为澳门出版市场的主导，是华人地区出版的特色，而社团、自资出版、学校及大部分特区政府部门的出版品（除了澳门基金会、文化局、民政总署、澳门理工学院、澳门大学、印务局、司法官培训中心、立法会及约 20 个社团分别在本地书店设点销售以外），均没有将其产品放在图书市场上销售，出版品以赠送形式传播，其数量约有 2 100 种左右，即约六成图书是赠阅。从表 2 可得知，私人出版社出版量不足两成，可见商业出版并不兴旺，更甚者，大部分私人出版社只为作者制作图书，并没有系统地在市场上销售，出版产业未能形成，结果导致部分想买书的图书馆或读者，无法在图书市场上买到图书。

表 2　2011—2015 年不同类型出版单位图书出版数量统计表

出版单位类型	出版数量（占比）
特区政府部门	1 655（47.72%）
社团	1 053（30.36%）
私人出版社	623（17.9%）
学校	84（2.4%）
个人自资出版	53（1.5%）
总计	3 468

表 3 为前五位特区政府出版单位排行表。在 65 个特区政府部门中，以民政总署出版量最多，共 220 种，次为澳门基金会 167 种；第三为统计暨普查局 151 种；第四为文化局 133 种；第五为澳门理工学院 120 种。

表 3　2011—2015 年前五位特区政府部门出版单位排行表

排名	特区政府部门	数量
1	民政总署	220
2	澳门基金会	167
3	统计暨普查局	151
4	文化局	133
5	澳门理工学院	120

表 4 为前五位社团出版单位排行表，计有 300 个社团。第一为澳门故事协会 57 种；次为澳门国际研究所 46 种；第三为澳门工会联合总会 35

种；第四为圣公会澳门社会服务处 26 种；第五为澳门出版协会 25 种。

表4 2011—2015 年前五位社团出版单位排行表

排名	社团	数量
1	澳门故事协会	57
2	澳门国际研究所	46
3	澳门工会联合总会	35
4	圣公会港澳教区	26
5	澳门出版协会	25

表 5 为前五位私人出版社排行表。新纪元国际出版社 57 种排第一位；第二位为澳门日报出版社 47 种；第三位为人民科学出版社有限公司 41 种；第四位为澳门科技大学 39 种；第五位为中国艺术出版社 97 种。

表5 2011—2015 年前五位私人出版社排行表

排名	私人出版社	数量
1	新纪元国际出版社	57
2	澳门日报出版社	47
3	人民科学出版社有限公司	41
4	澳门科技大学	39
5	中国艺术出版社	27

表 6 为前五位学校出版排行表，计有 24 个学校。首位为培正中学 21 种；次为粤华中学 12 种；第三为圣若瑟教区中学 11 种；第四为濠江中学 6 种；第五为澳门劳工子弟学校及菜农子弟学校各 4 种。传统规模较大的学校，具有完整的教师队伍及学生组织，出版数量亦相对较多。然而，学校的出版品主要集中在学生文集、教师教学文集、活动场刊及纪念册。而近年来收录的毕业册数量有下降趋势，可能由于出版成本较高，学校人力资源紧张，及不在搜集的管道上所致。

表6 2011—2015 年前五位学校出版单位排行表

排名	学校	数量
1	培正中学	21
2	粤华中学	12
3	圣若瑟教区中学	11

（续前表）

排名	学校	数量
4	濠江中学	6
5	澳门劳工子弟学校	4
5	菜农学校	4

表7为2011—2015年不同语种的图书统计表。可见，图书出版仍以中文书2 049种为主，葡文书为270种，英文书为169种。然而中葡英三语有404种、中葡双语有269种、中英双语有289种，其他多语种有1种。在内容方面，英语作品以出版文学创作及语言学习为主，葡语作品主要为艺术及法律类。

表7　2011—2015年不同语种图书统计表

语种	出版数量
中	2 049
中葡英	404
中英	289
葡	270
中葡	269
英	169
其他	18
总计	3 468

表8为图书出版的主题统计表。澳门特区图书出版以艺术为题的最多，共619种；次为文学，共39种；第三为社科类的公共行政，共347种；第四为法律，共285种；第五为历史，282种；第六为经济，共236种；第七为社会，共235种；第八为教育，共195种；第九为宗教，共141种；第十为科学，共130种。再进一步分析出版品内容，可知约有75%出版品的内容均以澳门为题。

表8　2011—2015年不同主题图书统计表

主　题	出版数量
艺术	619
文学	379

(续前表)

主　题	出版数量
公共行政	347
法律	285
历史	282
经济	236
社会	235
教育	195
宗教	141
科学	130
旅游	78
医学	71
交通	63
语文	54
博彩	47
体育	41
综合	41
音乐	38
饮食	29
图书馆	24
哲学	21
统计	20
心理	19
人口	17
戏剧	16
地理	13
传播	7
书目	5
治安	5
出版	5
博物馆	4
建筑	1
总计	3 468

（二）报刊出版

2011—2015 年来，澳门特区创刊报刊共计 199 种。其中有 41 种申请了 ISSN；报刊的内容主要为通讯类、时事类、宣教类、消费类、文学类、统计类等内容；学术性期刊只有 13 种，部分出版一期便不再出版；只有 5 种期刊有在书店销售，其余以派送为主。

表9　2011—2015 年创刊的出版单位类型统计表

创刊出版单位类型	单位数量
私人出版社	89
社团	70
特区政府部门	36
学校	4
总计	199

从创刊单位的类型分析，以私人出版社为主，共有 89 种；次之为社团，共 70 种；第三为特区政府部门，共 36 种；第四为学校 4 种。私人出版社主要出版的内容为旅游、饮食、商业产品等，以市场客户为导向；社团、特区政府部门及学校出版品亦以宣传其机构服务与政策为主。

二、出版业界的交流

2011—2015 年五年间，澳门特区出版业赴内地的交流并不太频密，主要是内地出版界来澳参访、洽谈合作出版方案，以及电子资源供应商来澳推销产品。而澳门出版业与内地交流，主要通过参与内地书展，介绍澳门出版业概况，展出本地优良出版品，如参加北京国际书展、广州的南国书香节、厦门海峡两岸图书交易会等。澳门每年有三次大型书展，亦邀请内地出版社来澳参展。书展分别在 3 月、7 月及 11 月举行，先后由澳门出版协会及一书斋举办，每次均展出逾万种图书，平均每次入场人数约有 2 万人，主要客源为图书馆及个人读者。在 11 月举行的书展是由澳门出版协会主办，台湾图书出版事业协会合办，书展展出台湾地区出版及教育用品逾千种。

从 2011 年起，澳门基金会、文化局开始支持民间文化单位有系统、有规模地参与每年在香港特区及台北举行的书展；澳门大学出版中心亦于该年起参加在美加举办中国学者会议年会的国际书展，努力开拓区际图书市场。

在举办研讨会方面，2011 年及 2015 年，澳门出版协会轮任主办了第 16 届及第 20 届华文出版年会，为海峡两岸出版业提供交流的平台；澳门图书馆暨资讯管理协会于 2015 年，11 月赴河南出席了 2015 海峡两岸暨港澳图书馆学情报学期刊发展论坛，向业界介绍了澳门特区期刊出版的概况；澳门理工学院、内地的全国高等学校文科学报研究会合办了"华文学术期刊发展趋势国际研讨会"等。

在社团活动方面，先后有两个与澳门出版相关的社团在 5 年间成立，分别为澳门出版产业商会及澳门电子媒体业协会。

三、书店业

2015 年，澳门特区共有书店 31 个，包括澳门文化广场（3 个分店）、宏达图书中心（2 个分店）、澳门星光书店（2 个分店）、葡文书局、文采书店、边度有书、一书斋、珠新图书公司、环球书局、悦书房、耶路撒冷书城、浸信书局、圣保禄书局、活力文化、新城市图书中心、环亚图书公司、大丰啤令行、竞成贸易行、学术专业图书中心、创意文化、澳门特区政府书店、乐知馆、大众书局、悦学越好有限公司、Milestone、正能量、愉阅屋等；澳门亦有二手书店约 10 个、漫画店约 30 个、便利店 30 个、书报摊 30 个、报刊批发商 6 个。

书店的分布方面，有八成的书店设于中区，形成独有的书店区，其对象是游客及年轻人士。近年来，因人手不足、租金昂贵、空间不足、来货价高、阅读人口减少、图书馆事业发达等因素，虽然游客数字屡创新高，但仍有多个书店在过去五年内停业，计有商务印书馆澳门分馆、悦书房、科海图书图书公司、资讯店、光启教育中心、宏达图书中心白马行分店、小河马、Bookachina、创意文化、Bloom、ABC 电脑公司等 11 家。停业的书店大多为独立书店，而仍然营业的书店，主要是由内地机构、宗教社团、特区政府部门及外国文化机构所支持这些书店在商业营销方面较为逊色。由于图书市场不景气，部分独立书店为了生存，开展了不少推广活动，如新书签名会、作家讲座、校园书展、举办读书会、专题图书推介及尽量优化书店的阅读空间等，力求吸引读者成为老顾客，延续与顾客的关系。

四、其他

在法制方面，澳门特区政府新闻局针对传媒机构召开修订澳门《出版法》的咨询会议并制定了新的《出版法》，以完善澳门特区在出版与著作权方面的法制建设，促进行业的发展。

澳门基金会在其虚拟图书馆网页加入一项新的澳门出版品检索服务。读者可在此库搜寻 1999 年至今约 12 000 条澳门出版的图书目录。这项服务有利于各图书馆及代理商查找及了解澳门出版的概况。

五、总结

《国民经济和社会发展第十二个五年规划纲要》港澳部分中明确指出：支持港澳巩固提升竞争优势，将澳门建设为世界旅游休闲中心，加快建设中国与葡语国家商贸合作服务平台。同时，支持澳门推动经济适度多元化，加快发展休闲旅游、会展商务、中医药、文化创意等产业。深化内地与港澳经济、文化及教育合作。2011 年至 2015 年，澳门特区出版业界在体现"十二五"规划精神上，确实下了不少功夫，可以总结说明如下：

（一）建设为世界旅游休闲中心

要将澳门特区建设为世界旅游休闲中心，其中一项工作就是将澳门的特色通过出版通路,广为宣传。澳门本地的出版单位,包括特区政府部门、民间团体、私人企业均在不同层面的工作上加以配合。如私人企业主要以博企为首,创办了10多种与旅游有关的期刊或通讯;特区政府部门以文化局、旅游局及民政总署为核心,分别出版多种旅游、文遗及饮食指南;民间社团亦相继出版多种旅游刊物,与澳门休闲及旅游定位有关的图书约有101种,期刊40种。

(二)加快建设中国与葡语国家商贸合作服务平台

澳门在葡萄牙人的殖民管治之下,建立了一支具有中葡双语能力的公务员队伍,加上澳门理工学院及澳门大学两所高校亦提供中葡双语的翻译课程,教育暨青年局设有奖学金来鼓励赴葡升读大学的人士,种种措施均为澳门培育了大量的中葡翻译的人才,成为中国与葡语国家之间的重要桥梁,并因此得以出版大量中葡双语、中葡英三语的书刊,澳门亦成为世界出版中葡语种最多的地区。在加快建设中葡合作平台上,澳门特区出版了大量外语图书,成为葡语系读者了解澳门及中国文化、经济环境的重要参考资料。多语种出版亦为双语翻译人才提供了实践的平台,以及锻炼机会及就业机会。

(三)支持澳门推动经济适度多元化

为舒缓博彩业独大的压力,澳门特区政府大力推动经济适度多元化,加快发展会展商务、中医药、文化创意等产业。其中因会展而产生的出版品数量急速上升,内容有展览的场刊及目录、快讯、会议论文集,一方面为与会者提供讯息,另一方面为澳门学术研究提供了重要的第一手文献。会展业界已初步具备举办出版国际会议及配套展览的经验,可以为外地参展或国际会议举办者提供高效、高水平的编辑及印刷服务。文创产业方面,以艺术、文学、音乐三大文创出版为主,数量大幅度增长,共计1 036种,占总体的29.87%。澳门特区政府大力推动、主导出版这方面的作品,同时,资助文创社团出版图书,积极参与邻近地区及葡语系地区的书展。

（四）深化内地与港澳经济、文化及教育合作

在深化内地与港澳经济、文化及教育合作方面，澳门特区出版界，如澳门基金会、文化局、澳门大学、澳门科技大学、澳门中华教育会等单位，分别与邻近地区多个出版社合作出版图书，合作的单位计有内地的中国社会科学出版社、社会科学文献出版社、科学出版社、人民教育出版社、人民出版社、广东人民出版社、作家出版社、法律出版社、南京大学出版社、上海古籍出版社、复旦大学出版社等。香港特区则有香港大学出版社、三联书店（香港）有限公司。其合作出版数量，从2011年约20种升至2015年60种，平均每年约有30种。此外，由于澳门地理位置处于中西文化交汇中心，本地私人出版社亦不时协助内地作者在澳门出版图书，以利打进国际图书市场，其作品大多为文学、艺术、摄影等主题。这些都充分反映出内地与港澳特区的经济、文化及教育合作的状况。

（王国强　澳门大学、澳门出版协会）

第三节 "十二五"时期台湾地区出版业发展报告

一、台湾地区出版产业轮廓

台湾地区出版产业根据产业链结构可以分为上游的创作端，包括作者与支持创作服务的版权经纪公司；中游的生产端，如负责编务与发行的出版社（台湾地区重要的出版集团有城邦、远流、联经等），以及负责制版、印刷与装订的印刷厂；中下游的图书经销公司，台湾地区重要的图书经销公司包括联合发行、红蚂蚁、高见、日翊文化；以及下游的销售端，如连锁书店（金石堂、诚品、三民书局、垫脚石、诺贝尔等）、网络书店（博客来网络书店、读册、Pchome24h 购物书店等）、独立书店（茉莉二手书店、虎尾厝沙龙、三余书店、洪雅书房等）、小说漫画及杂志出租店、电子书销售平台（如 Google 图书、Readmoo、Kobo、Pubu 电子书城、远传电信 E 书城、台湾大哥大 myBook、中华电信 HAMI 书城，以及偏向机构服务的电子书平台，如凌网 Hyread、华艺 airiti，还有联合在线 UDN 读书吧等），还有与图书馆密切合作的台湾云端书库。

根据"国立中央图书馆"书号中心的统计，台湾地区出版机构总数达到 30 938 家。其中"政府"单位有 3 814 家（占 12.3%），属于民间的有 18 879 家（占 61.0%），个人出版社则有 8 245 家（占 26.7%）。进一步根据历年统计的数据可以发现，个人出版近年来有新增的趋势，这也反映出近年来数字出版平台是个人出版重要的销售管道之一。台湾的杂志出版机构超过 7 000 家，有声出版机构超过 9 000 家，图书出版机构则超过 12 000 家。根据"全国新书信息网"·ISBN/CIP 各年度统计的数据，2012 年台湾的图书出版种数达到 42 305 的高峰后便逐年下降，2015 年与 2016 年连续两年出版种数均未达 4 万种。

进一步以图书馆常用的分类方式分析 4 979 家出版社所出版的 38 807

种新书，可以发现"语言/文学"类图书最多（共有 9 490 种，占新书总数的 24.45%）；"社会科学类"（共 6 233 种，占新书总数的 16.06%）与"应用科学类"（共 6 214 种，占新书总数的 16.01%）分列二、三名；"艺术类"（含各种艺术与休闲旅游有 6 014 种，占整体新书总数的 15.50%）与"儿童文学类"（共 3 094 种，占新书总数得 7.97%）排在第四与第五名；属于"总类"（包括目录学、图书信息及档案学、国学与群经与百科全书）的图书出版数量仅有 340 种，占全部新书总数不到百分之一（0.88%）。

二、台湾地区出版通路现况

目前，台湾地区主要的连锁书店仍以拥有 47 家门市的金石堂以及拥有 41 家门市的诚品为主（诚品在大陆苏州以及香港特区的太古、尖沙咀以及铜锣湾各有一家门市）；垫脚石书局拥有 11 家门市；以中部为核心的诺贝尔书店则有 14 家门市。除了传统的实体书店外，便利商店已经成为台湾最重要的杂志销售以及网络购书的物流取货管道。

独立书店是近年来台湾文化部门相当关心的议题之一。目前，独立书店市场占比约下滑到整体图书市场的 25%。位于台北与新北市较有名的独立书店有：永乐座、流浪 ing 旅游书店、淡水有河 book、心波力幸福书房、小小书房、女书店、天母书庐、茉莉二手书店、水牛书店、水平书局、台湾 e 店。

台湾的网络书店以博客来网络书店独大，金石堂网络书店居次，其他如灰熊爱读书与三民网络书局等也都有各自的利基市场（细分市场）。读册生活（TAAZE）是台湾最大的二手书买卖交易平台。由便利商店提供的"在线购物、超商取货付款"的服务平台是台湾网络书店最重要的金物流服务机制。台湾所有网络书店有超过 95% 以上的订单都是通过便利商店所提供的金物流服务平台完成的。

目前，台湾通过网络书店平台大约每天可以销售超过 28 000 本图书。在客单价（人均购买金额）部分，以博客来网络书店最高（每笔订单平均客单价约为新台币700元）；诚品网络书店次之（每笔订单平均客单价约为新台币400元）；金石堂网络书店以及三民书局的平均客单价约为新台币360元；其他网络书店的客单价则多半为新台币300元。

就台湾图书市场出版通路的电商企业而言，最重要的图书电商通路有"金石堂"①、"诚品"②和"博客来"③等三家。其中金石堂是传统的图书连锁书店经营者，而诚品则是以其独特的人文空间设计闻名的实体连锁书店，至于博客来则是目前台湾最大的网络书店。由于台湾图书产业早已经是成熟市场，且随着数字出版与少子化的外在环境因素，造成台湾图书与杂志出版的逐年萎缩。因此，经营者均开始思考如何通过跨境电商来尝试拓展经营规模。

香港与台湾一样都是阅读繁体中文的地区。因此，台湾重要的图书出版通路均开始将开发具有700多万人口的香港市场为其拓展市场的重要战略。在这方面，诚品书店是最早开始进入香港市场的。诚品早在2012年8月便在香港开设实体店面。第一家香港诚品书店位于铜锣湾，之后陆续在太古与尖沙咀等地也成立了实体书店。目前诚品书店在香港④已经有三家实体书店。

虽然诚品书店是台湾地区第一家图书通路开始跨境经营海外华文图书市场的机构，但不过是以在香港特区成立实体书店的方式来运作。金石堂网络书店则是通过跨境电商与异业结合的方式，于2013年与香港OK便利商店合作，提供香港读者可以在台湾的金石堂网路书店购书，香港OK便利商店取货的服务。由于以往台湾图书通路业者经营海外市场多半因为国际物流费用居高不下，从而降低海外消费者的购买诱因与岛内业者的经营困境。因此，当台湾的金石堂网路书店与香港OK便利商店进行异业整合后，通过跨境电商与共同配送所提供的跨境店配物流服务，有效地降低了

---

① 金石堂书店于1985年成立，是台湾最早拿到ISO 9002认证的连锁书店，而网路书店则是于1997年成立。

② 诚品书店成立于1989年，是台湾第一家24小时营业的书店，与金石堂与博客来相比，诚品网路书店是最晚成立的，且一直到2008年诚品网路书店进行大规模改版后，其网路书店的运作才较为稳定。

③ 博客来网路书店由张天立于1995年创办。后因资金缺口于2001年引进统一集团的资金挹注，但交换条件是统一集团需取得博客逾半股权。增资之后的博客来便成为统一流通的次集团。

④ 诚品书店另于2015年11月在苏州成立大陆第一家诚品书店。

国际快递费用，不但增加了香港读者的购买愿望，同时也让台湾图书通路业者多了经营香港华文图书市场的重要商务模式。

随着金石堂网路书店与香港 OK 便利商店共同合作所提供的"台湾网站购物，香港便利店取货"的跨境店配物流服务，台湾最大的网络书店博客来也在 2014 年与香港的 7-11 合作，同样提供香港读者可以在台湾博客来网络店购书、香港 7-11 取货的服务。至此，台湾三家主要的图书出版通路均通过成立实体书店或经由跨境电商与跨境店配物流服务来经营香港的图书市场，虽然香港本身也有书店与实体书店，但是近年来台湾图书销售通路已经对香港当地业者造成相当程度的威胁。

三、电子书经营模式与现况

根据"国家图书馆"的统计，2015 年有 2 147 种电子书申请出版，占全年新书总数的 5.41%，比前年增加 507 种电子书。目前，台湾地区在数字出版流通方面，除了 Google 图书[①]外，其他数字阅读通路还包含中华电信的 Hami 书城、台湾大哥大的 mybook 书城、远传 e 书城、随身 e 册、PO-PO 原创、PUBU、UDN、Readmoo（Readmoo 的电子书店社群阅读创新服务获得台湾 2014 金鼎奖：数字出版类的数字创新）等。近年来，岛内电子书出版于 2015 年增长 30%。根据"国立中央图书馆"的统计，2015 年台湾新书出版总数量持续下滑，首度跌破 4 万种，创下十年来新低点，但电子书出版则增长 31%。为降低台湾出版产业转制电子书的成本，台湾数字出版联盟于 2015 年开始提供一套符合国际数字出版联盟（International Digital Publishing Forum，IDPF）所制订的 EPUB3 标准的电子书制作平台 Publisher 供联盟会员使用，希望协助出版业者更有效率地制作出符合国际 EPUB3 标准的电子书。

台湾有超过一半以上的畅销书都是翻译书，加上台湾的人口不多，造

---

① 在 Googel 的付款方面，从 2015 年 10 月开始，Google 图书将在每个月的 15 日（或下一个工作日）将每月款项支付给符合条件的合作伙伴（作者或出版社）。

成出版社洽谈华文版权上的不易,因此拥有纸本畅销书版权的台湾出版社几乎都没有拥有该书的电子书版权。这也间接造成台湾电子书市场的停滞不前。Google 图书、亚马逊的 kindle 以及苹果 iBooks 可以说是世界三大电子书出版与阅读平台,而 Google 图书服务是唯一进入台湾市场的出版与阅读平台。2013 年 10 月,Google 宣布与远流、城邦、时报文化、秀威信息、华云数字、尖端出版、三采、台大出版中心等出版社合作,推出 Google Play 图书服务。台湾的读者只要登录个人账户,即可进行跨装置(Android 或 iOS 操作系统都支持)阅读在 Google Play 所购买的电子书。这项服务目前仅提供 PDF 的格式。由于台湾使用 Android 系统载具(手机与平版)的约有 70%,高于苹果的 iOS 与其他平台(如微软)。这也可能是 Google 比其他业者快一步进入台湾电子出版市场的原因。在便利商店方面,全家便利商店与翰林出版事业合作,引进数字学习系统翰林云端学院,让实体的便利商店除了可以协助网络书店的取货付款服务外,更进一步使便利商店通过经营异业合作,尝试进入以云端服务为主基础的补教市场。

目前,台湾电子书的定价方式可以粗分为两种:"订阅"方式是根据电子书的数量在约定的区间内(一般是以年为单位)付费;"卖断"的计价方式则是以"纸本定价×倍数×同时间使用人数"作为电子书定价的基准。台湾电子书销售平台的拆账方式可以分为数种:(1)以苹果为标准,作者(内容供货商/出版社/书商)拿 70%,Apple 拿 30%,与苹果拆账方式相同的有远传电信 e 书城、台湾大哥大 myBook 书城、Kobo 以及 Amazon Kindle(Amazon 要求作者必需支付数据传输费);(2)Google Play Books 模式,作者(内容供货商/出版社/书商)拿 63%(或 52%),Google 拿 37%(或 48%);(3)中华电信 Hami 云端出版平台,作者(内容供货商/出版社/书商)拿 75%,Hami 拿 25%。

台湾电子书发展的困境可以归纳为电子书的供给过少(多数畅销书为翻译书,且多数出版社考虑电子书的销售潜力不明,不会轻易签下电子书版权)、阅读人口与阅读习惯不足(根据教育部门统计,台湾平均每人 1 年阅读书籍仅有 2 本,与日本的 8.4 本、韩国的 10.8 本以及新加坡的 9.2 本相差甚远)、阅读平台过多(电子阅读器的规格过多、质量不一,也缺乏有经济规模的数字销售通路)、出版社的电子书制作成本高(台湾出版社多半是小规模,除了消费端没有较为统一的阅读平台,小出版社面对电子书制作需要外包增加成本的考虑外,也缺少熟悉及可以对电子书销售制订营销策略的编辑人员)。这些因素都是台湾短期要使电子书产业有所成长的主要阻力。

为了增加台湾出版社在电子书产业的竞争力,文化部门制定了"辅导数字出版产业发展补助案",希望能通过"行政机构"协助出版产业转型。除了文化部门的补助计划外,"政府"其他部门也对台湾的电子出版产业做了不同层面的努力。包括:(1)台湾"行政院经济建设委员会"于日本东京举办自由经济示范区招商说明会,并通过财团法人信息工业策进会与日商乐天签订合作备忘录,使台湾成为乐天在海外重要的电子书营运与服务据点;(2)亚东关系协会与日本交流协会签署"台日电子商务合作协议",使台湾与日本在数字内容流通方面拥有一个合法的规范;(3)文化部门指导并由城邦文化事业股份有限公司主办,举办"从数位做出版一次就懂:数位出版八堂课",使出版业者熟悉数字著作权、数字格式、数字出版流程等议题;(4)文化部门举办(由台湾数字出版联盟执行)"数字出版专业经理人工作坊",提供台湾出版业者与国际数字出版产业界互动交流及经验分享。

除了"行政机构"的努力外,出版产业的民间组织也进行多场座谈,协助出版产业培养转型为数字出版时所需具备的能力。这些努力包括:(1)联合在线主办"数位阅读,朗朗乾坤:2013数字出版创市季趋势论坛"系列座谈,主题分别是"数字时代,读者驱动出版生态改变""社群、实时通讯软件、内容营销新势力""数字出版定价与营销"以及"网络改变创作生态与阅读风貌"等;(2)城邦文化、台湾数字出版联盟举办三场"电子书两岸授权问题交流会",会上邀请出版业者以及著作权法律专家对于在大陆的电子书授权以及团体机构电子书授权等问题深入探讨。

2013年发生了首宗开发网络盗版漫画App(ComicKing)被控告侵犯著作权的案例。开发网络盗版漫画App Store的ComicKing开发者,其ComicKing软件可以让读者以付费或免费方式供用户搜寻与下载网络上8万多本盗版漫画内容。若以该软件在台湾App Store下载1万次来估算,该App的定价为4.99美元(约台币150元),至少在台湾地区获利150万元,其中30%营收归苹果公司所有。这些计算并不包括该App在大陆地区的获利。由于该软件的商务行为已经违反台湾地区有关著作权方面的规定："未经著作财产权人同意或授权,意图供公众透过网络公开传输或重制他人著作,侵害著作财产权,对公众提供可公开传输或重制著作之计算机程序或其他技术,而受有利益者。"因此被城邦媒体集团旗下的尖端出版社提告。事件的结果虽然网络盗版漫画的开发者与城邦集团达成和解,除必须支付赔偿金外,开发者还与出版社共同召开记者会向出版界道歉,但这类案件也说明了台湾电子书市场存在的一大隐忧:有市场需求的电子出版品没有电子版权的实质问题。

由于亚马逊的Kindle并未提供台湾市场的电子书服务,而日本乐天所属的Kobo①已经以日系产品的角色进入台湾市场。因此,当远流出版社所制作的电子书阅读器(金庸机)并未收到预期的效果,台湾出版市场就没有真正属于台湾本身的电子阅读器。直到2017年台湾电子书平台"Readmoo群传媒"宣布将在8月推出第一台繁体中文EInk电子书阅读器"mooInk",并宣称该阅读器可下载Readmoo累积的6万种电子书,亦可下载txt、pdf、word等格式的电子书,台湾的电子阅读器市场才又有了新的生力军。虽然类似的商务模式以前远流出版社的金庸机已经推出且以失败告终,但Readmoo群传媒仍希望通过整合硬件、软件及内容的电子书阅读器重新点燃台湾电子书生机。Readmoo是元太科技与振耀科技(都是电子纸的制造商)为结合电子书服务以及阅读社群与创作市集所成立的阅读平台。目前,Readmoo已经与超过800家华文出版社或作者合作,其专属的mooInk电子书阅读器也推出限量的木纹版本,希望营造新的阅读体验。

台湾云端书库是参考"公共借阅权"(Public Lending Right)的精神,采用"市民努力借书看书,'政府'按次代付费用"的B2B2C电子书服务模式,进而打造阅读产业的健全生态系统。市民的借阅费由"行政机构"支付,借阅费则回馈给作者和出版社。目前的制度是市民每借阅一本电子书,"行政机构"需支付12元新台币给台湾云端书库,而台湾云端书库收

---

① Kobo原本是加拿大公司,后来与SONY合作电子书,之后SONY的电子书部门被乐天合并,因此现在的Kobo为乐天的电子书公司。

取 25% 的管理费（新台币 3 元），其他 75% 的收入则支付给作者和出版社（一般来说出版社与作者对分此收入，也就是作者与出版社各有 4.5 元新台币的收入）作为合理收入。台湾云端书库的概念解决了出版社需要先预付版税的问题，也使出版社与作者愿意加入。目前，台湾云端书库提供超过 21 000 本图书可供借阅，读者每次借阅可以有 14 天的时间来阅读优质好书。

四、台湾地区出版业的困境

根据台湾"国家图书馆"所公布的"2015 年台湾图书出版现状及趋势分析"，台湾地区近年来新书出版量持续下滑，2015 年首度跌破 4 万种，创下 10 年来新低。据调查，2015 年台湾总计有 5 030 家出版社，出版 39 717 种新书，较 2014 年减少 57 家、1 881 种，而博客来 2015 年的调查也减少 13 575 种。新书下滑原因除了经济不好影响购书意愿外，也与年轻人喜爱在线阅读挤压读者进行纸本阅读的时间有关，而电子书出版找不到适合的商务模式也是台湾出版产业的发展困境。

第一，少子化可能造成阅读人口长期减少，数字技术也让原本的纸本阅读转换部分到数字阅读。这些情形造成了新书种类推出趋缓，以及退书率高的现象。"少子化造成阅读人口长期趋缓"以及"数字化让出版社面临转型是否成功的压力"可说是台湾出版产业未来不可避免会面临的冲击。远流董事长王荣文认为，台湾出版人遭遇的真正最大挑战可以由"需求面""数字出版"以及"版权"等三个面向来分析[①]。在需求面的现象是书本需求不再增加，但出版社数量却没有减少，造成版权竞争更加激烈，出版人在选书上要比以往更加精准，这是纸本出版面临的问题。

第二，数字出版的议题。王荣文董事长表示，数字出版部分虽然方

---

① 部分内容收录在"国家图书馆"的《"全国"新书资讯月刊》12 月号，标题为"全民共享知识平台：台湾云端书"，部分内容则是由笔者电访王董事长摘录。

兴未艾，但现有商业模式不利于传统出版，且大部分是由科技厂商在运作，并非由出版业者在经营；电子书虽然是趋势，但目前所有出版社投入的成本仍高过收益，因为没有可获利的商业模式，让我们可以像纸本书一样预付一笔版税给作者，确保电子书版权的取得，这个是我们要解决的问题。在这方面，远流则是提出"台湾云端书库"的平台，就是将公共部门纳入数字出版产业链来共同营造正向循环的数字阅读与出版的环境。

最后是版权的问题。王荣文董事长认为，华文出版市场一体化虽然已经形成，但身为最大市场的大陆尚未对台湾地区的出版人开放。因此，台湾的出版人在大陆经营的空间相对受限。

台湾出版产业正面临"出书多而买书少"的窘境。为了解决台湾出版的困境，台湾文化部门表示，未来将通过"文化教育计划""高龄人口文化近用计划"来带动学生和银发族群阅读；同时，将规划设立"'国家'漫画及动画博物馆园区"，展示并推广台湾的动漫画作品。这是文化部门希望在提升文化内涵以提振文化经济的概念下，将重点投资振兴影视音、ACG、出版等以故事为核心的产业群，逐步构建产业生态系。

如同远流董事长王荣文所提的概念：创作的最高境界是"一源多用（One Source，Multi Use）"，"行政机构"的角色应该是鼓励原创。整个出版产业最重要的核心，其实是知识产权的开发、拥有和经营管理。由于出版产业最重要的核心价值便是知识产权，若知识产权不握在手上，什么事情都不能做。因此，文化部门所推动的影视基地、动漫基地、电影文化中心等基础建设，就是一方面希望把人才留在台湾创作、拍片，另外则是希望通过影视音、ACG产业振兴内容计划，影视从生产与流通双管齐下，补助、投资双轨资金扶植等做法来强化出版跨界应用。

五、结语

台湾地区图书市场规模大约300亿元新台币。近5年来，台湾出版市场衰退48%。根据财政部门的发票统计，到2015年只剩下190亿元，等于少了40%，平均每年以5%—10%的速度萎缩。这样的趋势使台湾出版社、书店通路经营困难。台湾2015年共出版39 717种新书，比2014年大幅减少1 881种，出版机构也减少57家。若以新书分类统计，最多仍以"语言/文学类"（含儿童文学）图书最多，占总体图书的三成；"应用科学类"居次（占一成七）；"艺术与社会科学类"分别以一成五居第三位。在趋势方面，2015年出版新书属于"学前幼儿"和"乐龄"的图书，其占比都比前一年略增。以"学前幼儿"阅读的互动游戏书为例，比前一年增加了281种。也就是说，图书新书整体处于萎缩的趋势，但是新书出书种类则有改变，例如医疗养生、理财与经营管理、艺术、休闲旅游、社会公民议题新书的比例增加。这个现象与台湾社会脉动是高度相关的。

实体书店方面。租金的高涨使得一些没有多元化经营的独立书店遇到困境。如政大书城台大店于2016年停业，实体店面完全撤离北市。日本也遇到类似问题。纪伊国书屋连续几年都遭遇退书率增加与网络书店以及数字出版的严峻冲击与挑战，总部位于东京著名书店街神田神保町的栗田出版销售公司（创立于1918年，从事杂志和图书的批发销售，1991年的年销售额达701亿日元），敌不过网络时代的潮流宣布破产。这样的现象说明，不仅台湾的图书市场遇到产业结构的转型挑战，日本这样规模的市场（成熟的出版产业与大量阅读习惯的阅读人口）也遇到了相当大的困境。

展望未来出版产业的发展，可以预见电子书产业将会在出版产业中扮演越来越重要的角色，其影响力也将越来越高。传统的出版、发行、网络书店与实体书店等在产业链中所扮演的角色，无可避免地将会遇到异业无情的竞争压力。这场阅读革命从作者到读者、出版、发行与书店都将不可避免地面临许多的机会与挑战。传统出版产业如何在电子书产业架构下找到新的角色定位，将会是传统出版产业各供应链成员刻不容缓的重要课题。台湾地区出版产业将面临"阅读人口持续减少""数字转型方兴未艾""版权应用与拥有"等课题。这是台湾出版面临的课题，同时也需要自身寻求答案。台湾出版产业可以借鉴刀与剑是初始事物一体两面的隐喻，思考并打造出台湾出版产业所需具备的单锋剑。

（黄昱凯　台湾南华大学）

第五章
出版业大事记

DIWUZHANG CHUBANYEDASHIJI

第一节 "十二五"时期中国出版业大事记

2011年

1月

4日 据中央各部门各单位出版社体制改革工作领导小组办公室介绍，截止到2010年12月30日，中央各部门各单位出版社已完成转企改制。在此次转制的148家出版社中，除1家出版社停办退出，13家原本没有核定过编制外，余下134家出版社均核销了事业单位、事业编制，全面完成了中央确定的转制任务。

6日 由国家版权局指导，中国版权保护中心等单位主办的"2010CPCC中国版权服务年会"在北京开幕。"2010CPCC十大中国著作权人年度评选结果"以及"中国版权十大事件"同时揭晓。

7日 北京出版集团有限责任公司与北京九州英才图书策划有限公司共同投资组建的京版北教控股有限公司正式挂牌成立，标志着教育出版领域国有民营合作步入了新阶段。

同日 "第五届中国书业营销创新论坛"暨全国新华书店"一网通"开通仪式在北京举办。论坛主题为"转企改制，资源整合，迎接书业新时代"。"一网通"项目是我国32家省市新华书店联手打造的一个跨地区协作项目，即中国新华书店跨地区协作网。

8—11日 "2011北京图书订货会"在北京举行。本次订货会首次设立数字出版专区。订货会期间举办了主题为"数字出版——下一个五年的竞合策略"的高层论坛以及以"中国电子书产业起飞之道"为主题的"首届中国电子书产业峰会"。

10日 最高人民法院、最高人民检察院、公安部联合印发了《关于办理侵犯知识产权刑事案件适用法律若干问题的意见》，明确了侵犯知识产权刑事案件的法律适用问题。

11日 "2011年全国新闻出版工作会议"在北京召开。会议回顾了"十一五"时期的工作，明确了我国新闻出版业"十二五"时期的发展目标任务；总结了2010年工作，部署了2011年任务。据悉，"十一五"期间，我国经营性图书、音像出版单位基本完成转企改制，1 251家非时政类报刊出版单位转制或登记为企业法人，3 000多家国有新华书店完成转制，100多家新闻出版企业集团组建，45家新闻出版企业上市，新闻出版业深化改革成效显著。

同日 新闻出版总署印发了《全国印刷复制行政执法报告评价制度实施办法》。《办法》明确了印刷复制行政执法的范围和边界，规定了印刷复制行政执法报告评价制度的内容和实施要求。

同日 新闻出版总署印发了《数字印刷管理办法》。《办法》规定了数字印刷企业的固定生产经营场所建筑面积、注册资金、生产型数字印刷机数量以及连锁经营等条件。

16日 中国人力资源和社会保障出版集团在北京成立。中国人力资源和社会保障出版集团是由中国人事出版社、中国劳动社会保障出版社转企合并而成，是我国人力资源社会保障领域唯一的专业出版企业。

1月24日至2月8日 国务院法制办公室就《国务院关于修改〈出版管理条例〉的决定（送审稿）》公开征求意见。送审稿将网络出版物纳入条例中，在网络出版审批和管理，在中小学教科书的审定和采购等内容上有新的表述。送审稿共43条修改。《国务院关于修改〈音像制品管理条例〉的决定（送审稿）》也同时征求意见。

25日 美国当地时间，由上海新闻出版发展公司与法国拉加代尔公司合作举办的"阅读中国"外文版中国图书全球春节联合展销活动，在纽约肯尼迪机场维珍（Virgin）书店举办了隆重的开幕式。这是中国外文版图书第一次在全球主流书店举行大型联展活动。活动为期3周，在美国、加拿大等10个国家和地区的28个国际机场和11个火车站，拉加代尔公司旗下的115家书店同时举行。

29日 埃及开罗当地时间，"中国书展"在开罗国际会议中心开展。

此次"中国书展"汇集了数十家国内出版机构的 5 000 多种精品图书以及中国非物质文化遗产展等内容。

2月

10日 京东商城旗下的音像频道与"在线读书"频道正式同步上线。这是京东商城继与当当网、卓越亚马逊进行网上购书"价格战"之后，扩展出版物销售的又一重大举动。

22日 由新闻出版总署和英国驻华大使馆联合主办的"中英翻译文学论坛"在北京举行。此举标志着 2012 伦敦书展"市场焦点"中国主宾国系列活动正式启幕。当日起至 2012 年 4 月，主宾国活动组委会将举办数百场内容丰富的文化交流活动。

24—26日 2011 年亚太出版商联合会（APPA）年会和文莱书展活动在文莱举办。来自中国、日本、韩国、菲律宾、新加坡、斯里兰卡、印度尼西亚、马来西亚、泰国、越南、蒙古、文莱、巴布亚新几内亚等国共 30 余名代表参加。亚太出版商协会图书奖同步揭晓。此次获奖图书共 11 种，中国获三金一银。

3月

5日 国务院总理温家宝在十一届全国人民代表大会四次会议上所作的《政府工作报告》中谈到，将加强文化建设列为今年要着力做好的工作之一，并指出要深化文化体制改革，积极推进经营性文化单位转企改制，大力发展文化产业，培育新型文化业态，推动文化产业成为国民经济支柱性产业。

8日 国家版权局在成都市举行了全国版权示范城市授牌仪式。这标志着国家版权局于 2009 年 12 月发布《全国版权示范城市、示范单位和示范园区（基地）管理办法》后，成都成为首个创建成功的全国版权示范城市。

11日 根据《出版管理条例》等有关规定和《中共中央国务院关于深化文化体制改革的若干意见》的有关精神，新闻出版总署下发了《关于进一步加强出版单位总编辑工作的意见》，对总编辑的岗位设置、任职条件以及工作职责等提出了具体要求。

15日　长江出版传媒改制重组上市三步并作一步走。*ST源发发布公告称公司拟向湖北长江出版传媒集团定向发行股票4.875亿股，交易完成后，长江出版传媒集团的借壳上市之路将得以完成。

18日　"书香中国——第二届中国出版政府奖颁奖典礼"在北京举行。代表近三年我国新闻出版业最高水平的240个优秀出版物、出版单位和先进人物获得表彰。其中出版物奖120个、先进出版单位奖50个、优秀出版人物奖70个（含优秀编辑26个）。本届政府奖首次设立期刊奖，《求是》等20种期刊获此殊荣。

4月

6日　新闻出版总署体制改革领导小组在北京召开了"2011年第一次全体会议"。会议讨论了《2011年新闻出版体制改革工作要点》及《2011年新闻出版产业发展工作要点》，确定了2011年新闻出版改革发展目标。

同日　《音像制品进口管理办法》经新闻出版总署和海关总署通过，即日公布并开始实施。

同日　继2010年12月18日中国教育出版传媒集团公司成立之后，中国教育出版传媒股份有限公司在北京举行成立大会。中国教育出版传媒集团采用"集团公司+股份公司"的模式组建，集团公司与股份公司同步组建、共同发展。

12日　*ST鑫新发布公告称，公司股票简称由"*ST鑫新"变更为"中文传媒"。江西出版集团通过借壳"鑫新股份"实现重组上市的筹划工作早在一年多前就已启动。2011年10月12日，"江西鑫新实业股份有限公司"变更为"中文天地出版传媒股份有限公司"，并在上海证交所进行公告。

15日　当地时间，中国新闻出版总署与斯洛文尼亚文化部在斯洛文尼亚首都卢布尔雅那总理府签署合作备忘录。2010年，斯洛文尼亚首都卢布尔雅那被联合国教科文组织评为"世界图书首都"。

16日　由中国新闻出版研究院、江西省新闻出版局主办的"第八届中国民营书业发展论坛"在南昌举行。中国新闻出版研究院在论坛期间发布了《2010—2011年度中国民营书业发展调查报告》。

20日　新闻出版总署正式发布了《新闻出版业"十二五"时期发展规划》，对今后五年新闻出版业的发展蓝图进行了总体布局。《规划》明确了"十二五"时期，新闻出版产业增长速度达到19.2%，到"十二五"期末实现全行业总产出29 400亿元。《规划》还确定了国家重点学术期刊建设工程、中央国有大型出版传媒集团公司扶持工程等31项重点工程项目，并提出了"十二五"时期新闻出版业发展七个方面的重点任务。同时发布的还有《版权工作"十二五"规划》以及新闻出版业的11个专项规划。

21日　国家知识产权局、国家工商总局和国家版权局联合发布了"2010年中国知识产权保护状况"。"状况"显示，2010年全国作品自愿登记量达37万余件，共完成计算机软件著作权登记81 966件。

同日　中国新闻出版研究院在北京发布了"第八次全国国民阅读调查"结果。调查显示，2010年我国18—70周岁国民包括书报刊和数字出版物在内的各种媒介的综合阅读率为77.1%，比2009年增加了5.1个百分点；2010年各种阅读媒介的阅读率均创新高，其中数字化阅读增幅最大，在各类数字化阅读方式中，电子阅读器的接触率增长幅度达到了200%，增幅最大。

26日　中国文字著作权协会新版网站暨"稿酬查询系统"http：//www.prccopyright.org.cn/ComityServices.aspx正式上线，著作权人可以随时随地上网查询和申领报刊转载的稿酬，足不出户便可了解自己作品被转载的情况和其他最新的版权资讯。

5月

4日　《新闻出版总署"十二五"时期（2011—2015年）国家重点图书、音像、电子出版物出版规划》正式颁布实施。《规划》由社会科学与人文科学、自然科学与工程技术、子规划三大部分组成，共计2 030种，其中图书1 730种、音像制品200种、电子出版物100种，每年还将进行适度调整。

5—6日　"中国出版协会第六次会员代表大会"在北京举行。经民政部批准，"中国出版工作者协会"从第六届起更名为"中国出版协会"，按照行业协会负责人的规范要求，协会主席、副主席也相应更改为理事长、副理事长。

8日 "中国新闻出版传媒集团有限公司成立大会"在北京举行。中国新闻出版报社整体转企改制，成立中国新闻出版传媒集团有限公司。

9日 中国资产评估协会宣布，为规范著作权资产评估行为，服务文化创意产业发展，我国首个《著作权资产评估指导意见》于2011年7月1日起正式实施。

10日 科学出版传媒股份有限公司在北京召开成立大会。大会审议通过了《关于发起设立科学出版传媒股份有限公司的议案》、《科学出版传媒股份有限公司章程》等八项议案，选举产生了科学出版传媒股份有限公司第一届董事会成员和监事会成员。

13日 "第七届中国（深圳）国际文化产业博览交易会"在深圳开幕。本届文博会新闻出版馆面积为7 500平方米，重点体现出版产业高端化、数字化、低碳化发展的特色，实现了七家国家级数字出版基地、三家国家级音乐基地整体亮相。本届文博会期间还首次举办了"进口少儿图书展销会"。

14日 广东国家数字出版基地在广州举行揭牌仪式，国家数字出版基地正式落户广东。广东国家数字出版基地落户广州天河软件园，由广东省新闻出版局牵头组织、南方出版传媒股份有限公司联合相关单位运营。

23日 在英国曼彻斯特召开的"联合国教科文组织世界记忆工程国际咨询委员会第十次会议"，通过了我国申报的《黄帝内经》、《本草纲目》入选世界记忆名录的决定。

24日 当地时间，"美国书展"在纽约开幕，为期三天。来自北京等九个省（区、市）33家出版单位组成的中国代表团和中国国际出版集团展团在书展亮相。

25日 据中国证监会发布的公告，北京盛通印刷股份有限公司首发申请获通过。这是国内首个获准上市的民营出版物印刷企业，也是北京地区首个获准上市的印刷企业。

27日 "第21届全国图书交易博览会"在哈尔滨开幕。本届博览会的主题为"书博天下，智汇龙江"。博览会主会场展示面积6.3万平方米、近4 000个展位，五大分会场同时展出了30余万种出版物。

6月

3日 "上海世纪出版集团、上海文艺出版集团重组工作会议"在上海举行。此次两家集团重组后，上海世纪出版股份有限公司、上海文艺出版集团有限公司、上海人民出版社有限公司等将作为独立法人企业归属于上海世纪出版集团。

12日 在"第三届海峡新闻出版业发展论坛"开幕式上，新闻出版总署发布了在福建先行先试的惠及台湾同胞的五条政策。本次论坛由新闻出版总署和福建省人民政府主办，主题为"科技进步与两岸出版印刷业发展"。

16日 2011年度"经典中国国际出版工程"在北京终评，确定了《中国震撼》等46个项目入围。该工程办公室于2011年3月21日开始受理2011年度资助项目申报工作，并同时发布了"经典中国国际出版工程"标志。

21日 中宣部、新闻出版总署、住建部联合下发了《关于加强城乡出版物发行网点建设的通知》，要求各地在城乡建设和文化建设规划中必须保证有足够的出版物发行网点，政府在推动各类零售书店建设方面要给予政策、资金、占地等方面的支持。

28日 中国最大的盲文图书馆——中国盲文图书馆（中国视障文化资讯服务中心）建成开馆。图书馆占地面积2.8万平方米，共有4个书库，计划藏书25万册，磁带光盘66万张，将极大满足盲人的阅读需求。盲人在图书馆将可通过导航系统畅通无阻地行走。

29日 中宣部、新闻出版总署在北京召开电视电话会议，对深化非时政类报刊出版单位体制改革工作进行动员部署。

本月 "2011年度新闻出版改革发展项目库"的评审工作完成，入选项目401项。

7 月

6日 由中国新闻出版研究院主办的"第四届中国数字出版博览会"在北京开幕。本届博览会主题为"传统与现代融合,内容与技术共生"。博览会期间,中国新闻出版研究院发布了《2010—2011中国数字出版产业报告》。报告指出:2010年,我国数字出版产业总体收入为1 051.79亿元,约是2006年总收入的5倍,平均年增长率为49.73%。

同日 "首次国家数字出版基地发展圆桌会议"在北京召开。上海张江、天津、重庆、中南、华中、杭州、西安、广东、江苏等九家国家级数字出版基地负责人就基地建设发展问题进行探讨。

13日 新闻出版总署、国家版权局在北京举办《著作权法》第三次修订启动会议暨专家聘任仪式。我国《著作权法》自1991年6月1日起正式实施以来整整20年,在2001年和2010年分别进行了两次修订。新闻出版总署强调:修订工作要坚持独立性、平衡性和国际性,要体现高效率、高质量、高水平。

同日 当地时间,中国新闻出版总署与古巴共和国图书委员会签署了《中华人民共和国新闻出版总署与古巴共和国图书委员会合作谅解备忘录》。这是中国和拉美地区国家正式签署的第一个出版合作文件。

19日 中国科技出版传媒集团有限公司暨中国科技出版传媒股份有限公司成立大会在北京举行。这是继中国出版集团公司、中国教育出版传媒集团公司之后,经中央批准组建的又一国家级大型出版传媒集团。

20日 新闻出版总署发布《2010年新闻出版产业分析报告》。报告主要依据2010年新闻出版统计年报数据,对2010年新闻出版产业的发展情况进行了分析,并对2010年和2009年新闻出版产业数据进行了同口径对比分析。

20—26日 由香港贸发局主办的"第22届香港书展"在香港会展中心举行,主题为"从香港阅读世界,在阅读中发现自己"。本届书展内地参展商数量较上一年增加25%。

25日 "数字版权保护技术研发工程研发工作启动大会"在北京召开,标志着该工程已从筹备阶段进入实质性全面研发建设阶段。"数字版权保护技术研发工程"是列入《国家"十一五"时期文化发展规划纲要》的国家重点工程。

26日 "中华字库"工程研发工作正式启动,工程从筹备阶段进入到全面研发建设阶段。

31日 新疆人民出版总社(新疆少数民族出版基地)成立暨新疆人民出版社成立60周年庆祝大会在乌鲁木齐举行。新成立的新疆人民出版总社(新疆少数民族出版基地),以新疆人民出版社为平台,整合新疆科技、喀什维吾尔文、伊犁人民、克孜勒苏柯尔克孜文、新疆人民卫生和新疆音像等六家出版社,优化资源和配置,实现了民文出版的集约化、规模化。

8月

9日 非时政类报刊出版单位体制改革工作联席会议办公室出台了《中央各部门各单位非时政类报刊出版单位转制工作基本规程》,大力推进非时政类报刊的改革。

17—23日 为期一周的"2011上海书展暨'书香中国'上海周"在上海展览中心举行。本届书展的主题定为"我爱读书,我爱生活——传承经典,谱写辉煌"。从本届起,上海书展正式升格为全国性书展,成为全国首家由一个省市主办的全国性书展。

29日 国内最大的数字出版云计算中心——"天津国家数字出版基地云计算中心"正式在天津空港经济区上线运营,并对外向用户提供服务。

8月31日至9月4日 以"共享资源,共赢未来"为主题的"第18届北京国际图书博览会"举行。本届博览会移师位于顺义的中国国际展览中心新馆,展览面积53 600平方米,有效展览面积比上一年增长约1/3,展台2 155个,来自60个国家和地区的逾2 000家中外出版单位展览、展示了20万种精品图书,举办了近千场文化交流活动,其中海外参展商(含港台)超过1 000家。泰国、马来西亚、新加坡、亚美尼亚首次设立国家展台。本届博览会的主宾国为荷兰,荷兰王妃劳伦廷出席了开幕式。

本月 我国第一部非物质文化遗产普查类丛书《甬上风物——宁波市非物质文化遗产田野调查》被美国国会图书馆珍存。该丛书由宁波出版社出版,共11函150卷。美国国会图书馆是全球知名的图书馆之一,该丛书作为东方文化典籍被收在有"美国国会图书馆宝藏"之誉的杰斐逊大楼的亚洲部。

9月

1日　新闻出版总署在北京召开"人民出版社创建90周年纪念大会"。人民出版社是中国共产党成立后的第一家出版单位，1921年9月1日在上海成立，建社初期，掀起了中国共产党历史上第一个出版马克思主义著作的高潮。

6日　《中国新闻出版报》刊登新闻出版总署发布的"2010年全国新闻出版业基本情况"。数据显示，2010年全国出版图书328 387种，期刊9 884种，报纸1 939种，其中，图书品种增长8.84%。三类出版物总印张为2 935.41亿印张，折合用纸量679.11万吨，与上年相比用纸量增长8.67%。本次所发布的新闻出版业基本情况从书籍、课本、图片、附录四个方面对图书出版进行了统计和对比。

9日　紫禁城出版社正式更名为故宫出版社。

21日　"2011宁夏国际穆斯林出版机构版权贸易洽谈会"在银川开幕，来自埃及、沙特等20个穆斯林国家的33个出版机构代表参加。洽谈会上，黄河出版传媒集团、西安外国语大学和卡塔尔谢赫·萨尼·阿卜杜拉人文服务基金会三方达成的"阿语十年千部经典著作翻译出版工程"、黄河出版传媒集团与阿拉伯出版商协会合作的"中阿双百经典图书互译出版工程"同时启动。

25日　"全国古籍出版反侵权盗版联盟"在杭州成立。

28日　"第11届毕昇印刷技术奖"在北京颁奖，首批全国印刷行业百佳科技创新成果同时发布。

29日　亚马逊"中国书店"合作项目启动仪式在北京举行。这是由中国国际图书贸易集团有限公司和美国亚马逊公司共同合作的项目。中国图书成为亚马逊网站有史以来唯一的国家主题书店。

同日　"华中国家数字出版基地揭牌暨基地总部奠基仪式"在武汉举行。该基地总部位于武汉经济技术开发区，是目前国内首个以"打造产业生态"为概念的数字出版产业园区。

10 月

12 日 "第 63 届法兰克福国际书展"在德国法兰克福展览中心开幕。本届法兰克福书展为期 5 天,以"新思考"为主题。本届中国参展代表团由全国 105 家单位组成,版权输出项目共计 2 399 项,版权引进项目共计 1 437 项,合作出版项目共计 25 项。

15—18 日 中国共产党第十七届六中全会在北京举行。全会审议通过《中共中央关于深化文化体制改革推动社会主义文化大发展大繁荣若干重大问题的决定》。这是自 2007 年十七大以来,中央首次将"文化命题"作为全会的议题,并首次提出"文化强国"的目标,也是继 1996 年十四届六中全会讨论思想道德和文化建设问题之后,中共决策层再一次集中探讨文化课题,其战略部署和政治意义备受关注,对出版业也影响深远。

20 日 中国证监会有条件通过长江出版传媒集团重组上海华源企业发展股份有限公司(股票代码 600757)的方案,长江出版传媒集团借壳上市工作正式启动。

22 日 由新闻出版总署和广西壮族自治区人民政府共同主办的 2011 中国——东盟出版博览会在南宁广西民族博物馆开幕。博览会的主题为"书香传友谊,和谐共发展"。有一万种东盟国家原版图书和国内精品图书参展;来自东盟十国的 36 名出版界官员、出版发行协会和出版公司的代表,11 家中央和地方出版集团,5 家数字出版企业前来参展参会。

24 日 国家版权局下发了《关于进一步规范作品登记程序等有关工作的通知》,从作品登记申请受理、审查、时限、证书内容、登记表证格式、信息统计等方面作了详细规定。《通知》赋予了中国版权保护中心承担全国作品登记信息统计、查询及公告等新任务。

同日 中国证监会无条件通过江苏凤凰出版传媒股份有限公司首发 A 股申请,凤凰传媒成为党的十七届六中全会文化产业新政出台后,首个 IPO 出版传媒股。本次拟发行不超过 50 900 万股 A 股,计划使用募集资金 27.62 亿元,发行后将在上海证券交易所上市。

28—31 日 "第 7 届海峡两岸图书交易会"在厦门会展中心举办。本届交易会以"书香两岸,情系中华"为主题。交易会期间,以"立足出版、两岸交流、纪念辛亥"为主题，由海峡两岸出版交流中心组织的"海峡两岸纪念辛亥革命百周年专题图书展"也同期开馆。

29日 民营书业企业云南昆明新知集团第53家连锁书城金边华文书局在柬埔寨隆重开业。这是我国民营书业企业首次走出国门，在境外开的首家实体书城。

11月

1日 新闻出版总署和环保部在北京联合召开绿色印刷推进会，发布《绿色印刷手册》（2011年绿皮书），向首批获得环境标志产品认证的60家企业授牌。

1—4日 "2011绿色印刷宣传周"在北京、上海等地举行。

10—11日 全国数字出版工作会议在安徽合肥召开。这是新闻出版总署召开的第一次全国数字出版工作会议。

9—13日 "第六届北京文博会"举行。这是在"十二五"规划明确提出推动文化产业成为国民经济支柱性产业的战略目标，党的十七届六中全会提出建设社会主义文化强国战略目标，文化产业进入大发展、大繁荣新时期举办的第一个国家级文化创意产业交流合作的盛会。

11日 由新闻出版总署、广西壮族自治区新闻出版局、新华书店集团和印尼联通书局联合举办的"2011印尼中国图书展销会"在雅加达开幕。展销会共展出各类中文图书1 800多册，既有文学读物、汉语教材、专业类书籍等，也有《东周列国志》和《聊斋志异》等经典文学以及中国的畅销书籍。

28日 "山东出版传媒股份有限公司"正式挂牌成立，集团股改上市工作取得阶段性突破，标志着山东出版集团在资源整合、产权结构、机制创新方面迈出了战略性一步。

30日 8点35分，"江苏凤凰出版传媒股份有限公司（证券代码为601928）"在上海证券交易所正式挂牌交易。IPO发行价为8.8元，融资规模达44.8亿元。这是我国传媒行业迄今为止最大规模的发行。

12月

2日 "中原大地传媒股份有限公司"在深圳证券交易所主板上市

（证券简称"大地传媒"）。这标志着中原出版传媒投资控股集团公司"借壳"焦作鑫安科技股份有限公司上市取得成功，实现了河南文化企业上市零的突破，也是继辽宁、安徽、湖南、江西之后的第五家在境内上市的出版传媒企业。

6日　中国首家进口出版物专用保税库在北京正式启用，首批进驻的图书共有1 800册，以大学教材教辅类及科技、财经类为主。

17日　"韬奋基金会第四届理事大会"在北京召开。本届理事会为换届大会，选举产生了新一届领导机构。

20日　燕山大学出版社有限公司成立大会暨揭牌仪式在燕山大学举行。燕山大学出版社是新闻出版总署自2008年以来批准成立的唯一一家出版社，是河北省继河北大学出版社之后的第二家高校出版社。

25日　由中国录音录像出版总社转企改制、引进北京首都创业集团有限公司资本组建的中国数字文化集团有限公司成立。

28日　中国出版传媒股份有限公司成立大会暨挂牌仪式在北京举行。中国出版传媒股份有限公司由中国出版集团公司、中国联合网络通信集团有限公司、中国文化产业投资基金及学习出版社共同发起成立，整合了中国出版集团公司出版、发行业务的优势资源。

同日　中华书局百年历程暨珍贵图书文献展及"1912，中华书局从这里出发"庆祝中华书局成立100周年座谈会在上海举行。

本月　新闻出版总署公布《国家印刷复制示范企业管理办法》，首次提出被认定为示范企业的中外合资、中外合作出版物印刷企业，外方可以控股或者占主导地位，突破了以往该类企业必须中方控股的要求。

2012年

1月

1日　《〈中国标准录音制品编码〉国家标准实施办法》和《音像电子出版物专用书号管理办法》即日起实施。

4—6日　"全国新闻出版工作会议"在北京召开。新闻出版总署党组书记、署长、国家版权局局长柳斌杰作了题为《落实党的十七届六中全会精神推动新闻出版业跨越发展》的主题报告,指出了2012年八个方面的重点工作。

5日 全国"扫黄打非"办公室公布了2011年度"扫黄打非"十大数据及十大案件。2011年,全国收缴各类非法出版物5 200万件,查处各类案件1.8万余起,侵权盗版出版物案件10 932起。

6日 由《中国电力报》转企改制组建而成的"中国电力传媒集团"在北京揭牌成立。

8—11日 北京图书订货会在北京举办。本届订货会提出了"回归订货本质"的口号,采取多种措施提高参展商参展效益。订货会的展位总数2 280个,参展单位762家,122家民营批发单位参展,数量创历史新高。订货会共实现订货码洋33.16亿元。

9日 新闻出版总署发布了2012年"一号文件"——《关于加快我国新闻出版业"走出去"的若干意见》。《意见》提出了今后一段时期新闻出版业"走出去"的主要目标与8项重点任务,提出推动新闻出版业"走出去"的10条"新政"。

2月

1—6日 "2012台北书展"在台北举办。本届书展以"绿色阅读"为主题,为业界提供了版权交易和文化交流的平台。本届书展参观人次超过60万,创历史新高。

14日 在2012年德国莱比锡"世界最美的书"评选中,由中国选送的《剪纸的故事》获得银奖,《文爱艺诗集》获得荣誉奖。

16日 "中国ISRC(国际标准录音制品编码)中心揭牌仪式"暨"2012CPCC中国版权服务年会开幕式"举行。该中心是新闻出版总署批准设立的中国标准录音制品编码(GB/T13 396-2009)国家标准的执行机构,由中国版权保护中心建设和管理,具体负责录音制品和音乐录像制品的国际唯一标识符——ISRC编码的分配、管理与维护以及相关数据库的建立和运行维护。

16—17日 "2012CPCC中国版权服务年会"在北京举办。本届年会以"整合·突破"为主题,通过各种专题活动展示中国版权保护中心版权公共服务体系建设的新业绩。国家版权局在年会活动中公布了2011年全国软件著作权登记数据:2011年我国软件著作权登记量109 342件,首次突破十万件。

21日　杭州出台了《关于扶持民营书店健康发展的暂行办法》。《办法》规定:只要是杭州市内经营两年以上的人文类和学术类民营实体书店,都可以向杭州文广新局申请每年最高额度为30万元的扶持资金,资金总额为300万元。

24日　新闻出版总署印发了《关于加快出版传媒集团改革发展的指导意见》,这是总署首次针对出版传媒集团的改革发展出台专门的指导意见。《指导意见》共分为8个部分32条,明确了今后一个时期出版传媒集团发展的战略方向,提出了推动出版传媒集团发展的指导思想、原则要求和主要目标。

28日　上海市人民政府召开专题新闻发布会,正式向社会发布《上海市出版物发行网点建设扶持资金管理办法》及《上海市出版物发行网点建设引导目录》,宣布从2012年起从新闻出版专项资金中划拨1 500万元支持出版物发行网点建设。其中,500万元用于定向支持各类实体书店,尤其是已形成专业定位和品牌影响的中小微、专精特民营实体书店。这是国内首次出台的综合配套扶持实体书店发展的地方政府规范性文件。

同日　汉王科技发布业绩快报:2011年公司亏损4.34亿元。汉王科技表示,报告期业绩出现亏损,主要原因是电子书产品价格大幅下调导致收入和毛利出现较大幅度下降,研发项目调整导致研发费用大幅增加,以及计提大额存货跌价准备。

29日　国家出版基金项目绩效考评成果公布。国家出版基金启动三年来,共评审资助项目493个。其中,有120个项目已办理结项验收。为进一步加强监管,国家出版基金规划管理办公室根据有关年检和结项情况,对已结项的120个项目进行了尝试性绩效考评。

本月　新闻出版总署确定了"全面落实《国家"十二五"时期文化改革发展规划纲要》""继续积极稳步推进非时政类报刊出版单位转企改制"等15项2012年新闻出版改革发展工作要点。

3 月

1 日 《出版物发行术语》正式实施。这是出版物发行领域的第一个国家标准,是全国出版物发行标准化技术委员会升格为国家级标委会后完成的第一个国家标准。该标准包括出版物发行基础术语等共 450 个术语,涉及管理、业务和技术,商流、物流、资金流和信息流等方面。

5 日 经国家出版基金管理委员会批准,2012 年度国家出版基金拟资助项目名单自本日起公示 7 天。2012 年度共收到 414 家出版单位的项目申请 579 项,最终有 171 家出版单位的 205 个项目将获资助,资助总额为 3.46 亿元。

10 日 为期 20 天的"十七大以来中国动漫产业发展成果展"在中国国家博物馆开幕。此次成果展是对十七大以来中国动漫产业发展经验的全景式总结。展览涉及政策与扶持、平台与企业、品牌与产业、技术与未来四个方面,内容涵盖动画电影、动漫出版物等各产业环节。

16 日 新闻出版总署发出通知,将组织实施社会主义核心价值体系建设"双百"出版工程,计划分三年推出优秀理论读物、优秀通俗读物各 100 种。新闻出版总署将组织评审专家对上报的选题和书稿进行审核,评议出优秀选题和书稿列入"双百"出版工程计划,并根据《国家出版基金资助项目管理办法》的有关规定遴选资助。2012 年计划先推出优秀理论读物和优秀通俗读物各 50 种,2013 年、2014 年再推出 100 种。

同日 "第 32 届巴黎图书沙龙"在巴黎凡尔赛门展览中心开幕。本届图书沙龙共邀请 1 200 多家出版商参与,展会面积达 4 万平方米。中国图书进出口总公司率 10 多家中国出版商参展,共有 260 种、约 500 册图书,包括中国当代文学作品、书法、篆刻、少儿读物等。

19—22 日 "意大利博洛尼亚少儿书展"在意大利博洛尼亚举办。该书展致力于儿童的出版和多媒体产业,2012 年已是第 49 届。我国二十一世纪出版社在前两届邀请民营经销商企业领袖的基础上,本届新增了来自一线工作的业务经理,再次率领 17 家民营经销商参展,展出了 72 种、150 余册适合中国孩子阅读的优秀童书。

22 日 "中华书局成立 100 周年庆祝大会"在北京人民大会堂举行。

胡锦涛总书记致信中华书局，向全体员工和离退休同志表示热烈的祝贺和诚挚的问候。温家宝总理也向中华书局成立100周年表示祝贺。李长春同志会见中华书局成立100周年庆祝大会与会代表并讲话。

25日 中国出版协会在北京举行"第十一届韬奋出版奖颁奖大会"。胡守文等20名长期在出版界工作、在编辑出版岗位作出突出贡献的人员获此殊荣。

29日 "中国图书对外推广计划"工作小组发布2011年度工作报告：2011年"中国图书对外推广计划"共与29个国家的124家出版机构签订了240个资助协议，全年共向海外输出版权3 236项（不含港澳台地区），比2010年增长25%，创下历史新高。"中国文化著作翻译出版工程"2011年共与8个国家的16家出版机构签订了18个资助协议，资助金额超过3 600万元。

本月 全国政协委员张抗抗向"两会"提交了《建议政府对实体书店的生存与发展加大政策性支持的提案》。她在接受采访时谈到，政府可考虑对实体书店进行大幅度减税（小书店以营业税为主，大一点的书店主要是增值税）。也可参照目前新华书店享有的返税政策，使民营书店享受同等的"国民待遇"，让民营实体书店能够健康发展。

4月

6日 "云南新闻出版版权贸易洽谈暨滇版图书推介会"在新知图书金边华文书局举行。洽谈推介会集中展示了云南人民、云南大学、云南科技等出版社出版的1 000多种、10余万码洋的图书，内容涉及云南自然风光、风土人情以及水果、花卉、农业种植、养殖等类别。本次活动受到柬埔寨出版机构的关注，柬埔寨王国乌多匹等多家出版机构参加洽谈并达成合作意向。

7日 "时代新媒体出版社有限责任公司"在合肥正式揭牌。该公司由安徽电子音像出版社更名而成，是我国首家主动战略转型至新媒体出版领域的音像电子类出版单位。据介绍，转型后的时代新媒体出版社将以"新媒体、新技术、新业态、新产业链"为经营方向，以手机出版、网络出版和应用出版为三大主攻方向。

7—8日 "第九届中国民营书业发展高峰论坛"在北京举办。与会代表就民营书业发展、多元化延伸、战略合作、未来发展方向及实体书店生存现状等热点问题进行了探讨。《2011年度中国民营书业发展报告》同时发布。该报告概述了2011年民营书业总体情况,指出2012年民营书业将呈现多元、转型、数字三大趋势。

8日 "新华联合物流中心奠基典礼"在北京举行。该中心位于北京顺义区北小营镇宏大二三产业基地,由中国出版集团和江西新华发行集团共同投资兴建。据介绍,新华联合物流中心建成后,将实现商流、物流、信息流、资金流的全面整合,实现作业的自动化和运营管理的信息化、现代化。

11日 全国首家数字出版实体店——文轩数字出版体验店在四川成都正式营业。体验店由新华文轩旗下的四川数字出版传媒有限公司创办。据报道,用户通过网站直接提交断版绝版书的印制订单,或通过在线工具制作相册、日历等个性化印品,只需几分钟,电子产品便可转变为精致印刷品,享受"一本起印,立等可取"的自助出版服务。

同日 中国新闻出版传媒集团有限公司与安徽新华传媒股份有限公司在合肥签署了《战略合作协议》,拉开了双方携手进军中国数字出版领域的序幕。双方将发挥各自在内容、创意、资本、渠道和终端等方面的优势,共同推动经新闻出版总署已立项批复的"中国数字发行运营平台"项目落户安徽并实现产业化。

16—18日 "第42届伦敦书展"在英国伦敦举办。本届展览主题为"让文字走得更远"。中国以"市场焦点"主宾国身份参展,举办了300多场活动,展出图书1万多种,为伦敦书展历届主宾国活动中规模最大的一次。中国展台设计将"金、木、水、火、土"五行元素融入五个展区,在强调艺术性和实用性的同时,突出了中国设计、中国形象的理念。

17日 "中英数字出版论坛"在伯爵宫会议中心举行。新闻出版总署署长柳斌杰出席论坛,并作了题为《加强国际合作,推动数字出版产业繁荣发展》的主旨演讲。

19日 由中国新闻出版研究院组织实施的"第九次全国国民阅读调查"初步成果发布。调查显示,2011年我国18—70周岁国民各媒介综合阅读率为77.6%，比2010年增加0.5%。全国国民阅读调查项目已持续开展9次。本次调查增加了对电子书、电子报纸和电子期刊阅读情况的调查。

20日　由国家知识产权局、中宣部、国家版权局等25部门联合主办的"2012年全国知识产权宣传周启动仪式"在北京举行。宣传周围绕"培育知识产权文化，促进社会创新发展"主题，举办论坛、讲座、咨询、开放日、报告会等多项活动。

23日　上海市出版物发行网点建设扶持资金第一批资助企业名单正式公布。鹿鸣书店、季风书园、上海图书公司、千彩书坊等35家实体书店获得共计500万元专项资金资助。

同日　"文明中国"全民阅读活动启动仪式在北京举行。该活动由中国文明网联合浙江出版联合集团、广东省出版集团、人大数媒科技（北京）有限公司、中国新闻出版研究院等单位共同主办。活动围绕"三大平台、三大项目、三大工具"的建设，构建"纸质阅读——在线阅读——移动阅读"的完整体系，为读者提供优秀的阅读内容产品及服务。

24日　为迎接第12个"4·26"世界知识产权日，充分展示我国"扫黄打非"、打击侵权盗版工作的成果，全国"扫黄打非"工作领导小组在全国31个省（区、市）同时举行了2012年侵权盗版及非法出版物集中销毁活动，并开展了以"拒绝盗版，助力创新"为主题的"绿书签行动"。

25日　江苏凤凰印刷数字技术有限公司正式开业，凤凰数字资产管理中心同时揭牌。该公司整合国际领先的印刷数字化技术，建成了包括创作、编辑、设计、校对、排版、印刷在内不间断的"数字流"，是我国第一条书刊印刷数字化全流程。

26日　"2011年度全国知识产权保护评选活动"结果揭晓。该活动由国家知识产权局、国家工商行政管理总局、国家版权局共同主办。《著作权法》启动第三次修订工作等入选十大事件；安徽滁州"骑士音乐网"侵犯著作权案等入选十大案件；中国文字著作权协会总干事张洪波等入选10名最具影响力人物。

同日　全国"扫黄打非"办公室向社会公布了十起涉及出版物种类繁多、销售范围广泛、性质恶劣的非法出版物案：浙江杭州"3·08"非法期刊印刷窝点案、新疆和田"12·26"非法图书案、湖北咸宁六合彩非法出版物案、北京"3·06"非法出版物批销案、北京"3·20"非法出版物案、广州"1·06"印刷非法出版物案、新疆乌鲁木齐"4·05"批销非法出版物窝点案、上海网络制售非法出版物案、河南洛阳"1·20"网络销售非法出版物案、江西"4·11"销售非法出版物案。

29日 "杭州国家数字出版产业基地授牌仪式"在浙江省人民大会堂举行。据介绍，杭州市近三年来，每年扶持数字出版企业资金近3 000万元，通过积极营造良好的产业发展环境，促使数字出版产业呈现加速发展态势。

本月 人民教育出版社将该社网络公司改造为人教云汉数媒科技有限公司。该公司以人教社的品牌优势、资源优势和市场优势为基础，主要开展数字出版、网络出版、教学软件和工具开发、数字平台和终端开发等业务，意欲打造中国基础教育数字出版第一品牌。

5月

7日 二十一世纪出版社与上海千陌网络科技有限公司就网络游戏投资事宜达成共识，正式签署合作协议，标志着二十一世纪出版社正式进军网游产业。据了解，二十一世纪出版社斥资数千万元购买上海千陌网络科技有限公司35％股权，成立了"上海二十一世纪千陌网络科技有限公司"。

8日 中国出版集团公司与吉林出版集团有限责任公司在北京签署战略合作协议，并宣布成立中吉联合文化传媒（北京）有限公司。其中，中国出版集团占51％股份，吉林出版集团占49％股份。据介绍，双方将从内容资源整合、数字出版、物流、印刷材料、国际合作、人才培训等六个方面进行战略合作和互惠支持。

9日 以"少儿精品·阳光阅读"为主题的"2012年少儿图书专场订货会"在北京开幕。本次订货会汇集了华东六省少儿出版社、中国少年儿童出版社、童趣出版社等国内近70家出版社的3万种作品、重点少儿图书及5 000余种新版少儿图书，吸引了全国200余家批发商、机关团体等单位前来交易订货。

11日 "2012年全国出版专业学位研究生教育指导委员会工作（扩

大)会议"在南京召开。2010年,出版硕士专业学位经国务院学位委员会批准设立,北京大学、南京大学、复旦大学等14所院校获得学位授予权。2011年9月,我国第一批出版硕士专业学位研究生正式入学。

18—21日 为期4天的"第八届中国(深圳)国际文化产业博览交易会"在深圳会展中心举办。展会期间,新闻出版馆以"中国出版:传承文化、改革创新、拥抱未来"为主题,举行了签约仪式、展览等活动30多项文化活动,重点反映了新闻出版业的发展趋势和最新成果。截至21日,新闻出版馆总成交额达30.20亿元,同比增长22.76%。

18日 长江出版传媒股份有限公司与华中师范大学举行战略合作签约仪式。长江出版传媒通过增资方式,与华中师范大学共同主办华中师大出版社。重组后双方各占出版社50%股份;华中师大出版社继续由教育部主管,原社名、办社宗旨与办社方向保持不变;长江出版传媒将在出版主业创新、产品结构调整、品牌拓展、扩大市场份额等方面提供支持。

同日 为期十天的"第十届北京国际图书节"在北京地坛公园开幕。应组委会邀请,法国、希腊等七个国家驻华使馆参展,并带来了各具特色的文化活动。"北京图书节"于1991年9月创办,自本届起更名为"北京国际图书节"。

24日 "北京数字出版云中心"在"第四届中国云计算大会"上宣布成立。这是继2011年天津建立数字出版云中心以来,国内第二家将云计算与数字出版产业进行融合的云中心。

28日 新闻出版总署公布了入选社会主义核心价值体系建设"双百"出版工程首批重点出版物的100种选题名单。新闻出版总署于3月启动"双百"出版工程,4月下旬召开选题论证会,评选出理论类选题和通俗类选题各50种。

同日 新闻出版总署下发通知,公布了入选迎接党的十八大主题出版重点出版物的100种选题名单,其中图书选题80种,音像与电子选题20种。迎接党的十八大主题出版,是新闻出版总署2012年的重点工作之一。新闻出版总署将从6月开始,分阶段、有重点地指导相关出版单位做好出版、宣传工作,扩大重点出版物的社会影响,为迎接党的十八大胜利召开营造良好的舆论环境和文化氛围。

同日　西藏传媒集团有限公司在拉萨举行成立及揭牌仪式，集团旗下的《西藏手机报》也于当天上线运行。西藏传媒集团有限公司是西藏日报社整合党报经营资源组建的一家文化传媒企业，是西藏文化体制改革和文化产业发展的首家国有文化试点单位。2012年1月，西藏自治区文化体制改革和文化产业发展领导小组批复同意成立西藏传媒集团有限公司。

29—30日　由北京发行集团和中国图书馆学会高等学校图书馆分会主办的"北京台湖出版物会展贸易中心·2012年全国图书馆采购订货会"在北京举行。订货会的主题为"汇聚出版精华，助推馆藏建设"。全国各地图书馆、图书经销商、零售书店等近1 200家客户到场交易交流。开幕当天，北京发行集团和中国图书馆学会举办了"共建馆配市场生态环境发展论坛"，与会者现场签署了《馆配市场生态环境建设共识》。

29日　2012年度"经典中国国际出版工程"评审会议在北京举行。119家出版社申报了369个项目，经评审专家组评选，91个项目189种选题拟获"经典中国国际出版工程"资助。

同日　英国出版科技集团与北京中文在线数字出版股份有限公司共同签署了"海外数字图书馆"项目合作协议。中文在线的版权资源和服务平台将与英国出版科技集团所拥有的英捷特全球数字图书馆平台实现对接。

同日　"海南凤凰新华出版发行有限责任公司揭牌仪式"在海南省海口市举行。该公司前身为2008年海南新华书店集团和江苏新华书店集团共同组建的"海南凤凰新华发行有限责任公司"。此次合作是江苏凤凰出版传媒股份有限公司和海南省教材出版有限公司共同向海南凤凰新华发行有限责任公司进行增资，增资后，"海南凤凰新华发行有限责任公司"更名为"海南凤凰新华出版发行有限责任公司"。

同日　中国出版集团公司与欧若拉出版公司、诺丁汉商学院在北京签订战略合作备忘录，将共建商务同声传译和国际出版硕士专业；按需定制，开展高级出版管理人才培训项目；合作遴选、开发相关专业教材、中国本土原创教材和其他文化专著，并在中英两国同步出版发行等三个方面开展合作。

6月

1—4日 "第二十二届全国图书交易博览会"在银川举办。本届书博会展位2 130个，展出各类出版物30多万种，其中新书和重点图书占60%以上。书博会期间，组委会组织开展了"中国出版发展论坛""书博会会旗交接仪式暨大型文艺晚会""向农家书屋和图书馆捐赠图书仪式""第五届读者大会"等主题活动。各参展代表团举办了112项自办活动，各分会场组织了书博会主题文艺晚会、出版物成果展览等一系列主题活动。

1日 由新闻出版总署和宁夏回族自治区人民政府主办，中国新闻出版传媒集团有限公司、宁夏回族自治区新闻出版局、江苏凤凰出版传媒集团有限公司共同承办的"中国出版发展论坛"在银川举行。本届论坛的主题是"阅读·生活·传承"。论坛围绕阅读与生活、阅读与社会、阅读与文化传承、阅读与文化产业发展等话题进行了讨论。

4日 过云楼藏书拍卖在北京国际饭店尘埃落定。凤凰出版传媒集团以1.88亿元的价格成功竞购了这批国宝级藏书。苏州的过云楼始建于1873年，第一位主人为清末官员顾文彬。经过6代人150年传承，过云楼收藏了大量的古籍书画，成为苏州一座享誉海内外的著名藏书楼，藏书共集宋元古椠、精写旧抄、明清佳刻、碑帖印谱800余种。过云楼藏书的四分之三早已被南京图书馆等机构收购，现存的四分之一共179部（近500册、1 293本）于2005年被匿名藏家买走，这次整体打包出售。

6日 "西安国家数字出版基地、西安国家印刷包装产业基地揭牌仪式"在西安举行。前者是经新闻出版总署批准组建的第九个国家级数字出版基地，将重点发展手机出版、电子书、传统出版数字化、数字动漫与网络游戏、网络教育、数据库出版等六大业务板块。西安国家印刷包装产业基地是经新闻出版总署批准组建的第二个国家级印刷包装产业基地。

12日 "'十二五'国家重点出版物出版规划增补项目论证会"在北京举行。来自学术界、科研界、创作界、出版界的70余位专家参加了会议。据介绍，规划项目数量将由原来的2 000多种扩充至3 000种。

14日 淘宝网天猫商城的图书品类商城——天猫书城上线。该网络书城包括50家国内外出版社、20多家独立B2C购书网站、5家杂志社、9家大型新华书店、8家城市地标书店等在内的1 000多家图书网店，将推出130万种在线图书，在售图书超过6 000万本。由于天猫商城的图书商家遍布全国各地，配送网络覆盖全国的县、乡镇，天猫商城的图书在三四线城市的成交比高达44.5%。

15日　由中国版权保护中心主办的"2012 CPCC十大中国著作权人年度评选"活动在北京正式启动。本届评选活动主题为"关注设计"，旨在为各领域的优秀设计企业和个人搭建展示设计成果的平台。

17日　由新闻出版总署、福建省人民政府主办的"第四届海峡新闻出版业发展论坛"在福建厦门举办。论坛以"扩大民间交流、加强两岸合作、促进共同发展"为主旨，以"加强两岸出版合作、共同提升中华文化竞争力"为主题，共商推动新闻出版业创新发展大计，共绘中华文化繁荣发展蓝图。

20—26日　由世界知识产权组织（WIPO）主办，新闻出版总署（国家版权局）和北京市人民政府共同承办的世界知识产权组织保护音像表演外交会议在北京举行。此会议为近16年来世界知识产权组织在版权领域召开的首个外交会议，也是新中国成立以来首次承办的第一个涉及版权条约缔结的外交会议。会议为期7天，来自154个世界知识产权组织成员国和49个国际组织的720余名代表就《音像表演条约》的缔结进行商讨。会议正式签署了《视听表演北京条约》。

22日　"世界知识产权组织（WIPO）版权金奖颁奖盛典暨第四届中国国际版权博览会开幕式"在北京人民大会堂举行。《于丹〈论语〉心得》、二十一世纪出版社、山东省青岛市文化市场行政执法局等15个作品或机构分别获得版权金奖分设的作品奖、推广运用奖、保护奖。该奖项是目前WIPO在中国颁发的版权最高奖项，此次是第三届。

同日　国家版权局发布了"2007—2009年中国版权相关产业经济贡献调研成果"。调研报告表明，我国版权相关产业的行业增加值及其占当年GDP的比重保持增长态势，到2009年已占当年GDP的6.55%。特别是核心版权产业的行业增加值及其占当年GDP的比重增长较快，到2009年已占当年GDP的3.50%。"中国版权相关产业的经济贡献调研项目"是国家版权局委托中国新闻出版研究院逐年开展的连续性重大科研项目。自2007

年开始，相关调研活动已开展三次。

28日 新闻出版总署发布了《关于支持民间资本参与出版经营活动的实施细则》，就民间资本参与出版经营活动发出明确支持信号，具体扶持内容达十项。总署有关负责人称，此举意在充分调动民间资本参与文化建设，促进出版行业科学发展，推动社会主义文化大发展大繁荣。

同日 "全国新闻出版标准化技术委员会成立大会"在北京召开。标委会是由国家标准化管理委员会直接管理的一级国家标准化技术委员会，将负责书、报、刊、音像电子出版物、数字出版物、网络出版物领域的国家标准制修订工作。经过委员审议，大会原则通过了标委会的《章程》和《秘书处细则》，并对《工作计划》提出了修改意见。

7月

1日 国家版权局、公安部、工业和信息化部、国家互联网信息办公室宣布：即日起至10月底，在全国启动2012年打击网络侵权盗版专项治理"剑网行动"。该行动主要针对提供作品、表演、录音录像制品等内容的网站、提供存储空间或搜索链接服务的网站以及提供网络交易平台的网站中存在的侵权盗版行为进行专项治理。这是我国政府部门自2005年以来开展的第八次网络侵权盗版专项治理行动。

2日 新闻出版总署与中国联通集团公司在北京签署了《推进数字出版产业发展战略合作备忘录》。2010年、2011年新闻出版总署先后与中国电信、中国移动签署了战略合作备忘录。至此，新闻出版总署已经和国内三大运营商皆达成战略合作协议，并对分成比例作出明确规定：出版方和内容提供方获得的分成不低于60%。

3日 新闻出版总署与中国进出口银行在北京签署了《关于扶持培育新闻出版业走出去重点企业、重点项目的合作协议》。根据协议，在今后5年的合作期内，中国进出口银行将为新闻出版企业提供不低于200亿元或等值外汇融资支持，扶持推动新闻出版企业"走出去"。

5—8日 "第十九届东京书展"在日本东京举办。中国出版代表团的19家单位，携带296种、400余册图书参加展览，图书内容涉及文学、科普、教育、医学、建筑、传统文化、美术等领域，均为近两年出版的新书。

9日 新闻出版总署发布了《2011年新闻出版产业分析报告》。报告显示，2011年全国出版、印刷和发行服务实现营业收入14 568.6亿元，较2010年增加2 193.4亿元，增长17.7%；增加值4 021.6亿元，较2010年增加518.3亿元，增长14.8%。这是继2009年、2010年之后，新闻出版总署第三次向社会发布新闻出版产业分析报告。

10—11日 "2012年全国新闻出版局长座谈会"在北京举行。会议指出：迎接、宣传、学习、贯彻党的十八大是下半年新闻出版工作的主线和重点。下半年全行业必须完成农家书屋实现全覆盖，启动第二批非时政类报刊出版单位改制工作和编辑部改革，以及软件正版化工作向地市、县级政府推进三项硬任务。

10日 全国"扫黄打非"办公室向社会公布了八起"扫黄打非"重点案件的判决结果。八起案件分别是：贵州贵阳"2·22"贩卖盗版淫秽光盘案，海南海口"2·16"非法出版期刊案，云南昆明"7·08"贩卖淫秽光盘案，云南昆明"11·17"贩卖淫秽光盘案，湖北武汉"1·05"销售盗版、淫秽音像制品案，四川成都"10·12"批销盗版音像制品案，江西上饶"6·24"侵犯著作权案，广东东莞"8·26"批发非法音像制品窝点案。

13日 中国新闻出版研究院发布《2011—2012中国出版业发展报告》。《报告》从政策环境、主题图书、重大工程等七个方面总结归纳了2011年出版业的发展状况及特点，预测了2012年出版业发展的六大趋势。

16日 "辽宁新华书店发行集团暨辽宁新华书店发行集团有限公司"在沈阳正式成立。新组建的辽宁新华书店发行集团为法人联合体。该联合体由辽宁新华书店发行集团有限公司、辽宁北方出版物配送有限公司、新华书店北方图书城有限公司、辽宁省外文书店有限责任公司，以及辽宁省各市、县新华书店等成员单位组成。辽宁新华书店发行集团有限公司由出版传媒对所属的北配公司、北方图书城、辽宁省外文书店资产实施重组后注入辽宁省新华书店，再由辽宁省新华书店更名后组建。

18—20日 "2012中国数字出版年会"在北京举行。本届年会以"数字出版：新发展 新举措 新期待"为主题，发布了《2011—2012中国数字出版产业年度报告》。报告指出，2011年我国数字出版全年收入规模为1 377.88亿元，较2010年增长31%。年会通过主论坛、分论坛、国家数字出版基地建设圆桌会议、出版集团数字传媒公司发展圆桌会议、贸易签约、成果展览展示等多场活动，全面反映了中国数字出版产业的最新进展。

20日　新闻出版总署、全国古籍整理出版规划领导小组发出通知，正式印发实施由全国古籍整理出版规划领导小组组织编制的《2011—2020年国家古籍整理出版规划》。《规划》共列入491个项目，分为文学艺术、语言文字、历史、出土文献、哲学宗教、科学技术、综合参考、普及读物和古籍数字化等九个门类。

25—29日　由新闻出版总署、上海市人民政府等部门联合指导举办的"第十届中国国际数码互动娱乐展览会"在上海开幕。本届展会主题为"开放、转型、突破，迎接新纪元"。展览会展出了来自全球30多个国家和地区的349家企业、600余款游戏。展会期间还举办了"中国游戏商务大会"等专题会议以及"张江杯"电子竞技大赛等一系列活动。

26日　"三联书店创建80周年庆祝大会"在北京人民大会堂举行。为庆祝书店创建80周年，三联书店举办了一系列纪念活动，活动之一的"韬奋图书馆"于7月16日开馆，在美术馆东街形成以"生活·读书·新知三联书店""三联韬奋书店"和"韬奋图书馆"为核心的"三联文化场"，打造阅读新地标。

8月

6日　新闻出版总署发布了《2011年全国新闻出版业基本情况》。2011年全国出版图书369 523种、期刊9 849种、报纸1 928种。本次发布的新闻出版业基本情况从图书、期刊、报纸、音像制品与电子出版物、出版物发行、印刷复制、出版物进出口、版权管理与版权贸易等方面作了分类统计和对比。

7—8日　"2012民进全国出版界会员座谈会"在北京举行。这是中国民主促进会近年来召开的第二次关于出版方面的全国性会议。

13日　"台儿庄国家版权贸易基地揭牌仪式"在台儿庄举行。台儿庄古城成为国内第四个、山东省唯一的综合性版权交易服务平台。

15—21日 "上海书展"在上海展览中心开幕，全国近500家出版社展出了15万余种图书。2004年，"沪版图书交易会"更名为"上海书展"，2011年升格为国家级展会。本届书展以"我爱读书 我爱生活"为主题，并与全民阅读活动结合起来。书展期间举办了400余场文化活动。

17—23日 "2012南国书香节暨羊城书展"举办。本届书香节以"让阅读成为时尚"为主题，共设19个主题展馆、8个互动体验专区，举办300多场文化活动。本届书香节首次推出吉祥物和会歌，新设了台湾文化主题馆区。

18日 "2012学术出版上海论坛"在上海召开。有关学术出版规范的话题引发热议。新闻出版总署副署长邬书林在论坛上表示，新闻出版总署将从六个方面加快推进学术著作出版规范建设。

27日 新闻出版总署在北京召开了"迎接十八大主题出版工作座谈会"。十八大主题成为出版界热点，9月底前列入新闻出版总署计划的重点出版物将全部与读者见面。迎接党的十八大主题出版工作自2011年下半年启动，从报送的1 240种选题中选出了100种重点出版物选题。

28日 "第六届中华图书特殊贡献奖颁奖仪式"在北京举行。本届共评出六名获奖人。该奖项由中国政府2005年设立，主要表彰在介绍中国、翻译和出版中国图书、促进中外文化交流方面作出突出贡献的外籍作家、翻译家和出版家。迄今共有14个国家和地区的27人获奖。

8月28至9月1日 "第十九届北京国际图书博览会"在北京举办。本届博览会参展国家和地区75个，参展商2 010家，展示图书20多万册。博览会期间，开展了1 000多场文化活动。其中，以"数字环境下出版企业的生存与发展"为主题的"2012北京国际出版论坛"探讨了数字化背景下出版社的发展之路。博览会首个主宾城市为北京，主宾国为韩国。

30日 "人民教育出版社与昆明新知集团合作意向书签约仪式"在北京举行。此举意味着人民教育出版社授权昆明新知集团在东南亚、南亚销售包括中小学教科书在内的人教社所有出版物。昆明新知集团为民营企业，2011年、2012年分别在柬埔寨金边、老挝万象开设了华文书局。

9月

2日 "《全国少年儿童图书馆基本藏书目录》新闻发布会"在北京召开。国家图书馆历时近两年编制完成该《书目》。入选书目的图书4 103种、14 295册（件），期刊185种、报纸50种、音像制品545种、网络数据库30种。据悉，今后国家图书馆将结合文献出版情况和目录使用反馈情况，每年对《书目》进行持续研究修订，使其有长期指导意义。

3—7日 "首届中国—亚欧出版博览会"在乌鲁木齐举办。该博览会是"第二届中国—亚欧博览会"的一部分，由新闻出版总署、新疆维吾尔自治区人民政府共同主办。本届展览面积500平方米，55个展位，我国30个出版集团、俄罗斯等11个国家的18家出版机构展出图书近6 000种。博览会今后将每两年在乌鲁木齐举办一次。

4日 为了进一步提高我国学术著作出版质量，新闻出版总署下发了《关于进一步加强学术著作出版规范的通知》。根据《通知》，学术著作出版规范的执行情况将作为中国出版政府奖评奖、国家级优秀图书推荐、国家重大出版项目和国家出版基金申报与验收，以及出版单位年检、等级评估等工作的重要条件。

5—10日 "第25届莫斯科国际书展"在莫斯科举行，展销图书超过20万种。中国有约20家出版社参展，展出了几十种中文书籍。近年来，俄罗斯读者对中文书籍的需求旺盛。本次展销，中国图书进出口（集团）总公司带来的儿童读物和《新华字典》一摆出来即售罄。

10日 "第八届平壤国际科技图书展"在朝鲜人民大学习堂开幕。该书展创办于2001年，每两年举办一次，由朝鲜对外文化联络委员会主办。本届中国代表团共有12家单位携2 000余种科技图书参展。

11日 "全国少儿图书交易会"在河北承德举行。来自全国36家专业少儿出版机构和全国少儿图书销售渠道的代表共400余人参加。交易会期间召开了"少儿图书数字出版的商业模式论坛"，代表们从不同角度探讨了数字背景下少儿出版的数字化生存和发展之路。

13—16日 "第八届海峡两岸图书交易会"在台北举办。本届交易会以"书香两岸·情系中华"为主题。此次交易会设立展位390个，中国出版集团等来自大陆的 24 家集团参展，参展的大陆图书 10.5 万种、31 万册。江苏省为本届图书交易会主宾省。本届交易会还在台中、台南和高雄设立了三个分会场。

13 日 "海峡两岸出版高峰论坛"在台北世贸中心举行。本次论坛的主题是"合作发展，走向世界"。据统计，2011 年，两岸图书、报纸、期刊、音像、电子等出版物进出口品种累计达 48.66 万种，进出口额为 2 243.76 万美元，分别同比增长 16.67%、22.66%。2011 年，两岸图书版权贸易达到 2 939 种。

14 日 "首届全国人文社会科学期刊高层论坛"在沈阳召开。论坛由中国社会科学杂志社、辽宁省社会科学院联合主办。与会代表就"建构面向世界的学术期刊与学术评价机制"等主题进行了讨论。《中国社会科学》《社会科学辑刊》等 65 家与会期刊签署《沈阳宣言》，共同倡导学术期刊自律。

17 日 "第八届中韩著作权研讨会"在韩国召开。研讨会由中国国家版权局与韩国文化体育观光部主办、中国版权保护中心与韩国著作权委员会承办，主题为"中韩建交 20 周年，著作权领域新合作"。

18 日 商务部、新闻出版总署等六部委联合发布了《2011—2012 年度国家文化出口重点企业和重点项目目录》。中国国际图书贸易集团有限公司等 485 家企业入选重点企业目录，北京国际图书博览会等 108 个项目入选重点项目目录。在重点企业目录中，直接从事新闻出版的企业约占 25%；在项目目录中，新闻出版项目约为 40%。

23 日 国务院办公厅发布了《关于第六批取消和调整行政审批项目的决定》。其中取消行政审批项目 171 项，调整行政审批项目 143 项。其中，新闻出版总署取消"期刊出版增刊审批"项目。此外，省级人民政府出版行政部门取消了"被查缴非法光盘生产线处理审批""电子出版物制作单位接受境外委托制作电子出版物审批"；县级人民政府出版行政部门取消了"设立专门从事名片印刷的企业审批"。另外，教育部取消了"中小学国家课程教材编写核准"。

26 日 "《中国出版物在线信息交换》系列国家标准应用与推广调研工作启动会"在北京召开。会上，中国出版集团公司、科学出版社、新华文轩出版传媒公司等21家出版、发行、信息技术服务单位，向全国新闻出版业各单位发出了应用推广该系列标准的倡议书，共同表示支持标准的推广和应用。

26—28日 "首届中国国际新闻出版装备博览会"在天津市举行。展会主题为"新媒体、新技术、新平台"，国内外共560多家参展商参展。博览会由新闻出版总署和天津市人民政府共同主办，是新闻出版行业首个以展示技术装备为特色的展会。

27日 "全国农家书屋工程建设总结大会"在天津举行。"农家书屋工程"是社会主义新农村建设的文化工程，2005年在甘肃等西部地区试点，2007年纳入党和政府民心工程。截至2012年8月底，农家书屋已覆盖全国具备条件的行政村，提前三年完成了"农家书屋村村有"的任务。

同日 "首届中国按需出版论坛"在天津召开。论坛由中国印刷及设备器材工业协会、中国新闻出版研究院、中国图书商报社主办。与会专家围绕"新挑战、新思维、新机遇"探讨了按需出版与产业转型等问题。

9月28至10月8日 "第五届中国国际漫画节"在广州举行。漫画节由新闻出版总署和广东省人民政府联合主办。漫画节期间举办了"第九届金龙奖颁奖典礼"。本届比赛共评出漫画类奖项11个，动画类奖项5个，单项奖7个，并有1部作品获得组委会特别奖。本届金龙奖评选首设的"中国漫画大奖"奖项空缺。

10月

8日 "第二十二届中国新闻奖和第十二届长江韬奋奖评选结果"开始公示。本届共评选出获奖作品293件，获奖者20位。其中长江系列10位、韬奋系列10位。

10—14日 "第64届法兰克福书展"在法兰克福举行。中国代表团输出版权2 409项。这是中国出版界自2009年在法兰克福书展担任主宾国之后，连续两年在这一国际最大书展上版权输出超过2 000项。

10日 为做好迎接党的十八大出版工作，中宣部和新闻出版总署下发了《关于开展迎接党的十八大优秀出版物展示展销活动的通知》，决定在全国统一组织开展迎接党的十八大优秀出版物展示展销活动。

11日 瑞典文学院宣布，2012年诺贝尔文学奖授予中国作家莫言。莫言成为首个获得诺贝尔文学奖的中国籍作家。诺贝尔奖评审委员会给其的颁奖词为：莫言将魔幻现实主义与民间故事、历史与当代社会融合在一起。每年的诺贝尔文学奖公布后，都会在国内引发诺奖图书市场热、出版热、版权争夺热。莫言的作品图书也骤然热销。

14日 2012年全国出版专业职业资格考试在全国统一举行。这是该项考试自2002年开展以来第11次开考，报考人数达到20 693人，比上一年增加2 248人。

22日 为了惩戒少数不参加其促销活动的供应商，上海世纪出版集团等四家出版机构的图书被当当网宣布下架。电商价格战硝烟又起，而此次最先受波及的是"图书供货商"。当当网图书供货商被要求必须参加促销活动，不同意承担促销费用的机构图书遭"下架"。在此期间，多家当当网图书供货商收到当当网关于应对恶性促销价格战的通知。该通知称，为应对某网站挑起的低于成本的促销价格战，被迫发起反击，各个供货商必须承担部分促销费用。

30日 新闻出版总署、国家版权局在北京召开了"《著作权法》修订工作领导小组第二次会议"。修订工作领导小组就即将呈报给国务院的《著作权法》（修改草案第三稿）进行了讨论。这标志着《著作权法》第三次修订工作已近尾声，为国务院以及全国人大常委会审议和完善《著作权法》修订草案奠定了基础。《著作权法》第三次修订工作2011年7月13日启动。修法专家委员会自成立以来，共召开了四次全体会议，并于2012年3月31日和7月6日两次向社会征求意见。第一稿收到社会各界意见1 600多份；第二稿收到中外意见200余份。

同日 阿里集团旗下天猫事业部和当当网联合宣布，即日起当当网正式入驻天猫。当当网的80万种图书品类和30多万种百货品类同时入驻天猫。

31日 新闻出版总署在北京举办"加强学术著作出版规范座谈会"，贯彻落实总署《关于进一步加强学术著作出版规范的通知》精神。座谈会上还向出版界发出了《倡议书》。《倡议书》由5家发起单位及48家参与单位共同签署，表示将尊重学者的原创劳动，以学术质量为第一要义，确保具有高水平的学术著作的出版。

本月 由广东省出版集团剥离重组、联合南方报业传媒集团共同发起成立的南方出版传媒股份有限公司，正式加入了首次公开发行（IPO）初审大军。根据中国证监会发行监管部最新发布的首次公开发行股票申报企业基本信息情况表，南方出版传媒拟登陆上海证券交易所，保荐机构为长城证券有限责任公司。

11月

3—5日 "第25届全国大学出版社图书订货会"在青岛举行。本届订货会由中国大学出版社协会主办，中国大学出版社协会发行工作委员会承办。100多家大学出版社、教育部直属出版社参加订货会。本届订货会突出了"数字化"特色：邀请了全国电子音像数字出版物发行商参会、大学出版社带来的精品图书及音像电子数字出版物数万种。以"大学出版的功能与责任"为主题的"大学出版论坛"在订货会上举办，论坛探讨了大学出版社在企业体制和市场环境下的出版方略以及大学出版的定位和前景。

5日 由韬奋基金会、中国新闻出版研究院、中国新闻出版报社共同举办的"首届韬奋出版人才高端论坛征文评奖"揭晓。共有61篇论文获奖，一等奖5篇、二等奖10篇、三等奖15篇，31篇作品获优秀奖。论文围绕人才建设主题，从编辑人才、数字人才等角度深入探讨了文化大发展大繁荣形势下出版业人才工作的状况、任务、经验和对策。

13日 知识产权局、国家版权局等九部门联合制定了《关于加快培育和发展知识产权服务业的指导意见》，这是我国第一部知识产权服务业的指导意见。《意见》提出，到2020年要把知识产权服务业发展成为高技术服务业中最具活力的领域之一。

14日 苏宁易购电子书正式上线，成为电子书市场的又一电商平台。2012年2月，京东启动电子书业务；4月，淘宝书城成立。随着电商们的加入，让原本已经由内容商和运营商占有的几近饱和的市场更显拥挤。

17—20日 "第31届伊斯坦布尔国际书展"展出单元之一的"中国图书展"举办。"中国图书展"是"2012土耳其中国文化年"的重要活动项目之一，由中国新闻出版总署主办，共有53名参展代表，分别来自全国各地25家新闻出版单位。这是继2007年中国首次参加伊斯坦布尔国际书展后第二次参展。书展期间,中土双方还举行了以"交流、合作、共赢"为主题的"中土出版论坛",100多名来自出版业的精英分享了关于合作、发展的真知灼见。

19日 "2012年度'中国最美的书'"在上海揭晓,《一个一个人》等20种图书荣获本年度"中国最美的书"称号,2013年春天将代表中国赴德国莱比锡参评2013年度"世界最美的书"。

20日 时代出版传媒公司在上海浦东外高桥保税区"国家对外文化服务贸易基地"注册设立了"时代国际出版传媒(上海)有限责任公司",成为国内首家"境内关外"出版文化企业。新设立的"时代国际出版传媒(上海)有限责任公司"是时代出版传媒公司全资子公司,将以版权贸易、图书衍生产品开发和出口为经营抓手,同时开展期刊、印刷、文化会展、国际交流等业务。

21日 "党的十八大文件及学习辅导读物首发式"在北京西单图书大厦举行,十八大报告、党章和十八大文件汇编的电子书也与纸质图书同步上市。这是党和国家重要文件、文献出版物首次以数字方式出版并公开发行。

同日 新闻出版总署印发了《关于公布首批国家印刷复制示范企业的通知》,公布了我国首批国家印刷复制示范企业名单。北京华联印刷有限公司等25家印刷企业、北京保利星数据光盘有限公司等四家光盘复制企业上榜。

23日 中华人民共和国新闻出版总署与乌克兰国家广播电视委员会在乌克兰签署合作协议。这标志着中乌新闻出版业即将迎来全面深化合作的新时期。根据协议,双方将在七个方面努力推动两国新闻出版领域加强合作。

同日 经国家发改委批准,我国出版行业的第一只企业债券——2012年重庆出版集团公司公司债券公开发行。这标志着我国出版业在企业债券市场融资方面取得了实质性突破。本期债券总额为4亿元,主要用于发展"重庆出版集团公司数字传媒出版平台项目"。

同日 "第十七届两岸四地华文出版年会"在"第十三届大陆图书展"

期间举行。本届年会由台湾图书出版事业协会、中国出版协会、香港出版总会、澳门出版协会共同主办。会上，来自大陆、台湾以及香港、澳门特区的出版界人士达成了"针对开发华文出版市场、华文出版走出去及全球化经营策略、举行定期研讨"等多项共识。

23—25日　由中国出版协会、台湾图书出版事业协会主办，中国图书进出口（集团）总公司、新疆维吾尔自治区新闻出版局承办的"第十三届大陆图书展（新疆主题展）开幕式"在台北市举行。新疆维吾尔自治区12家出版社、8家期刊社、2家印刷发行单位以及相关协会会员单位参展，展出图书1 200多种、音像制品20多种、报纸期刊67种。本届书展集中了新疆各民族的文化精粹和多年来的出版成果。书展期间，新疆民族服饰展、民族乐器展、魅力新疆摄影图片展同时展出。

24日　"第26届墨西哥瓜达拉哈拉国际书展"在墨西哥瓜达拉哈拉开幕。该书展是拉美地区最大的图书博览会。中国国际出版集团携550余种图书参展，五洲传播出版社等来自全国17家出版单位的代表也参加了书展。

同日　"第十八届亚太出版商联合会图书奖"在斯里兰卡首都科伦坡颁发。中国图书获两金两银。三联书店的《鲁迅箴言》荣获普通类金奖，译林出版社的《迷戏》荣获少儿类金奖，上海译文出版社的《平家物语》与上海人民出版社的《东京昆虫物语》分获学术类和普通类银奖。会上，中国和斯里兰卡等国一同当选为新一届APPA副主席国。

29日　京沪港三地三联书店合资成立的"三联时空国际文化传播（北京）有限公司"在北京举行揭牌仪式。据悉，三联国际公司将整合京沪港三联的高端人才、独有资源、出版创意、市场经营理念和新的管理考核机制，努力创新合作模式和经营模式。

29—30日　"数字环境下版权集体管理国际研讨会"在杭州举办。研讨会探讨了数字技术对版权集体管理和版权保护带来的挑战，交流了数字环境下各国版权集体管理组织的经验，并就中国及国际关注的版权立法、执法实践等议题进行了讨论。本次研讨会是国家版权局与国际复制权组织联合会首次合作在华举办的国际会议。

本月　时代出版企业技术中心通过了国家发改委的审核与答辩，获批成为第 19 批国家认定企业技术中心之一。这是文化企业首家获批入选国家认定企业技术中心。

12 月

1—9 日 由文化部、北京市人民政府、中国人民对外友好协会联合主办，中国图书进出口（集团）总公司等承办的"首届国际动漫博览会（北京 2012）"在北京举行。博览会以"欢聚北京，享受动漫"为主题，举办了中国台湾主题日、动画片主题日、动漫企业主题日、国际动漫主题日、漫画主题日等九个主题日活动。

2 日 "2012 年尼泊尔中国书展"在尼泊尔加德满都开幕。此次书展受新闻出版总署委托，由西藏自治区新闻出版局、西藏人民出版社承办，西藏自治区新华书店、西藏自治区对外文化交流协会、中国西藏书店协办。八家中国出版机构参加此次书展。

3 日 时代出版发布公告，与青海人民出版社有限责任公司签署《战略合作框架协议》和《投资合作协议书》，拟共同出资组建"时代雨露出版传媒股份有限公司（暂定名）"，共同策划和打造重大出版项目，在全媒体出版发行、中小学教材教辅发行批发零售、印刷复制、文化贸易、文化产品进出口、第三方物流、各类培训以及数字出版、影视制作等领域展开合作。

同日 "第二届全国出版物供应链论坛"在广西南宁举行。本届论坛以"互联网经济下的信息化建设"为主题，围绕网络环境下的信息技术发展、传统出版发行业向数字出版转型等问题，探讨了出版物供应链的现状，并展望了未来的信息化建设与出版物供应链技术。论坛由全国出版物发行标准化技术委员会和中国图书商报社联合主办，北京中启智源数字信息技术有限责任公司与广西新华书店集团股份有限公司承办。

4 日 中国文字著作权协会于 2012 年 11 月 29 日宣布：将联合数十家出版社和报刊社向苹果网上应用商店开展维权行动。对此，苹果公司总部即日主动与文著协联系，磋商中国著作权人权益保护问题。

7 日 为期一周的"京港出版交流活动暨北京出版集团精品图书展"在香港开幕。此次活动是内地出版集团首次独家在香港举办精品图书展销活动。北京出版集团展出了500余种优秀图书。开幕式上，北京出版集团与香港天地图书公司签订了战略合作框架协议。

8日 凤凰出版传媒集团在智利圣地亚哥中华会馆挂牌成立"凤凰瀚融国际股份有限公司"。这是凤凰出版传媒集团在南美成立的首家境外机构，也是该集团继凤凰传媒国际（伦敦）有限公司后成立的又一家境外实体企业。

同日 由《中国三峡工程报》《中国三峡》杂志和《中国三峡建设年鉴》组建而成的"长江三峡集团传媒有限公司"在北京揭牌成立。这是第一家新闻出版总署批准的由报刊编辑部合并组建而成的新闻出版企业。

10日 "《汉语大词典》（第二版）编纂出版启动大会"在北京召开。本次修订工作预计2015年出版第二版第一册，2020年完成全书25册、约6 000万字的编纂出版工作。《汉语大词典》（第一版）于1993年编纂完成，全书12卷，共收词目37.5万条。

12日 "全国新闻出版信息化工作会议"在北京召开。会上，新闻出版总署发布了《新闻出版信息化"十二五"时期发展规划》，提出了"十二五"时期新闻出版信息化发展的指导思想、基本原则、发展目标和主要任务，并明确提出将"新闻出版电子政务综合平台""新闻出版信息资源库""出版发行信息服务云平台""新闻出版总署信息化基础环境建设"等四大工程作为落实规划的重要抓手。

20—23日 "第七届中国北京国际文化创意产业博览会"在北京台湖出版物会展贸易中心举办。本届博览会主题为"交流、交易、发展、共赢"，展示了60余万种（含港台地区）近年来出版的图书产品。博览会期间举办了海峡两岸业务研讨会等文化活动。

28日 "《中国古籍总目》出版座谈会"在北京举行。《中国古籍总目》是现存中国汉文古籍的总目录，1992年该项目被列入国家古籍整理出版重点规划。该项目吸收了古代文献研究的最新成果，通过迄今最大规模的调查与著录，第一次摸清了我国的古籍家底约20万种。《中国古籍总目》共26卷，由中华书局和上海古籍出版社出版。

同日 "华中国家版权交易中心"在武汉正式运营。该中心与首批会员单位代表签订了战略合作协议和版权代理协议，并进行了首场版权交易活动。华中国家版权交易中心是继北京之后，经国家版权局批准建立的全国第二家国家级版权交易中心。

2013 年

1 月

4—5 日　2013 年全国新闻出版工作会议在北京召开。会议总结回顾了 2012 年以及十六大以来的新闻出版工作，研究部署了 2013 年工作。新闻出版总署署长、国家版权局局长柳斌杰作了题为《深入学习贯彻党的十八大精神加快推进新闻出版强国建设》的主题报告，中宣部领导作重要讲话。

5—7 日　北京地区出版物订货会在华北宾馆、海航大酒店和京燕饭店同时举办。本届订货会上，入驻中国北京出版创意产业园区的 34 家民营企业带来了 200 余种精品图书。

6 日　中华书局有限公司上海分公司正式成立并投入运营。目前，在上海发源的著名出版机构商务印书馆、中华书局、三联书店已全部再次进驻上海。

8 日　2012 年度中国游戏产业年会在苏州开幕。主题为"游戏悦动生活"的年会对 2012 年中国游戏出版产业的发展现状进行了总结，并发布了《2012 年中国游戏产业报告》与《2012 年中国游戏产业海外市场报告》。

11—13 日　2013 北京图书订货会在中国国际展览中心（老馆）举办。本届订货会创历届最大规模，参展图书约 50 万种，新书品种增长约 20%。

17 日　国家版权局对外发布 2012 年全国作品登记和计算机软件著作权登记统计数据和排名，首次对外发布了我国著作权质权登记有关数据：2012 年共登记 146 件，涉及软件和作品数量 773 件，质押金额总计 27.51 亿元。

2 月

2 日　第四届中华优秀出版物奖终评会在北京圆满结束，终评结果揭晓。评奖主要对2010年1月至2011年12月间的出版物和论文进行评选。

4日 山西科技新闻出版传媒集团揭牌。

16日 新闻出版总署办公厅下发通知,决定开展第八批"中国民族网络游戏出版工程"项目申报评选工作。本批入选项目将进入总署2013年度"新闻出版改革发展项目库",为获得国家相关政策和资金扶持创造有利条件。

21日 由新闻出版总署(国家版权局)牵头,15个成员单位联合召开了推进使用正版软件工作部际联席会议,为2013年的软件正版化工作提出了新的目标。

23日 第三届世界美食图书博览会、世界美食图书奖颁奖典礼和国际美食电视节在法国巴黎罗浮宫同时拉开帷幕。光明日报出版社的《舌尖上的中国》荣膺本年度"世界最好的美食图书大奖"。

25日 2013年全国报刊管理工作会议在北京召开,新闻出版总署党组书记、副署长蒋建国出席会议。他强调报刊管理要重点做到四个"抓":一抓导向,二抓改革,三抓规范,四抓队伍。

27日 主题为"整合·攻坚"的2013CPCC中国版权服务年会在北京开幕。在中国版权服务年会上,由《中国版权》杂志和《中国新闻出版报》联合评选的"2012年中国版权十件大事"揭晓。

28日 中国网络版权维权联盟在北京成立。联盟首批24个成员单位包括人民出版社、商务印书馆、人民教育出版社、新浪、搜狐、腾讯等多家知名出版社和网络公司。联盟由中华版权代理中心在中国版权保护中心指导下发起,业务范围有网络维权、反盗版技术研发、对外交流合作、版权保护教育培训等。

本月 新闻出版总署办公厅印发通知,对外公布了2013年新闻出版改革发展12项工作要点。通知指出,要牢固树立"改革只有进行时没有完成时"的理念,以更坚决的态度,更有力的措施,坚定不移地在更高起点上加快新闻出版改革发展。

3月

1日 国务院新修改的《计算机软件保护条例》《中华人民共和国著

作权法实施条例》《信息网络传播权保护条例》正式施行。三个条例中均对行政处罚罚款数额进行了调整和修改，特别是对我国现行著作权法第四十八条规定的侵犯著作权的行为提高了罚款上限，由原来的可处 5 万和 10 万元以下的罚款，提高到可处 20 万和 25 万元以下的罚款。

1—2 日　2013 图书和知识产权深圳会议召开。会议围绕全球化世界中的图书产业所面临的挑战展开讨论，表决通过并宣读了《图书和知识产权深圳宣言》。

4 日　第 20 届华南国际印刷展在广州琶洲中国进出口商品交易会展馆开幕。本届展会规模创历史新高，展品范围更全面。其中第 24 届香港印制大奖展示区亮相华南展，成为首个中国内地展示站。

5 日　第十二届全国人民代表大会第一次会议在人民大会堂开幕。国务院总理温家宝在作《政府工作报告》时指出："把文化改革发展纳入经济社会发展总体规划，列入各级政府效能和领导干部政绩考核体系，推动文化事业全面繁荣、文化产业快速发展。"

同日　全国"扫黄打非"办公室发出通知，从 3 月上旬至 5 月底在全国范围内开展网络淫秽色情信息专项治理"净网"行动，以整治网络文学、网络游戏、视听节目网站等为重点，抓源头、打基础、切断利益链，网上与网下治理相结合。

10 日　第十二届全国人民代表大会第一次会议在人民大会堂举行第三次全体会议。国务院机构改革和职能转变方案公布——将组建国家新闻出版广播电影电视总局。

18 日　国内首家浆纸交易综合服务平台——广东浆纸交易所在广州市经济技术开发区广东浆纸交易大厦正式挂牌交易。

19 日　国家新闻出版广电总局召开机关领导干部会议，宣布中共中央关于新组建的国家新闻出版广电总局主要负责同志任职的决定。中央决定，蔡赴朝同志任国家新闻出版广电总局局长、党组副书记、国家版权局局长，蒋建国同志任国家新闻出版广电总局党组书记、副局长。

21 日　首届中国印刷电子商务年会在北京举办，首份中国印刷业电子商务发展报告在会上发布。报告指出，目前，大型企业正试水个性化定制平台，外行业分食网络印刷市场。

同日 《2013年国家知识产权战略实施推进计划》在北京发布。计划确定了八方面重点工作：提升知识产权创造水平、强化重点产业知识产权布局、促进知识产权运用、加强知识产权保护、提升知识产权管理能力、发展知识产权服务业、加强知识产权文化建设和提高知识产权战略组织实施水平。

22日 新组建的国家新闻出版广电总局挂牌仪式分别在原国家广电总局、新闻出版总署举行。国家新闻出版广电总局局长、党组副书记、国家版权局局长蔡赴朝，国家新闻出版广电总局党组书记、副局长蒋建国出席仪式，并为国家新闻出版广电总局、国家版权局揭牌。

22—25日 第33届巴黎图书沙龙举办。中国出版代表团携600余种图书亮相，并举办"中法出版人圆桌会议"等一系列交流活动。

24日 由海峡出版发行集团和城邦媒体控股集团共同出资成立的两岸出版合作共同作业平台——海峡书局股份有限公司在福州和台北同步启动。

25—28日 第48届博洛尼亚童书展在意大利举行，中国少年儿童新闻出版总社独立参展。

27日 美国新闻博物馆位于宾夕法尼亚大道入口处东边的"今日头版"阅报栏中展示着当天的《人民日报》头版，这是《人民日报》头版首次在美国首都华盛顿街头展示。

本月 国家税务总局在其官网发布《关于承印境外图书增值税适用税率问题的公告》。国内印刷企业承印的经新闻出版主管部门批准印刷且采用国际标准书号编序的境外图书，属于《增值税暂行条例》第二条规定的"图书"，适用13%增值税税率。公告自2013年4月1日起施行。

本月 国家新闻出版广电总局下发了《关于开展2013年全民阅读活动的通知》，决定今年继续在全国范围内开展全民阅读活动，建设书香中国，鼓励建设"全民阅读媒体联盟"。

4月

2日 国内首家由报刊发行单位发起设立的跨地区精准投递/直复营销平台公司在北京签订《发起人协议》，本次协议的签订标志着中国报业发行网络平台转型进入实际操作阶段。

10日 2013南国书香节北京地区推介会在北京举行。推介会介绍了南国书香节发展历程、产业带动、筹备情况、新增亮点和名家邀请计划，并重点推介了将南国书香节打造成为全国出版机构新书首发平台概念的规划。

11日 全民阅读媒体联盟在武汉成立，同时启动了走进书香江城活动。《光明日报》《经济日报》《工人日报》《农民日报》《中国新闻出版报》等多家媒体记者走进武汉，聚焦"书香江城"建设。

13日 第十届中国民营书业发展高峰论坛在南京召开。在会上，中国新闻出版研究院发布了《2012年中国民营书业发展报告》。《报告》对2012年民营书业总体情况、面临的问题及2013年发展趋势作了阐述并提出了应对建议。

15日 凤凰出版传媒集团旗下香都出版公司在伦敦国际书展开幕日揭牌，这标志着凤凰出版传媒集团正式进军英国出版业。

16日 "畅游中国文化——吉尔吉斯斯坦首届中国图书展"于比什凯克国家图书馆拉开帷幕。此次图书展由吉尔吉斯斯坦国立民族大学孔子学院与吉尔吉斯斯坦国家图书馆联合举办，历时两天，共展出中文、吉尔吉斯语、俄语、英语等多个语种共2 000余册中国图书。

18日 中国新闻出版研究院在北京公布了第十次全国国民阅读调查成果。根据调查，2012年我国18—70周岁国民图书阅读率为54.9%，比2011年上升了1个百分点；数字阅读方式的接触率为40.3%，比2011年上升了1.7个百分点。国民人均纸质图书阅读量为4.39本，人均每天读书时长为15.38分钟，比2011年的14.58分钟增加了0.8分钟。

19—22日 第23届全国图书交易博览会在海南国际会展中心举办。本次书展新书和重点图书占到60%，民营书业首次统一组团参展。期间，中国新闻出版传媒集团有限公司与海南广播电视总台在海南国际会展中心签订战略合作协议。

22日 上海市新闻出版局全面启动阅读"三联行动"，成立首家地方阅读媒体联盟——上海全民阅读媒体联盟。

26日 北京国际版权交易金融服务中心宣布成立，由北京国际版权交易中心与中国民生银行共同打造的我国首只文化创意企业互助基金宣布启动,"中国优秀动漫项目推介及投融资洽谈仪式"也在当天举行。

4月26日至5月1日　第九届中国国际动漫节在杭州滨江白马湖举行。本届动漫节成为历史上参展、参赛、参会国家和地区数最多的一届。同时,《2013中国动画产业年度发展辑要》发布。

本月　福建省获批建立海峡国家数字出版产业基地。至此,全国第11家国家级数字出版基地落户福建省。

本月　上海人民出版社《中外书摘》杂志发布《2012年中国纸质媒体书摘年度报告》。报告显示,图书定价呈现上涨趋势,全部样本平均定价37.77元,比2011年同口径统计的平均定价35.12元上涨了2.65元,增长7.5%。

5月

10日　湖北省新闻出版广电局正式成立,这是新一轮机构改革后第一个省级新闻出版广电局。

13日　由中国印刷技术协会、中国印刷杂志社联合主办的《中国印刷》绿色出版行动合作签字仪式在北京举行。《中国印刷》杂志从2013年第5期开始,真正实现了完全意义上的绿色化。

13日　第三届国际印刷工业发展论坛在北京举行。来自印度、德国、意大利、英国、日本、印度尼西亚、巴基斯坦、美国、韩国和中国等10个全球主要发达国家和发展中国家的印刷协会主要负责人,在论坛上介绍了各自国家的印刷工业和发展情况,并对全球印刷工业发展前景作了趋势性分析。

14—18日　第八届北京国际印刷技术展览会在中国国际展览中心新馆(顺义)举办。来自全球28个国家和地区的1 268家厂商参加本次展会,展出面积16万平方米,比上届增长60%。

15日　《崛起的中国新兴媒体——中国新兴媒体发展报告(2012—2013)》由新华社新媒体中心首次对外发布。《报告》显示,2013年,中国已是名副其实的世界新兴媒体用户大国。

15日　由中国印刷科学技术研究所及印刷技术杂志社出版的《2013中国印刷业年度报告》在北京首发。本年度《报告》首次采用精装图书形式，内容更加优化，设置了 11 个栏目，全面梳理了 2012 年度中国印刷业产业变化。

15—17 日　"2013 年北京·台湖全国图书馆采购会全国少儿图书订货会"在北京台湖出版物会展贸易中心举办。展会展销的 60 余万种图书吸引了全国千余家图书馆、批发商、零售书店等到场交易。

17—20 日　第九届中国（深圳）国际变化产业博览交易会在深圳会展中心举办。本届文博会更加鲜明地体现了以文化为核心、多业相融合的特色。

19—24 日　世界印刷标准化领域最高级别会议 ISO/TC130 第 27 届春季工作组会议在深圳举行。会议期间，来自 16 个国家的专家们积极参与了各工作组会议。

25 日　上海图书馆正式推出总结上海读者阅读生态的《上海市公共图书馆 2012 阅读报告》，这是国内第一份面向公众的图书馆阅读白皮书。

29 日　韬奋基金会推动全民阅读图书捐赠工程在北京启动。该工程分出版单位直接向韬奋基金会捐赠图书和出版单位自主捐赠两种形式，捐赠单位将享受捐赠图书码洋 4% 的成本补贴。

本月　3D 打印产业首次入选科技部公布的《国家高技术研究发展计划（863 计划）、国家科技支撑计划制造领域 2014 年度备选项目征集指南》。

本月　全国唯一一家以新闻出版装备产业为主的国家级新闻出版装备产业园正式落户国家级天津北辰经济技术开发区。

本月　位于长沙的国内首家女子图书馆正式向公众开放。

6 月

3 日　江苏国家数字出版基地镇江园区授牌。

7 日　全国新闻出版工作座谈会在北京召开。会议的主题是，围绕深入学习宣传贯彻党的十八大精神，深化中国特色社会主义和中国梦的宣传教育，落实国务院机构职能转变动员电视电话会议精神，部署下半年新闻出版工作。

15—18 日　第五届海峡新闻出版业发展论坛在厦门举办。本届论坛上海峡国家数字出版产业基地和中国新闻出版研究院海峡分院正式授牌成立。

20日　韩国举办第19届首尔国际图书展。书展上，重庆出版集团、北京华章同人文化传播有限公司同韩国子音与母音出版集团、法国菲利浦皮克尔出版社，正式签署中韩法国际合作出版项目协议。

22日　中国新闻出版书协正式成立。来自北京和全国各地部分参与发起成立中国新闻出版书协的相关单位负责人参加了会议。

25日　《中国新媒体发展报告（2013）》在北京发布，这是该系列年度报告的第四部。《报告》提出：中国主流媒体网站加快了改制上市步伐；微博"国家队"异军突起，新华社、《人民日报》、中央电视台等中央媒体齐发力，在微博舆论场尝试主导"微话语权"；微博成谣言主传播渠道之一。

28日　广西首家报刊集团——广西师范大学报刊传媒集团有限公司在桂林挂牌成立。

同日　首批70家"数字出版转型示范单位"公示。其中包括出版集团5家、图书出版社20家、报业集团5家、报社20家和期刊社20家，占全部申报单位的16.3%、全国出版单位的0.56%。

本月　由法国书业杂志《图书周刊》赞助、国际出版咨询公司吕迪格·魏申巴特执笔的《2013全球出版业50强收入排名报告》发布。中国出版集团、凤凰出版传媒集团、中国教育出版传媒集团3家出版企业入选全球出版业50强。这是中国出版业首次有3家企业入选。

7月

1日　由我国现代出版先驱邹韬奋等81年前在上海创办的"生活书店"这一出版"老字号"正式恢复设立，重张开业。

2日　第42届世界技能大赛在德国莱比锡拉开帷幕，来自上海出版印刷高等专科学校的学生王东东参加了本届印刷媒体技术项目，这是中国印刷人首次参加该项目比赛。

7日　由中国新闻出版研究院和韩国出版学会共同主办的第15届中韩出版学术研讨会在北京召开。会议以"多媒体融合背景下的全民阅读与出版产业发展"为主题，两国专家学者进行了深入研讨和交流。

8日 《2012—2013中国数字出版产业年度报告》发布。《报告》显示，2012年我国数字出版产业总产值达到1 935.49亿元，比2011年的1 377.88亿元同比增长40.47%，而这一数字在2010年仅为1 051亿元，在两年时间实现从千亿元到近2 000亿元的发展。

8—10日 第五届中国数字出版博览会在北京举办。本届数博会以"科技与出版融合、转型与创新并举"为主题，国际、国内20多位专家发表了主题演讲，10余个分论坛同时举行。

9日 《2012年新闻出版产业分析报告》由国家新闻出版广电总局发布。《报告》显示，2012年全国出版、印刷和发行服务实现营业收入16 635.3亿元，较2011年增加2 066.7亿元，增长14.2%；增加值4 617.0亿元，较2011年增加595.3亿元，增长14.8%，新闻出版业保持了平稳较快的发展态势。

10日 马耳他尼山书屋揭牌仪式在马耳他中国文化中心举行。这是山东友谊出版社建成的首个海外尼山书屋。

10—13日 2013上海国际印刷周在上海新国际博览中心举行。本届印刷周的主题为"服务创新、科技引领、绿色发展"，第七届上海印刷大奖在2013上海国际印刷周上揭晓，本届大奖的奖杯采用3D方式打印制作。

17日 中国政府网公布了经国务院批准的《国家新闻出版广电总局主要职责内设机构和人员编制规定》。根据《规定》，国家新闻出版广电总局是正部级单位，为国务院直属机构，机关行政编制为508名，设22个内设机构，将加强组织推进新闻出版广播影视领域公共服务，大力促进城乡公共服务一体化发展，同时加强推进新闻出版广播影视领域体制机制改革。

31日 中国新闻出版研究院发布中国出版蓝皮书——《2012—2013中国出版业发展报告》。《报告》将2012—2013年中国出版业发展的整体特点概括为"稳中求进、稳中有进"，稳和进相辅相成。

本月 全国首批"游客书屋"落户青海。每个"游客书屋"配备宣传青海旅游和藏族聚居区文化的旅游指南、地图和旅游经营管理类图书和宣传资料2 000余册，以及展示陈列图书宣传资料的书柜、阅读桌、椅子、书屋标牌等设施。

8月

14日 上海书展在上海展览中心正式拉开大幕。上海书展7天全部开设夜场，开创了全国性书展的先河。本届上海书展汇聚全国各地逾15万种图书、500多家出版社以及600余场读书活动，还首次创设了以"书香上海悦读季"为总冠名的区县全民阅读系列活动，每个区县都确立一个主题，举办各类阅读活动，与主会场高度互动。

18日 第八届中国印刷史学术研讨会在北京举行。本届研讨会的主题包括：印刷史研究的新进展与新动向、传统印刷的传承发展与产业化、印刷品保护修复与科学技术研究、印刷类博物馆建设与发展等四个方面，30多位专家、学者就新的研究成果进行了交流和探讨。

21日 纪念叶圣陶从事编辑出版工作90周年研讨会在北京举行。

同日 "第十二届输出版引进版优秀图书"推介活动获奖图书名单公布。本次活动最终评选出2012年度输出版图书100种，引进版社科类图书50种，引进版科技类图书30种，以及优秀版权经理人10名，推动输出引进的典型人物10名。

22—26日 第五届中国国际影视动漫版权保护和贸易博览会在广东省东莞市举行。本届漫博会共吸引418家海内外知名企业参展，比上一届的382家增长9%，其中海外参展企业数量比上届的54家增长13%。

26日 《中国出版物在线信息交换》行业标准（简称CNONIX标准）出版首发式暨新闻发布会在北京举行。CNONLX标准是中国发布的首个出版物信息交换行业标准。

28日 中国财经出版传媒集团挂牌仪式在北京举行。中国财经出版传媒集团由中国财政经济出版社和经济科学出版社及其所属实体等17个单位组建而成。

同日 中国人民解放军出版物产品质量检测中心在北京揭牌。该中心是全军首家拥有国家级资质、具有独立法人资格的出版物质检中心。

同日 中国图书进出口（集团）总公司国际数字资源交易与服务平台——"易阅通"（CNPeReading）正式启动运营，标志着出版物进出口行业的数字化升级迈出了重要一步。

8月28日至9月1日　第二十届北京国际图书博览会在中国国际展览中心（顺义新馆）举办。展会期间的大型文化活动围绕版权贸易和数字出版两个主题举行，图博会逐渐成为了推广中外作家和文学出版物的重要平台。

29日　第五届中国图书馆馆长与国际出版社高层对话论坛在北京举行。围绕"电子图书与图书馆"这一主题，180多家专业、公共与大学图书馆负责人、出版集团高层、业内专家进行了深入探讨。爱思唯尔、施普林格等近30家国际知名出版集团和数据服务商的高管也应邀出席。

本月　2013出版界图书馆界全民阅读年会在黑龙江省图书馆举办。在年会上，2013全民阅读年会组委会发布了《全国图书馆推荐书目（2012年度）》和《全国图书馆50种重点推荐图书（2012年度）》。

本月　国务院印发《关于促进信息消费扩大内需的若干意见》。《意见》指出，要大力发展数字出版、互动新媒体、移动多媒体等新兴文化产业。

9月

2—5日　2013中国—阿拉伯国家（宁夏）出版合作论坛暨版权贸易洽谈会在银川举办。论坛以"传承友谊、深化合作、共同发展"为主题，旨在为中国和阿拉伯国家在出版合作和图书贸易方面，提供一个相互了解的平台和版权贸易的交流平台。

4日　第二届中国—东盟出版博览会在广西新闻出版大厦开幕。本届出版博览会以"书香传友谊，和谐共发展"为主题，是第十届中国—东盟博览会的系列展会之一，内容丰富多彩，共有1万多种精品图书同台展示。

10日　腾讯文学正式亮相。腾讯文学涵盖QQ阅读等子品牌和产品渠道的全新业务体系和"全文学"发展战略，并与众多出版社、发行商、华谊兄弟等影视公司和机构达成合作，致力推动文学作品泛娱乐开发。

11—14日　2013中国国际新闻出版技术装备博览会在天津梅江会展中心举办。本届装博会展览面积6万平方米，设立了5个展区。展会汇聚了新闻出版业的新技术、新成果、新的运营模式及相关解决方案，同时，增加了广播电视特别是电影的元素。

14—16日　2013年中国（武汉）期刊交易博览会在湖北武汉举行。本届刊博会的主题为"期刊让生活更精彩"。展会期间，有万余种海内外期刊、4万余种海外图文展品亮相武汉国际博览中心，精彩纷呈的期刊文化活动贯穿整个刊博会。

15—17日　首届中国出版馆配馆建交易会在北京国贸国际会展中心举行。这是目前国内唯一一个全方位的馆配馆建交易平台，也是目前国内唯一整合各类馆建器材的交易平台。

16日　中国外文局所属国图集团公司首次发布《中国期刊海外发行报告》以及"年度最受海外读者喜欢期刊排行榜50强""年度最受海外图书馆青睐期刊排行榜50强"等榜单，展现了中国实施文化"走出去"战略的成果。

23日　国家版权局在其官网上发布《使用文字作品支付报酬办法（修订征求意见稿）》，其中拟将原创作品的版税率提高到5%～15%，原创作品的基本稿酬标准则提高到每千字100～500元。

24日　第九届全国优秀儿童文学奖颁奖典礼举行。本次评奖共有114家出版社参与角逐，有效参评作品达460部（篇），20位儿童文学作家获得这一文学荣誉。

同日　吉林省全民阅读协会在长春国际会展中心召开成立大会，这标志着全国首家全民阅读协会正式成立。

本月　人力资源和社会保障部、全国博士后管理委员会发文批准人民教育出版社有限公司设立博士后科研工作站。这是全国首家教育出版传媒方面的博士后科研工作站。

本月　盛大文学联合河南省文联首次推出"群出版"概念，试图打通网络文学与传统文学的界线，打造"期刊、图书、新媒体"的出版跨界组合。"群出版"模式旨在优化资源配置，加强各媒体之间的交流和联系，并在作者、作品、销售渠道、宣传平台等诸多方面进行强强联合。

本月　根据国务院有关规定，国家新闻出版广电总局取消了"设立出版物全国连锁经营单位审批"和"从事出版物全国连锁经营业务的单位变更《出版物经营许可证》登记事项，或者兼并、合并、分立审批"项目的行政审批。

10月

1日　国家版权局新修订的《全国版权示范城市、示范单位和示范园区（基地）管理办法》今日起正式实施。2010年国家版权局发布的原《办法》同时废止。

当地时间9—13日，2013年德国法兰克福国际书展在法兰克福会展中心举办，约160家中国出版社和图书服务供应商参展。

12—20日　以"聚享动漫　梦创未来"为主题的国际动漫博览会（北京2013）在北京蟹岛国际会展中心举办。该博览会由文化部、中国人民对外友好协会、北京市人民政府主办，北京蟹岛集团、中国图书进出口（集团）总公司、北京漫动和信国际文化有限公司共同承办，是继"国际动漫博览会（北京2012）"之后，北京举办的第二届大型国际动漫主题活动。

19日　中华书局版《史记》修订本首发式在北京、上海、香港、台北以及新加坡、伦敦、东京、纽约等25座城市的31家书店同步举行。这是点校本《史记》初版问世54年后首次出版修订本。

21日　联合国教科文组织授予深圳"全球全民阅读典范城市"称号，教科文组织总干事伊琳娜·博科娃表示，这是对深圳十几年来坚持不懈推动全民阅读的肯定。深圳成为迄今为止唯一获此殊荣的中国城市。

23—25日　2013年北京台湖国际教育书展在北京台湖出版物会展贸易中心园区举行。这是目前国内最大的外文原版教材教辅特色书展。

25—28日　第九届海峡两岸图书交易会在福建厦门举办。本届交易会有大陆400家以上出版单位和图书出版产业相关单位、20家海峡两岸各大书城、台湾250家以上出版企业参与，全面展示了海峡两岸出版及相关产业的丰硕成果。

28日　由解放日报报业集团和文汇新民联合报业集团整合重组的上海报业集团经中共上海市委批准正式成立。

11月

2—4日　2013年全国少年儿童科普读物编辑学术研讨会在成都召开，

来自全国少儿出版界的资深编辑和科普作家共60余人与会。本次研讨会聚焦少儿科普知识读物涉及的学术话题均以论文形式呈现。

2—10日 2013年第32届伊斯坦布尔国际书展在土耳其举办,中国首次以主宾国身份参展。中国主宾国的主题语为"新丝路,新篇章",有100多家出版单位的近200名优秀出版人参加此次主宾国活动,2 000多种、5 000多册当代中国出版业的精品力作和文化发展成果在书展上展示,举办30余场出版交流活动。

4日 2013年绿色印刷宣传周首日,国家新闻出版广电总局和环保部在北京宣布,票据票证实施绿色印刷工作正式启动。

5日 "第二届韬奋出版人才高端论坛·中国好编辑"在合肥举行。论坛围绕"后转企改制时代"及"流媒体"语境下,如何培养、选用各类编辑出版人才以及好编辑对建设出版强国的作用等问题,从不同角度进行了深入研讨。

7—9日 亚太区唯一的年度少儿出版物国际盛会——中国上海国际童书展在上海世贸商城展览中心举行。本届书展主题为"让少儿阅读与世界同步"。上海国际童书展是目前唯一一个由国家新闻出版广电总局批准、专注于0—16岁少儿读物内容的版权贸易、出版、印刷、发行及阅读推广的展会平台。

9—12日 中国共产党第十八届中央委员会第三次全体会议在北京举行。全会听取和讨论了习近平总书记受中央政治局委托作的工作报告,审议通过了《中共中央关于全面深化改革若干重大问题的决定》。《决定》指出,要紧紧围绕建设社会主义核心价值体系、社会主义文化强国深化文化体制改革,加快完善文化管理体制和文化生产经营机制,建立健全现代公共文化服务体系、现代文化市场体系,推动社会主义文化大发展大繁荣。

17日 2013年度"中国最美的书"评选揭晓。长江文艺出版社的《冬至线》、接力出版社有限公司的《云朵一样的八哥》以及同济大学出版社的《一点儿北京》等来自全国各地19家出版社的21种图书荣膺本年度"中国最美的书"称号,并将代表中国参加2014年度"世界最美的书"评选。

20日 2013年中国图书展销在印尼首都雅加达举行。本次展销会汇聚了近年来出版的 1 000 多种优秀图书，内容涵盖中文教辅、科普、文学、历史、艺术、旅游、中医中药、中国—东盟合作等各个门类。

22—24 日　中国全民阅读媒体联盟第一次代表大会在北京召开。本次大会审议并通过了《中国全民阅读媒体联盟章程》，这标志着联盟组织架构形成，正式开始运行。

23 日　当地时间 10：30，新知图书（科伦坡）华文书局在斯里兰卡首都科伦坡开业。这是继柬埔寨、老挝、马来西亚、缅甸之后，昆明新知集团在海外开设的第五家连锁书城，也是昆明新知集团在南亚国家开设的第一个连锁书城。

30 日　第六届中国版权年会在北京召开。年会包括以"移动互联网时代下的版权运营与保护"为主题的年会论坛和 2013 年中国版权协会年度评选颁奖大会。

本月　国家新闻出版广电总局正式发布《2013—2025 年国家辞书编纂出版规划》，共有 189 个重点辞书项目入选《规划》，100 家出版单位承担该项目。

本月　湖北省新闻出版广电局正式向武汉三新书业有限公司和武汉亿童文教股份有限公司颁发新版出版物经营许可证，授予其出版物全国总发行权。这是湖北省首次向民营文化企业授予全国总发行权。

12 月

2 日　中国出版企业社会责任研讨会暨《社会科学文献出版社企业社会责任报告（2012—2013）》发布会在北京召开。该报告是我国单体出版社第一份真正意义上的企业社会责任报告。

5 日　国家版权局在北京召开《教科书法定许可使用作品支付报酬办法》宣传贯彻座谈会。该《办法》自 12 月 1 日起正式实施。

7 日　经国家新闻出版广电总局（国家版权局）批准，全国版权标准化技术委员会在北京成立，该委员会的成立填补了我国版权标准化建设领域的一项空白。

9 日　中国报业协会户外媒体专业委员会成立大会暨第一届报业户外媒体年会在郑州举行，大会通过了《中国报业协会户外媒体专业委员会章程）。中国报业协会户外媒体专业委员会是国内首家报业户外媒体行业组织。该组织的成立对报业户外媒体的发展及与国际户外媒体接轨具有重要意义，标志着我国报业户外媒体进入了新的发展阶段。

本月　甘肃省定西市临洮县发现了一套只有两个火柴盒大小、页面比身份证还要小的《四书备旨增注详解》。经专家考证，确认此书是目前我国已知古籍中版本较独特、字体较小的石印本。

本月　由中共中央文献研究室编辑的《习近平关于实现中华民族伟大复兴的中国梦论述摘编》一书由中央文献出版社出版，在全国发行。

2014 年

1 月

2 日　第三届"中国出版政府奖"正式揭晓。本届中国出版政府奖共评出 7 个子奖项，236 个获奖出版物、先进单位和优秀出版人物（优秀编辑）。此外，还评出 229 种优秀出版物奖提名奖。

同日　全国"扫黄打非"办公室公布了 2013 年度"扫黄打非"十大数据。2013 年，全国收缴各类非法出版物 2 053 万件，查处各类案件 1 万余起。其中侵权盗版出版物案件 3 567 起，淫秽色情出版物案件 1 129 起。

3—4 日　全国新闻出版广播影视工作会议在北京举行。这是国家新闻出版广电总局组建后召开的第一次全国新闻出版广播影视系统工作会议。中宣部副部长、总局局长蔡赴朝出席会议并作主旨报告，总局党组书记、副局长蒋建国主持会议并作总结讲话。

7 日　"第七届全国新闻出版业网站年会暨互联网发展论坛"在北京召开。本届年会以"战略致胜　管理创新"为主题，由中国出版协会、中国新闻出版研究院主办。年会发布了《2013 全国新闻出版业网站年度报告》。

同日　以"全球视野下的中国学术出版与营销"为主题的"2014 中国学术出版年会"在北京举行。本届年会由社会科学文献出版社、中国新闻出版研究院等共同举办，国家新闻出版广电总局副局长邬书林出席并讲话。

9日 为深化党的群众路线教育实践活动整改落实工作，推动解决群众反映强烈的新闻出版领域的突出问题，国家新闻出版广电总局定于1月至3月在全国开展新闻出版"五个专项治理"整改工作：打击新闻敲诈专项行动、打击假媒体假记者站假记者专项行动、深化整治少儿出版物市场专项工作、治理中小学教辅材料专项工作、规范报刊发行秩序专项工作。

9—10日 出版传媒集团主要负责人座谈会在北京举行。国家新闻出版广电总局党组书记、副局长蒋建国出席会议并作重要讲话。

9—11日 2014北京图书订货会在北京举办。本届订货会展馆面积5万平方米，图书展台2 263个，参展单位859家，8.5万人次前来参观，订货码洋达34.5亿元。

11日 第八届中国期刊创新年会在北京召开。本届年会以"推进期刊改革，深化期刊经营"为主题，由中国期刊协会、中国新闻文化促进会和中国新闻出版研究院联合主办，出版发行研究杂志社承办。年会发布了《2012年非时政类期刊平均期印数Top10》和《2012年非时政类各类期刊平均期印数Top10》。

15日 第27次全国"扫黄打非"工作电视电话会议在北京召开。中共中央政治局委员、中宣部部长、全国"扫黄打非"工作领导小组组长刘奇葆在会议上指出，要把互联网作为"扫黄打非"主战场。

同日 国家文化科技提升计划项目——"全国少年儿童阅读推广服务平台"在北京通过验收。该项目自2011年开始实施，旨在构建覆盖城乡的全国少年儿童阅读资源及活动推广的服务体系。

24日 全国"扫黄打非"办公室曝光50种非法报刊目录，要求全国各地执法部门立即予以查缴并追查制售源头和网络。

27日 由国家新闻出版广电总局全民阅读活动组织协调办公室组织13家中央媒体和门户网站开展的2013年度"大众喜爱的50种图书"在北京揭晓。《理性看 齐心办：理论热点面对面·2013》等50种图书最终入选。

本月 在2014年北京市"两会"上，市政协委员、中央编译出版社总编辑刘明清联合新闻出版界委员提交了一份《关于设立北京全民阅读公益基金的提案》。

本月 《中国期刊年鉴》（2013年卷）出版发行。全卷约160余万字，280余幅图片，系统记录了2013年度中国期刊出版行业的基本状况和发展态势，展示了中国期刊的整体风貌。

本月 天津市新闻出版局批准在由中国政府与新加坡政府合作共建的中新天津生态城中，设立天津出版产业园区，并对新设立的天津出版产业园区赋予了先行先试的职能。

本月 福建新华传媒发展有限公司正式揭牌成立。福建新华传媒发展有限公司的前身是"福建省外文书店"，2013年12月"福建省外文书店"整体改制为"福建新华传媒发展有限公司"。

2月

1日 国家新闻出版广电总局发布的《新闻出版行业标准化管理办法》正式施行，原新闻出版总署于2001年1月6发布的《新闻出版行业标准化管理办法》同时废止。

5—10日 由文化部主办，台北书展基金会承办的2014台北国际书展在台北市举办。本届书展以"阅读美好生活"为主题，首度将新加坡、泰国、韩国、日本列为主题国，来自全球60多个国家和地区的648家出版社参展。

13—23日 第20届卡萨布兰卡国际书展在摩洛哥举办。五洲传播出版社作为中国唯一一家代表参展。这也是卡萨布兰卡国际书展第一次迎来中国参展商。

14日 国家出版基金规划管理办公室在其官网发布公告，根据《国家出版基金资助项目管理办法》的规定，经报国家出版基金管理委员会批准，决定对已公示的《邓小平晚年思想研究》等317个项目给予资助。

15日 国务院印发《国务院关于取消和下放一批行政审批项目的决定》，再次取消和下放64项行政审批事项和18个子项。其中，两项涉及新闻出版领域，一是取消出版物总发行单位设立审批；二是取消从事出版物总发行业务的单位变更《出版物经营许可证》登记事项，或者兼并、合并、分立审批。

16日 2014年全国报刊管理工作会议在北京召开。国家新闻出版广电总局副局长邬书林出席会议并发表讲话。

17日 《2013年出版物发行产业发展报告》由国家新闻出版广电总局印刷发行司发布。这是我国首部出版物发行产业年度报告。报告显示，2012年，全国共有各类发行单位125 467家，发行网点172 633处，从业人员94.7万人，全行业实现销售总额3 286亿元，实现利润总额196.03亿元，全行业平均销售利润率6.0%。

22日 国家版权局发布2013年我国著作权登记的统计数据。2013年，我国包括作品登记、计算机软件著作权登记、著作权质权登记在内的著作权登记总量达1 009 657件，首次突破百万件。

24日 国家新闻出版广电总局出版产品质量监督检测中心在北京召开"2013年出版物质量保障年"图书质量检查情况通报会，就中心抽查发现的12种不合格图书、各省出版行政部门抽查发现的72种不合格图书，向社会通报。

25日 北京出版集团与德国梅尔杜蒙公司共同投资组建的京版梅尔杜蒙（北京）文化传媒有限公司在北京揭牌。新公司注册资本3 000万元，计划投资总额6 000万元，经营范围横跨出版、旅游、互联网三个领域。

26日 天津出版传媒集团与我国最大的民营医药企业天士力控股集团签署协议，合资成立天津天使健康传媒有限公司，进军健康信息传播产业。

26—27日 2014CPCC中国版权服务年会在北京举办。本届年会以"整合·共赢"为主题，由中国版权保护中心主办。会上发布了2013年度中国版权十大事件，并揭晓了2013CPCC十大中国著作权人年度评选活动评选结果。

28日 国家新闻出版广电总局下发《关于开展培育和践行社会主义核心价值观主题出版活动的通知》，决定开展培育和践行社会主义核心价值观主题出版活动，组织出版界推出一批重点选题。

同日 国家新闻出版广电总局启动2014年"出版物质量专项年"活动。活动着重从选题审核、成书质量检查、质量保障体系建设三个方面对出版单位进行检查，总局和省级新闻出版行政部门每个季度检查并公布一批不合格的出版物及相关出版单位。

本月 2014"世界最美的书"评选在德国莱比锡揭晓。由"中国最美的书"评委会选送的两部作品《刘晓东在和田 & 新疆新观察》和《2010—2012中国最美的书》分别荣获铜奖和荣誉奖。这是我国图书参评该奖以来第一次获得双奖。

本月 由国家版权局组织编纂、中国人民大学出版社和中国人民大学国家版权贸易基地编辑出版的《中国版权年鉴2013》（总第五卷）正式出版发行。全书共设14个栏目，分列37个分目或次分目，全面反映了2012年我国版权行政管理、司法保护、产业发展及相关理论研究的基本状况。

3月

5日 第十二届全国人民代表大会第二次会议在北京人民大会堂开幕。国务院总理李克强代表国务院向大会作《政府工作报告》，强调发展文化艺术、新闻出版、广播电影电视、档案等事业，繁荣发展哲学社会科学，倡导全民阅读。倡导全民阅读首次写入《政府工作报告》。

7日 国内首例出版社状告百度文库侵权案一审宣判。北京市第一中级人民法院对中国青年出版社旗下中青文文化传媒公司诉百度文库侵权案作出判决。法院认定，百度公司在使用和传播中青文公司拥有信息网络传播权的《考拉小巫的英语学习日记》时，没有尽到相应义务，也没有建立起足够有效的著作权保护机制，行为已经构成了帮助侵权，应赔偿损失35万元。

10日 国家新闻出版广电总局下发《关于开展2014年全民阅读活动的通知》，决定在多年倡导并组织开展全民阅读活动，建设"书香中国"的基础上，2014年继续深入开展全民阅读活动，并从八个方面对开展好2014年全民阅读活动进行了部署。

14—23日 委内瑞拉第十届国际图书节在加拉加斯举行，中国首次参加该图书节。

17日 国务院审改办在中国机构编制网公开了国务院各部门行政审批事项汇总清单。根据清单，国家新闻出版广电总局共有行政审批事项53项，其中行政许可48项，非行政许可审批5项；与新闻出版相关的23项，与广播电影电视相关的 30 项。

19 日 国家公共文化服务体系建设协调组在北京举行第一次全体会议，这标志着国家层面的公共文化服务协调机制正式运转。国家公共文化服务体系建设协调组由中宣部、中央编办、中央文明办、国家发展改革委、教育部、科技部、财政部、人力资源和社会保障部、文化部、国家质检总局、国家新闻出版广电总局、国家体育总局、国家文物局、国务院扶贫办、全国总工会、共青团中央、全国妇联、中国残联、中国科协、国家标准委等中央 20 个部门组成，主要任务是负责全国公共文化服务体系建设重大事项的协商和部署。

同日 京东集团宣布自有品牌"京东出版"系列图书正式上线，并推出第一本力作——《大卫·贝克汉姆》。这标志着国内电商巨头正式踏入图书出版领域。

21 日 青岛国家数字出版产业基地在青岛海尔文化馆授牌并正式运营。这是国家新闻出版广电总局成立后批准设立的第一家国家级产业基地。

21—24 日 第 34 届巴黎图书沙龙在法国巴黎举行，上海担任本届书展的主宾城市。中国展团共达成版权交易（含意向）94 项。其中，上海出版团共达成交易（含意向）57 项。

24—27 日 第 51 届意大利博洛尼亚童书展在意大利博洛尼亚会展中心举行。由中国 23 家专业少儿出版社和 2 家非少儿出版社组成的中国少儿出版展团在书展上精彩亮相。本届书展上，中国展团签订版权输出合同 153 项，达成版权输出意向图书 228 种；签订版权引进合同 15 项，达成版权引进意向图书 219 种。

26—27 日 2014 年数字出版管理工作会暨 MPR 技术产业推广应用工作现场会在西安举行。国家新闻出版广电总局副局长孙寿山出席会议并讲话。

28 日 《内部资料性出版物管理办法》（修订征求意见稿）开始面向社会公开征求意见。为进一步规范内部资料性出版物的管理，国家新闻出版广电总局对《内部资料性出版物管理办法》（新闻出版署 10 号令，于 1997 年 12 月 30 日发布）进行了修订，起草了《内部资料性出版物管理办法》（修订征求意见稿）。

同日　湖北知音传媒集团、湖北长江出版传媒集团在武汉正式签订战略合作协议，携手投资《长江商报》，致力于打造全媒体湖北第一经济生活大报、长江流域第一财经全媒体信息平台，打造一个跨区域、跨行业的长江财经传媒集团。

31日　2014年全国各省（区、市）"扫黄打非"办公室主任会议在北京召开。会议指出，2014年全国以打击非法出版物、扫除淫秽色情文化垃圾、打击假媒体、假记者站、假记者为重点任务，开展"清源2014""净网2014""秋风2014""固边2014"四个专项行动。

本月　在2014年全国两会上，国家新闻出版广电总局副局长邬书林等48名全国政协委员联合提案，建议尽快出台《全民阅读促进条例》；韬奋基金会理事长聂震宁等22名全国政协委员，提交了《关于大幅度提高稿酬所得税起征点的建议》的提案；中国新闻出版研究院院长郝振省等提交了《关于新版图书出版后一年内在零售终端禁止打折销售》等提案；中国出版集团公司党组书记、副总裁王涛建议完善和规范主管、主办制度，加快出版企业法人治理结构建设步伐；雅昌文化集团董事长万捷针对书画艺术品领域的盗版侵权行为，建议加大版权保护。

本月　《2014年度全国图书选题分析报告》出炉。《报告》显示，截至2014年2月17日，全国图书出版社共报送选题230 466种。相较于2013年，2014年的图书选题呈现出主题出版亮点纷呈、调整结构突出精品、提质增效形成共识、原创精品深耕细作等特点。

本月　国家新闻出版广电总局下发《关于开展中小学教辅材料专项治理工作的通知》，决定于3月至5月期间，在全国开展以出版规范、编校质量、印装质量、价格专项检查为重点的中小学教辅材料专项治理工作。

本月　国家新闻出版广电总局下发通知，在规范管理程序方面，加大对新闻出版展会的管理力度。通知强调从严格履行报批程序、严格履行主办责任、严格进行展会监管三个方面加强新闻出版展会管理。

4月

1日　中国音像协会更名为中国音像与数字出版协会。

2 日　2014 年英国报业大奖颁奖仪式在英国伦敦举行。《中国日报》欧洲版被授予"最佳国际报纸奖"。这是中国媒体首次摘得这一奖项。

同日　国家新闻出版广电总局在北京召开出版物质量管理专题座谈会，对做好 2014 年"出版物质量专项年"各项工作作出部署。中国出版集团、上海世纪出版集团等出版单位负责人分别介绍了本单位在出版物质量管理方面的好经验、好做法。

8 日　2014 年国际出版业杰出奖颁奖典礼在伦敦举行。中国北京英捷特数字出版技术有限公司获得国际出版技术提供商奖项，成为获得此项奖励的第一家中国出版企业。

8—10 日　2014 伦敦国际书展在伦敦伯爵宫展览中心举办，超过 100 个国家的 1 500 多家参展商参展。国家新闻出版广电总局组织的中国展区面积达 105 平方米，参展单位 30 余家，参展图书 600 多种。

10 日　国家新闻出版广电总局和财政部在上海联合召开实体书店发展推进会，进一步研究推动实体书店长期健康发展的政策措施。会议指出，2014 年实体书店扶持试点由 12 个城市扩展到北京、上海、江苏、浙江等 12 个省份，专项扶持资金可重复申请，并重点支持小微和民营文化企业。

11 日　由国家新闻出版广电总局和北京市委宣传部指导，北京市新闻出版广电局和中国全民阅读媒体联盟主办的"2014 北京书市"开幕暨"书香中国万里行"活动启动仪式在北京举行。国家新闻出版广电总局副局长孙寿山，北京市委常委、宣传部长李伟出席并讲话。

12 日　由中国新闻出版研究院、山东省新闻出版广电局主办的第 11 届中国民营书业发展高峰论坛在山东淄博举行。本届论坛以"民营书业：升级创新、迎接变革、重新出发"为主题，发布了《2013 年度中国民营书业发展调查报告》。全国人大教科文卫委员会主任委员、中国出版协会理事长柳斌杰出席并作主旨报告。

14 日　推动媒体融合发展座谈会在北京召开。中共中央政治局委员、中宣部部长刘奇葆出席会议并强调，要着眼巩固宣传思想文化阵地、壮大主流思想舆论，积极推动传统媒体与新兴媒体融合发展，加快建设形态多样、手段先进、具有强大传播力和竞争力的新型主流媒体，努力达到世界一流水平。

同日 《2015年度国家出版基金项目申报指南》正式对外发布。2015年度《申报指南》总体框架基本延续往年模式，与前两年度申报工作有较大变化的是，2015年度不再采取按申请资助金额分级申报项目的办法。

16日 国务院办公厅发布《关于印发文化体制改革中经营性文化事业单位转制为企业和进一步支持文化企业发展两个规定的通知》，对2008年国务院办公厅印发的支持经营性文化事业单位转制为企业和文化企业发展的政策文件进行修改、调整、补充，明确有关政策再继续执行5年，为新一轮文化体制改革提供了有力支撑。

18日 经过10天的24小时试运营，三联韬奋书店24小时书店进入常规运营。三联书店总经理樊希安代表三联书店就24小时书店开业情况及将于4月23日正式开业事宜，以写信的形式向李克强总理汇报。国务院总理李克强给北京三联韬奋书店全体员工回信，称赞三联书店创建24小时不打烊书店，为读者提供"深夜书房"很有创意，是对全民阅读的生动践行，希望把24小时不打烊书店打造成为城市的精神地标，引领手不释卷蔚然成风。

同日 国家版权局公布了"2013年度打击侵权盗版十大案件"。这十大案件的共同特点为侵权很严重，行政处罚和刑事判决力度大，具有典型意义。

19日 "2014·书香中国"系列阅读活动暨"书香中国·第四届北京阅读季"启动仪式在北京举行。本届北京阅读季由国家新闻出版广电总局、北京市政府主办，以"共享全民阅读同绘中国梦想"为主题，从4月持续至6月。

同日 国家版权局发布"中国版权产业的经济贡献（2011年）"项目成果。数据显示，2011年，我国版权产业行业增加值为31 528.98亿元，占全国GDP的6.67%，比2010年增加5 158.72亿元，增长率为19.56%。

21日 《2014年新闻出版课题研究指南》公布，包括"出版权和制作权分开问题研究""重要国有出版传媒企业探索实行特殊管理股制度研究"等22个项目。

同日 中宣部办公厅和国家新闻出版广电总局办公厅联合下发《关于

切实做好庆祝新中国成立65周年重点出版物出版工作的通知》，要求各地党委宣传部、新闻出版广电局和出版单位主管部门认真谋划、精心组织，指导出版单位紧紧围绕学习贯彻习近平总书记系列重要讲话、实现中华民族伟大复兴的中国梦、培育和践行社会主义核心价值观、展示新中国成立65周年的辉煌成就等重点方向，策划一批重点出版物，迎接新中国成立65周年华诞。

同日　由中国版权保护中心主办的"2014CPCC十大中国著作权人年度评选"活动启动。"尊重原创"是本年度该项评选活动的主题。

23日　北京三联韬奋书店24小时书店正式挂牌营业。中宣部副部长吴恒权，国家新闻出版广电总局党组书记、副局长蒋建国等出席揭牌仪式。

24日　国家新闻出版广电总局、财政部联合发布《关于推动新闻出版业数字化转型升级的指导意见》，提出主要目标是要用3年时间，支持一批新闻出版企业、实施一批转型升级项目，带动和加快新闻出版业整体转型升级步伐。

同日　全国"扫黄打非"工作领导小组组织全国31个省（区、市）统一开展了2014年侵权盗版及非法出版物集中销毁活动。同时，以"拒绝盗版，共筑未来"为主题的绿书签行动正式启动。此次全国集中销毁活动，共销毁侵权盗版音像制品、盗版图书、盗版电子出版物及非法报刊等2 041.4万件。

25日　全国古籍整理出版规划领导小组办公室发布《2014年度国家古籍整理出版专项经费资助项目评审结果公告》，决定对《中国地方戏曲剧本丛刊（第一辑）》等90个项目给予资助。

28日　全国"扫黄打非"办公室在广东省珠海市召开2014年全国"扫黄打非·南岭工程"座谈会。会议通报了有害出版物相关案件的线索和情况，并围绕"清源2014"行动相关任务，进一步明确了"南岭工程"各成员省（区、市）的职责分工。

同日　中国书法出版传媒有限责任公司暨中国书法出版社、《中国书法报》社揭牌仪式在北京举行。该公司由中国文联主管、中国书法家协会主办、财政部代国务院履行出资人职责，是中国文联系统第一家专业艺术门类的出版传媒单位，同时也是文化体制改革的试点单位。

4月28日至5月3日　由国家新闻出版广电总局、浙江省人民政府主办的第十届中国国际动漫节在杭州举行。本届动漫节包括会展、商务、赛事、论坛、活动五大板块，举办53项活动，共有74个国家和地区共计602家中外企业和机构参展、参会、参赛。

本月　国家新闻出版广电总局办公厅印发通知，对外公布了2014年新闻出版改革发展八项工作要点。这八项要点分别为：着力完善新闻出版管理体制、稳步推进经营性新闻出版单位体制改革、大力推动新闻出版企业兼并重组、建立健全多层次的新闻出版产品市场和要素市场、加快推进新闻出版产业转型升级、鼓励支持社会资本有序参与出版经营活动、构建和完善新闻出版现代公共服务体系、提升新闻出版开放水平。

本月　《2014年全国音像电子出版物年度选题分析报告》出炉。《报告》显示，全国460家音像电子出版单位共报送选题25 785种，其中音像选题14 429种、电子出版物选题11 356种。

本月　中宣部、国家新闻出版广电总局联合下发《关于在出版行业深入开展马克思主义新闻出版观培训的意见》，决定在全国出版行业深入开展马克思主义新闻出版观培训。

5月

6日　全国文化行业首家企业集团财务公司——湖南出版投资控股集团财务公司正式挂牌运营。该公司注册资本为10亿元，其中中南传媒出资7亿元，占比70%。

7—9日　2014年北京·台湖全国图书馆采购订货会暨全国少儿图书订货会在北京举办。订货会上集中展销7万余种中外文少儿精品出版物，提供60余万种精品馆藏图书现场采购，近1 200家出版社、图书公司、图书馆、图书经销商到场交易交流。

12日　商务部、中宣部、财政部、文化部、国家新闻出版广电总局等5部门联合公布了《2013—2014年度国家文化出口重点企业和重点项目目录》。中国国际图书贸易集团有限公司等366家企业入选重点企业目录，国图海外华文书店营销网络计划、北京国际图书博览会等123个项目入选重点项目目录。

13 日　江苏凤凰出版传媒股份有限公司发布公告，公司旗下全资子公司江苏凤凰教育出版社有限公司拟以 8 000 万美元收购 Publications International，LTD.、JRS Distribution CO. 及其某些关联方拥有的全部儿童图书业务资产及其经营童书业务的相关关联方 100% 的股权和权益。此次收购是凤凰传媒进军海外拓展市场的重要举措，凤凰传媒自称是"中国出版行业有史以来最大的一次跨国并购"。

15 日　由国家新闻出版广电总局主办，总局数字出版司、中国新闻出版研究院承办的"2014 数字出版高端论坛"在深圳举行。本届论坛以"转型促进发展、服务拓展市场"为主题，国家新闻出版广电总局副局长孙寿山出席论坛并作主题发言。

15—19 日　由文化部、商务部、国家新闻出版广电总局、深圳市政府等部门联合举办的第十届中国（深圳）国际文化产业博览交易会在深圳举行。本届文博会共设 9 个主展馆和 54 个分会场，展会配套活动、专项活动及分会场活动共 620 多项，实现交易额 232 499 亿元。

16 日　国家新闻出版广电总局在北京召开农家书屋书目分析会。这是农家书屋工程实施以来第一次面向出版单位召开专题会议。10 家出版集团和历年来入选农家书屋推荐书目数量最多的 72 家出版单位负责人与会。

18 日　杭州首家 24 小时书店——杭州新华书店解放路店悦览树书房正式开业。

同日　福建新华传媒发展有限公司旗下四家国有全资子公司揭牌仪式在福州举行。由此，福建新华传媒发展有限公司正式完成母、子公司的整体改制。揭牌的四家子公司分别为福建省印刷物资有限公司、福建新华外文书店有限公司、福建新华音像复制有限公司、福建省优美办公设备有限公司。

20 日　国家新闻出版广电总局在北京召开少儿文学读物出版座谈会。会上，总局决定 5 月下旬至 9 月底开展"百社千校书香童年"阅读活动，遴选出 100 家出版单位，与分布在全国各地，特别是老少边穷地区的 1 000 所小学共同开展阅读活动。总局党组书记、副局长蒋建国出席座谈会并讲话。

同日　全国新闻出版标准化技术委员会发出通知，就已完成的《学术出版标准体系表》《学术出版规范科学技术名词》《学术出版规范引文》《学术出版规范注释》《学术出版规范图书版式》《学术出版规范译著》和《学术出版规范古籍整理》7项行业标准的征求意见稿向全行业征求意见。

21日　第20届世界美食美酒图书大奖赛在北京举行颁奖礼。中国轻工业出版社凭借一系列高水平的美食美酒类图书，斩获8项大奖，成为本届大奖赛的最大赢家。

25日　《2014全国优秀少儿报刊推荐名单》正式出炉。《中国少年报》等7种报纸，《学与玩》等53种期刊入围优秀少儿报刊推荐名单。

27日　中国出版集团与中国移动在杭州签订战略合作协议，双方意在手机阅读和数字出版领域树立新的产业标准、培育新的阅读品位、开拓新的业务领域。

29日　2014年"经典中国国际出版工程"终审会在北京举行。《大国综合优势》《我不是潘金莲》等418个品种、256个项目脱颖而出，公示结束后有望获得资助。

29—31日　2014年美国书展在美国纽约举办。由来自北京、上海、安徽、江苏、山东等地的41家出版集团、出版社组成的中国出版展团亮相本次书展。

6月

1日　根据国家质量监督检验检疫总局、国家标准化管理委员会发布的中华人民共和国2013年第27号国家标准公告，《印刷技术术语第8部分：数字印刷术语》等7项印刷国家标准正式实施。

同日　根据国务院打击侵权假冒工作的有关部署和要求，由国家新闻出版广电总局（国家版权局）制定的《新闻出版（版权）行政执法部门依法公开制售假冒伪劣商品和侵犯知识产权行政处罚案件信息的实施细则（试行）》正式实施。

3日　在国务院总理李克强和科威特首相贾比尔的共同见证下，中国国家新闻出版广电总局与科威特文化艺术文学国家委员会在北京签署了

《中科经典和当代文学作品互译出版项目合作议定书》。根据协议，双方将启动"中科经典和当代文学作品互译出版项目"。

5日　中国印刷技术协会、中国印刷杂志社在北京召开第二次中国绿色印刷企业调查媒体见面会，宣布全面启动第二次中国绿色印刷企业调查。调查工作于6月至10月进行，调查对象为2013年12月31日前获得认证的400余家绿色印刷企业。

6日　国务院法制办就《中华人民共和国著作权法（修订草案送审稿）》向社会公开征求意见。送审稿规定，增加著作权行政管理部门的查封扣押权，并提高罚款数额，以强化著作权的保护力度。

同日　中国国家新闻出版广电总局与斯里兰卡出版商协会合作备忘录签署仪式在科伦坡举行。国家新闻出版广电总局党组书记、副局长蒋建国与斯里兰卡出版商协会主席魏吉塔·雅帕签署合作备忘录。

10日　"中华经典古籍库"捐赠开通仪式暨发布研讨会在北京举行。作为中华书局首次推出的大型古籍数字产品，该产品的问世标志着我国古籍数字化进入新的时代。国家新闻出版广电总局副局长邬书林出席捐赠开通仪式并讲话。

同日　纪念高等教育出版社建社60周年座谈会在北京举行。教育部副部长李卫红，中国教育出版传媒集团有限公司党组书记、总经理李朋义，高教社社长苏雨恒出席会议并讲话。

同日　由时代出版传媒股份有限公司重点打造的中国首个以文化生活为主题的数字出版内容互动社交平台——"时光流影TIMEFACE"正式上线，并同时推出移动客户端。该平台集内容提供商、综合信息服务商、运营商于一体，所有原创作品都可以"半秒一键成书"。

12日　国家版权局、国家互联网信息办公室、工业和信息化部、公安部在北京联合召开全国版权执法监管工作座谈会，正式启动第十次打击网络侵权盗版专项治理"剑网"行动。

同日　人民日报客户端正式上线。这是人民日报社适应媒体变革形势，加快推进传统媒体与新兴媒体融合发展迈出的重要一步。国家新闻出版广电总局党组书记、副局长蒋建国，国家互联网信息办公室主任鲁炜，人民日报社社长杨振武，人民日报社总编辑李宝善出席上线仪式。

13—15日　第七届南非书展在开普敦国际会议中心举办。由36家出版单位、46名出版人组成的中国展团，携1 000多种图书赴展，达成版权引进及输出（含意向）近20种。

16日　亚马逊中国发布年中图书排行榜，并首次根据2014年上半年的纸质书及电子书销售数据，发布中国最爱阅读城市榜单。最爱阅读城市榜单前10名的城市分别为宁波、合肥、重庆、济南、杭州、南京、苏州、青岛、长沙和郑州。

18日　人民交通出版社股份有限公司在北京揭牌。该公司承继人民交通出版社骨干企业、资质、主营业务，注册资本为3亿元，具有图书、音像制品、电子出版物、互联网出版资质和国家甲级测绘资质，拥有北京中交盛世书刊发行有限公司等4家全资子公司。

23日　全国"扫黄打非"办公室在北京召开2014年全国"扫黄打非""珠峰工程""天山工程"座谈会。全国"扫黄打非"工作领导小组专职副组长李长江出席并讲话。全国"扫黄打非"工作小组副组长兼办公室主任，国家新闻出版广电总局党组书记、副局长蒋建国主持会议并作总结讲话。

同日　《深圳经济特区全民阅读促进条例》（征求意见稿）公布。《条例》草案共11章62条，通过确立"全民阅读决策指导制度"等十大制度的设计，希望切实推动全民阅读长效机制的建立。《条例》在7月22日前向社会公开征求意见，待意见汇总、修改后，进入立法程序。

同日　中文天地出版传媒股份有限公司发布公告，拟以26.6亿元收购互联网企业北京智明星通科技有限公司100%股权。此次并购重组正式宣告中文传媒跨入互联网国际化平台业务领域。

同日　国家新闻出版广电总局在陕西召开数字农家书屋建设推进会。国家新闻出版广电总局副局长阎晓宏出席会议并讲话，全国17个已将卫星数字农家书屋列入近期工作计划的省（区、市）相关负责同志参加会议。

24日　京东与青岛出版集团在青岛签署战略合作协议，双方将在生活时尚、少儿书刊等领域，为特定消费人群，定制推出更为精彩的书刊。

26日　国家新闻出版广电总局在北京召开2014年出版物质量专项年少儿图书质量检查情况通报会，公布10种编校质量不合格的少儿图书，并给予相关出版单位警告的行政处罚。

26—27日　2014年中国报业发行工作会议在杭州举行。会议对获得"2013—2014年中国报业发行工作创新奖"的单位和获得"2013—2014年中国报业发行工作先进个人"的获奖者进行了表彰。

27日　"2014全球出版业50强排行榜"发布。中国出版集团公司、中国教育出版传媒集团有限公司再度入选。中国出版集团排名由上一年的第22位上升至第14位，中国教育出版传媒集团由上一年的第30位上升至第21位。

27—28日　中国出版集团与广东、江苏、上海、浙江、福建、安徽、湖北、湖南、山东、江西、青岛、广州、深圳等13个省市的新华发行企业签署战略合作协议，就打造出版营销合作双向一体平台，探索创造一种新的合作模式等方面达成共识，并就建立古籍精品书店、文化创意专营店等达成合作意向。

28—29日　由中国出版协会少年儿童读物工作委员会主办的第29届全国少儿出版社社长年会在江西南昌举行。国家新闻出版广电总局副局长邬书林出席会议并强调，要一手抓管理，一手抓繁荣，保证少儿出版健康发展。

29日　经国家新闻出版广电总局批准，中国出版协会民营工作委员会成立暨第一次会员代表大会在北京召开。会议选举产生了中国版协民营工委第一届理事会理事、常务理事，审议通过了中国出版协会民营工作委员会规章、会费管理办法、选举办法等。

30日　《中印文化交流百科全书》中英文版出版发布会在北京举行。这标志着世界上第一部中印文化交流研究领域兼具查检功能和系统学习功能的大型学术文化工具书正式面世。国家副主席李源潮、印度副总统安萨里出席发布会，并为该书首发揭幕。

7月

1日　第65届"美国印刷大奖"获奖名单揭晓，由青岛出版社出版的《中国木版年画代表作》同时荣获"班尼奖"艺术出版金奖和印刷金奖。

同日　广西师范大学出版社集团有限公司在澳大利亚墨尔本成功完成对澳大利亚视觉出版集团的收购。广西师范大学出版社集团有限公司将借助后者的品牌价值和海外销售渠道实现国内外联动，面向世界打造建筑设计类图书产品。

2—5日　第21届东京国际书展在日本东京国际展览中心举行。由中国教育出版传媒集团等21家出版单位组成的中国出版展团亮相本次书展，共输出版权75项，取得近年来参加该展的版贸最佳成绩。

3日　第八届上海印刷大奖在2014年中国（上海）国际印刷周上揭晓。该活动最终评出印刷大奖3个、绿色环保大奖1个、金奖21个、银奖48个、铜奖66个。

4日　以"阅读点亮梦想、书香成就人生"为主题的"书香江苏·阅读论坛"在江苏苏州举行。国家新闻出版广电总局副局长邬书林、江苏省副省长曹卫星出席论坛并作主旨演讲。

9日　中国新闻出版研究院在北京发布《2013年新闻出版产业分析报告》。《报告》显示，2013年全国出版、印刷和发行服务实现营业收入18 246.4亿元，利润总额1 440.2亿元。新闻出版产业主要经济指标平稳增长，产业规模继续扩大，反映出新闻出版产业仍继续保持较强的可持续发展能力。

同日　国家版权局通报"剑网2014"专项行动第一批8起网络侵权盗版案件查办情况。同时，向效仿快播方式从事网络侵权盗版的网站、公司发出提醒与告诫。

同日　第八届中华图书特殊贡献奖专家评审会在北京举行，沙博理等10位在介绍中国、传播中国文化方面作出突出贡献的作家、翻译家、出版家获此殊荣。国家新闻出版广电总局党组书记、副局长蒋建国出席评审会并作重要讲话，副局长邬书林主持会议并宣布评审结果。

10日　中国国家新闻出版广电总局（国家版权局）局长蔡赴朝在北京向世界知识产权组织总干事弗朗西斯·高锐递交了中国政府《视听表演北京条约》批准书。中国由此成为继阿拉伯叙利亚共和国、博茨瓦纳共和国、斯洛伐克、日本之后，第五个正式加入《视听表演北京条约》的国家。

12日　广州首家"24小时不打烊"书店1200bookshop在体育东路开始营业。

14日　国家新闻出版广电总局公布第二届向全国青少年推荐50种优秀音像电子出版物目录，《永恒的雷锋》等50种音像电子出版物获选。

同日　国家新闻出版广电总局公布2014年度新闻出版改革发展项目库入库项目，323个项目最终入选，通过率为38.18%。

15—16日　由中国新闻出版研究院主办的2014中国数字出版年会在北京召开。本次年会主题为"融合、发展：互联网与新闻出版业的对话"。国家新闻出版广电总局副局长孙寿山在年会上作了题为《加快融合发展步伐，推动数字出版产业迈上发展新台阶》的主旨报告。年会上发布了《2013—2014中国数字出版产业研究报告》。

16日　人民出版社等全国60多家出版社在北京举办座谈式论坛，共同发起和商讨成立中国数字出版联盟事宜。

同日　2014中国数字出版年会"净化网络环境，打击侵权盗版"高端主题论坛在北京举行，190家企业代表共同签署了"守正创新、拒绝盗版、净化网络环境"联合倡议书。

同日　凤凰出版传媒股份有限公司与美国出版国际公司在美国芝加哥举行资产交割仪式。同日，凤凰国际出版有限公司和菲尼科斯创艺国际贸易（香港）有限公司在芝加哥揭牌，凤凰传媒以8 000万美元收购美国出版国际公司童书业务及其位于德国、法国、英国、澳大利亚、墨西哥等海外子公司的全部股权和资产，分别注入上述公司。至此，历时9个月的中国出版业最大跨国并购案圆满收官，凤凰传媒实现了电子有声童书全球市场的崭新布局。

同日　内蒙古新华发行集团与山东金榜苑文化传媒公司合作成立内蒙古新华文化传媒有限公司揭牌仪式在呼和浩特举行。新组建公司为国有民营混合制企业，合作方式为双方共同出资在内蒙古注册成立新华文化传媒有限公司，内蒙古新华发行集团占51%股份（控股），山东金榜苑文化传媒公司占49%股份（参股）。新公司自主经营、独立核算、自负盈亏、赢利共享、风险共担。

16—22日　第25届香港书展在香港会议展览中心举行。本届书展以

"从香港阅读世界——越读越精彩"为主题,吸引了来自31个国家及地区,共570家参展商参与。

17日　第十九届两岸四地华文出版年会在香港召开。本届年会以"网络年代的出版新形态"为主题,由中国出版协会、台湾图书出版事业协会、香港出版总会、澳门出版协会共同主办。

18日　山东省内第一家24小时书店——"明阅岛"进入试营业阶段。

同日　共青团中央网络影视中心、中国质检出版社等单位在北京启动"中国梦青少年社会主义核心价值观复合出版工程"。该工程5年内将出版系列图书共计60种,每12种为一辑。

22日　全国首个民族出版产品质检分中心——国家新闻出版广电总局质检中心藏语文分中心在西藏拉萨挂牌成立。国家新闻出版广电总局副局长阎晓宏、西藏自治区人民政府副主席孟德利出席并讲话,并为藏语文分中心揭牌。

29日　由北京三联韬奋24小时书店、杭州"悦览树"24小时书店、深圳中心书城24小时书吧共同发起的"全国24小时书店创新发展研讨会"在北京召开。来自北京、杭州、深圳、广州、西安、青岛、郑州等地的11家24小时书店的代表,在会议上通过了《全国24小时书店北京研讨会共同宣言》,并决定建立"全国24小时书店联盟"。

30日　北京新华印刷有限公司重组签约仪式在北京举行。中国出版集团公司通过产权交易获得北京新华印刷51%控股权,原股东中国文化产业发展集团公司持股49%。国家新闻出版广电总局副局长阎晓宏出席签约仪式并讲话。

本月　国家新闻出版广电总局就2014年少儿类报刊专项质检情况向社会进行通报,对检查不合格的16种期刊提出通报批评,对8种编校质量存在严重问题的报刊予以行政处罚。

8月

1日　第17次东亚出版人会议在贵阳召开。本届会议以"出版环境变迁下编辑的挑战"为主题,由贵州出版集团公司和新华文轩出版传媒股份有限公司联合主办,来自中、日、韩等国家的30余名出版人参会。

同日　由凤凰出版传媒集团出品的大型中国原创音乐剧《锦绣过云楼》在英国爱丁堡国际艺术节上精彩亮相。

1—4日　由国家新闻出版广电总局、贵州省人民政府共同主办的第24届全国图书交易博览会在贵阳举行，全国830家出版发行单位参加。

2日　孔学堂书局挂牌、《孔学堂》杂志创刊仪式在贵阳孔学堂举行。孔学堂书局是弘扬优秀传统文化的新型出版机构，《孔学堂》杂志是以中英双语的传播形式交流中华思想文化的学术期刊。

同日　国家新闻出版广电总局在贵阳举办2014年新闻出版项目金融推介会。总局副局长阎晓宏、贵州省副省长何力、中国工商银行副行长郑万春出席会议并讲话。

12日　国务院发布《关于取消和调整一批行政审批项目等事项的决定》，由国家新闻出版广电总局负责的电子出版物出版单位与境外机构合作出版电子出版物审批事项予以取消。

同日　国家新闻出版广电总局发布2013年全国新闻出版业基本情况。数据显示，2013年全国出版图书、期刊、报纸总印张为3 005.12亿印张，与上一年3 074.01亿印张相比略有下降。全国共有出版社582家（包括副牌社33家），出版图书444 427种（初级255 981种，重版、重印188 446种）；共出版期刊9 877种；共出版报纸1 915种。

13—19日　由国家新闻出版广电总局、上海市人民政府主办的2014上海书展暨"书香中国"上海周在上海举办。本届书展参展出版单位500余家，参展图书超过15万种，书展期间举办了各类阅读文化活动687场，近千位中外作家、学者和各界名人汇聚上海。

13日　当当网公布2014年上半年图书的整体销售情况。数据显示，2014年上半年，当当网图书品类销售首次破亿，达到16亿册，销售额也同比增长超40%。

14日　以"大数据时代城市精神地标的价值"为主题的首届中国超级书店论坛在上海举办。本届论坛由上海书展组委会办公室、中国新华书店协会和中国出版传媒商报社共同主办。论坛上，北京图书大厦、成都购书中心、广州购书中心以及上海书城等10家书店联合发出《关于促进全民阅读推广、促进书业健康发展的倡议书》。

15 日　国务院以 653 号令公布了《国务院关于修改部分行政法规的决定》，对 21 部行政法规的部分条款予以修改，其中涉及《出版管理条例》的 3 个条款。

15—21 日　南国书香节暨羊城书展在广州举行。本届南国书香节以"文化的厚度、学术的高度、服务的温度"为重点，年度口号为"让阅读成为一种生活方式"，参展图书、文具等超过 35 万种，总销售收入 5 500 万元。书展期间，"首届粤台港澳出版论坛"于 16 日在琶洲国际会展中心举行。

18 日　读者出版传媒股份公司旗下的读者数码公司和中国联通共同打造的"沃·读者"可通话平板电脑在兰州举行首发式。该款产品内置了《读者》30 年的电子杂志内容，内嵌"读者云图书馆"客户端，支持移动、联通 SIM 卡，开卡、续费可直接在平板上操作，实现了"空中开卡、空中续费"。

20 日　中信出版社与亚马逊中国宣布战略合作。根据协议，消费者可以在 Kindle 书店购买和阅读大量来自中信出版社的电子书内容，在多家中信出版社的实体书店体验和购买 Kindle 全线产品。

21—25 日　由国家新闻出版广电总局（国家版权局）、广东省人民政府主办的第六届中国国际影视动漫版权保护和贸易博览会在广东东莞举行。本届漫博会举行活动近 90 场，有 443 家企业参展。

26 日　中共中央政治局委员、中央书记处书记、中宣部部长刘奇葆出席学习贯彻习近平总书记关于媒体融合发展重要讲话精神座谈会，强调要深入学习贯彻习近平总书记在中央全面深化改革领导小组第四次会议上关于媒体融合发展的重要讲话精神，抓好中央决策部署贯彻落实，尽快在媒体融合发展上见到成效、取得突破。

同日　由国家新闻出版广电总局、国务院新闻办公室、中国民主促进会中央委员会联合主办的"2014 北京国际出版论坛"在北京举行。本届论坛主题为"出版业的新未来：方向、路径与动力"。国家新闻出版广电总局副局长吴尚之出席并发表题为《积极推进传统出版与新兴媒体融合发展，实现中国出版业繁荣发展的新未来》的主题演讲。

同日　第八届中华图书特殊贡献奖颁奖仪式在人民大会堂举行。以此为标志，第21届北京国际图书博览会正式揭开帷幕。国务院副总理刘延东出席颁奖仪式，代表中国政府向获得第八届中华图书特殊贡献奖的外国专家颁奖并表示祝贺。

27日　中国出版集团公司及下属中国图书进出口（集团）总公司在北京举办中国图书全球按需印刷启动仪式。中国图书全球按需印刷以中图公司开发的"易阅通"国际数字资源交易与服务平台为基础，该平台已与国内200多家出版集团、全球上百家大型数字出版商和集成商开展合作。

同日　时代出版传媒股份有限公司在北京举办"丝路书香"国际合作项目签约对接会暨"时光流影海外时光站"授牌仪式，首次与丝绸之路30多个沿线国家合作，创造走出去发展崭新格局。

27—31日　由国家新闻出版广电总局、国务院新闻办公室、教育部、科技部、文化部、北京市人民政府、中国出版协会、中国作家协会等八个部委主办的第21届北京国际图书博览会在北京举行。来自78个国家和地区的2 162家中外参展商与会，达成版权贸易协议4 346项。

28日　中国教育图书按需出版印刷平台在北京启动。该项目由财政部提供专项重点资金扶持，中国教育出版传媒股份有限公司和中国教育图书进出口有限公司共同出资，以"一本起印，按需定制，全球配送"为理念，提高出版业效益，降低出版物库存，推进印刷业向数字环保转型。

29日　由中国新闻出版研究院、中国版协国际合作出版工作委员会、出版参考杂志社主办的"第十三届输出版、引进版优秀图书推介活动"颁奖典礼在北京举行。期间揭晓了2013年度"引进版社科类优秀图书""引进版科技类优秀图书""输出版优秀图书""推动版权输出引进的典型人物名单""全国优秀版权经理人名单"等多个奖项。

同日　"2014中国按需出版论坛"在北京举办。本届论坛以"商业模式的重构与创新"为主题，由中国印刷及设备器材工业协会、北京印刷协会、中国出版传媒商报社、中国新闻出版研究院共同主办。

本月　第五届中华优秀出版物奖评奖活动启动。本届设3个子项奖：图书奖，音像、电子和游戏出版物奖，全国优秀出版科研论文奖。其中，图书奖100个，提名奖100个；音像、电子和游戏出版物奖30个，提名奖80个；全国优秀出版科研论文奖30个。

本月　国家新闻出版广电总局印发《新闻出版业"十三五"规划编制工作方案》的通知，就"十三五"规划编制指导思想、工作原则、工作任务等进行了详细安排。《方案》提出，争取将新闻出版作为国家社会经济发展的重要组成部分，列入国家发展目标。

本月　国家新闻出版广电总局下发《关于做好纪念邓小平诞辰110周年主题出版工作的通知》，确定人民出版社的《邓小平文集》等7种重点出版物，并在国家出版基金评审工作中对7种重点出版物给予专项支持。

9月

1日　北京、天津、河北三地新闻出版广电局共同签署了《京津冀新闻出版广播影视协同创新战略框架协议》。根据协议，三地将在优化区域产业布局，推动区域产业结构调整，开展区域共建共享的公共平台合作，推进人才交流，在加强管理、服务协同与信息共享等方面开展战略合作，推动三地文化交流合作向纵深发展。

1—7日　以"美丽中国梦·精彩图书节"为主题的第12届北京国际图书节在北京中华世纪坛举行，百余家出版社参与，展出各类图书约15万种。

2日　国家版权局通报"剑网2014"专项行动第二批10起取得重大进展的网络侵权盗版案件查办情况，并公布了专项行动下一阶段将采取的5项治理措施。

3—9日　2014年莫斯科国际书展在莫斯科举行。中国外文局组织300余种图书参展，中国出版代表团共达成版权输出与引进合作意向45项。

4日　中国出版协会在北京召开出版工作者践行社会主义核心价值观座谈会，深入学习领会习近平总书记关于社会主义核心价值观的重要论述。会上宣读了中国出版协会《出版工作者践行社会主义核心价值观倡议书》。

5—8日　第七届中国西部文化产业博览会在西安举行。本届西部文博会由文化部、国家新闻出版广电总局和陕西省人民政府共同主办，以"合作、共享、改革、创新"为主题，突出"丝绸之路、文化交流"的特点。

10日　国家新闻出版广电总局学术期刊审核认定会在北京召开。由国家新闻出版行政部门组织对国内学术期刊进行审核认定尚属首次，主要目的是严格资质、正本清源、规范出版、提高质量。

10—17日　第16届斯里兰卡科伦坡国际书展在班厦展览馆举行，中国以主宾国身份参展。15日，中国主宾国正式开馆。16日，中国国家主席习近平与斯里兰卡总统马欣达·拉贾帕克萨共同为第16届科伦坡国际书展中国主宾国活动揭幕。中国国家新闻出版广电总局与斯里兰卡文化艺术部正式签署合作备忘录，以加强中斯两国在文化出版领域的交流与合作，增进两国人民之间的传统友谊和相互了解。

11日　京东与美国哈珀·柯林斯出版集团签订电子书合作合同，京东成为哈珀·柯林斯出版集团在中国大陆地区的首家电子书合作商。此次合作，进一步丰富了京东图书在原版电子书领域的产品品类，为广大读者带来了更多选择。

13日　第十三届精神文明建设"五个一工程"表彰座谈会在北京召开，揭晓本届"五个一工程"评选结果。27部电影、30部电视剧、33部戏剧、22部广播剧、31首歌曲、28部图书等脱颖而出，共186部作品获得"优秀作品奖"。28部获奖图书中，报告文学10部、长篇小说8部、通俗理论读物4部、少儿读物6部。

15日　国家新闻出版广电总局公布庆祝新中国成立65周年重点出版物名单。《梦想的力量——中国梦青少年读本》等49种图书和《我的名字叫建国》等10种音像电子出版物入选。

15—17日　由世界知识产权组织和中国国家版权局联合主办的"2014年国际版权论坛"在成都举行。本届论坛以"版权、创新与发展"为主题，共同探讨版权保护新理念和新模式，寻求版权发展新超越和新突破。

16日　世界知识出版社在北京举行建社80周年庆祝大会。外交部党委书记、副部长张业遂出席大会并讲话。

16—18日　第29届全国古籍出版社社长年会暨2013年度优秀古籍图书评奖会在江苏扬州举行。人民文学出版社的《侯方域全集校笺》等31种图书获一等奖。

17—19日　由国家新闻出版广电总局、国家版权局和四川省人民政府共同主办的第五届中国国际版权博览会在成都举办。这是自2008年起，版博会首次在北京以外的城市举办。来自世界各个国家、地区和国际组织的超过 170 家知名机构、企业参展。本届版博会签订版权项目 17 个，交易金额超过 20 亿元。

17 日 国家版权局首次就版权社会服务工作在成都召开专题会议。福建省厦门市在会上被授予"全国版权示范城市"称号。有 18 家单位获得"全国版权示范单位"称号，4 家园区（基地）获得"全国版权示范园区（基地）"称号。

18 日 由中国期刊协会主办的"2014 中国期刊媒体国际创新发展论坛"在武汉举行。世界杂志媒体创新趋势暨《2014 世界杂志媒体创新报告》中文版、《2014 中国杂志媒体创新报告》正式发布。同日，2014 年"中国最美期刊"遴选活动结果公布，《阿阿熊》等 100 种绿色印刷、精美装帧的大众阅读类、学术类期刊荣获"最美期刊"殊荣。

18—19 日 由中国印刷技术协会、中国印刷科学技术研究院主办的"2014 全国印刷企业百强年会"在南京举行。年会上揭晓了 2013 年"中国印刷企业 100 强"。

18—21 日 2014 中国（武汉）期刊交易博览会在武汉举行。来自 40 多个国家和地区、国内 31 个省（区、市）及部分中直单位的 12 万多家报刊出版单位、400 多家图书音像出版机构参展，展出各类出版物和文化衍生品 40 多万种。

19—21 日 第二届全国出版物馆配馆建交易会暨全国馆配商联盟秋季图书订货会在安徽合肥举办。此次展会共设立国内出版物展位 800 个，参展图书品种达到 10 万种以上。

24 日 由亚洲品牌协会联合亚洲卫视、《环球时报》《中国经济导报》主办的"第九届亚洲品牌 500 强排行榜"在香港揭晓。中国出版集团公司入选"亚洲品牌 500 强"，名列第 396 位，是国内唯一入选的出版企业。

27—29 日 中国国家新闻出版广电总局副局长、国家版权局副局长阎晓宏率中国新闻出版（版权）代表团应邀出访阿尔及利亚。28 日，阎晓宏副局长与阿尔及利亚国家版权局局长侯赛因分别代表中阿两国政府签署了《中阿版权交流合作谅解备忘录》。

28 日 由中国出版协会主办、韬奋基金会协办的第十二届韬奋出版奖在北京揭晓，黄书元等20位优秀出版人获奖。

9月28日至10月5日 由国家新闻出版广电总局和广东省人民政府共同主办的2014第七届中国国际漫画节在广州举行。中国漫画"最高奖"——第11届金龙奖颁奖典礼于28日晚举行。

29日 第65届美国印制大奖在芝加哥颁出。我国雅昌文化集团荣获6项金奖，并蝉联全场大奖，成为近5年来全球连续荣获金奖总数最多的企业。

同日 国家新闻出版广电总局下发《关于开展庆祝新中国成立65周年优秀图书百家书城联合展示展销活动的通知》，决定于2014年9月至11月，集中向全社会宣传推介一批庆祝新中国成立65周年优秀图书。

9月30日至10月4日 由国家新闻出版广电总局、重庆市人民政府联合主办的2014第六届中国西部动漫文化节在重庆举行。本届动漫节汇聚了动漫、漫画、玩具衍生品等10大类、近3万种动漫创意品展出销售，1 000余家国内外知名动漫企业参展。

本月 为进一步加强内部发行报刊保密管理工作，国家新闻出版广电总局下发《关于加强内部发行报刊保密管理工作的紧急通知》，明确要求任何单位和个人不得公开宣传、陈列、展示、销售内部发行的报刊，不得通过网络、手机微信公众账号等传播方式发行内部发行的报刊。

本月 国家新闻出版广电总局与全国老龄工作委员会办公室下发《关于公布首届向全国老年人推荐优秀出版物的通知》。《毛泽东传》等90种图书和《生命之约》等10种音像电子出版物入选推荐名单。

本月 国家新闻出版广电总局启动非公有制文化企业参与对外专项出版业务试点工作，并出台了《非公有制文化企业参与对外专项出版业务试点办法》。《试点办法》适用于试点阶段对非公有制文化企业参与对外专项出版业务的准入、监督与管理，自2014年10月1日开始执行。

10月

8—12日 第66届德国法兰克福国际书展在德国法兰克福举行。本届书展适逢新中国成立65周年，国家新闻出版广电总局组织中国出版集团公司等百余家出版企业，160余位出版人、作家参展，参展图书数千种，成为继2009年中国担任法兰克福书展主宾国后，中国出版代表团最大规模的一次参展。

10—11日 国家新闻出版广电总局在北京召开出版传媒集团主要负责人座谈会。总局党组书记、副局长蒋建国出席会议并讲话，副局长阎晓宏、孙寿山、吴尚之出席座谈会。

10—15日 "2014中蒙友好交流年中国图书在蒙巡展活动"在蒙古首都乌兰巴托市举行。此次巡展活动由国家新闻出版广电总局主办，中国教育图书进出口有限公司协办，主要展示了1 000余册中国出版的各类图书，内容涵盖了文学、教育、农业、科技和对外汉语教学等各个领域，包括蒙古语、中文、英文三个语种。

11日 人民音乐出版社成立60周年暨繁荣中华音乐座谈会在北京人民大会堂举行。全国人大教科文卫委员会主任委员、中国出版协会理事长柳斌杰出席座谈会。中共中央宣传部副部长黄坤明、国家新闻出版广电总局副局长吴尚之出席座谈会并作重要讲话。

11—15日 "感知西藏——2014尼泊尔中国书展"在尼泊尔首都加德满都举行。本次书展是中国政府在尼泊尔举办的规格最高、规模最大的一次。17家中国出版社带来了2 000多种图书，其中相当一部分是反映中国西藏历史、文化等内容的代表性作品。开幕式上，西藏自治区报刊出版中心、西藏人民出版社等机构与尼方合作伙伴举行了签字仪式，尼泊尔中国出版文化基地等机构同时揭牌。

17—23日 第十届海峡两岸图书交易会在台湾举办，200余家大陆出版社、图书馆和100余家台湾地区出版发行机构参展。两岸出版机构现场共签订15个出版合作项目，达成286项图书版权贸易意向，实现征订和零售总码洋2 653万元。

19日 由国家新闻出版广电总局、人力资源和社会保障部共同组织的2014年全国出版专业技术人员职业资格考试在各地同时开考。2014年，首次将互联网出版单位从业人员纳入考试报考范围，考试内容增加了数字出版、互联网出版有关内容的分值比例。

23日 经国家版权局正式批准设立的西部地区唯一一家国家级版权贸易机构——西部国家版权交易中心在西安揭牌成立。根据规划，该中心将采用市场化运营模式，聚集全版权产业资源，构建涵盖文学艺术、广播影视、新闻出版、动漫游戏等领域的版权交易体系。

23—25日　由北京市图书进出口有限公司主办的北京台湖国际教育图书展在北京台湖出版物会展贸易中心举行。近万种与国外教学同步的最新原版教材教辅集中亮相，英、美、法、德、意、日等国48家出版集团、380余家国外出版社的5万余种外文原版图书同场展销。

24—26日　由湖北省新闻出版广电局指导，湖北省出版物发行业协会主办的第十三届华中图书交易会暨全国教育出版物展销会在湖北武汉举行。来自全国29个省（区、市）的400多家出版发行单位携5万余种出版物参展，2万多家订货单位参会，共实现订货码洋超过24亿元。

10月26日至11月2日　第59届贝尔格莱德国际书展在塞尔维亚首都贝尔格莱德展览中心举行。中国首次以主宾国身份亮相该书展。书展开幕式后，中国国家新闻出版广电总局副局长孙寿山、中国驻塞尔维亚大使李满长、贝尔格莱德市市长马里和塞尔维亚文化与传媒部副部长武切蒂奇共同按动主宾国台上的"中国印"，正式开启书展中国主宾国活动。中国将主题语定为"书香增友谊，合作创未来"，展台面积约1 000平方米。由71家出版社组成的中国主宾国展团实现版权输出141项。

30日　国家新闻出版广电总局在北京召开出版界学习宣传贯彻习近平总书记文艺工作座谈会重要讲话精神座谈会。总局党组书记、副局长蒋建国在会上强调，要用习近平总书记重要讲话精神统一思想和行动，充分认清出版在文艺繁荣发展中的地位，切实发挥出版记录历史、传承文明、宣传真理、普及科学、咨政育人的基础性作用，多出精品力作，努力开创文艺出版工作新局面，为繁荣发展社会主义文艺、建设社会主义文化强国贡献力量。

10月30日至11月2日　第27届全国大学社图书订货会在江苏南京举行。国家新闻出版广电总局原副局长、中国出版协会常务理事长邬书林，中国出版协会副理事长、韬奋基金会理事长聂震宁以及大学版协相关负责人、大学社社长等出席了订货会相关会议和活动。

31日　第29届全国省会（计划单列）城市新华书店年会在深圳召开。本届年会的总主题是"全民阅读与书业发展"。全国省会（计划单列）城市新华书店年会始于1986年,每届年会由各会员单位轮流承办,成为我国书业界的高端交流平台。

同日 国家新闻出版广电总局在北京图书大厦举行党的十八届四中全会文件及学习辅导读物首发式。这些文件及学习辅导读物首印总数为515万册,全国各地新华书店都将设立专柜进行展示展销。

本月 国家新闻出版广电总局出台《深化新闻出版体制改革实施方案》。《方案》就完善新闻出版管理体制,增强新闻出版单位发展活力,建立健全多层次出版产品和要素市场,推进出版公共服务体系标准化、均等化,提高新闻出版开放水平等五个重点方面的改革任务提出政策措施,并制定了23项具体措施。

本月 国家新闻出版广电总局完成并通过了《新闻出版业"十二五"时期发展规划中期评估报告》。《报告》指出,《新闻出版业"十二五"时期发展规划》总体目标、主要任务、重大项目与政策措施的执行、落实情况有喜有忧,总体正常。为保证"十二五"规划的顺利完成,《报告》特别就"十二五"后期行业发展规划、"十三五"规划制定提出调整建议。

11月

1日 由国家版权局与国家发展和改革委员会联合发布的《使用文字作品支付报酬办法》正式施行。《办法》着眼保护文字作品著作权人的著作权,规范使用文字作品的行为,促进文字作品的创作与传播。《办法》中将原创作品的基本稿酬标准,由1999年《出版文字作品报酬规定》的每千字30元~100元提高到80元~300元,而原创作品的版税率并未提高,依然为3%~10%。

2日 安徽新华传媒股份有限公司和腾讯公司签署《微信支付&皖新传媒战略合作框架协议》。根据《协议》,双方将共同搭建以微信为载体、以新华书店及其他实体业态为基础的O2O体系,打造全国首家以文化传播、文化消费及全民阅读为理念的社交平台。

3日 由国家新闻出版广电总局、环境保护部共同主办的2014年绿色印刷推进会在北京举办。会议宣读了《关于公布2014年认定的国家印刷示范企业的通知》,并为总局认定的30家国家印刷示范企业授牌。会上发布了《2014年绿色印刷实施成果分析报告》《2014年绿色印刷调查报告》，介绍了绿色印刷系列行业标准的制定情况。

同日　中国新华书店协会第三次全国会员代表大会在北京召开。会上，哈九如当选第三届理事会理事长，茅院生当选常务副理事长，张雅山当选副理事长兼秘书长。

5日　时值邹韬奋先生诞辰119周年纪念日，以"现代编辑领军人"为主题的第三届韬奋出版人才高端论坛在江西南昌举行。本届论坛由韬奋基金会主办，中国新闻出版研究院、中国新闻出版报社联办，江西省出版集团承办，百道网协办。

8—11日　第33届伊斯坦布尔国际书展在土耳其伊斯坦布尔举行。该书展是土耳其乃至整个中东地区规模最大、国际影响力最强的专业书展之一，目前以兼容图书展销和版权贸易为特色。由中国国家新闻出版广电总局主办、中国教育图书进出口有限公司协办的伊斯坦布尔国际书展中国图书展同期举行。

11—12日　以"今日趋势，明日现实"为主题的第四届亚太数字期刊大会在北京召开。本届大会由国家新闻出版广电总局指导，国际期刊联盟和中国期刊协会共同主办。来自亚太地区近20个国家和地区的450位嘉宾与会，围绕杂志媒体创新、学术期刊数字化传播、数字出版的零售与发行等议题进行了深入探讨。

12日　中国国际出版集团与意大利蒙达多利出版集团在北京举行《INTERNI设计时代》版权合作签约仪式。据介绍，《INTERNI设计时代》是国家新闻出版广电总局2014年批准的第一个国际期刊版权合作项目。该刊将于2015年1月与读者见面。

13日　国家版权贸易基地（上海）揭牌仪式在上海自贸区举行。这是长三角区域第一家国家级版权贸易基地，也是国家版权贸易基地首次开进海关特殊监管区域。

13—14日　由中国科协、国家新闻出版广电总局联合主办的第十届中国科技期刊发展论坛在广州召开。本届论坛的主题为"全面深化改革中的科技期刊发展路径"。

15日　由中国版权协会主办的"第七届中国版权年会"在北京举行。

年会包括以"跨界、融合、创新、共赢——大数据时代的文化与版权"为主题的年会论坛和 2014 年中国版权协会会员大会暨年度评选颁奖大会。会上颁发了"中国版权事业终生成就者""中国版权事业卓越成就者"和"中国版权最具影响力企业"3 个奖项。

16 日 中国经济发展论坛"2014 中国经济最具发展潜力企业"评选在北京揭晓。继 2014 年接连入选"全国文化企业 30 强""全球出版业 50 强""亚洲品牌 500 强排行榜"之后，中国出版集团公司再次入选，并位列入选的 22 家企业之首。

17 日 2014 年度"中国最美的书"评选揭晓。来自全国各地 21 家出版社的 22 种图书荣膺本年度"中国最美的书"称号，并将代表中国参加 2014 年度的"世界最美的书"评选。

同日 "携手 4G，共阅未来——中国移动北京公司与北京发行集团战略合作发布会"在北京举行。双方确立在移动互联网产品与实体内容上进行创新式合作，旨在实现传统渠道与新兴阅读工具互补融合，探索通信行业与图书行业在未来阅读方式上的合作空间。

18 日 北京出版集团旗下的京版北教文化传媒股份有限公司在北京举行正式挂牌仪式，成为全国首家登陆"新三板"的国有控股图书发行企业。北教传媒实现在"新三板"挂牌后，将借助资本的力量，加强研发力度，加快整合优质社会资源，加大传统出版发行向综合文化传媒公司的转型。

同日 西部国家版权交易中心与华中国家版权交易中心签订战略合作协议。双方将跨地域整合版权资源，共同打造国家级版权产业交易服务平台。

19—20 日 首届国际数字出版大会在北京召开。本届大会由中国新闻出版研究院指导，中国知网、中国新闻出版研究院希普思文化咨询公司承办，大会以"出版界的手持革命"为主题。

20—21 日 全国新闻出版统计工作会议在北京召开。会议通报了 2014 年新闻出版统计工作情况，表彰了 2014 年新闻出版统计工作先进单位和个人，并对 2015 年新闻出版统计工作进行部署。国家新闻出版广电总局副局长阎晓宏出席会议并讲话。

20—22日　以"与世界和未来在一起"为主题的2014中国上海国际童书展在上海举办。本届书展由上海市新闻出版局、中国教育出版传媒集团有限公司、环球新闻出版发展有限公司共同主办，来自23个国家和地区的250余家知名童书出版与相关专业机构聚集上海，参展中外最新童书超过5万种，其中外版童书近2万种。

21日　国务院总理李克强在浙江杭州考察时做客晓风书屋，鼓励实体书店发展。

同日　《绿色印刷术语》《绿色印刷产品抽样方法及测试部位确定原则》《绿色印刷产品合格判定准则第1部分：阅读类印刷品》《绿色印刷通用技术要求与评价方法第1部分：平版印刷》4项绿色印刷行业标准征求意见稿，通过全国印刷标委会网站公布。

21—30日　北京出版集团携500种2 000余册优秀图书参加马来西亚第十六届书香世界中华书展。这是北京出版集团继2013年在新西兰举办北京出版集团精品图书展后，再次组团参加国外图书展示展销活动。

23日　安徽出版集团与湖北长江出版传媒集团签署战略合作协议。根据协议，双方将共同打造社交互助自出版与阅读平台。

24日　国务院发布决定，取消和调整一批行政审批项目，将82项工商登记前置审批事项调整或明确为后置审批，其中包含从事出版物批发业务许可、从事出版物零售业务许可等九个与新闻出版业相关的项目。

同日　湖北省人民政府常务会议审议通过了《湖北省全民阅读促进办法》，规定该省县级以上人民政府应在每年4月23日（世界阅读日）和9月28日（孔子诞辰日）开展全民阅读专项活动。

26日　国家新闻出版广电总局数字出版司在北京召开数字出版标识符研究座谈会，标志着数字出版标识符专题研究正式启动。来自总局数字出版司、中国新闻出版研究院、出版物标识符注册中心、行业协会、高校等的专家，就"数字出版标识符研究"课题提纲提出意见和建议。

27日　财政部、国家税务总局、中宣部等三部门联合发布的《关于继续实施文化体制改革中经营性文化事业单位转制为企业若干税收政策的通知》。《通知》指出，经营性文化事业单位转制为企业，在2014年1月1日至2018年12月31日期间，可继续享受相关税收优惠政策。

同日　江苏省人大十二届常委会第十三次会议审议通过了《江苏省人大常委会关于全民阅读的决定》，于2015年1月1日起正式实施。自此，我国有了首个全民阅读地方性法规。《决定》将每年的4月23日确定为"江苏全民阅读日"，将"江苏读书节""江苏书展"确定为全民阅读的法定活动。针对老年人、残疾人、特殊家庭以及外来务工人员子女、农村留守儿童等群体在阅读方面存在障碍和特殊困难，《决定》作了相关规定，以保障其基本阅读权利。

同日　光明日报社与北京师范大学签署共建新闻传播学院协议，北京师范大学新闻传播学院正式揭牌。光明日报社副总编辑刘伟受聘担任新闻传播学院院长。

29日　中国医学教育慕课平台的首批示范课程正式上线。这标志着由人民卫生出版社联合182家医学高等院校运作一年精心打造的在线医学教育平台正式运营。"人卫慕课"平台的建成，也标志着人卫社数字出版转型升级驶入高速路。

本月　《中国出版年鉴》2014卷出版发行。《年鉴》以提炼出版时代重点热点为宗旨，通过"十八届三中全会·中国梦专题出版""署局合并·出版改革"等专题展示改革盛况。《年鉴》创设的"数字出版""传统出版"和"新闻出版行业"栏目关注新生事物，体现行业最新分类观念。

本月　国家新闻出版广电总局公布了2014年"原动力"中国原创动漫出版扶持计划入选项目，共有31个项目入选，其中图书类项目21个、多媒体动画类项目10个。

本月　由中国新闻出版研究院组织编撰的《2013—2014中国出版业发展报告》（中国出版蓝皮书）由中国书籍出版社出版。《蓝皮书》显示，2013年全国出版业在改革中发展，保持了良好的势头。2013年全国出版、印刷和发行服务营业收入较2012年增长9.7%，增加值增长9.6%，利润总额增长9.3%。出版业改革平稳推进，已有3 000多家非时政类报刊出版单位完成转企。

本月　国家新闻出版广电总局出台《全国图书交易博览会申办办法》，对全国图书交易博览会申办工作进行了规范。《办法》自2015年1月1日起实施。

12 月

1 日　《环境标志产品技术要求印刷第 3 部分：凹版印刷》正式实施。凹版印刷国家环保标准是为保护环境、促进技术进步，减少凹版印刷对环境和人体健康的影响而制定，对凹版印刷原辅材料和印刷过程的环境保护要求作出了规定。

同日　二十一世纪出版社集团有限公司在江西南昌正式挂牌成立。这是经国家新闻出版广电总局批准组建的第一家少儿出版集团公司。中国出版协会常务副理事长、国家新闻出版广电总局原副局长邬书林，江西省副省长朱虹等出席了挂牌仪式。

同日　国家新闻出版广电总局在北京启动 2014 年度"大众喜爱的 50 种图书"推荐活动。本年度的活动将通过启用出版社自荐、手机投票平台、投放公益广告等创新措施，吸引广大读者参与。

同日　四川省成都市人民政府印发《成都市实体书店扶持奖励办法（试行）》。该《办法》分扶持奖励对象、扶持奖励种类及标准、扶持奖励申报程序、扶持奖励实施工作要求四部分，由成都市广播电视和新闻出版局负责解释，自公布之日起 30 日后施行，有效期 2 年。

2 日　中央政策研究室与中国出版集团公司举行研究出版社重组签约仪式，研究出版社全面改制序幕拉开，中国出版集团公司再添新成员。

同日　国家版权局下发《关于"剑网 2014"专项行动延期有关工作的通知》。《通知》指出，根据全国打击侵权假冒工作领导小组的统一部署，国家版权局与国家互联网信息办公室、工业和信息化部、公安部决定将"剑网 2014"专项行动延长至 2014 年年底。

4 日、5 日　国家新闻出版广电总局召开 MPR（多媒体印刷读物）和 CNONIX（中国出版物信息交换）两项国家标准应用示范工作部署会，上述两项国家标准进入应用示范阶段。

9 日　中国北京出版创意产业基地先导区在北京市朝阳区南磨房乡举行开园仪式。全国政协常委、教科文卫体委员会副主任胡振民，国家新闻出版广电总局副局长、国家版权局副局长阎晓宏，北京市副市长程红为先导区揭牌。

同日　第26届"香港印制大奖"颁奖典礼在香港举行。青岛出版社出版的《中国木版年画代表作》一举包揽"全场冠军""最佳印制书籍奖""豪华精装书刊冠军奖"和"最佳创意印刷大奖优异奖"四项大奖。这是内地图书在此项大奖设立以来获得的最好成绩。

10日　经国家新闻出版广电总局严格审定的第一批认定学术期刊名单正式向社会公布。首批公布名单共5 737种。

11日　由中国印刷及设备器材工业协会主办的第17届北京国际印刷信息交流大会在广东东莞举行。我国12家印刷设备、器材企业发布了新技术和新产品。

11—14日　由文化部、国家新闻出版广电总局、北京市人民政府主办的第九届中国北京国际文化创意产业博览会在北京举办。来自32个国家和地区的近50个政府和专业代表团参展,1 800家文创企业亮相主展场。本届北京文博会以"推动文化创新,促进产业融合"为主题,首次在江苏扬州设立分会场。

12—14日　第十五届大陆书展暨国家出版基金成果展在台北举办。这是国家出版基金成果首次赴台展览。此次书展展出5 300多种大陆图书,内容涵盖2011年至2014年出版的文史哲、法律、学术论著、经济、文学、儿童等方面的图书,尤其包括大陆国家出版基金资助的民族文化、民生系列和中外学术三大主题专业出版物。

15日　中宣部、国家新闻出版广电总局联合在北京召开全国少儿出版工作会议。会议认真贯彻落实党的十八大和十八届三中、四中全会精神,深入学习贯彻习近平总书记重要讲话精神,回顾总结一个时期以来的少儿出版工作,研究部署新形势下进一步加强和改进少儿出版、促进少儿出版繁荣发展的举措。总局党组书记、副局长蒋建国主持会议,中宣部副部长黄坤明讲话,总局副局长吴尚之通报全国少儿出版工作的有关情况。

16日　继7月9日、9月2日分别通报"剑网2014"专项行动第一批和第二批网络侵权盗版案件查办情况后,国家版权局向社会通报了第三批共12起网络侵权盗版案件查办情况。

17日　以"游戏·梦想的翅膀"为主题的第十一届中国游戏产业年会

在海南省海口市召开。年会回顾了 2014 年中国游戏产业的发展潮流，展望了 2015 年新趋势新动向。国家新闻出版广电总局副局长、中国音像与数字出版协会理事长孙寿山出席会议并发表主题讲话。海南省副省长王路出席大会并致辞。

同日　人民教育出版社与新华文轩出版传媒股份有限公司在北京签署战略合作协议。根据协议，双方将在教材教辅、信息化及数字化、资本经营、拓展国际市场等方面，由业务合作关系转为战略合作关系。国家新闻出版广电总局副局长阎晓宏出席仪式并讲话。

20 日　上海新闻出版职业教育集团正式成立。上海新闻出版职业教育集团由上海市新闻出版局、上海出版印刷高等专科学校等单位牵头组建，首批参加的单位有 40 家。职教集团成立后，将优化整合全市新闻出版职业教育资源，创新新闻出版职业教育发展模式，更好地为上海乃至全国培养高素质高技能型新闻出版人才。

24 日　中国新闻出版研究院在北京发布了 2012 年中国版权产业经济贡献调研成果。成果以国家统计局等部门提供的权威数据为基础，利用定量的方式，通过行业增加值、就业人数、出口额三项指标，描述版权在国民经济中的贡献率。

25 日　全国"扫黄打非"办公室公布 2014 年"扫黄打非"十大数据、十大案件。十大数据包含全国收缴、销毁各类非法出版物数量，查处各类"扫黄打非"案件数量，全国"扫黄打非"办公室单独或与其他部门联合督办的各类"扫黄打非"案件数量等数据。十大案件包含网上传播淫秽色情信息案件 4 起，"三假"案件 2 起，侵权盗版案件 2 起，非法宗教出版物案件 1 起，其他案件 1 起。

27 日　中国数字出版联盟成立大会暨第一届全体理事大会在北京召开。联盟共有 63 家成员单位，其中包括人民出版社、商务印书馆等 56 家出版单位，技术服务公司、媒体等其他单位 7 家。大会通过了《中国数字出版联盟章程》《图书数据库产品评价指标》《数字版权资源交流使用规则》等规章。联盟成立后，将致力于在促进资源合作、组织合作营销、开展维权行动等方面开展工作，加快推进传统出版社转型升级，更好地实现传统出版与新兴出版融合发展。

本月 国家新闻出版广电总局下发《关于新闻出版改革发展项目库2015年度项目申报工作的通知》。《通知》明确了2015年新闻出版改革发展项目库·项目的申报重点支持方向和内容，主要涉及内容创新、体制改革、与科技融合、数字化转型升级、公共服务体系建设、走出去、保障服务体系建设7个方向，涵盖28项具体申报内容。

2015年

1月

1日 《江苏省人民代表大会常务委员会关于促进全民阅读的决定》正式实施。

5—6日 全国新闻出版广播影视工作会议在北京举行。中宣部副部长、国家新闻出版广电总局党组书记、局长蔡赴朝出席会议并作工作报告。

6日 由社会科学文献出版社联合业内媒体及研究机构共同举办的第五届中国学术出版年会在北京举行。本届年会以"大数据时代的学术出版与学术评价"为主题。

7日 国家新闻出版广电总局在北京发布《2014中国出版物发行业年度报告》。《报告》显示，截至2013年年底，全国共有各类出版物发行单位120 483家，全国出版物发行单位共有各类发行网点210 019个，从业人员94.3万人，实现出版物销售总额3 191.4亿元。

同日 2015年农家书屋出版物推荐工作通气会在北京召开。国家新闻出版广电总局就2015年农家书屋重点出版物推荐工作进行通报。

8日 "中国教图按需印刷国际联盟"在北京成立。该联盟由中国教育图书进出口有限公司发起，首批签约企业由在国际上有广泛渠道运营能力的按需印刷发行企业、在国内有重要影响力的出版集团和出版社等60余家单位组成。

8—10日 由中国出版协会、中国书刊发行业协会主办的第28届北京图书订货会在中国国际展览中心举行。本届订货会展览面积5万平方米，展台2 317个，参展单位864家，展示图书50万种，举办各类文化交流活动150余场，现场馆配采购码洋1.85亿元，参观人数8.8万人次。

9日　《书香中国万里行——全民阅读"红沙发"访谈录》在北京首发。全国人大教科文卫委员会主任委员、中国出版协会理事长、中国全民阅读媒体联盟名誉理事长柳斌杰出席活动并发表讲话。该书收集了全民阅读"红沙发"系列访谈在2012—2014年期间，共10期40多个场次的报道内容。

同日　"2014年度中国影响力图书"揭晓仪式在北京举办，《习近平谈治国理政》等50种图书获"2014年度中国影响力图书"殊荣。此次评选活动以"阅读，重构时代的精神空间"为主题，由新华网与中国出版传媒商报社联合主办。

11—14日　由北京市新闻出版广电局、北京出版发行业协会主办的"2015北京地区出版物订货会"在北京举行。本届订货会参展单位共计900余家，带来了近十余万种图书、教辅、期刊产品和电子出版物。

14日　中共中央办公厅、国务院办公厅印发《关于加快构建现代公共文化服务体系的意见》。《意见》明确规定，深入开展全民阅读活动，推动全民阅读进家庭、进社区、进校园、进农村、进企业、进机关。

同日　国家版权局、国家互联网信息办公室、工业和信息化部、公安部在北京联合召开"剑网2014"专项行动总结会。专项行动开展期间，各地版权行政执法部门共查处案件440起，移送司法机关66起，行政罚款352万余元，关闭网站750家。会上还通报了"剑网2014"专项行动十大案件。

15—16日　由中国期刊协会、中国新闻文化促进会、中国新闻出版研究院联合主办的第九届中国期刊创新年会在北京举行。本届年会以"创新·融合·发展——媒体融合背景下的期刊数字化转型"为主题，国家新闻出版广电总局副局长吴尚之出席会议并讲话。

19日　第28次全国"扫黄打非"工作电视电话会议在北京召开。中共中央政治局委员、中央书记处书记、中宣部部长、全国"扫黄打非"工作领导小组组长刘奇葆出席会议并讲话，中宣部副部长、国家新闻出版广电总局局长、全国"扫黄打非"工作领导小组副组长蔡赴朝对各地新闻出版广电部门的"扫黄打非"工作提出要求。

21日 北京中文在线数字出版股份有限公司登陆深交所创业板，正式挂牌上市，成为中国内地数字出版第一股。中文在线首次公开发行3 000万股，发行价格为6.81元/股，发行市盈率22.87倍。

27日 国家新闻出版广电总局在北京公布了13家出版社的13种编校质量不合格教辅读物，并依据相关规定对相关出版单位做出行政处罚。这是2014年"出版物质量专项年"活动开展以来，总局公布的第三批编校质量不合格图书。

27—28日 以"融合发展 互补互荣"为主题的第八届全国新闻出版业网站年会暨新闻出版业互联网发展大会在北京召开。本届年会由中国出版协会主办、中国新闻出版研究院承办，年会上发布了《2014全国新闻出版业网站年度报告》。

29日 上海博林文化股份有限公司在上海股权托管交易中心E板挂牌，成为国内第一家在E板挂牌的民营实体书店，也是全国专业图书馆配服务商中，第一家在E版挂牌的企业。

2月

2日 由中国出版协会举办的第五届中华优秀出版物奖在北京揭晓。本次评选共有338种优秀作品获奖。其中，获奖图书100种，获奖音像电子游戏出版物30种，全国优秀出版科研论文30篇。

4日 国家数字复合出版系统工程研发工作推进会在北京举行。会议对国家数字复合出版系统工程研发工作做出整体部署，标志着该工程已从启动阶段正式进入全面研发建设阶段。

同日 国家新闻出版广电总局组织召开新闻出版项目工作座谈会，回顾总结新闻出版业项目工作经验，部署2015年乃至"十三五"时期实施"项目带动战略"。总局党组成员、副局长阎晓宏出席会议并讲话。

6日 中国音像与数字出版协会专业数字出版工作委员会成立大会在北京召开。国家新闻出版广电总局副局长、中国音像与数字出版协会理事长孙寿山出席会议并讲话。

10日 由国家新闻出版广电总局组织开展的2014年度"大众喜爱的

50 种图书"推荐活动揭晓。《习近平谈治国理政》《邓小平传》《守住中国人的底线》等 50 种图书榜上有名。

11—15 日 第 22 届明斯克国际书展在白俄罗斯明斯克市国家展览中心开展，中国首次并作为主宾国参展。由 43 家出版集团和出版社组成的中国展团，带来了 5 017 种优秀参展图书，签订了 5 项版权和图书销售合同以及 107 份合作意向书。展会期间，中国国家新闻出版广电总局与白俄罗斯新闻部签署了《中白经典图书互译出版项目备忘录》。

12 日 由中国出版协会主办的中国出版年会在北京举行。年会发布了《2014 年度中国出版业发展报告》，公布了 2014 年度出版业十件大事、十大人物和 30 本好书。全国人大教科文卫委员会主任委员、中国出版协会理事长柳斌杰出席年会并讲话。

同日 全国"扫黄打非"办公室主任办公会议在北京召开。会议通报了 2015 年以来"扫黄打非"工作的开展情况及近期工作安排，并讨论建立"全国'扫黄打非'办公室主任办公会议制度"。全国"扫黄打非"工作领导小组副组长兼办公室主任、国家新闻出版广电总局副局长吴尚之主持会议并讲话。

13 日 中文天地出版传媒股份有限公司以发行股份加支付现金的方式，作价 26.6 亿元购买了北京智明星通科技有限公司 100% 股权。

25 日 国家新闻出版广电总局下发《关于开展 2015 年全民阅读工作的通知》，在多年倡导并组织开展全民阅读工作、建设"书香中国"的基础上，继续在 2015 年组织开展全民阅读工作，并从 11 个方面对 2015 年全民阅读工作提出明确要求。

28 日 由国家新闻出版广电总局（国家版权局）牵头，推进使用正版软件工作部际联席会议第四次全体会议在北京召开。会议对 2014 年推进使用正版软件工作进展情况进行了总结，并审议了 2015 年工作计划。会议由国家新闻出版广电总局（国家版权局）副局长阎晓宏主持。

本月 《国际出版业发展报告（2012 版）》（国际出版蓝皮书）由中国书籍出版社出版发行。该书由中国新闻出版研究院副院长范军主编，国际出版研究室撰写。

3月

1日 《湖北省全民阅读促进办法》正式实施。该《办法》共32条，是我国首部关于全民阅读的地方政府规章。

2—3日 由中国版权保护中心主办的以"尊重原创"为主题的2015CPCC中国版权服务年会在北京举行。会上揭晓了2014CPCC十大中国著作权人年度评选结果，并发布了2014年中国版权十件大事。国家新闻出版广电总局副局长、国家版权局副局长阎晓宏出席会议并讲话。

3日 全国版权标准化技术委员会首届年会在北京召开。年会由全国版权标准化技术委员会主办、中国版权保护中心承办，国家新闻出版广电总局副局长、国家版权局副局长、版权标委会主任委员阎晓宏出席年会并致开幕词。

4日 国家出版基金规划管理办公室在其官网发布公告，决定对已公示的"推进国家治理体系和治理能力现代化丛书"等346个项目给予资助。国家出版基金规模已从2014年的4.5亿元增加到2015年的5.5亿元。

同日 国家新闻出版广电总局发出通知，对各地举办2015年全民数字阅读专题活动提出要求。通知说，总局将对各地申报的全民数字阅读活动项目进行评选，形成"2015年全民数字阅读活动"重点活动方案并给予支持和重点指导。

5日 第十二届全国人民代表大会第三次会议在人民大会堂开幕。国务院总理李克强向大会作《政府工作报告》时指出，要让人民群众享有更多文化发展成果，倡导全民阅读，建设书香社会。这是继2014年《政府工作报告》中提出"倡导全民阅读"后，第二次将"全民阅读"写入《政府工作报告》，并在报告中首次提出建设书香社会。

10日 腾讯文学与美国数字发行公司Trajectory签署协议，将面向美国北部和南部市场发行腾讯旗下20多万种中文电子书，Trajectory公司也将通过腾讯的内容平台向中国市场发行英文电子书。

15日 国务院总理李克强会见采访十二届全国人大三次会议的中外记者并回答记者提问。在谈到把全民阅读连续两年写入《政府工作报告》时，李克强表示，书籍和阅读是人类文明传承的主要载体，希望全民阅读能够形成一种氛围，无处不在。

16日　国家新闻出版广电总局在北京举办2015年"出版3·15"监督抽查工作座谈会，国家新闻出版广电总局副局长阎晓宏出席会议并讲话。会上曝光了2014年抽查中发现的7种印刷品质量不合格的图书和7种复制质量不合格的音像电子产品。2015年"出版3·15"监督抽查工作从即日启动。

同日　由腾讯文学和盛大文学合并成立的"阅文集团"正式挂牌。新公司将统一管理和运营原本属于盛大文学和腾讯文学旗下的起点中文网、创世中文网、潇湘书院、红袖添香、小说阅读网、云起书院、QQ阅读、中智博文、华文天下等网文品牌。

17日　人民日报印刷厂就引进喷墨数字印刷生产线与方正电子正式签署协议，成为国内首家打造喷墨数字印刷生产线的报业印刷机构。

19—20日　2015年数字出版管理工作暨经验交流现场会在上海召开。会议对2014年数字出版工作进行了总结，同时分析形势、安排部署2015年的工作重点。国家新闻出版广电总局副局长孙寿山出席会议并作主旨讲话。

24日　国家新闻出版广电总局公布了国家数字复合出版系统工程应用试点单位名单，人民交通出版社股份有限公司等59家新闻出版单位入选。

同日　时代出版传媒股份有限公司旗下的安徽美术出版社与澳大利亚ATF出版社在澳大利亚驻华大使馆举行签约仪式，共同投资成立时代亚澳公司，同时，组织成立"时代—澳大利亚国际出版商合作联盟"。

25日　教育部、国家新闻出版广电总局在北京联合召开全国高校出版工作视频会议。教育部副部长李卫红、国家新闻出版广电总局副局长吴尚之、中宣部出版局局长郭义强出席会议并讲话。

同日　中国科学院上海硅酸盐研究所与自然出版集团正式签署协议，双方将合作出版《npjComputationalMaterials》（简称《npj–计算材料学》）。这将是中国首个"自然合作期刊"。

26日　中宣部、文化部、国家新闻出版广电总局共同召开贯彻落实中办、国办《关于加快构建现代公共文化服务体系的意见》电视电话会议，对贯彻落实《意见》作出部署。

同日　中宣部和国家新闻出版广电总局下发《关于做好2015年主题出版工作的通知》。《通知》要求，2015年主题出版工作要把握五方面选题重点，抓好四个重点门类。

27日　中国音像与数字出版协会大众数字出版工作委员会在北京成立。国家新闻出版广电总局副局长、中国音像与数字出版协会理事长孙寿山出席会议并讲话。

28日　2015"书香中国万里行"首站活动在江苏苏州正式启动。国家新闻出版广电总局党组成员宋明昌出席启动仪式并讲话。活动由国家新闻出版广电总局指导，中国新闻出版传媒集团、中国全民阅读媒体联盟、苏州阅读节组委会共同主办。

3月30日至4月2日　第52届博洛尼亚国际童书展在意大利博洛尼亚会展中心开展。由37家出版单位组成的中国展团以320平方米超大展位亮相，展出图书3 418册。书展开幕首日公布了第三届博洛尼亚书展年度最佳童书出版社获奖名单，二十一世纪出版社获评"亚洲地区年度最佳出版社"，实现了中国大陆出版社在该奖项上零的突破。

31日　国家新闻出版广电总局在北京公布2014"出版物质量专项年"第四批编校质量不合格图书，18家出版单位的21种图书进入"黑名单"。

本月　《2015年度全国图书选题分析报告》出炉。《报告》显示，截至2015年1月31日，全国500多家图书出版社共报送选题229 968种，比2014年同期减少498种，同比下降0.2%。

4月

1日　由国家新闻出版广电总局新修订的《内部资料性出版物管理办法》正式施行。1997年12月30日由原新闻出版总署发布施行的《内部资料性出版物管理办法》同时废止。

2日　由中国图书评论学会、中国书刊发行协会城市新华书店委员会主办的"2014中国好书"实体书店发行工作座谈会在北京召开。会议通过了《"2014中国好书"全国联展活动实施方案》，并发起成立"中国好书微信联盟"。

7日　由中国印刷及设备器材工业协会、香港印刷业商会、台湾区印刷暨机器材料工业同业公会、澳门印刷业商会联合主办的第五届中华印制大奖颁奖典礼广东省东莞市举行。本届中华印制大奖共评出获奖企业家16人，金奖20件、银奖53件、铜奖85件。

7—12日 第三届中国（广东）国际印刷技术展览会在广东省东莞市举办。本届展会面积14万平方米，来自23个国家和地区的1 300家厂商参展。

8日 国家新闻出版广电总局公示2015年度国家古籍整理出版专项经费拟资助项目。由天津古籍出版社申报的《白鹤梁题刻文献汇集校注》等97个项目入选2015年度国家古籍整理出版专项经费拟资助项目。

9日 国家数字复合出版系统工程启动大会在北京召开。这标志着国家数字复合出版系统工程进入全面建设与实施阶段。国家新闻出版广电总局副局长、新闻出版重大科技工程项目领导小组副组长孙寿山出席会议并讲话。

10日 国家新闻出版广电总局、财政部联合印发《关于推动传统出版和新兴出版融合发展的指导意见》。《意见》包括总体要求、重点任务、政策措施、组织实施共4部分16条内容。《意见》提出，力争用3~5年的时间，建设若干家具有强大实力和传播力、公信力、影响力的新型出版传媒集团。

同日 全国新闻出版信息标准化技术委员会在北京召开成立大会。这标志着该委员会实现了由行业级标委会向国家级标委会的升格。国家新闻出版广电总局副局长、出版信标委主任委员孙寿山出席并讲话。

同日 经国家新闻出版广电总局批准，《绿色印刷术语》《绿色印刷通用技术要求与评价方法第1部分：平版印刷》《绿色印刷产品抽样方法及测试部位确定原则》《绿色印刷产品合格判定准则第1部分：阅读类印刷品》等4项行业标准正式发布。这标志着我国绿色印刷自我声明认证工作进入实质性阶段。

同日 《中国印刷产业技术发展路线图》在第三届中国（广东）国际印刷技术展览会上首次发布。路线图总体分为印刷传媒、包装印刷、数字印刷、印刷制造、印刷装备及器材和绿色印刷等6个部分，从近期、中期、远期3个阶段分析2015—2025年印刷技术发展路径。

11—12日　由传媒杂志社主办的第十届中国传媒年会在武汉举办。本届年会以"转型之机与融合之道"为主题，会议期间发布了《2014中国传媒创新报告》《中国广电产业发展报告》《互联网＋，传媒转型与融合》三大主题报告。

12日　第12届中国民营书业发展高峰论坛在上海举行。本届论坛以"民营书业：新常态、新举措、新发展"为主题，由中国新闻出版研究院和上海市新闻出版局主办。

14—16日　2015年伦敦书展在伦敦西区奥林匹亚中心举行，共有来自64个国家和地区的1 000多家参展商参展。书展首日晚，"第二届国际出版业卓越奖"颁奖典礼举行，中国出版集团公司荣获国际出版卓越奖主席大奖。

18日　皖新传媒公告，公司已与杭州蓝狮子文化创意有限公司及其股东签订协议，收购蓝狮子向公司定向增发的新股和老股东转让的股份，交易完成后公司持有蓝狮子45%股权，成为其第一大股东。此次交易蓝狮子作价1.575亿元。

20日　除广西因特殊原因提前举行之外，其他省市统一举行了2015年侵权盗版及非法出版物集中销毁活动。据统计，全国共销毁侵权盗版音像制品、盗版图书、盗版电子出版物及非法报刊等共计1 644.69万件。全国"扫黄打非"工作领导小组副组长兼办公室主任、国家新闻出版广电总局副局长吴尚之在北京主会场宣布销毁活动开始并启动销毁机。

同日　由中国新闻出版研究院组织实施的第12次全国国民阅读调查数据在北京发布。结果显示：2014年我国成年国民图书阅读率为58.0%，较2013年上升0.2%，数字化阅读方式的接触率为58.1%，较2013年上升8.0%，各媒介综合阅读率为78.6%，较2013年上升1.9%。

21日　首届中国数字阅读大会在浙江杭州举行。此次大会以"融合·创新·梦想"为主题，发布了《2015数字阅读白皮书》，启动了"2015数字阅读＋"计划。国家新闻出版广电总局党组成员、副局长、中国音像与数字出版协会理事长孙寿山出席会议并致辞。

22日　国家版权局在北京召开新闻通气会，通报了2014年度查处侵权盗版案件有功单位、个人的评选工作情况，发布了2014年度打击侵权盗版十大案件，介绍了 2014 年开展网站版权重点监管的工作情况。

同日　国家版权局在北京召开规范网络转载版权秩序座谈会暨传统媒体与新媒体版权合作签约仪式。会上，国家版权局发布《关于规范网络转载版权秩序的通知》，就规范网络转载行为出台了 9 条新规。

25 日　《辞海》第七版编纂出版工作启动大会在上海举行。中共中央政治局委员、上海市委书记韩正，全国人大常委会原副委员长、《辞海》主编陈至立，国家新闻出版广电总局副局长吴尚之等出席会议并讲话。

27 日　我国首部高端版权演讲录——《版权的力量》出版座谈会在北京举行。该书以相关论坛和培训为基础，汇集了国内近 30 位版权管理者和业界精英有关版权话题的演讲。

28 日　国家新闻出版广电总局联合中国移动、中国联通、中国电信三大运营商共同开展的"书香中国 e 阅读"推广工程在北京启动。

29 日　全国版权示范城市联盟成立大会在山东青岛举行。杭州、成都、青岛、苏州、昆山、广州、厦门、张家港等全国版权示范城市代表共同签署了《全国版权示范城市联盟合作协议》。国家新闻出版广电总局副局长、国家版权局副局长阎晓宏和山东省副省长季缃绮共同为全国版权示范城市联盟揭牌。

30 日　北京、天津、河北三地出版集团共同签署了战略合作协议。根据协议，三地将在建立出版合作机制、数字出版交流、市场营销、"走出去"工作以及印刷、物流等方面加强协调与合作，共同推进京津冀新闻出版事业协同发展。

4 月 30 日至 5 月 3 日　第二届中国青岛·东北亚版权创意精品展示交易会暨正版优秀图书展在山东青岛国际会展中心举行。本届版交会与书展以"版权创造财富，创意成就梦想"为主题，由中国版权协会、山东省新闻出版广电局（省版权局）和青岛市人民政府共同主办。

本月　国家新闻出版广电总局正式批准江西省建立国家数字出版基地。这是总局重启国家数字出版基地审批工作后获批的第一家基地，也是《国家新闻出版产业基地（园区）管理办法》出台后，严格按照该办法批准建设的第一家基地。

5 月

5 日　国家新闻出版广电总局（国家版权局）印发《2015 年全国新闻出版（版权）打击侵权假冒工作要点》，就进一步开展打击侵权假冒工作进行了具体部署。

7—13 日　第 25 届阿布扎比国际书展在阿拉伯联合酋长国首都阿布扎比举办。作为唯一一家参加书展的中国出版社，五洲传播出版社展出了 140 余种中国主题图书，达成版权贸易协议 10 余项，版贸意向 20 余项，签约图书超过 500 项。

8—18 日　由北京市新闻出版广电局主办、北京发行集团承办的"2015 年北京书市"在北京朝阳公园举行。中国出版集团等百余家国内大型出版文化单位，集中展销了 30 余万种中外文图书、音像制品、电子出版物。

9 日　国家新闻出版广电总局公布 2015 年向全国青少年推荐百种优秀音像电子出版物目录。中国国际电视总公司的《国魂》等 100 种优秀音像电子出版物入选。其中，音像制品 84 种，电子出版物及有声读物 16 种，共涉及 59 家音像电子出版单位。

13 日　《2016 年度国家出版基金申报指南》正式对外发布。《指南》在延续以往总体框架的基础上，根据党的十八届三中、四中全会精神和习近平总书记系列重要讲话精神，充实和修订了相关内容，并结合当前新形势新要求以及理论建设和学术研究的新进展，对资助重点的内容进行了适当修改。

14 日　由国家新闻出版广电总局主办的 2015 数字出版高端论坛在深圳举办。本届论坛以"融合发展，合作共赢"为主题，国家新闻出版广电总局副局长孙寿山出席论坛并作主旨发言。

同日　由江苏凤凰新华印务有限公司投资建设的"CCPP 中国云出版印刷平台"正式上线运营。CCPP 平台是凤凰新华印务公司历时两年打造的大型全媒体出版印刷智能服务平台。

14—18 日　以"一带一路"为主题的第 11 届中国（深圳）国际文化产业博览交易会在深圳举行。本届交易会有 2 286 个政府组团、企业和机构参展，展出面积10.5万平方米，总参观人数达523.79万人次，实现交易额2 648.18亿元。

19日　中国音像与数字出版协会电子出版工作委员会成立大会在北京召开。该协会是中国音数协组建的第六个二级协会。

20日　教育部、文化部、国家新闻出版广电总局联合印发《关于加强新时期中小学图书馆建设与应用工作的意见》，以指导中小学校全面贯彻教育方针、实施素质教育、形成书香校园，从而带动全民阅读。

同日　国家新闻出版广电总局新闻报刊司在北京举行2015年中央报刊主管单位工作会议。国家新闻出版广电总局副局长吴尚之出席会议并讲话。

24—25日　由湖北省新闻出版广电局指导、湖北省出版物发行业协会主办的第14届华中图书交易会在武汉举行。来自全国30个省市自治区的近500家出版发行单位携10万余种图书参展，2万多家订货单位参会，订货码洋超过30亿元。

27日　国家新闻出版广电总局公布2015年全国优秀少儿报刊推荐名单。《中国少年报》等9种报纸、《中学生天地》等51种期刊脱颖而出，获得推荐。

同日　由中国国家版权局和韩国文化体育观光部主办的第11届中韩著作权研讨会在山东济南举行。本届研讨会以"新形势下的作品保护以及应用"为主题，来自中韩两国的著作权管理部门、企业、运营商、媒体等共100多位嘉宾代表出席会议。

27—31日　2015美国书展在纽约雅各布贾维茨展览会展中心举办，中国作为主宾国参展。本次中国主宾国活动以"感知中国，共创未来"为主题，展台面积为2 342平方米，由近150家出版单位组成的中国出版代表团携1万余种精品图书参展。此次主宾国活动首次实现中国图书进入美国主渠道。

28日　凤凰美国控股公司揭牌仪式在美国芝加哥市举行。凤凰美国控股公司成立于2015年4月14日，总部位于美国纽约，是凤凰传媒继2014年收购美国童书龙头企业PIL成立凤凰美国出版公司之后，在美国注册成立的又一家实体公司。

29日　国家新闻出版广电总局在北京发布2015年向全国青少年推荐百种优秀图书活动入选书目，人民出版社、中国少年儿童新闻出版总社、二十一世纪出版社等70余家出版单位的100种图书入选。

5月28日至6月1日　由中国书刊发行业协会、北京出版发行业协会、北京市西城区委区政府、中国儿童中心主办的首届中国童书博览会在中国儿童中心（北京）举办。此次中国童书博览会设置六大主题展馆，百余家业内儿童图书出版社、阅读推广机构参展。

6月

1日　2015年国家出版基金管理工作座谈会在北京召开。国家新闻出版广电总局党组成员宋明昌出席并讲话，在京219家出版单位的相关负责人参加会议。会议的主要内容是落实和解读《2016年度国家出版基金申报指南》，加强国家出版基金管理工作。

5日　国家新闻出版广电总局在北京举行贯彻落实《关于加快构建现代公共文化服务体系的意见》新闻通气会。会议通报了总局下发的《关于贯彻落实〈加快构建现代公共文化服务体系的意见〉的实施方案》，重点是进一步加强新闻出版广播影视基础设施标准化建设，着力提高新闻出版广播影视公共产品供给能力和服务水平。

同日　由中国印刷技术协会、中国印刷杂志社、富士胶片（中国）投资有限公司主办的第三次中国绿色印刷企业调查暨行业共建"绿色印刷林"媒体见面会在北京举行。会议宣布，第三次调查活动于6月15日启动。

10日　全国版权执法监管工作座谈会在福建厦门召开。国家版权局、国家网信办、工信部、公安部在会上联合下发了《关于开展打击网络侵权盗版"剑网2015"专项行动的通知》，全面启动"剑网2015"专项行动。

11日　第四届"世界知识产权版权金奖（中国）"在福建厦门颁发。莫言的《红高粱》（文字作品）等6部作品获得作品奖，北京爱奇艺科技有限公司等4家单位获得推广运用奖，张抗抗等4个个人或单位获得保护奖。

15日　国家新闻出版广电总局下发《关于开展2015年"百社千校"

阅读活动的通知》，决定 2015 年继续组织开展"百社千校"阅读活动。活动从 7 月中旬开始至 10 月下旬结束。

16—17 日　2015 年中文数字出版与数字图书馆国际研讨会在陕西省西安市举行。中国出版协会常务副理事长邬书林出席会议并作主题学术报告。

同日　辽宁报业传媒集团旗下新媒体公司——辽宁北国传媒网络科技股份有限公司（简称"北国传媒"），在全国中小企业股份转让系统正式挂牌。北国传媒总股本为 5 000 万股，注册资金 5 000 万元。

17 日　京东宣布收购社交阅读应用"拇指阅读"。同日，京东阅读社区版 APP 正式登陆苹果 App Store 和各大安卓市场。由此，京东完成了电子图书前期试读、中期购买、后期评论互动的全程布局。

18 日　中宣部和国家新闻出版广电总局在北京召开纪念抗战胜利 70 周年出版专题工作会。会上发布了纪念中国人民抗日战争暨世界反法西斯战争胜利 70 周年重点选题 120 种，同时启动"百种经典抗战图书"重印再版计划。

19 日　宁夏黄河出版传媒集团下属的宁夏人民教育出版社与南京扫扫看数字科技有限公司以各占 50% 股权的形式，合资成立宁夏益邦数字科技有限公司。

同日　由凤凰出版传媒集团联合中江集团建设的中非（纳米比亚）印务基地在纳米比亚首都温得和克揭牌成立，落户基地的"符号江苏国际（纳米比亚）文化交流中心""凤凰千年兰印务有限公司"也一同揭牌。

同日　中国国际出版集团（中国外文局）拉美区域中心成立揭牌仪式在墨西哥首都墨西哥城举行。该区域中心将协调组织中国国际出版集团在拉美的书刊、网业务及翻译工作，规划集团业务在拉美的整体发展。

23 日　中宣部出版局、国家新闻出版广电总局新闻报刊司在北京召开全国优秀少儿报刊座谈会。国家新闻出版广电总局副局长吴尚之、中国作家协会副主席高洪波出席会议并讲话。

24 日　中国印刷技术协会第八次全国会员代表大会暨换届大会在北京召开。国家新闻出版广电总局印刷发行司司长王岩镔当选为第八届理事会理事长。

26日　全国"扫黄打非"办公室在北京召开"扫黄打非·固边2015"专项行动座谈会。全国"扫黄打非"工作领导小组专职副组长李长江,全国"扫黄打非"工作领导小组副组长兼办公室主任、国家新闻出版广电总局副局长吴尚之出席会议并讲话。

同日　奥地利威辛巴特书业咨询公司发布了"2015版全球出版业排行"报告。在前50名榜单中,凤凰出版传媒集团、中南出版传媒集团、中国出版集团、中国教育出版传媒集团4家中国出版企业榜上有名。

30日　中国音像与数字出版协会游戏出版工作委员会成立大会在北京召开。国家新闻出版广电总局副局长、中国音像与数字出版协会理事长孙寿山委托代表宣读了书面讲话。

本月　国家新闻出版广电总局发布《2014年内地7家上市出版企业年度经营情况分析报告》。《报告》从市值和股本结构、公司规模和成长性、公司经营效益、公司资金运营和偿债能力、公司经营特点等5个方面做出详细分析。

7月

1—4日　第22届东京国际书展在日本东京国际展示场举办。由中国科学出版集团、人民出版社等20家出版单位组成的中国出版展团参展,实现版权输出61项、引进76项。

6日　全国"扫黄打非"办公室通报了"护苗2015"专项行动第一批8起案件查处情况。其中,5起为网站登载淫秽色情漫画案,3起为侵权及非法少儿出版物案。

9—10日　中宣部、中国作协在北京召开全国儿童文学创作出版座谈会。中国作家协会主席铁凝、中宣部副部长庹震、国家新闻出版广电总局副局长吴尚之出席会议并讲话。

13日　国家新闻出版广电总局和国家民族事务委员会联合发出通知,决定开展第三届向全国推荐百种优秀民族图书活动,以进一步繁荣发展少数民族文化事业,促进全民阅读活动深入开展。

14—16日　由中国新闻出版研究院主办的第六届中国数字出版博览会在北京举办。本届年会以"融合·创新·发展"为主题,会上发布了

《2014—2015中国数字出版产业年度报告》。国家新闻出版广电总局副局长孙寿山出席并作主旨讲话。

15日　国家新闻出版广电总局就组织开展《"十三五"国家重点图书、音像、电子出版物出版规划》编制工作下发通知，提出了《规划》编制的10个方面的重点。

同日　国家新闻出版广电总局发布了《2014年新闻出版产业分析报告》。《报告》显示，2014年全国出版、印刷和发行服务实现营业收入19 967.1亿元，同比增长9.4%；利润总额1 563.7亿元，同比增长8.6%。

15—17日　由中国出版协会古籍出版工作委员会（古工委）主办的第30届全国古籍出版社社长年会暨2014年度优秀古籍图书评奖会在吉林长春举行。由中华书局出版的《商周金文辞类纂》等30种图书荣获优秀古籍图书一等奖，53种图书获二等奖，10种图书获普及读物奖。

15—21日　由香港贸易发展局主办的第26届香港书展在香港会议展览中心举行。本届书展以"从香港阅读世界·一读钟情"为主题，来自全球33个国家和地区的580多家参展商参展，百万人次进场参观。

17日　由学习出版社出版的《中国编辑思想史》出版研讨会在北京召开。该书分上、中、下三卷，是对中国编辑思想史进行全面总结和系统研究的首次尝试之作。

18—19日　2015年中国出版协会少年儿童读物工作委员会年会暨第30届全国少年儿童出版社社长年会在安徽合肥举行。国家新闻出版广电总局副局长吴尚之出席会议并讲话，安徽省委常委、宣传部长曹征海致辞。

21日　国家新闻出版广电总局下发《关于公布中国文艺原创精品出版工程项目名单的通知》，人民文学出版社的《抗日战争》等77个项目入选中国文艺原创精品出版工程。

22日　我国首个印刷文化保护基地——中国印刷博物馆福建印刷文化保护基地授牌仪式在福建建阳举行。国家新闻出版广电总局党组成员宋明昌，福建省委常委、宣传部长李书磊出席授牌仪式并讲话。

23日　由中国新闻出版研究院副院长范军主编，中国书籍出版社出版的《国际出版业发展报告（2014版）》（国际出版蓝皮书）在北京举行新书首发式。报告分析了世界多国2013年出版业的出版、发行及各细分领域的发展状况，对国际上主要发达国家的出版情况进行了阐述。

8月

3日　国家新闻出版广电总局、教育部、国家发改委联合发布《中小学教辅材料管理办法》。《办法》共14条，内容涉及中小学教辅材料的编写出版、印刷复制、发行、质量、评议、选用、价格、监督等方面，自2015年10月1日起施行。

4日　美国有线电视新闻网选出17家"全球最酷书店"，中国3家书店上榜，分别是台北诚品书店、南京先锋书店和广州1200bookshop。

13日　纪念中国人民抗日战争暨世界反法西斯战争胜利70周年优秀出版物百家书城联合展示展销活动在北京图书大厦启动。国家新闻出版广电总局副局长吴尚之出席活动并讲话。

14—20日　以"阅读无处不在"为主题的2015南国书香节暨羊城书展在广州广交会展馆举行，同时在珠海、中山、阳江、惠州、江门设立分会场。本届南国书香节参展图书达35万种，广东全省主、分会场进场140多万人次，图书销售码洋约3 000万元。

17日　国家新闻出版广电总局"经典中国国际出版工程"办公室公布2015年资助出版项目公示名单。荷兰莱顿大学出版社的《红楼梦》等52家出版机构的102个品种入围，公示结束后有望获得资助。

19日　由上海交通大学、上海市新闻出版局、中国大学出版社协会联合主办的第三届中国学术出版走出去高端论坛在上海举行。国家新闻出版广电总局副局长阎晓宏出席论坛，中国出版协会常务副理事长邬书林发表主旨演讲。

19—25日　由国家新闻出版广电总局、上海市人民政府主办的2015上海书展暨"书香中国"上海周在上海举办。本届书展以"我爱读书，我爱生活"为主题，500余家出版机构带来超过15万种参展图书，举办各类阅读文化活动近800场。

20—24日　由国家新闻出版广电总局（国家版权局）、广东省人民政府共同主办的第七届中国国际影视动漫版权保护和贸易博览会在广东东莞举行。本届漫博会参展企业 458 家，参赛作品 1 126 件，参与活动人数超过 60 万人次。

21 日　国家新闻出版广电总局"丝路书香工程"重点翻译资助项目秘书处公布 2015 年资助项目公示名单。民族出版社的《习近平谈治国理政》等 56 家申报单位的 304 个品种入围，公示结束后有望获得资助。

23 日　在美国华盛顿州斯波坎市举行的第 73 届世界科幻小说大会宣布，中国作家刘慈欣凭借科幻小说《三体》获得科幻文坛最高荣誉雨果奖。

25 日　第九届中华图书特殊贡献奖颁奖仪式在北京人民大会堂举行，中共中央政治局委员、国务院副总理刘延东出席。15 位作家、翻译家和出版家荣获特殊贡献奖，5 位青年学者荣获青年成就奖。

26 日　中国出版集团总裁谭跃与阿拉伯出版商协会主席阿西姆·沙勒比分别代表中国出版集团和阿拉伯出版商协会签署战略合作协议。这是业内第一次与阿拉伯语国家开展大规模的合作，涵盖 22 个阿拉伯国家的近 900 家出版机构。

26—30 日　第 22 届北京国际图书博览会（BIBF）和第 13 届北京国际图书节在中国国际展览中心（顺义新馆）同期举办，82 个国家和地区的 2 302 家出版相关机构参展。本届图博会展览面积 6.6 万平方米，展出中外出版物约 27 万种，共达成中外版权贸易协议 4 721 项。

27 日　浙江少年儿童出版社收购澳大利亚新前沿出版社（New Frontier Publishing）的签约仪式在北京国际图书博览会上举行。收购完成后，该社将作为浙少社的一个海外全资子公司，仍保持其品牌的独立性和运行的国际化。

28 日　接力出版社埃及分社创办签约仪式在北京国际图书博览会上举行。接力出版社埃及分社由接力出版社、埃及大学出版社、埃及智慧宫文化投资（出版）公司合作成立。

本月　由中宣部、国家新闻出版广电总局组织开展的第六届优秀通俗理论读物推荐活动入选图书揭晓。《法治热点面对面——理论热点面对面·2015》等 8 种图书入选。

9月

1日 2015年"原动力"中国原创动漫出版扶持计划入选项目开始公示,39个项目入选。其中,漫画图书类项目20个,多媒体动画类项目10个,期刊连载类项目4个,动漫游戏类项目5个。

2—6日 第28届莫斯科国际书展在莫斯科全俄国际展览中心举办。由中国出版集团公司、高等教育出版社等48家出版单位组成的中国出版代表团携700余种、1 000多册图书参展。

3日 安徽少年儿童出版社与黎巴嫩数字未来公司合资打造的"时代未来有限责任公司"在黎巴嫩首都贝鲁特注册。安少社成为国内首家在中东成立合资公司的出版社。

8日 国家版权局公布《著作权行政处罚实施办法(修订征求意见稿)》,向社会公开征求意见。《著作权行政处罚实施办法(修订征求意见稿)》主要就行政处罚程序、网络服务提供者的行政责任以及网络环境下的版权执法等内容进行了修改。

12日 青岛出版集团与澳大利亚威尔顿国际出版集团在悉尼举行签约仪式,就双方合资建立澳大利亚实体公司签署合作协议。

12—14日 第11届海峡两岸图书交易会在厦门举办。本届交易会参展图书共20万种、70万册,450余家两岸出版机构参展,现场订购、销售图书总码洋4 160万元,达成两岸图书版权贸易314项。

15日 中央党校出版社大有书局在中央党校校园揭牌。中央党校常务副校长何毅亭、副校长赵长茂,国家新闻出版广电总局副局长孙寿山及中宣部出版局局长郭义强共同为大有书局揭牌。

17日 青岛碱业正式更名为"城市传媒"。这标志着青岛出版集团旗下青岛城市传媒股份公司借壳青岛碱业上市正式收官,成为全国首家定位于城市出版社的文化传媒类上市公司。

18日 国家新闻出版广电总局公布了2015年中国"百强报刊"推荐名单,《人民日报》等99家报纸入选百强报纸,《读者》等100种社科期刊入选百强社科期刊,《细胞研究(英文)》等100种科技期刊入选百强科技期刊。

同日　由中国（武汉）期刊交易博览会组委会、中国期刊协会主办，《中国期刊年鉴》承办的2015"中国最美期刊"遴选活动评选结果揭晓，《半月谈》《博物》等99种期刊入选。

18—19日　以"倡导全民阅读，共建书香社会"为主题的出版界图书馆界全民阅读年会（2015）在江苏苏州举行。本届年会由中国图书馆学会、韬奋基金会、中国出版集团公司、中国新华书店协会主办，全国政协常委、副秘书长、民进中央副主席朱永新等出席会议。

18—20日　以"新常态、新融合、新发展"为主题的2015中国（武汉）期刊交易博览会在武汉国际会展中心举办，并在宜昌、襄阳设立分会场。本届展会吸引了45个国家和地区参展，共展出33万多种期刊和数字化期刊产品，现场销售和订货码洋达41亿元，共签订、达成交易协议和意向180多项。

21日　由中国出版协会教育图书工作委员会主办的全国教育出版社社长总编辑年会在山东烟台举办。中国出版协会常务副理事长邬书林出席并作专题报告。

同日　由3 000余人历时4年编撰的《中国地理标志产品大典》中文版在北京举行首发式。《大典》收录了国家质检总局实施地理标志保护的1 000多个地理标志产品及1万余幅产品图片，是一部中国地理标志产品的总集成。

21—22日　2015年全国印刷经理人年会在西安召开。会议公布了2014年年度核验统计结果：2014年，全国共有印刷企业10.5万家，从业人员339.4万人，实现印刷总产值10 857.5亿元。

24—25日　由中国科学技术协会和国家新闻出版广电总局联合主办的第11届中国科技期刊发展论坛在青海省西宁市举办。本届论坛主题为"融合发展：新常态下科技期刊的发展之路"。

25日　由全国25家人民出版社共同出版的25卷《中国抗日战争全景录》正式宣布出齐。该书全景式再现了中国人民奋起抵抗日本侵略者的艰难历史。

25—27日　由国家新闻出版广电总局、山西省人民政府共同主办的第25届全国图书交易博览会在太原举办，同时，在大同市、长治市、运城市设立分会场。本届书博会以"文华三晋·书香九州"为主题,全国1 000余家出版单位展出各类图书25.63万种。

29日　第8届中国国际漫画节开幕式暨2015年"原动力"中国原创动漫出版扶持计划入选项目发布仪式、第12届金龙奖颁奖典礼在广州市星海音乐厅举行。国家新闻出版广电总局副局长、国家版权局副局长阎晓宏出席并致辞。

10月

8日　由中国书籍出版社出版的《2014—2015中国出版业发展报告(中国出版蓝皮书)》在北京举行新书首发式。蓝皮书由中国新闻出版研究院组织编写,内容包括图书出版、期刊出版、报纸出版、数字出版、印刷业、出版物发行业等6部分。

9日　湖北省首家少儿类出版集团——长江少年儿童出版社(集团)有限公司正式挂牌,开始公司化运作。其旗下有海豚传媒、爱立方、上海安柏、北京智慧树等数家公司。

14—18日　第67届法兰克福国际书展在德国法兰克福举办。来自北京、山东、河南等17个省区市的90家单位组成的中国展团,携带出版物1 000余种参展。

14日　由中国国际图书贸易集团有限公司开发的面向全球读者销售华文书刊的跨境电商平台——华文联盟电子商务平台READONE,在第67届法兰克福国际书展上上线试运营。

15—18日　中国大学出版社协会2015年年会暨第28届全国大学出版社图书订货会在贵阳举行,114家大学出版社携近10万种图书及音像电子数字出版物亮相。

16—18日　首届孔学堂·国学图书博览会在贵阳孔学堂举办。此次博览会汇集了全国220余家出版社,共计2万余种国学类图书参展,销售码洋500万元左右。中宣部副部长、国家新闻出版广电总局局长蔡赴朝,湖北省委副书记、代省长孙志刚出席。

19日　国家新闻出版广电总局和全国老龄工作委员会办公室共同发出《关于公布2015年向全国老年人推荐优秀出版物的通知》《习近平谈治国

理政》等 90 种图书和《伟大的抗美援朝》等 10 种音像电子出版物入选。

19—28 日 由中国国务院新闻办公室和国家新闻出版广电总局联合主办的 2015 伦敦中国图书节在英国伦敦举办。图书节展销图书以中国近年出版的最具影响力的英文版图书为主，其中大多数图书是第一次与英国读者见面。

22—23 日 由北京市图书进出口有限公司主办的 2015 年北京台湖国际教育图书展在北京台湖出版物会展贸易中心园区举行。图书展汇集了 48 家国际出版集团、380 余家国外出版社的 5 万余种外文原版图书，吸引了全国 30 余个省（区、市）的 200 余家国际学校、教育培训集团、公立学校到现场采购订货。

10 月 25 日至 11 月 1 日 第 60 届贝尔格莱德国际书展在塞尔维亚首都贝尔格莱德展览中心举办。由人民出版社、上海世纪出版集团等十几家出版机构组成的中国出版代表团参展，展出图书 600 余册。

28 日 国家新闻出版广电总局印发《关于开展报刊发行秩序专项整治的通知》，自即日起至 2016 年年初在全国开展报刊发行秩序专项整治，严查报刊搭车摊派、违规发行。

同日 12 家经国家版权局批准的国家版权交易中心（国家版权贸易基地、国际版权交易中心）宣布成立"国家版权交易中心联盟"，旨在加强版权保护和运营，发挥各自特点，整合优势资源，共同推动版权产业发展。

29 日 中宣部和国家新闻出版广电总局下发通知，公布 2015 年主题出版重点出版物选题。《习近平谈治国理政（盲文版）》等 100 种图书选题和《大方略——"四个全面"一周年回眸》等 25 种音像电子出版物选题入选 2015 年主题出版重点出版物选题。

10 月 29 日至 11 月 1 日 由文化部、国家新闻出版广电总局和北京市人民政府共同主办的第十届中国北京国际文化创意产业博览会在北京举办。本届文博会吸引了来自俄罗斯、匈牙利、伊朗、埃及、阿根廷、澳大利亚、韩国、印度等 40 个国家和地区的 45 个代表团组参会，中外参展机构和企业近 1 800 家。

同日 《2014—2015 年度北京市全民阅读指数综合报告》在北京发布。

数据显示，北京市综合阅读率为91.16%，其中纸质阅读率为81.7%，数字阅读率为78.18%。

本月 国家新闻出版广电总局发布《2015年内地上市的出版发行印刷企业上半年经营情况分析报告》。《报告》显示，2015年上半年，26家出版发行印刷上市公司总市值高速增长，整体规模不断壮大，发展能力有所增强，保持了较高的赢利水平和较强的偿债能力。

11月

3日 中华全国新闻工作者协会、中国出版协会、韬奋基金会联合在北京举行座谈会，纪念邹韬奋诞辰120周年。中共中央政治局委员、国务院副总理刘延东出席座谈会并讲话。

同日 由国家新闻出版广电总局和环保部主办的2015年绿色印刷推进会在北京举办。推进会发布了《2015年实施绿色印刷成果报告》和《2015年绿色印刷调查报告》。

5日 第四届韬奋出版人才高端论坛在北京举行。本届论坛以"'互联网+'时代的出版人才"为主题，由韬奋基金会主办，中国新闻出版研究院、中国新闻出版广电报社联办，百道网协办。

6日 国家新闻出版广电总局在北京召开重点网络文学网站座谈会。会上，29家知名网络文学网站的主要负责人围绕坚持以人民为中心的创作导向、提高网络文学作品质量、践行社会主义核心价值观等议题谈体会、讲心得。

9日 2015年度"中国最美的书"评选揭晓。上海人民美术出版社的《上海字记——百年汉字设计档案》、广西美术出版社的《订单——方圆故事》等20种图书榜上有名。

同日 中国印刷技术协会发布公告，正式公布第13届毕昇印刷技术奖评选结果。上海出版高等专科技术学校常务副校长滕跃民等6人获毕昇印刷杰出成就奖，北京华联印刷有限公司总经理朱敏等11人获毕昇印刷优秀新人奖。

10—11日 "十三五"国家重点出版物出版规划项目论证会在北京召开。会议明确了"十三五"出版规划十个方面的重点内容。国家新闻出版广电总局副局长吴尚之出席会议并讲话。

11日　由人民文学出版社与中国红楼梦学会联合举办的《红楼梦大辞典》修订启动仪式暨人民文学出版社与"红学"出版座谈会在北京举行。

13日　国家新闻出版广电总局在北京举行出版传媒集团主要负责人座谈会。中宣部副部长、国家新闻出版广电总局党组书记、局长蔡赴朝发表书面讲话。

13—14日　全国新闻出版统计工作会议在北京召开。国家新闻出版广电总局副局长阎晓宏出席会议并讲话。他要求进一步加强和改进新闻出版统计工作，努力提高新闻出版统计工作服务改革发展大局的能力。

13—15日　由上海市新闻出版局、中国教育出版传媒集团有限公司、环球新闻出版发展有限公司共同主办的第三届中国上海国际童书展在上海举办。30多个国家和地区的300余家知名童书出版商与相关机构携5万余种中外童书新品参展。

18—19日　以"年轻的移动阅读群体与出版业的变革"为主题的第二届国际数字出版大会在北京举行。本届大会由中国新闻出版研究院指导，中国知网主办，北京希普思文化咨询有限责任公司承办。

21—22日　中国编辑学会第16届年会在江苏省镇江市召开。本届年会以"培养编辑名家　打造出版精品"为主题，国家新闻出版广电总局副局长吴尚之出席会议并讲话。

24日　国家新闻出版广电总局在北京公布了2015年"出版物质量提升年"少儿类和文艺类编校质量不合格图书，并依据相关规定，给予中国文联出版社等23家出版单位警告的行政处罚，《山村梦魂》等24种图书被责令30日内全部收回。

25日　全国全民阅读工作会议在北京召开。会议总结了近10年来全民阅读取得的成效和经验，研究部署未来一个时期的全民阅读工作。国家新闻出版广电总局副局长吴尚之、中宣部出版局局长郭义强出席会议并讲话。

27日　由中国版权协会主办的第八届中国版权年会主题论坛在北京举办。本届年会论坛的主题为"'互联网+'时代的音乐——价值挖掘与实现途径"。全国政协副主席齐续春、世界知识产权组织（WIPO）副总干事王彬颖、国家新闻出版广电总局（国家版权局）副局长、中国版权协会理事长阎晓宏出席论坛并致辞。

同日　纪念中国新闻出版研究院成立30周年座谈会在北京举行。国家新闻出版广电总局副局长吴尚之出席会议并讲话。

28日　时代出版旗下子公司时代少儿文化发展有限公司在安徽合肥揭牌成立。公司是在安徽少年儿童出版社和安徽时代漫游文化传媒股份有限公司基础上组建而成，定位于少儿文化产业投资管理运营。

本月　由国家新闻出版广电总局出版产品质检中心承担研制的"出版物鉴定技术标准与规范研究项目"全部28项标准规范，通过国家质检总局验收。28项成果包括11项国家标准、3项行业标准、14项部门规范性文件，内容涵盖对假冒伪劣、侵权盗版的图书、报纸、期刊、音像制品的鉴定，以及对印刷复制产品和电子出版物质量检测的标准与规范。

12月

3日　国家新闻出版广电总局、国家民族事务委员会发出通知，公布第三届向全国推荐百种优秀民族图书。由民族出版社、四川民族出版社、广西民族出版社出版的《习近平总书记系列重要讲话读本》（7种民族文字版）等百种出版物入选。

同日　国家新闻出版广电总局"丝路书香工程"重点翻译资助项目秘书处公布了2015年增补翻译资助项目公示名单。50家申报单位的242个品种入围，公示结束后有望获得资助。

5日　第14届输出版引进版优秀图书推介活动颁奖典礼暨"一带一路"下的版权贸易研讨会在北京举行。活动评选出100种2014年度输出版优秀图书、50种引进版社科类优秀图书、30种引进版科技类优秀图书，10人获2014年度全国"优秀版权经理人"称号，6人获"推动版权输出和引进典型人物"称号。

同日　由中国出版协会少年儿童读物工作委员会与出版商务周报社联合主办的"2015桂冠童书颁奖典礼暨童书创新出版论坛"在北京举行。《诗流双汇集》等10类50种童书获得"年度桂冠童书"称号。

10日　读者出版传媒股份有限公司A股股票正式在上海证券交易所挂

牌上市。本次发行规模为 6 000 万股，发行股份均为新股，发行后总股本 2.4 亿股，募集资金 5.86 亿元，发行价格为 9.77 元/股。

12 日　以"交流 2015 年加快转型升级、努力实现双效的实践经验"为主题的第 24 届全国科技类出版社社长总编辑年会在北京召开。中国出版协会常务副理事长邬书林出席会议并讲话。

15 日　国家版权局、国家网信办、工信部、公安部在广西南宁联合召开"剑网 2015"工作总结会。这标志着自 2015 年 6 月 10 日正式启动的第 11 次打击网络侵权盗版专项行动圆满收官。

同日　国家新闻出版广电总局下发通知，公布首届向全国推荐中华优秀传统文化普及图书名单，由二十一世纪出版社出版的《中华文明大视野》等 86 种图书入选。

16 日　中信出版集团股份有限公司在全国中小企业股份转让系统挂牌敲钟仪式在北京举行。公司正式登陆新三板资本市场，成为该市场首家国有出版股。

18—19 日　由中国期刊协会等单位主办的"中国学术期刊未来论坛"在北京举行。论坛上发布了《2015 年中国学术期刊国际、国内影响力研究报告》，"2015 中国最具国际影响力学术期刊"和"2015 中国国际影响力优秀学术期刊"名单同时公布。

24 日　《辞源》第三版在北京首发，"《辞源》出版百年暨《辞源》第三版出版座谈会"同时举行。《辞源》第三版经过百余位学者 8 年修订，收单字 14 210 个、复音词 92 646 个、插图 1 000 余幅，共 1 200 万字。

28 日　国家出版产品质量监督检验中心成立座谈会在北京召开。国家新闻出版广电总局副局长阎晓宏出席座谈会并讲话。

29 日　广西期刊传媒集团在桂林正式揭牌。该集团是由国家新闻出版广电总局批复组建的全国首家高校期刊集团，也是广西首家期刊传媒集团。

30 日　中国新闻出版研究院发布 2013 年《中国版权产业的经济贡献调研报告》。报告表明，2013 年中国版权产业创造了 42 725.93 亿元的行业增加值，较上一年度增长 20%，对国民经济的贡献率已达 7.27%，商品出口额 2 912.34 亿美元。

本月 由国家新闻出版广电总局组织开展的新闻出版业"十三五"规划建言献策有奖征文活动评选结果揭晓。活动共评选出一等征文 3 篇、二等征文 5 篇、三等征文 10 篇、优秀征文 38 篇。

（息慧娇 人民卫生出版有限公司；于秀丽 孙鲁燕 戴思晶 中国新闻出版研究院）

第二节 "十二五"时期香港特别行政区出版业大事记

2011年

1月

13日　香港出版学会于2010年创办的"专业出版课程证书及文凭课程",经过一年的授课,第一期圆满结束。

26日　香港教育学院推出"香港教育文献数据库",其中收集并整理了所有关于香港教育的论著及研究成果,库内资料数量逾10 000项,收集期远至1946年发表的文献。

2月

16日　香港海关联同香港复印授权协会和香港版权影印授权协会,推出打击"复制及分发罪行奖赏计划",鼓励市民向海关提供侵权罪行的情报。举报人可获发5 000～10 000港元的首次赏金,如所提供的情报最终将违法者定罪,则可获发额外赏金。

18日　香港联合出版集团举办辛卯年春茗。来自政界、商界、学术界、新闻界、文化界的代表,以及香港出版、印刷、音乐影视界、传媒十多个行业团体负责人或代表莅临。董事长文宏武致辞时表示,刚过去的一年,虽然遭遇比较多的困难和挑战,但集团的销售收入和利润都有一定幅度的增长。

3月

1日　香港特区政府颁布财政预算案,商务及经济发展局所属的"创意香港"办公室将向香港艺术中心拨出450万港元,推动香港短片、动画和漫画发展，并将继续资助业界拓展内地市场。

25日　香港大学出版社与台湾汉珍数字图书公司签署电子书合作协议，计划在2011年第三季前，将港大历年来出版的近500种纸本著作制作成电子书，向国际学术界与图书馆市场发行。

30日　香港教育局拨款5 900万港元给予61家学校推行电子学习试验计划，用于未来三年推展全校中、英、数及常识四科电子教学，以及与出版社合作研发校本电子课本。

本月　香港教育局与本地两个教科书出版商会组成的工作小组，就教材、学材分拆定价政策召开多次会议，但双方仍未达成共识。由教育局副局长陈维安率领的"课本及电子学习资源发展专责小组"，自2009年10月以来就提出分拆课本、学材和教材，以降低教科书价格。出版商反对仓促上马，要求2012年出版新课程及现行课程出新版时，再推行分拆方案。

4月

7日　香港教育出版商会及中英文教出版事业协会向香港教育局提出新方案，建议由2011年的新书及新修订教科书开始，试行分拆教科书与教材出售，并同意分阶段将学生用书及送赠学校的教材分拆定价，但现有课本则不适用。

13日　香港教育局晚上向全港中、小学校及幼儿园发出通告，要慎选无分拆的课本，更要改变贪便宜的积习，即日起禁止接受书商的任何捐赠。局方认为此举可减低书商不必要开支，消减家长被迫购买名为附送实则必买的赠品。

14日　香港教育局与香港教育出版商会及中英文教出版事业协会代表开会，同意对方在下学年首先在5%的新版及新修订课本落实分拆定价，其余95%现行课本分拆定价仍需继续商讨。

15日　"2011香港信息及通讯科技奖"举行颁奖典礼。商务印书馆的"阶梯阅读空间"及"对外汉语学习系列"，分别荣获"最佳数码共融奖铜奖"和"最佳专业发展（非信息及通讯科技行业）银奖"两个奖项。商务印书馆也是夺得奖项的唯一一家文化出版界机构。

17日　为回应"4·23世界阅读日"及配合辛亥革命百周年纪念，香港康乐及文化事务署香港公共图书馆，特别以"近代中国"为题举行阅读日创作比赛。

19 日　由香港社会服务联会主办的"商界显关怀"颁奖典礼在九龙会展中心举行。香港联合出版集团连续第六年通过认证，获得"5 年 Plus 商界显关怀标志"。这是香港首个出版机构夺此殊荣。

25 日　香港应用科技研究院为其"电子阅读试验计划"举行启动礼。该计划是免费提供 1 000 部 myID 和第二代电子阅读器"易学伙伴"，供香港中小学申请，以放在校内图书馆给学生使用。

5 月

4 日　香港教育局课程发展议会所属的德育及国民教育专责委员会，在检讨现行中学及小学的课程架构后，推出《德育及国民教育科课程指引》，并对学界进行广泛咨询。

16 日　著名作家及教育家卢玮銮（笔名小思）荣获香港中文大学颁授的第十届荣誉院士。卢玮銮近年来埋首研究和整理香港文学及文化史料，并把这些珍贵的文学史料赠送给香港中文大学图书馆，成立香港文学研究中心，开展香港文学口述历史研究，以及建立香港文学网上数据库。

19 日　香港教育出版商会及中英文教出版事业协会就教材分拆定价在报章刊登联合声明，向家长、老师、教育局及市民大众重申及总结业界对教材分拆方案的立场，对 2011 年只分拆新课本请家长谅解；对禁收样本教材影响选书为教师抱不平；质疑教育局禁送免费教材及样书给学校的决定不合理；就课本的成本效益向大众讨回公道。两会反建议分三年把现行课本及教材全面分拆定价，希望逐步令书价下调。只有教育局马上响应，重申 9 月分拆课本乃事在必行。

29 日　由香港各界纪念辛亥革命 100 周年活动筹备委员会主办，香港联合出版集团等文化出版机构协办的"辛亥革命运动与近代中国的发展"学术讲座召开。"辛亥革命人物真迹大展"开幕典礼也于同日举行。

31 日　香港教育局公布新学年的《适用书目表》，2011 年特别开辟栏目列出已分拆教材的新编课本定价。其中小学约有 16% 的课本分拆教材。香港教育局局长孙明扬又公布考虑采取两项措施防止书商拖延分拆教材，包括主动邀请大学出版教科书和教材以及公开招标。中英文教出版事业协会及香港教育出版商会随即发表联合声明，重申因处理版权问题，需三年时间才能全面将教材分拆定价，业界愿意与局方及持份者（参与人、有权益关系者）继续会谈，谋求最佳的解决方案。

6月

1日　香港三联书店与新鸿基地产合办的第三届"年轻作家创作比赛"得奖名单揭晓。

9日　特区政府创意香港总监廖永亮率领本港数码娱乐、电视、音乐和出版业界，以及香港贸易发展局的代表访问北京两日。

12日　黄山书社、香港三联书店、台湾采舍三地同时出版发行《辛亥前夜：大清帝国最后十年》。该书作为新闻出版总署确定的纪念辛亥革命100周年重点出版物之一，是海峡两岸和港澳出版人为纪念辛亥革命100周年同步推出的13种重点图书中的第一部，另外12种图书也将陆续面世。

7月

16日　由康乐及文化事务署香港公共图书馆主办，书伴我行（香港）基金会协办的为期一个月的"2011阅读缤纷月"举行。

20—26日　第22届香港书展举行。本届共95万人次进场，为历年之冠；人均消费约522港元，年增加近10%，总营业额5亿港元。本届举行了论坛、研讨会、作家分享会等共300场文化活动。此外，大会还与香港联合出版集团合作，推出"未来书店体验区"。

22日　在香港书展期间，北京中华书局、香港中华书局联合举办"传承文明·功在复兴"文化沙龙，海峡两岸和港澳众多学者出席了活动。

8月

1日　香港市区重建局宣布每年增拨2500万港元经费，加强地区艺术和文化活动元素，当中一项措施是将等候活化（翻新）的旧式楼宇，以象征式租金租给社企营运"书吧"和教育活动。

25日　香港南区区议会宣布将用两年时间，将张爱玲、萧红、胡适、蔡元培、许地山五位近代文学家的香江足迹，打造出本港首条文学径"南区文学径"。

30日　香港出版界、印刷界2011年首次以香港馆的方式参加第18届北京国际图书博览会。

9月

1日　香港出版总会和香港印刷业商会在第18届北京国际图书博览会的香港馆内举行分享会。三位来自香港的资深出版人和印刷人、跨媒体创作人在会上对香港和亚洲出版及印刷业的现状和前景进行了分析。

2日　香港联合出版集团与中国出版集团公司举行首次"京港出版G2高层交流会"。交流会分为"主题交流会"及"高层交流及分组讨论"两大环节。两个出版集团的领导、骨干单位借第18届北京国际图书博览会的机会，聚首一堂，共同沟通两地业界最新情况。

14日　结合百周年校庆，香港大学通识教育部筹办"认识祖国"活动系列。其中的"敦煌文化及保育研习系列"，得到中银香港慈善基金赞助，及港大饶宗颐学术馆、香港敦煌之友、商务印书馆等的支持。活动于2011年9月至11月展开，包括一系列公开讲座、实地考察及学生汇报。

29日　为进一步方便市民使用图书馆服务，康乐及文化事务署香港公共图书馆与香港铁路有限公司合作，在港铁三个主要转车站设置还书箱服务。

10月

7日　每年一度的"湾仔书展——阅读在修顿"一连三天开始在湾仔修顿球场举行。

8日　香港漫画家ＬＭ凭借《丛林奇遇》夺得第八届金龙奖的"最佳少年漫画奖"。香港梦马工作室的《武道狂之诗》荣获"最佳成人漫画奖"。

14日　香港教育出版商会及中英文教出版事业协会向立法会教育事务委员会提交文件，承诺将新出版及修订版课本分拆定价，2012年将小学及初中的中、英、数等主要科目的教科书和教材分拆订价，但新高中科目书则要延至 2014 年才能做好新高中的课本分拆。

16 日　国家知识产权局与香港特别行政区政府知识产权署在香港签署首份合作协议，内容包括交流法律、宣传教育及自动化服务信息；国家知识产权局可应知识产权署要求提供人员培训；交换双方信息和出版刊物；推动双方知识产权贸易概念和趋势以推进企业转型升级；合作举办展览会、研讨会、技术交流及会议。

26 日　牛津大学出版社（中国）举行 50 周年金禧志庆酒会及晚宴。

11 月

6 日　台湾知名作家余光中专程来香港参加文学活动，除出席与青年对谈文学的座谈会外，还到蔡元培先生在香港仔华人永远坟场的墓园凭吊献花。

17 日　在 2011 年特首选委会选举中，列入第三界别的体育、演艺、文化及出版界的出版小组名单中共有 15 人，全部自动当选为 2011 年特首选委会出版界别委员。

22 日　立法会《2011 年版权（修订）条例草案》委员会继续审议版权（修订）条例草案。特区政府重申修例只为打击大规模侵权行为，又强调特区政府对设立豁免权抱开放态度，希望先通过修例，再作咨询。

28 日　2011 世界新闻峰会在香港开幕。超过 80 个国家及地区逾 300 位来自出版印刷、广播、数字媒体及流动新闻等不同平台的高层人员，一同探索新的新闻编辑法则及新闻媒体的可持续经营模式。

12 月

5 日　香港出版学会主办的"共创数码出版新天地"2011 年专业出版培训课程开课。本课程从出版业的趋势、编辑选题、设计制作，以及营销推广等几方面，探讨出版业界正在发生的一些转变及未来的趋势，并与学员分享具体的管理和运作经验。

8 日　由海峡两岸和港澳特区华文出版界合办、澳门出版协会承办的"第 16 届两岸四地华文出版年会"一连两日在澳门举办。中国出版协会、台湾图书出版事业协会、香港出版总会及澳门出版协会等近 30 位代表出席会议。与会者围绕传统实体书店未来的发展方向展开探讨。

11 日　由香港印艺学会、香港出版学会及香港贸发局合办的"第 23 届香港印制大奖"举行颁奖典礼。

20 日　多年前倾资出版《四库全书电子版》的余志明先生，将五万多件中国近现代书刊及文献捐赠给香港城市大学邵逸夫图书馆。

2012 年

1 月

5 日　香港三联书店出版的《剩食》获选台湾《中国时报》"开卷"举办的"2011 开卷好书奖"十大好书（中文创作），是港版书首次获取这个奖项。

7—8 日　由香港书刊业商会主办的第七届"湾仔书展——阅读在铜锣湾"在铜锣湾东角道、记利佐治街及白沙道闹市举行。

18 日　由香港浸会大学中医药学院赵中振教授和副教授陈虎彪博士合著的《中药材鉴定图典》被选为新闻出版总署举办的第三届"三个一百"原创图书，属于科学技术类 100 本获选作品之一。

2 月

1 日　中华书局在台北书展开幕首日，在场馆内举行"百周年局庆酒会"，海峡两岸及香港特区的出版人云集致贺。

20 日　香港特区政府统计处公布 2011 年香港公共图书馆的登记读者人数接近 400 万名，比 2010 年增加 10 万名，但外借书籍数目不增反减，年度下降约 3%。有教育界人士估计，可能与年轻人多用电子产品阅读有关。

27 日　中国香港数码音像协会（DAVA）在香港举行成立典礼暨粤港音乐文化合作项目启动仪式。

28 日　香港大学饶宗颐学术馆及学术馆在尖沙咀（亦作尖沙嘴）洲际大酒店举行晚会，庆祝国学大师饶宗颐荣获第一届"中华艺文奖终身成就奖"，及荣任有"天下第一社"之称的西泠印社第七任社长。大会还宣布成立"饶学研究基金"，协助推动中国传统文化、学术及艺术的发展。

3月

5日　新闻出版总署署长柳斌杰透露，按照中央对港澳的扩大开放政策，继广告经营和制作业务方面，新闻编辑、策划等领域将会对港澳开放，预计年内会有突破。

4月

2日　前港区人大代表吴康民举行新书《人生感悟录——吴康民八十后的沉思》发布会。该书由新民主出版社有限公司出版，邀请候任行政长官梁振英、立法会主席曾钰成等担任主礼嘉宾。

16日　香港特区政府首次参与伦敦书展，并向参观人士展现香港九七回归后15年以来的成就。由香港出版总会与香港印刷业商会合办香港馆参展，有关项目由特区政府创意香港赞助。

20—27日　为回应"4·23世界阅读日"，与市民共享阅读之乐，香港联合出版集团所属的三联书店、中华书局和商务印书馆合办"旧书回收大行动"，受惠机构是救世军。

5月

7日　香港教育局局长孙明扬宣布，将拨款5 000万港元资助非牟利机构开拓电子教科书。自2月香港教育局建议的课本教材分拆出售方案夭折后，特区政府转而推动发展电子教科书，认为可以借此降低书价。预计2013年的电子教科书可推出市面。

11日　全国政协原常委、香港《文汇报》前社长李子诵因病在香港逝世，享年100岁。

18日　香港中华书局为庆祝建局100周年，在铜锣湾世界贸易中心会举行志庆酒会，并在中华书局油麻地分局举办"中华书局百年局史展"。

21日　上世纪90年代中举家移民大温地区的香港《新报》创办人兼社长罗斌，因肾衰竭逝世，享年89岁。

6月

9—17日　为庆祝香港回归15周年，深港两地地方志机构合作在香港举办"百年中英街"图片展览，希望大众透过中英街个案，能够对国家的发展和深港关系的变化多一些了解。展览由深圳市盐田区文体局、中英街历史博物馆、三联书店（香港）有限公司与和平图书有限公司协办。

13日　由香港电台文教组、香港出版总会合办，康乐及文化事务署与香港公共图书馆协办的"第五届香港书奖"颁奖礼举行。

14日　《大公报》在会湾仔会议展览中心举行建报110周年华诞庆祝酒会。

25日　香港特区政府积极推行电子教科书市场，希望借此打破书商垄断教科书市场。负责计划的督导委员会主席兼教育局副秘书长陈嘉琪即日在开拓计划简报会上，介绍电子教科书的遴选准则。

7月

3日　《信报财经新闻》成立39周年。

11日　香港出版印刷唱片同业协会执行会长、香港出版总会副会长、香港图书文具业商会永远名誉会长沈本瑛因病辞世，享寿92岁。

18日　第23届香港书展开幕，为期7天，至7月24日闭幕。本届书展以"从香港阅读世界读通世情，书出智能"为主题，超过530家来自世界各地的参展商参展，并有超过350项文化活动。

19日　国家出版基金在会展中心举行的国家出版基金座谈会上，向香港大学及香港公共图书馆赠书2 000多册。

24日　香港出版总会与香港印刷业商会宣布本年度再获特区政府"创意香港"赞助，将在稍后举行的北京国际图书博览会、法兰克福书展和台北国际书展设立"香港馆"，向世界推广本港出版及印刷业的创意文化及成就。

8月

2日　香港联合出版集团所属的香港中华书局"动漫世界"在弥敦道

740号利华大厦地下A铺正式开业。该店是中华书局与日本动漫连锁店Animate合办的香港首家动漫专门店,专售香港特区及日本、欧美的漫画和精品。

3日 为庆贺商务印书馆创立115周年,向读者提供更优质的文化服务,港岛区旗舰店铜锣湾图书中心进行全面扩充,并开设以教育图书及学习产品为定位的铜锣湾副馆(教育馆)。

11日 台湾诚品来港开设的铜锣湾店正式开业。初期因品牌效应、通宵营业等因素,成为媒体的新闻重点以及市民的参观热点。一个月后热潮消退,该店营业时间从周四、五及六通宵改为周五、六、公众假期前夕延长营业至凌晨2时。

20日 《新晚报》复刊,成为香港第七份免费报纸。

26日 牛津大学出版社(中国)有限公司区域董事总经理、香港出版总会副会长、中英文教事业协会副会长、香港版权影印授权协会主席、香港及国际出版联盟召集人、香港书刊业商会副会长李庆生先生病逝,享年57岁。

9月

5日 香港商务印书馆的香港中文大学书店隆重开幕,由香港中文大学校长沈祖尧教授主持开幕典礼。

20日 在香港回归谈判中出任中英联合联络小组中方代表、现全国政协常委的陈佐洱所著的纪实文学《我亲历的香港回归谈判》举行发布会。

24日 香港教育局推动的"电子教科书市场开拓计划"截止申请,共收到86份申请书。

10月

3日 香港浸会大学举行第四届"红楼梦奖:世界华文长篇小说奖"颁奖典礼。上海作家王安忆的小说《天香》荣获本届"红楼梦奖"首奖,获颁奖金30万港元。

8日 《中国日报》香港版在湾仔会展中心举行庆祝创刊15周年酒会。

8日 中华商务印刷(香港)有限公司在2012年度美国印刷大奖颁奖

礼中，夺得 33 项大奖，并荣获新设的全场大奖第三名班尼奖。该公司从 1997 年开始，连续每年获得的班尼奖累积已达 58 个。

19—21 日　第八届"湾仔书展——阅读在修顿"一连三天在修顿球场举行。

21 日　百利唱片公司在九龙湾国际展贸中心演讲厅举办"百利唱片五十周年金禧音乐会"。该公司在半个世纪前，是香港极少数发行中国唱片的公司之一，经过半个世纪的努力，让中国音乐的种子在香港开花结果。

11 月

3—4 日　由香港兆基创意书院、香港当代文化中心、MaD 创不同和 Roundtable Community 合办的第四届"九龙城书节"在香港兆基创意书院举行。

7 日　香港儿童文艺宗师罗冠樵老师离世，享年 94 岁。

22—25 日　屯门区议会与香港书刊业商会合办的第四届"阅读在屯门"大型小区书展一连四天在屯门文娱广场举行，免费入场。

12 月

7 日　北京出版集团与香港天地图书公司在香港合作举办"京港出版交流活动暨北京出版集团精品图书展"，为期八天。此次活动得到新闻出版总署、北京市委宣传部、北京市新闻出版局的高度重视和支持。精品图书展展示了该集团历年出版的 500 种优秀图书 3 000 册。

11 日　国学大师饶宗颐荣获法兰西学院铭文与美文学院颁授的外籍院士荣衔（荣誉称号）。即日，香港大学饶宗颐学术馆为饶老两本最新作品《上海藏战国楚竹书字汇》及《饶宗颐书道创作汇集》举行发布会。

17 日　由德国非牟利慈善机构"好书共享"协会营运的全球最大海上图书馆船"望道号"（Logos Hope）首次抵港进行访问。香港联合出版集团向"望道号"捐赠了一批图书，并安排多位作家与"望道号"负责人交流。

2013 年

1 月

21 日　浸会大学为香港首所国学院——"饶宗颐国学院"举行成立典礼。

2 月

24 日　由香港《镜报》主办的《我可以为"和平"做些甚么》香港地区征文比赛颁奖典礼于香港科学园举行。

28 日　首创读者可携书在户外庭园阅读、全港第二大的屏山天水围公共图书馆于 2 月 28 日开放给市民使用。

3 月

18 日　香港联合出版（集团）有限公司副董事长、总裁陈万雄于 2013 年 3 月 18 日退休，另获聘任为集团顾问，任期三年。总裁一职由该集团董事长文宏武兼任。

20 日　海上图书馆船"望道号"抵达香港，停泊于港岛坚尼地城招商局码头，并于 3 月 22 日至 4 月 1 日开放给公众人士入场参观。

31 日　三联书店的最新出版项目《what·》生活文化志，是一本从未见于香港本土出版界之跨界刊物。

4 月

2 日　国家图书馆馆长周和平与香港特别行政区康乐及文化事务署署长冯程淑仪，在香港中央图书馆签署了《关于在香港公共图书馆开展数字图书馆合作的协议》。根据协议，香港民众可以借助数字平台浏览国家图书馆藏有的丰富文化资源。

12 日　香港出版学会假香港世界贸易中心会举行"2013 年度周年大会暨 25 周年会庆晚宴"。

19—26 日　为回应"4·23 世界阅读日",与市民共享阅读之乐,联合出版集团属下的三联书店、中华书局、商务印书馆、香港联合书刊物流公司合办"旧书回收大行动"。受惠机构为救世军。

5 月

7 日　金石堂宣布来港与 OK 便利店合作发展网上购书,便利店提货服务。

9 日　"2012 香港艺术发展奖"颁奖礼于 5 月 9 日圆满举行,刘以鬯荣获 2012 香港杰出艺术贡献奖。

31 日　《牛津高阶英汉双解词典》面世 65 年,今年推出第 8 版,辑录多个网络词汇。

6 月

10 日　由中华书局打造,营造淡泊从容氛围的"慢读时光"概念店于中央图书馆开幕。

17 日　《大公报》创刊 111 周年暨"大公之友"十周年庆典活动,6 月 17 日晚 7 时假座香港会议展览中心旧翼一楼会议厅隆重举行。

19 日　"三联书店·元朗文化生活荟"于元朗启业。

30 日　香港特区政府公布今年七一授勋名单,香港报业公会主席及联合出版集团名誉董事长李祖泽等九人获颁金紫荆星章。

7 月

8 日　新鸿基地产（新地）委托智库组织 Roundtable 之网络成员圆思顾问有限公司（圆思）,连续第二年进行《新地喜"阅"指数》问卷调查。结果发现有超过五成港人过去半年没有阅读。

同日　日本人和仁廉夫将多年搜集的证据,结集成《岁月无声——一个日本人追寻香港日占史迹》,详述香港于 1941 年 12 月沦陷的苦况。

11 日　为确保网络信息能顺利流通,香港特区政府就处理俗称"恶搞"的"戏仿作品",7 月 11 日起展开三个月的公众咨询。

17 日　联合出版集团宣布推出崭新的电子商务平台——超阅网（Su-

per-BookCity.com），一种结合实体书店、网上书店和文化活动的业务模式。超阅网搜罗中国内地、香港、台湾及欧美近百万种中、英文纸本书及电子书，读者可在网上、网下，在线、线下选购和阅读图书。

8月

2日　免费报章《街市报》由思网络（SEE Network Ltd.）出版。

5日　香港联合出版（集团）有限公司向西藏自治区新闻出版局捐赠人才培养资金仪式在拉萨举行，捐赠的20万港元资金用于支持西藏新闻出版系统人才教育培训。

15日　香港研究协会于7月31至8月7日展开全港性随机抽样电话访问，发现58%受访者"几乎每天"及"一星期数次"阅读免费印刷报纸。

24日　《朱镕基上海讲话实录》繁体字本由香港三联书店出版。

31日　香港作家董启章凭一部写于九七前夕的作品《地图集》英译本，勇夺每年春天都会在美国加州大学颁奖的"科幻奇幻翻译奖"（Science Fiction & Fantasy Translation Awards）长篇小说奖。

9月

14日　借纪念成立25周年，联合出版集团赞助于9月14日晚假香港文化中心音乐厅举行的一场"千年之声·钟乐和鸣"音乐会。此次庆典共获港币十万元贺仪，全数捐赠中华商务希望基金会。

26日　港台文化合作委员会在香港举行第三届港台文化合作论坛，讨论跨界别合作、创意产业群组和基地等，望摸索香港文化艺术前路。

10月

4日　"Google Play 图书"与香港三联书店、商务印书馆、万里机构、中华书局、明窗出版社、香港大学出版社、经济日报出版社和青森文化八大本地出版社合作，为书迷提供本地化的电子书及流行读物。

12日　为鼓励学生多写作及多阅读，香港中华书局与《大公报》、童梦城通识假大公报史馆室合办"走近作家"讲座暨"《作文百达通》小作者颁奖典礼",近 300 名中小学师生和家长出席。

29 日　香港公开大学连同四间自资专上院校,包括明爱专上学院、珠海学院、树仁大学及东华学院,开启电子图书馆藏共享计划。

11 月

1 日　连载逾 24 年的漫画《风云》,于 2013 年 11 月推出武者无敌《终战篇》后,正式画上句号。

14 日　"2013 亚洲文化合作论坛"于香港举行,来自亚洲十余个国家和地区的文化部长和高层官员聚首香港,就"文学与文化生命力"的主题,对如何深化文化合作及推广文化艺术发展交流意见和分享经验。

12 月

1 日　荣宝斋于中环长江中心举行香港分店重张仪式。

9 日　第 25 届香港印制大奖以"印出创意·姿彩生活"为主题,举行颁奖典礼。联合出版集团属下的中华商务联合印刷公司印制的 Gothic《歌德艺术》,夺得"全场大奖""最佳印制书籍奖"和"书刊印刷/精装书刊冠军"三项荣誉。

15 日　为庆祝成立 65 周年,香港三联书店举办"两岸三地书籍设计讲座及论坛——书籍设计背后的故事"活动,由曾担任"世界最美的书"及"中国最美的书"评委的廖洁连女士策划。

16 日　香港历史掌故专家、香港浸会大学传理学院电视电影系前系主任吴昊病逝,享年 66 岁。吴昊系历史博士,对香港历史了如指掌,出版过《香港掌故系列》《老香港》系列、《太平山下》《香港电影民俗学》等。

23 日　为庆祝成立 65 周年,香港工联会特别编印《工联会与您同行——65 周年历史文集》,将工联会与香港劳工基层在这 65 年来所走过的艰辛而丰富的历程辑印成书。该书由中华书局出版。

31 日　香港教育局 2013 年 12 月 31 日公布第二期电子教科书市场开拓计划,共批核 20 份申请,获批的申请来自 8 个机构,非牟利机构及其他机构各占一半,当中 4 个为第一期计划中选者。

2014 年

1 月

1 日 香港特区政府教育局公布第二期"电子教科书市场开拓计划",共审批来自 8 个机构的 20 份申请。该局于 2012 年斥资 5 000 万港元推出"电子教科书市场开拓计划",首批 86 份申请批准了 30 项,第二期计划下跌了 34%,表明出业界仍持观望态度。

4 日 香港三联书店与内地中华书局合作出版的《广州府道教庙宇碑刻集释》在香港中文大学举行新书发布会。该书是一部有关区域性道教庙宇碑刻录文及其考释的大型著作,也是一部建立在从金石志、地方志等数据基础上,通过实地调查抄录和遴选的与广东道教历史有关的道教碑刻文献汇集。

10 日 由香港特区政府康乐及文化事务署主办、香港艺穗会筹划、香港艺术推广办事处及香港公共图书馆协办,徐莉赞助的系列展览活动"回看也斯"在香港中央图书馆开幕。

11 日 本年度香港特区首个大型书展"湾仔书展——阅读在铜锣湾"举行。

14 日 全国政协文史和学习委员会主任王太华率团来港,召开"全国政协文史资料征集工作暨香港文史编辑委员会成立"会议,确定在 2017 年香港回归 20 周年、2014 年澳门回归 15 周年之际,编辑出版回忆香港、澳门回归历程史料的专题图书。

20 日 来自香港特别行政区的全国人大原代表吴康民在香港大会堂美心皇宫举行新书《吴康民人大亲历记》发布会。

28 日 香港商务印书馆北角分馆完成装修翻新工程,以全新形象对公众开放。该馆自 1965 年开业,已近半个世纪,见证了几代读者的成长。

2 月

20 日 香港特区政府土木工程拓展署特别将 2013 年出版的《山崩土

淹话今昔》制作成电子书，并举行新书发布会。

21日　由香港插画师协会主办的"第三届中华区插画奖"在九龙塘创新中心举行颁奖典礼。

25日　由香港小童群益会与太古地产爱心大使联合举办的第四届"书出爱心十元义卖"活动启动。

26日　香港商务印书馆下属的香港教育图书公司在香港酒店百年厅举行盛大的35周年庆祝酒会。该公司成立于1979年，迄今已为香港特区重要的教科书出版社之一。

3月

10日　于2013年成立的"香港授予公共图书馆图书借阅权联盟"与记者会面，报告该组织已获超过80%香港本地出版社，以及445位作家联合署名，敦促香港特区政府制定"授借权"机制，由特区政府按照图书借出量向版权持有人付费。

12日　有感于米其林的西方口味以及评价标准与本地食客有南辕北辙的分歧，未能反映"香港味"，香港五大饮食商会联手组成顾问团队，并由立法局议员兼香港饮食业联合总会主席张宇人牵头，新城财经台主办，万里机构协办，创办了一个属于香港人的饮食年奖"香港味之年赏"。

13日　"第三届香港国际青少年读者节"宣布启动，于3月13日至3月21日举行。

24日　由香港公共图书馆主办的"与作家会面"系列讲座宣布正式开始。本年度的活动以"认识大地，享受自然"和"活得轻松，简约生活"为主题。

30日　香港浸会大学青年研究实践中心举办《走出毒品阴霾的叙事》新书发布会暨叙事实践经验分享会，希望为读者带来生命的思考，让青少年能充分掌握其生命主导权，避免受毒品侵害。

4月

1日　香港商务印书馆为庆祝成立100周年，宣布从4月开始推出一系列活动，包括"旧照片、旧物征集行动""环保购书袋设计比赛""旧书义卖活动"，出版《香港文学大系1919—1949》共12卷，以及举办一系列文化讲座等。

4日 由香港儿童文化协会主办、香港艺术发展局赞助的第一届"香港图画书创作奖"在铜锣湾诚品书店举行颁奖礼。

7日 香港海关侦破一起幼儿机构盗印牛津大学出版社英文教材的案件，共查获500本影印版图书，总价值近12万港元。

10日 为庆祝《老鼠记者》在港出版十周年，出版商新雅文化事业公司在铜锣湾商务儿童天地举行"老鼠记者10周年亲子填色比赛颁奖典礼暨生日派对"活动，邀请"鼠迷"参加。

12日 由香港教育城网站主办的第11届"十本好读"举行颁奖典礼。

15日 台湾地区的网络书店博客来宣布，从4月起接受香港特区顾客订书，港人可在全港超过百家7·11便利店取书，并承诺"今天上网订，明日门市取"。这是继台湾金石堂之后的第二家通过便利商店进军香港特区市场的网络书店。

24日 香港三联书店与新鸿基地产发展公司举办的第五届"年轻作家创作比赛"举行启动仪式。

26日 为迎接中医药学家李时珍诞辰500周年，香港浸会大学中医药学院与万里出版机构、深圳健康卫视携手，策划并推动开展中外学界前所未有的"《本草纲目》文化工程"。即日举行了启动仪式。

27—30日 香港国际印刷与包装展在香港亚洲国际博览馆举行。展会全面展示了最新的印刷技术，包括智慧包装设计概念、结合增强现实（AR）、智能标记（RFID）、专业防伪、UV油墨印刷等新技术，并开展了更优质的品牌推广及保护，产品追踪等增值服务。

5月

1日 由香港教育专业人员协会及香港公共图书馆联合主办的"第11届书丛榜及第25届中学生好书龙虎榜"揭晓。

2日 香港特区政府教育局公布"电子教科书适用书目表"，列出首批在第一期"电子教科书市场开拓计划"中通过评审的电子教科书书目供学校于2014—2015学年使用。

同日　2014年是法国名著的《小王子》作者安东尼·圣修伯里（1900—1944）逝世70周年。法国驻香港及澳门特区总领事馆，联合安东尼·圣修伯里基金会举办大型展览。香港特区是亚洲巡回展的首站，首次展出了从安东尼·圣修伯里基金会特别借出的《小王子》法文原著的文字手稿复本及多幅水彩文本复本。

3日　香港版权影印授权协会举行大型"尊重版权"比赛开幕仪式。

15日　"第十届中国（深圳）国际文化产业博览交易会"开幕。当天，《饶宗颐书画大系》正式发行全球限量版。

19日　由澳门基金会、香港《明报月刊》、香港城市大学中国文化中心、香港作家联会主办，澳门大学、中西创新学院、澳门中华文化艺术协会、世界华文文学联会、香港电台电视部联合举办的"第二届两岸四地世界华文文学讲座——华文文学在世界的传播"在港澳两地举行。

31日　2013年停刊的《足球周刊》香港繁体版宣布复刊。

6月

16日　饶宗颐文化馆正式启用，同日举行了"'香江情怀'饶宗颐香港诗画书展"以及"'文海微澜'饶宗颐教授与香港文化人士展"开幕仪式。饶宗颐文化馆前身是荔枝角医院，是发展局"活化历史建筑伙伴计划"的首批活化项目，由香港中华文化促进中心以"香港文化传承"为主题，展开保育、重新规划及活化的工作。文化馆是园林式大型建筑群，32 000平方米的山岭分上、中、下三区，活化工程分两期进行。

18日　重新装修的香港三联书店中环店重新装修，举行开幕典礼。

本月　由香港《大公报》自2011年起与香港联合出版（集团）有限公司、天地图书、香港教育工作者联合会联合举办的"读书乐"学生随笔比赛结果揭晓。活动吸引了不少学校投稿参赛。

7月

2日　香港课本出版的两大商会——香港教育出版商会及中英文教出版事业协会，经过多年酝酿正式合并，定名为"香港教育出版专业协会"。

4日　香港教育图书公司利用最新的"扩增实境"（Augmented Reality，即 AR）技术，出版"新视野版"《十万个为什么》。

7 日　新鸿基地产公布"新地喜'阅'指数"。

13 日　香港中小企书刊业商会发布香港中学生阅读调查报告。

24 日　香港海关发现有书局以鱼目混珠手法，在向 35 所小学提供正版教科书的同时，涉嫌以七三比例夹杂疑似盗版书，赚取超过 2 倍的暴利。海关版权及商标调查科经版权持有人确认有关图书为盗版后，于即日采取行动，搜查涉嫌书局，查获 7 400 多本疑似盗版小学教科书，品种超过 90 个，约值 53 万港元，是历来破获最大的盗版书案。

8 月

1 日　香港世界宣明会在好莱坞广场举行"旧书回收义卖大行动"开幕仪式。

3 日　"第 24 届全国图书交易博览会"在贵阳开幕。值此之际，香港出版印刷唱片界高层到贵州进行访问交流。

4 日　香港商务印书馆与香港历史博物馆合作，在博物馆内开设新主题图书礼品店"Passage"。

7 日　香港特区政府"创意香港"办公室同意拨款近 300 万港元，协助 30 多家出版社到北京、广州、台北等地的大型书展设立"香港馆"，推广香港特区的出版及印刷业。

16 日　青年广场已连续四年举办"漂书节"。

27 日　由新鸿基地产旗下的"新阅会"举办的第二届"浓情·家书"活动在新鸿基中心举行颁奖礼。

9 月

17 日　位于跑马地的香港首家摄影博物馆 F11 全面开放，并以美国传奇摄影师 Elliott Erwitt 的摄影展"Best in Show"作为开幕展览。

18 日　由香港书刊业商会主办的"小区书展"开幕。该书展创办已 10 年，本届首次移师到室内——荃湾愉景新城举办。

25 日　香港中华书局出版第一部英文小说《In Search of Words》。这是中华书局自 1912 年创立以来出版的首部英文小说。这本小说的收益将全部捐献给两家慈善机构——收留病童及家人的麦当劳叔叔之家，以及致力于儿童精神健康的"儿童伙伴关系"（Partnership for Children）。

28日　由香港流行图书出版协会主办的第一届"香港金阅奖"在荷里活广场举行颁奖仪式。

30日　来自新加坡大型连锁书店壹叶堂（Page One）新店举行开幕仪式。这是由其海港城店年中搬迁扩充，占地两层、面积达35万平方呎的概念店。该店号称全球首家概念店，不仅卖书，还经营西餐厅及烘焙店。

10月

8日　由香港出版总会与香港印刷业商会合办、香港特区政府"创意香港"办公室赞助的2014法兰克福书展"香港馆"举行揭幕礼。

11日　"小书包读书计划启动礼"在尖沙咀街坊福利会举办。11日由新鸿基地产发展公司"新阅会"主办、香港艺术发展局协办的首届"拉阔生活——赏创营"活动从即日起连续两天在马湾挪亚方舟举行。近60名高中生在营中，从文字、戏剧、舞蹈及音乐等多媒体媒介出发，结合日常生活的经验，丰富"阅读"的含义，拓展"阅读"的体验。

22日　香港商务印书馆在港岛海逸君绰酒店举行"香港商务印书馆100周年志庆酒会"。

11月

10日　香港关注学童发展权利联盟与关注综援低收入联盟合作出版儿童画册《童画岁月》。

26日　香港最资深的出版家之一蓝真因病与世长辞。

27日　由香港特区政府康乐及文化事务署和敦煌研究院合办的"敦煌——说不完的故事"展览在香港文化博物馆展出，为期四个月。

27日　第六届"阅读在屯门"小区书展开展。

29日　由香港兆基创意书院和青年智库组织Roundtable Community共同举办的第六届"九龙城书节"开幕。

12月

2日　香港公开大学举办"幻觉现实主义与中国当代文学"讲座，邀请莫言等名家演讲。

同日 由香港出版学会主办的每年一度的培训课程开课。本年度的主题为"出版实务——从选题策划到营销"。

7日 "第四届全球华文文学星云奖"在台北举行颁奖典礼。香港作家西西荣获贡献奖。

8日 "第26届香港印制大奖"颁奖典礼在九龙香格里拉酒店举行。

同日 坐落于香港理工大学邵逸夫大楼的"商务香港理工大学书店"正式开业。

11日 新鸿基地产发展公司为"新阅会"举行一周年庆祝活动,并公布2015年五项为不同群体设计的阅读项目:"阅读·分享""阅读世界""循环·阅读""穿阅·香港""老有所阅"。活动还邀请了香港特区、台湾地区和韩国的嘉宾畅谈阅读文化。

15日 由新城财经台与香港五大饮食商会主办,万里出版有限公司协办的"香港味之年赏"举行颁奖典礼及新书发布会。

18日 香港三联书店与台北"故宫博物院"原院长周功鑫合作的《图说中华文化故事》丛书举行新书发布会。

2015年

1月

3日 香港特区作家联会创会会长、著名诗人、作家、新闻记者曾敏之病逝于广州家中,享年98岁。

15日 香港特区作家陈浩基以推理小说《13.67》获"2015台北国际书展"大奖,成为首位获奖的香港作家。

18日 2015年度香港特区首个大型书展"湾仔书展"开锣。

21日 饮食专栏作家欧阳应霁在上环PMQ元创方创办"味道图书馆"(Taste Library)。这是本港首个以食谱为主的藏书中心。

2月

15日 首部系统披露粤港澳合作由来、机制与焦点的权威图书《粤港澳合作报告》在港发布。

24日　来自新加坡的Page One（叶壹堂）迁出时代广场原铺，只剩下九龙两家分店。

3月

3日　康乐及文化事务署宣布在沙田文化博物馆设立占地2000方尺的永久的"金庸展厅"，展示金庸的手稿、不同时期版本的小说、创作的心路历程等，预计2016年底开展，免费开放供市民参观。

8日　为纪念香港汉荣书局创办人石景宜博士毕生促进两岸文化交流、推广中华文化艺术的精神，五年前香港汉荣书局举办了首届"石景宜博士杯——华夏书画创作大赛"，吸引来自日本、韩国、美国、澳大利亚等地的非华裔艺术家一同参与，共收到投稿8 174件，盛况空前。

本月　在日本拥有近70年历史、被喻为全日本最权威的当代艺术杂志《美术手帖》由香港三联书店出版及发行国际版。

4月

23日　为回应4月23日"世界阅读日"，推广阅读文化，香港特区政府多个部门及有关团体纷纷组织阅读活动。其中有语文教育及研究常务委员会和教育局举办的"悦爱阅读、愈读愈爱——2015响应世界阅读日活动"。

5月

16日　香港三联书店与全国港澳研究会、香港大学法学院和深圳大学港澳基本法研究中心联合举办《香港基本法面面观》新书发布会暨回顾与前瞻——香港基本法颁布25周年学术研讨会。

22日　香港牛津大学出版社在荃湾愉景新城举办全球首个童书手稿展览。展品中有距今已30年的第一代手稿，唤起不少年轻家长的童年回忆。

6月

6日　为期一周的"第二届香港书本艺术节"举行。

29日　由香港新青年出版社发行的《习近平用典》繁体版也在香港特区出版，并于即日在香港会议展览中心举办首发仪式，逾300位各界嘉宾参加。

7月

7日　由香港三联书店与新鸿基地产发展公司联合举办的第五届"年轻作家创作比赛"公布最终8名优胜者名单。

12日　创办逾半个世纪的香港《新报》停刊。

16日　有着76年历史的《成报》母公司成报传媒集团有限公司被法庭下令清盘。

20日　由香港儿童文学及创意教育学会和新雅文化事业公司联合举办的"第三届香港本土儿童文学创意阅读大赛"举行颁奖礼。

21日　为期7天的"第26届香港书展"落幕。本届书展主题为"从香港阅读世界·一读钟情"，共吸引逾百万人次进场参观，580多家参展商分别来自33个国家和地区。

8月

1日　香港大学附属学院开办"出版及媒体实务高级文凭课程"。课程内容以媒体、出版及广告等大范畴为主，旨在帮助学生打稳出版实务的根基及丰富学生在出版范畴的知识。

6日　停刊20天的《成报》复刊，换上新报头。

19日　香港教育城推出"e悦读学校先导计划"，获13家出版社支持，并分别挑选18所中学及20所小学作先导学校，提供100本由各校教师选择的电子书。

20日　南华早报集团旗下免费英文周刊《48 HOURS》因杂志广告收入欠佳停止出版。

25日　香港各界文化促进会联同各界团体在香港中央图书馆举办为期一周的"纪念抗战胜利70周年大型展览"。

27日　鉴于大量仿冒不同翻译版本的盗版《秘密花园》流入香港特区，原获授权出版《秘密花园》繁体中文版的台湾远流出版公司联络海关，要求跟进，并全面采取法律行动。

28日 凭撰写财经和爱情小说知名的畅销女作家梁凤仪宣布用4年时间撰写系列财经小说，记录香港自1949年至2017年间（至香港回归祖国20周年）的变迁，完成该小说系列后便正式封笔退休。

9月

1日 为响应联合国教科文组织的"世界记忆"计划，香港特区也构建了"香港记忆"网站，供全世界免费分享浏览香港的历史和文化资料。

10日 为纪念抗战胜利70周年及向南京大屠杀死难同胞致哀，江苏军旅作家徐志耕在港再版《南京大屠杀》专著，获得宁波市政协委员江兴浩资助编印1万册，免费赠送全港大中小学。

11日 由港台文化合作委员会主办、香港经济贸易文化办事处（台湾）协办的第四届"香港周"在台北开幕。

10月

1日 来自台湾地区的诚品书店在香港特区的第二家分店从即日起一连8天在尖沙咀星光行进行试营业，10月9日正式开业。

3日 由香港缅华互助会、香港侨友社主办的"香港侨界人士纪念抗战胜利70周年大会暨东南亚华侨抗日史料丛书发布会"在湾仔会展中心举行。

10日 "2015年辛亥革命实物捐赠仪式"在武汉辛亥革命博物馆举行。

16日 香港浸会大学中医药学院宣布，由该学院和大学图书馆合作构建的"中药材图像数据库"正式开通。

30日 香港艺术发展局在成立20周年之际宣布主办首届"文学串流"文学节，并以"串流字不息·文本再想象"为主题，于2015年10月至2016年3月期间举行活动。

11月

4日 北京、上海、香港三地的三联书店负责人齐聚上海，纪念著名新闻出版家邹韬奋诞辰120周年，共话韬奋精神的历史传承和创新发展。

5日　香港三联书店在香港大学书店举行《香港法概论（第三版）》新书发布会。

6日　香港特区政府教育局公布《新学制中期检讨与前瞻报告》。

9日　由香港何鸿毅家族基金、故宫博物院和北京颐新文化发展有限公司合作出版的《最好的皇宫》与《紫禁城100》在故宫博物院紫禁书院举行新书发布会。

17日　全球著名战略学家、趋势学家约翰·奈斯比特夫妇（Doris & John Naisbitt）来港访问，并应香港联合出版集团邀请在港及深圳为其新著《全球大变局：南环经济带将如何重塑我们的世界》各举行一场演讲会。

30日　由香港中文大学联合书院、香港《明报月刊》及澳门基金会联合主办的"第五届世界华文旅游文学国际学术研讨会"在香港中文大学开幕。

12月

3日　为庆祝国学泰斗饶宗颐百年诞辰，香港特区政府民政事务局联同港大饶宗颐学术馆等机构，在香港中央图书馆举行"香江艺韵——饶宗颐教授百岁学艺展"。

5日　香港联合出版集团旗下的香港三联书店、香港中华书局、香港商务印书馆及集古斋共23家重点门市举行为期两周的"学艺融通——饶宗颐教授经典著作联展"，精选饶宗颐教授100余本著作，以特别折扣发售。

同日　第7届九龙城书节一连两天在香港兆基创意书院举行。

15日　由深圳读书月组委会办公室主办，深圳市教育学会、香港教育评议会、香港优质图书馆、澳门中华教育学会和深圳市益文图书进出口有限公司等多家单位联合承办的第16届深圳读书月"深港澳中学生随笔写作比赛"在香港特区举行颁奖典礼。

18日　由香港中和出版有限公司主办，香港中国近代史学会、饶宗颐文化馆协办的"近现代中日关系研讨会"在九龙饶宗颐文化馆举行。

[李家驹　香港联合出版（集团）有限公司；谢力清　香港出版学会]

第三节 "十二五"时期澳门特别行政区出版业大事记

2011 年

2月9日至14日 澳门基金会与文化局合办，澳门出版协会承办，组织本地出版单位第二次参加"第十九届台北国际书展"。

4月28日至5月8日 澳门出版协会与澳门理工学院合办、星光书店承办"2011年春季书香文化节"。

5月13日 香港商报创办"魅力澳门"专版，期望加强对澳门最新发展的报道，为内地及港澳建立更好的沟通和交流平台。

6月24日 澳门电子媒体业协会举办"第一届两岸四地电子媒体业高峰论坛"。

6月25日 澳门首创手机电子书"梦想书城"APP发布会暨"电子书的优势与趋势讲座"，由澳门漫画从业员协会、香港梦想成真文化创意事业有限公司联合主办。

6月29日 澳门出版产业商会成立及就职典礼。

7月22日 香港书展期间，中国出版集团公司在澳门文化广场展览厅同期举办"中国出版集团公司纪念辛亥革命一百周年精品图书展销"活动，集团公司总裁聂震宁将率领人民文学出版社、中华书局、中国大百科全书出版社等负责人出席。澳门出版协会、澳门日报、澳门杂志社、文化广场等单位负责人接待。

7月22—24日 第一商务顾问有限公司、濠江青年角色扮演者文化协会合办"二〇一一澳门漫画节"。

4月22—31日 一书斋与澳理工学院合办"第十四届澳门书市嘉年华"。

9月10日 澳门出版产业商会拜访深圳报业集团，获副社长刘明热情接待，参观于龙华的印刷厂。

11月9—17日　澳门出版协会、台湾图书出版事业协会合办，澳门文化广场承办"2011年秋季书香文化节"。

12月7日　澳门出版协会举办"第十六届两岸四地华文出版年会"。

2012年

1月2日　澳门图书馆暨资讯管理协会承办了澳门基金会"澳门出版品查询系统书目"的建档工作，成为提供本地出版书目的重要检索平台。

2月1—6日　澳门基金会与文化局合办，澳门出版协会承办及组织本地出版单位参加"第廿届台湾国际书展"。

3月15—18日　澳门大学出版中心及澳门国际研究所参加"2012年亚洲研究学会年会书展"（多伦多）。

4月20—29日　澳门出版协会与澳门理工学院合办、星光书店承办"2012年春季书香文化节"以"全人教育"主题展开。

6月29日　澳门电子媒体业协会举办"第二届两岸四地电子媒体业高峰论坛"。

7月18—24日　澳门基金会、文化局合办，澳门文化广场有限公司承办及组织本地业界参加"第廿三届香港国际书展"。

7月20—29日　一书斋与澳理工学院合办"第十五届澳门书市嘉年华"，以"无疆界阅读"的主题。

7月27—29日　第一商务顾问有限公司、濠江青年角色扮演者文化协会合办"二〇一二澳门漫画节"。

8月29日至9月2日　澳门大学出版中心及巴哈伊国际出版社参加了"2012北京国际图博会"。

11月3—11日　澳门出版协会、台湾图书出版事业协会合办，澳门文化广场承办"2012年秋季书香文化节"，以"万卷古今消永日，一叶知秋送流年"为主题。

12月18日　澳门出版协会赴台北参加"第十七届两岸四地华文出版年会"及"两岸出版论坛峰会"。

2013 年

1月10日　香港联合出版（集团）有限公司董事长文宏武、董事兼副总裁贺路明，在澳门文化广场总经理陈雨润陪同下，到访澳门日报，与澳门日报副董事长李鹏翥、社长兼总编辑陆波、副总编辑廖子馨亲切交流。

1月30日至2月4日　澳门基金会与文化局合办，澳门出版协会承办及组织本地出版单位参加"第二十一届台北国际书展"。

3月21—24日　澳门大学出版中心参加"2013年亚洲研究学会年会书展"（圣地亚哥）。

4月19—28日　澳门出版协会与澳门理工学院合办、星光书店承办"2013年春季书香文化节"。

7月12—11日　一书斋与澳理工学院合办"第十六届澳门书市嘉年华"。

7月22日　澳门基金会、文化局合办，澳门文化广场有限公司承办及组织本地业界参加"第二十四届香港国际书展"。

7月24—28日　由澳门动漫文化产业协会、澳门动漫玩具游戏商会及濠江青年角色扮演者文化协会合办"二〇一三澳门漫画节"。

10月26日　澳门出版协会赴厦门参加"第十八届两岸四地华文出版年会"，两岸四地出版界逾五十人出席，就"两岸四地出版合作的拓展与创新"作专题交流。澳门出版协会副理事长王国强介绍了澳门最新出版情况，并呼吁在口岸设专卖点，将澳门优秀出版物作手信，推介澳门特色文化。

11月16—25日　澳门出版协会、台湾图书出版事业协会合办，澳门文化广场承办"2013年秋季书香文化节"。

11月30日　澳门图书馆暨资讯管理协会举办"两岸四地图书馆学学刊编辑"工作坊（科大）。

11月30日至12月7日　香港出版学会、澳门出版协会合办的"二〇一三年书籍编辑出版业务培训课程"。

2014 年

2月5—10日　澳门基金会与文化局合办，澳门出版协会承办及组织本地出版单位参加"第二十二届台北国际书展"。

3月27—30日　澳门大学出版中心参加"2014年亚洲研究学会年会书展"（费城）。

4月17—22日　澳门出版协会与澳门理工学院合办、星光书店承办"2014年春秋书香文化节"。

7月13—22日　一书斋与澳理工学院合办"第十七届澳门书市嘉年华"。

7月17日　澳门出版协会赴香港参加"第十九届两岸四地华文出版年会"。

7月17—23日　澳门基金会、文化局合办，澳门文化广场有限公司承办及组织本地业界参加"第二十五届香港国际书展"。

8月17日　澳门出版协会、广东省出版协会、台湾出版协会、香港出版总会联合主办的"南方国际出版论坛之首届粤台港澳出版论坛"，在琶洲国际会展中心一号会议室举行。是次论坛以南国书香节的影响力和品牌效应为契机，努力构建四地出版交流平台，提升南国书香节在四地的影响力与辐射力，深化四地出版文化界交流和发展。

8月17—21日　澳门出版协会组织澳门代表参加"2014年南国书香节"。

8月28日至9月18日　国家图书馆、全国港澳研究会、澳门基金会共同举办的"喜阅澳门　翰墨书香—澳门书刊联展"，向国内读书推介澳门出版的书刊。

11月8—16日　澳门出版协会、台湾图书出版事业协会合办，澳门文化广场承办"2014年秋季书香文化节"。

11月13—14日　澳门图书馆暨资讯管理协会出席由中国科协及国家新闻出版广电总局合办的"第十届中国科技期刊发展论坛"，并代表澳门地区发展学术论文。

2015 年

2月11—16日　澳门基金会与文化局合办，澳门出版协会承办及组织本地出版单位参加"第二十三届台北国际书展"。

2月18日　澳门出版产业商会拜访澳门社会文化司谭俊荣博士。

3月26日至4月1日　澳门大学出版中心参加"2015年亚洲研究学会年会书展"（芝加哥）。

3月27日至4月5日　澳门出版协会与澳门理工学院合办、星光书店承办"2015年春秋书香文化节"。

3月28日至4月12日　澳门动漫玩协会、民众建澳联盟、望德堂区创意产业促进会、疯堂十号创意园合办"聚龙一击：邱福龙35周年作品展"。

4月7日　第五届中华印制大奖：澳门匠心印刷获金奖、鸿兴印刷获银奖及优异奖、汇丰印务获两件优异奖。

4月21—22日　澳门理工学院与全国高等学科文科学报研究会合办"华文学术期刊发展趋势国际研讨会"。

5月28日至6月14日　澳门大学出版中心参加"2015年葡萄牙里斯本书展"，展出百多种出版品。

6月13日至9月19日　澳门中央图书馆举办"十九世纪澳门土生葡人所经营的印字馆与中国活动印刷展览"。

7月10—19日　一书斋与澳理工学院合办"第十八届澳门书市嘉年华"。

7月15日　澳门大学出版中心参加香港国际书市展中的"国际出版论坛"。

7月15—21日　澳门基金会、文化局合办，澳门文化广场有限公司承办及组织本地业界参加"第二十六届香港国际书展"。

8月10日　澳门印刷业商会赴广州拜访广东省新闻出版广电局。

9月21日　陆波当选为澳门出版协会会长。

10月23日　澳门印刷业商会主办"2015澳门国际印刷商品展暨第五

届中华印制大奖优秀作品展"、"第十三届两岸四地印刷业交流联谊会"、"2015年印刷高峰论坛"。

11月5—8日　澳门图书馆暨资讯管理协会参加"第二届海峡两岸图书馆学及情报学期刊论坛"（郑州）。

11月7—15日　澳门出版协会、台湾图书出版事业协会合办，澳门文化广场承办"2015年秋季书香文化节"。

12月2日　澳门出版协会主办，澳门大学出版中心承办的"第二十届两岸四地华文出版年会"在澳门大学举行，共有二十多名出版人参加。

12月26日　澳门漫画从业员协会自2012年起，每年举办"第五届亚太区插画及动漫论坛"。会上颁发三十七个亚太动漫大奖，包括至尊大奖、最佳动画电影奖、最佳动画短片奖等。至尊大奖由澳门资深漫画家陈渭泉获得，最佳电视动画由《正义红师》获得。

（王国强　澳门大学、澳门出版协会）

第四节 "十二五"时期中国台湾地区出版业大事记

2011年

1月

8—12日 "台湾两岸华文出版品与物流协会"参加于北京中国国际展览中心举行的"北京图书订货会",展出上万本繁体字书籍,并制作台湾新书目录光盘,介绍台湾新书,争取大陆采购商下单采购。

9—10日 北京图书订货会组委会、百道新出版研究院于北京主办"2011中国电子产业峰会",城邦出版集团CEO何飞鹏获邀演讲。

26日 "国家图书馆"汇整各县市2010年的借阅资料,借由统计分析,公布"2010台湾公共图书馆十大借阅书籍排行榜",完整呈现各县市的阅读风貌,提供各县市作为阅读推广与新书购置之参考。

2月

1日 远流出版社出版发表美国传记作家汉纳·帕库拉《宋美龄新传:风华绝代一夫人》中文版,作者大量运用近年解密的信函、文件,进行纂述。

9—14日 财团法人台北书展基金会于台北市世贸中心举办"第十九届台北国际书展",共有59国,856家出版社参展,20个主题馆,今年以"不丹:幸福的国度"为主题国,介绍不丹的文化特色。本届首创"朗读节",设置"作家朗读专区",共计有一百场朗读与座谈,以多国语言朗读作品,忠实呈现文学语言的原音。台湾数字出版联盟开启"百年千书、经典必读"的数字阅读计划,将1840年至1990年出版的经典好书,转档为ePub格式,以OPDS电子书目录形式,与国际间各大电子书平台串连。

10日　城邦媒体集团与日本讲谈社签署合作意向书，共同发展华文数字出版市场。

27日　美国出版网站"守门人"（The Gatekeepers Post）公布年度出版界杰出人士票选活动得奖名单，台湾版权经纪人谭光磊获选。谭光磊负责的光磊版权公司在美国和非英语系的国际小说类别以117笔成交量排名第一。

3月

7—27日　"国家图书馆"于"国立"台湾大学图书馆"数字典藏与数字学习"'国家型科技计划'2010年度成果展主题特展–e百荣耀重现"，展示21部计142册文献制作成42本EPUB格式电子书。

9日　桃园国际机场升恒昌免税商店与财团法人信息工业策进会合作，于桃园国际机场第二航厦打造全球首创"飞阅候机楼"，以电子阅读为主，传统纸本书为辅，免费提供400多本知名中英文电子图书。

4月

16日　《商业周刊》发行第一本iPad互动杂志《商周alive台湾超旅行》。

23—30日　台北市文化局于光点台北举办"台北文学阅·影展"，包括举行十部文学改编电影、连映二十场之文学阅·影展。

29日至5月1日　"国家图书馆"在华山1914创意文化园区举办"杂志世纪主题展暨数字阅读大展"，首次透过平台、内容、硬件、技术服务四大层面，展现百家杂志创刊号、多类型数位阅读等精彩活动。

5月

4日　电子书平台BOOK11.com（拾一本数字文化）宣布与日本最大电子书平台Papyless合作，推出一系列日本原创漫画，透过电子书阅读新作，此次合作首推《灵能花美男》《喵喵咖啡店》《换魂侦探》三本日本漫画。

24日　远传电信表示预定集结城邦、时报、狗屋等9大出版集团合作设立之"宝岛好书包",在中移动手机阅读平台上架,进驻大陆中移动的浙江阅读基地。

6月

3日　为推动数字阅读风气,"国家图书馆"举行"数字阅读体验区"启用仪式,提供不同形式的数字阅读载具呈现不同数字内容,包括电子报纸、电子书、电子杂志等,及"国家图书馆"与教育部所属其他社教馆所制作的21种电子书。

8日　亚洲出版业协会于香港JW万豪酒店举行"2011年度卓越新闻奖"颁奖典礼,共颁发15个类别79个奖项,《中央社》《天下杂志》《远见杂志》《商业周刊》和台湾《苹果日报》获奖。

27日　"交通部民用航空局"台北国际航空站提供场地,国际扶轮3480地区出资兴建的台北市立图书馆"松山机场智能图书馆"正式开馆启用,为往返台北的旅客及捷运通勤族提供更为近便且丰富的阅读服务。

7月

1日　财团法人"中央通讯社"新开发之中文"一手新闻"iPad App及iPhone App、英文新闻"Focus Taiwan"Android App及iPhone App上架,提供全球使用者免费下载。

1日　"行政院新闻局"于台北市喜来登饭店举行"第35届金鼎奖"颁奖典礼,并结合金石堂、三民书局、垫脚石图书、联经出版等门市及博客来网络书店,共同推出金鼎好书展;同时,借由诚品文化艺术基金会的行动图书馆,让入围及得奖作品深入偏远乡镇。

21日　"国家图书馆"广邀各界社会贤达人士等20位,为青年朋友准备"暑期青年阅读好书推荐书单",共推荐118种图书。亦邀请2011年度学测达满级分的同学,提供"100状元阅读书单",让青年学子见贤思齐,善加规划个人的阅读生活。

8月

2日至9月4日　"国家图书馆"公布"状元书单",共计385种书目清单，获推荐第一的为乔斯坦·贾德《苏菲的世界》（智库），推荐图书并于该馆阅览大厅展出。

13—15日　南华大学出版与文化事业管理研究所、北京大学现代出版研究所、河北大学新闻传播学院共同主办，于高雄市澄清会馆举办"第七届华文出版趋势研究学术研讨会"，以"华文出版与数字化"为主题，探讨数字化对出版产业发展带来的机会与挑战，促进两岸出版学术的交流，会中邀请北大萧东发教授与河北大学白贵院长等专家进行精彩演讲。

29日　BOOK11.com电子书城正示贩卖《朝日新闻》推出的全新电子杂志《新鲜日本》，内容网罗日本最新的议题报道、财经信息、人物专访、文化和旅游新鲜事等。

9月

16日　"台湾电子书协会Taiwan Ebook Association"于台北市中国文化大学大夏馆举行成立大会，透过云端力量集合了2 684名电子出版实务工作者，目标是合力开创由电子内容产出端到电子内容消费端的平台。

23日　台湾图书出版事业协会、中国出版协会于台北市天成大饭店举办"第六届两岸杰出青年出版专业人才研讨会"，以"从成功个案分析看两岸版权深化合作"为主题，分享版权合作成功案例，以激发两岸出版交流。

28日　台湾《台湾大百科全书》网站，推出手机服务，包含Android APP、iPhone APP、手机网页及英译内容，让民众可以更便利查询相关资料。

10月

5日　联合在线udn数字阅读网与墨色国际举办几米《走向春天的下午》电子书iPad版发表会，提供一般模式、剧院模式与静态模式三种阅读模式。

2011年10月24日至2012年3月1日　台湾教育部门及NPO阅读联盟发起"让书去旅行，阅读On My Way"活动，将已募集一万本好书，在摩斯汉堡约154间门市，及南投、花莲、台东特色小店与图书馆等，总计设置173个阅读图书角"传书站",以推广全民阅读。

28—31日　中国出版协会、福建省新闻出版局、台湾图书发行协进会等单位于福建省厦门市厦门国际会议展览中心举办"第七届海峡两岸图书交易会",以"书香两岸·情系中华"为主题,五南、远流、联经、丽文、城邦等200余家出版社参展。

11月

2011年11月2日至2012年1月31日　"国立"台湾文学馆于桃园机场第二航厦"台湾文学故事馆"举办"梦中的橄榄树——三毛文学特展",展出三毛的创作手稿文物。

15日　台湾有关条例,明定小学、国中应设置图书馆并订阅读课程,奖励学生阅读课外书籍。

30日　远流集团推出"台湾学术在线"(Taiwan Academic Online,TAO)整合平台,为提供研究者以台湾学术成果与期刊论文为主的数据库,并与大陆合作,成为台湾唯一合法进入大陆市场的数字电子书刊平台。

12月

15日　台湾相关部门为辅导台湾漫画业者推广优良漫画、办理相关漫画展览及研习活动,并鼓励优秀漫画业者及其从业人员参与国际活动及赴海外研习,以厚植漫画产业发展,特订定"2012年度办理漫画推广营销展览研习及参与国际漫画活动补助要点"。

20日　台湾电信三雄经营行动电子书商城,包括远传"远传e书城"、台湾大的"myBook"以及"中华"电信的"Hami书城",台湾大与博客来网络书店合作,12月19日宣布进军在线实体书城服务。

2012年

1月

3日　财团法人台北书展基金会公布"2012台北国际书展大奖"(Taipei International Book Exhibition Prize）得主。小说类为林俊颖的《我不可告人的乡愁》、纪蔚然的《私家侦探》（印刻）、吴明益的《复眼人》（夏日）；非小说类为陈俊志的《台北爸爸纽约妈妈》（时报）、严长寿的《教育应该不一样》（天下远见）及下山一（林光明）自述、下山操子（林香兰）的《流转家族：泰雅公主妈妈、日本警察爸爸和我的故事》（远流）。

8日 台北"市立"图书馆在台北车站地下一楼台铁暨高铁候车区启用"FastBook24小时自助借书站"，其中以热门新书及最新上架的书籍为主。

18日 "国史馆"举办《蒋中正总统五记》发表会，内容根据蒋氏日记以编年体方式分类摘抄而成，包括《困勉记》《省克记》《学记》《爱记》《游记》。对于研究蒋中正的生命史而言，"五记"为不可或缺的基础史料之一。

2月

1日 由台湾"行政院""新闻局"主办，财团法人台北书展基金会承办，在台北市世贸一、二、三馆举办的"台北国际书展"开幕。本届以"绿色阅读"为主题，共有60个国家和地区，749家出版社参加，500位作家举行签名会及座谈，共计举办700场活动。

3日 佛光山香海文化在世贸一馆佛光山专区举行"香云海会·书香遍城乡"赠书典礼，向新北市图书馆赠送《书香味》及《人间佛教小丛书》，让书香传遍新北市。

7日 吴明益的《复眼人》由Pantheon/Vintage买下美国版权。这是第一本由专业版权经纪人，透过国际版权交易渠道售出英美版权的小说，也是第一本由美国大出版社签下的台湾小说。

3月

5日 宜兰县"教育处"于该县岳明"国小"启用"免费电子书公共阅读平台"，县内中小学生及教师登录"快乐e学院"，就可免费阅读150本电子书。

23日 "教育部"于台北市诚品书店信义店举办"2012视障学生阅读

推广计划记者会"。此计划由"教育部"指导,台湾视障者家长协会及清大盲友会共同主办,渣打国际商业银行赞助,主办单位制作了台湾地区第一张"盲用书店地图",让视障孩子实际感受阅读气氛,认识书店空间,了解书店内涵,提高读书的乐趣。

4月

13日　台中"市政府""社会局"在北屯区成立"新移民多元图书室",提供包括泰国、越南等国藏书5 000册,方便新移民阅读自己的文字图书,协助新移民教育子女及推动国际文化交流。

23日　台湾经济日报社宣布iPad阅读应用程序"经济日报Plus"正式上线,为读者提供全新体验的财经信息服务。

28日　漫画家彭杰的原创作品《时间支配者》正式在日本《少年JUMP NEXT 2012 SPRING》刊载。这是海外人士首度在《JUMP》系列杂志中刊载原创作品。

5月

1日　台中"市立"图书馆在该市29区公共图书馆举办"哲人已远 话五四——胡适主题书展"。

16日　福建少年儿童出版社副社长杨佃青拜访台湾"国语"日报社。

17日　高雄"市立"图书馆与高雄监狱签署"书香阅读推广合作协议书",定期将图书送入监狱,供收容人阅读。

6月

2日　空中英语教室欢庆创立50周年,出版彭蒙惠口述传记《爱是一生的坚持:彭蒙惠传奇》iPad版。

12日　联合在线和大陆红袖添香原创文学网站合作,在台北市诚品书店信义店举办"udn读小说·红袖添香"开站记者会,正式宣布网络原创小说平台开张。

15日　"文化部"公布"第36届金鼎奖"入围名单及特别贡献奖得主中图书类有65种入围;杂志类有55种入围;图书类与杂志类特别贡献

奖分别由林载爵先生及殷允芃女士获得。

7月

7日　文讯杂志社在台北市纪州庵文学森林举办杨念慈《少年十五二十时》（秀威信息）新版新书发表会。

13日　"文化部"在台北市喜来登饭店举行"第36届金鼎奖"颁奖典礼。特别贡献奖获得者为天下杂志群创办人殷允芃与联经出版社发行人林载爵；郝誉翔的《温泉洗去我们的忧伤：追忆逝水空间》（九歌）、陈俊志的《台北爸爸，纽约妈妈》（时报文化）等获奖。

16日　"文化部"在台北车站举办"第三届金漫奖"记者会。25件入围作品名单，终身成就奖为东立出版社创办人范万楠。

8月

11日　诚品书店在香港铜锣湾希慎广场开业，以繁体书为主，海外进口书为其特色，提供10万种书目，藏书量达23万本。

13日　台湾文化总会举办《两岸常用词典》（Cross-Strait Common Vocabulary Dictionary）发布记者会。该书收录了两岸之间共5 700个字、27 000多个词，分为台湾版和大陆版，同时提供在线查询服务。

21日　"赣鄱书韵　香溢台湾——江西出版精品图书展"在台北市诚品书店信义店开幕，展出399种、1 281套赣版精品图书，开启了赣台两地图书出版业的交流。

22日　由台湾南华大学、北京大学、河北大学等三校联合主办的"第八届华文出版趋势研究学术研讨会"2012年移师南京大学，并由南京大学主办。本届会议以华文出版产业发展趋势、两岸业者发挥所长之经营模式、两岸出版现象等作为交流研讨的议题。

9月

4日　佛光大学出版《佛光大学王云五纪念图书室线装书目录》，收录明清至民国线装图书，约计4 600多本罕见古籍及台湾孤本，其中年代最久的为明朝弘治二年（1489年）出版的《文清公薛先生文集》，距今已有

523年。

11日　天下文化举办卅周年感恩茶会。1982年高希均、王力行与张作锦创办天下文化出版公司，共出版了2 680种书籍，并于8月1日出版《前进的思索》30周年纪念套书，收录星云大师、沈君山、黄达夫、陈长文、严长寿、洪兰与姚仁禄等十人的著作。

20日　位于台北市重庆南路的儒林书店结束营业。

10月

2日　台湾《中国时报》人间副刊公布"第35届时报文学奖"得奖名单。短篇小说组首奖为连明伟的《苔生》，散文组首奖为盛浩伟的《没有疼痛》。

17日　台湾小小生活文化创意推广协会出版《2012台湾独立书店推荐地图》，汇整了全台湾60家特色书店的信息，并在18日举办的台湾国际文化创意产业博览会上发放。

27日　香港举办"2012台湾月"活动，将"独立书店"列为重点主题之一。台湾出版《2012台湾独立书店推荐地图》，而香港则出版《台港独立书店手册》，汇集40多家台湾独立书店、12家香港独立书店信息，让香港民众体会台湾的生活文化美学。

11月

23日　由台湾图书出版事业协会、中国出版协会主办，中国图书进出口集团总公司、新疆维吾尔自治区新闻出版局承办，在台北市世界贸易中心一馆举办"第十三届大陆书展（新疆主题展）"，展示超过5 000种大陆图书及新疆精品出版物。

23日　台北"市立"图书馆举办"第17届两岸四地华文出版年会"，会议主题为"深化出版合作，落实出版交流"。在演讲厅还举办了"两岸出版论坛高峰会"，议题为"保护和发扬中华文化传统，传承中华优秀民族精神"。举办方还与新疆出版协会签署了《新疆——台湾出版合作与交流纪要》。

12月

1日 第四届星云真善美新闻传播奖及第二届华文文学星云奖在佛光山佛陀纪念馆联合颁奖。华人世界终身成就奖及华文文坛贡献奖分别由联合报副董事长刘昌平及诗人痖弦荣获。

5日 台北市推出海内外首创公交车图书馆服务，民众只要搭乘客运红32路、台北客运205路和欣欣客运1路公交车，就可使用这项免费服务。共计有62辆低地板公交车加入。民众借阅办法是采取荣誉制，一次限借1本，随车可还书。

7日 全球最大多媒体出版工具软件厂商Adobe（奥多比）宣布终止台湾分公司的营运业务，改由香港分公司接手。

12日 "国际数学与科学成就趋势调查"（简称TIMSS）与"促进国际阅读素养研究"（简称PIRLS）的评比结果出炉。在科学和数学方面，台湾"国中"学生分别排名世界第二及第三，"国小"学生阅读素养从2006年的第22名进步到第9名。

2013年

1月

9日 文化部及财团法人台北书展基金会公布"2013台北国际书展大奖"（Taipei International Book Exhibition Prize）得奖名单，小说类由郑清文的《青椒苗：郑清文短篇小说选3》（麦田出版社）、陈雨航的《小镇生活指南》（麦田出版社）、郭松棻的《惊婚》（印刻出版社）获奖；非小说类得主为王健壮《我叫他，爷爷》（九歌出版社）、庄素玉与徐重仁合著的《流通教父徐重仁青春笔记：一生感动一生青春》（天下杂志）、大陆学者钱理群《毛泽东时代和后毛泽东时代（1949—2009）：另一种历史书写》（联经出版社）。

23日 UDN购物平台与TAAZE读册生活网络书店结盟。

1月30日至2月4日 文化部及财团法人台北书展基金会于台北市世

贸中心举办"2013台北国际书展"，比利时为主题馆，另有西语文化馆、香港馆、简体馆、台湾出版主题馆、青年创意馆、2013数字主题馆、动漫主题馆、遇见幸福主题馆等，共有70国，737家出版社参展，今年首设"简体馆"，共有28个展位；版权交易会议共举办438场。

2月

2月1日至3月3日　诚品书店与大陆中华书局合作，于诚品书店敦南店举办"百年岁月　时代芳华"中华书局百年特展，展出包括梁启超文献集《南长街54号梁氏重要档案》、收录徐悲鸿往来书信、书稿与罕见书法作品的《中华书局藏徐悲鸿书札》及复刻重印的大字版线装书《史记》等珍稀出版品限量展售。

19日　德国书艺基金会公布NOBU设计，大块文化出版《坐火车的抹香鲸》获德国"世界最美丽的书"书籍设计大赛（International Competition Best Book Design from all over the World 2013）银奖。

3月

10日　唐山书店、东海书苑、水木书苑、洪雅书房、小小书店、有河book、凯风卡玛儿童书店、自己的书房、注书店等9家书店于台中市举行"独立书店联盟"成立大会。

22日　漫画家林莉菁中译《我的青春、我的FORMOSA》（Formose）于法国巴黎书展中获得大巴黎区高中生票选为"高中读者文学奖"。

24日　城邦媒体控股集团、大陆海峡出版发行集团于台北、福州同时宣布启动"海峡书局"，为大陆第一家获得网络出版许可，以及加值电信业务经营许可的台资企业，意味着台湾出版业可以与陆商同步竞争。

4月

2日　"国家图书馆"与佛光山文教基金会共同举办星云大师《百年佛缘》增订版新书发表会，记述大师87年以来的种种殊胜佛缘，共有16册。

4日　猫头鹰出版社出版曹铭宗《台湾史新闻》，模仿报纸新闻的写作体例与编排，精选史前、荷西、明郑、清朝到民国百年在台湾岛发生的重大新闻,用100个"报纸跨页版面"来"报道"从古到今的台湾史。

4月26日至5月1日 国家新闻出版广电总局和浙江省人民政府于杭州市举办"第九届中国国际动漫节",计有68个国家和地区的动漫企业、名家和机构参加,中华动漫出版同业协进会、木棉花、曼迪传播、皮皮家族、群英社以及铭显文化等9家业者共同成立"台湾动漫馆",展示200本台湾当红原创漫画小说、金漫奖得奖作品等。

5月

1日至5日 "第27届日内瓦国际书展"于瑞士日内瓦Palexpo展场开幕,主宾国为墨西哥,佛光山日内瓦会议中心展出星云大师著作中、英、法、德、葡、韩等语文图书。

15日 开发网络盗版漫画App的ComicKing开发者与城邦集团达成和解,除付赔偿金外,并召开公开记者会向出版界自白道歉。

6月

6月8日至7月6日 BABEL市集与茉莉二手书店合作于台北市茉莉二手书店师大店举办5场"我有一份目录"出版论坛。

10日 纸风车文教基金会举办"纸风车368儿童艺术工程第二里路期中报告暨《TAIWAN 368新故乡动员令》出版记者会",《TAIWAN 368新故乡动员令》(远流)由纸风车文教基金会与中国时报调查采访室合作编辑,收集47个地方乡镇小区改造等故事。

7月

6日 台湾首家军事专业书店"菁典军事专业书店"在五南文化广场台大店B1开幕,以独立书店与大型连锁书结合,采"店中店"模式经营,展售两岸与中外各国出版的军事图书。

10日 堂朝数字整合股份有限公司宣布与株式会社电算合作,共同协力推广Finder电子刊物平台的应用,将Finder电子刊物的服务范围推广至日本,开拓日本电子刊物市场。

29日 全家便利商店宣布推出畅销书实体书卡预购,并与翰林出版事业合作，引进数字学习系统翰林云端学院，抢攻网络书店与补教市场。

8月

4日　屏东县牡丹乡的林明德在屏东县玛家乡三和村开设台湾第一家原住民独立书店"蕃艺书屋"。

8月9日至10月18日　城邦文化事业股份有限公司主办，于台北市集思台大国际会议中心举办"从数字做出版　一次就懂：数字出版八堂课"，讲授包含用数字出版趋势分享与数字著作权认识、数字格式的表现与出版流程探讨、EPUB3.0电子书籍制作学习等课程，用出版人了解的语言，解构数字出版的秘密，分享数字出版最新信息与技术。

9月

2日　海洋生物博物馆出版《透视·鱼》（时报），以真实鱼类标本，鱼的骨骼结构清晰呈现，是一本透明染色鱼类图鉴。

7日　高雄市政府与远流出版社合作推出"台湾云端书库"电子书服务（http：//ebook.ksml.edu.tw），未来高雄市民可借阅电子书，所需费用由高雄市政府与百万藏书募得款支付。

17—22日　湖南省委常委、省委宣传部长率团访台，举行"2013湘台文化创意产业合作周"，在台北市华山文创园区举办"湖湘文化精品展"，包括湘绣、湘瓷、湘书、湘茶、摄影展览等活动。

25日　台湾文化部门推出"第一桶金的独立书店圆梦计划"，并举办独立书店圆梦记者会，邀请8家独立书店的创业圆梦者分享圆梦规划与心得。

10月

13日　新北市政府于板桥车站新北市智能图书馆举办"新北漂书运动"开跑仪式，结合台铁公司于板桥、树林、莺歌等10个火车站点及新北市图书馆总馆等12处文化场馆、板桥公车站、捷运站外及200辆大有巴士公交车上设置漂书站。

25日至28日　厦门市人民政府、福建省新闻出版局、中国出版协会、台湾图书出版事业协会、台湾图书发行协进会、台北市出版商业同业公会共同主办，于福建省厦门国际会议展览中心举办"第九届海峡两岸图书交易会"，以"一脉相承·创意未来"为总主题，"弘扬中华文化、推动两岸文化市场融合"为宗旨，台湾共有285家出版社参展。

11月

6日 联合在线"udn读书吧"与墨色国际股份有限公司合作推出几米《向左走·向右走》App电子书。

7—9日 上海市新闻出版局、中国教育出版传媒集团有限公司等于上海市上海世贸商城展览中心共同举办"CCBF中国上海国际童书展"，以"世界和未来在一起"为主题，共有154家出版社参与。7日，畅谈国际文化事业股份有限公司与中国少年儿童出版社在展览会场举行"《十万个为什么》（第六版）台湾地区中文繁体版权签约仪式"。

27—29日 金门县政府及福建出版者工作协会、福建海峡出版发行集团、新华发行集团及台湾图书出版事业协会于金门县金城"国中"体育馆共同办理"第八届金门书展"，展出大陆简体书约四千余种，近万册，台湾图书专区约一千余种，计三千余册。

12月

15日 中国作家协会副主席、书记处书记陈崎嵘于台北市纪州庵文学森林举办《鲁迅文学奖作品选》新书发表会暨座谈会。会上表示，台湾作家在中国正式出版的文学作品，均可参加鲁迅文学奖、茅盾文学奖、全国优秀儿童文学奖和全国少数民族文学创作骏马奖等4项大奖的评选。

2013年12月30日至2014年1月10日 诚品书店与凤凰出版传媒集团合作，于诚品信义旗舰店举办"采韵江苏，同城台湾—凤凰出版传媒集团60周年精品图书展"，展出江苏文艺出版社、江苏人民出版社、江苏教育出版社、江苏美术出版社、凤凰出版社、译林出版社等6家出版社的500种、1 500册图书，包括康熙五十五年《康熙字典》《汉字大爆炸》《再会邮简》《活字：文字的解构》《文字的拼贴》《文字的世界》等。

2014 年

1 月

23 日　联经出版社推出《联经台湾史》App，以 3D 模型重现台湾三大古城，内容始自台湾岛诞生，终于日据时代，收录 4 万字、300 多张图片。

28 日　台湾文学馆举办黄美娥《魏清德全集》新书发表会，全集计有诗卷、文卷、小说卷、文献卷及目录卷，共 5 卷 8 册。

2 月

3 日　亚太出版协会于台北市举办"第 21 届的亚太出版年会"，台北书展基金会正式成为亚太出版协会会员。

5—10 日　台北书展基金会承办，台北市政府、外贸协会协办，于台北市世贸中心举办"第 23 届台北国际书展"，共有 68 个国家地区、648 家出版社参展，书展定位为"亚洲出版知识及信息交流平台"，主题国为"日本、韩国、新加坡、泰国"，举办 630 场座谈、新书发表会。台北书展基金会与德国法兰克福书展首度合作，于 2 月 4 日至 5 日在台北国际会议中心举办"法兰克福学院出版人才培训课程"。

20 日　皇冠文化集团成立 60 周年，出版百位作家作品的《圆满》特刊，并捐赠 6 万本书籍至偏远学校和图书馆。

3 月

1—31 日　诚品书店庆祝创立届满 25 周年，以"传承·创新"为主轴，规划一系列主题庆祝活动，其中，举办"阅读，开启启蒙时刻"主题书展，以"感怀书写、群我思考、当代演绎、生活拾味"四类中外文书籍，同时推出"经典，陪伴成长"儿童推荐书单，"在图文的国度，寻找生命青鸟"外文推荐书单。

3 日　大地出版社创办人姚宜瑛辞世，享寿 87 岁。大地出版社是台湾出版界"五小"之一,姚宜瑛为台湾独立经营文学出版社的女作家,并开创台湾饮食文学的潮流。

4月

4月4日至5月25日　永乐座、小小书房、时光二手书店、瓦当人文书屋、南崁1567小书店、三余书店、草祭二手书店、水牛书店、旧书柜、新手书店、TAAZE读册生活与READMOO电子书等12家书店于台北市纪州庵文学森林举办"就救这本书:特色书店联展"。

15日　博客来网络书店宣布启动"博客来订购、香港7-ELEVEN门市取货"新服务,首次把"到店取货服务"延伸至海外市场。

23日　"交通部"和漂书协会于该部大厅举办"漂书计划"记者会,目前已在全台车站、机场等处设56个漂书站,未来将纳入邮局、国家风景区、中华电信等单位,预计6月底将有108个漂书站,供书籍漂放。

5月

1日　作家周梦蝶病逝于新店慈济医院,享寿94岁。

5月1日至6月30日　联经出版社于台北市诚品敦南店举办"呼唤文艺复兴:联经出版四十周年"特展,展出三百种书籍,包括"焦点作家""作家亲笔签名书""联经经典四十""编辑选书""书店选书""得奖好书"等主题;同时举办特展,以每十年作为断代,展出四十年来联经的珍贵绝版书籍、线装书、作家手稿等。

29日　宏碁集团与远流集团宣布将宏碁自建云体验中心与远流旗下的台湾云端书库合作。

6月

6月5日至6月24日　南投县水里乡图书馆举办"从图书馆看世界——英美法绘本巡回展",展出美国凯迪克大奖、英国凯特格林威大奖及法国女巫奖等国际奖项之知名绘本。

19日　公共信息图书馆,将出版之《观音观鹰:观音山猛禽辨识手册》及《潮汐的呼唤:探索北海岸潮间带》制成电子书,正式于电子书平台上架,供民众于网络借阅浏览。

6月21日至7月31日 公共信息图书馆、传统艺术中心与高雄市图书馆于传统艺术中心共同主办"解密图书DNA"互动特展,结合最新体感互动、数字投影及3D打印技术,让民众了解图书演进的故事。

7月

16—22日 香港贸易发展局于香港会议展览中心举办"第25届香港书展",来自30个国家及地区,共570家书商参展,以"从香港阅读世界——越读越精彩"为主题,邀请白先勇、李敖、严歌苓、金宇澄、蒋方舟、陈坤等海峡两岸和港澳以及海外超过300位名家讲者,共同推动大中华阅读文化风气,在"台湾出版人"专区,8所国立大学联合参展,以学门分类展现台湾学术出版成果,并设立"台湾独立书店文化协会"专区,分享独立书店在网络时代里的生存发展特色。

24日 诚品书店敦南店获美国有线电视新闻网(CNN)旅游版报道为全球最酷书店之一,以24小时营业著称,销售多种语言书籍和杂志,能符合多国读者需求。

8月

6日 博客来网络书店成立19周年,公布近年业绩与未来品牌发展。

8月12日至9月22日 高雄市图书馆与公共信息图书馆共同主办"解密图书DNA互动展",包括"汉字的起源"、"最早的中文"、"造纸术"等主题,透过科技应用让民众经历一趟文字与图书演变的时空旅行。

13—19日 2014上海书展暨"书香中国"上海周在上海展览中心展开,以"我爱读书,我爱生活"为主题,上海外文图书公司与华品文创出版公司推出"乐读台湾"展区,分为文学台湾、生活台湾、旅游台湾、亲子台湾等多类别,将台湾各领域的书籍推广到大陆。

9月

2日 电子书城"udn读书吧"(http://reading.udn.com)与台湾三星电子合作,推出"享读"APP,每月提供100本畅销电子书免费阅读。

19 日 "故宫博物院"终止授权台湾"商务印书馆"印制《文渊阁四库全书(仿古版)》,同时,台湾"商务印书馆"与北京苏音公司签订之授权契约一并终止,并要求契约授权之目标物应予销毁,不得销售。于 29 日再次行文函请相关部门,透过"两岸共同打击犯罪及司法互助协议"查处,依法同步诉追北京苏音公司侵权责任并要求赔偿损失。

25 日 读册生活网络书店(TAAZE)举办"二手书的园游会",读册生活网络书店捐出 13 000 余册寄售期满的二手书,免费提供民众,及捐出近 3 000 册儿少书籍给诚品文化艺术基金会。

10 月

8 日 LINE、Media Do、讲谈社和小学馆合作共同出资设立"LINE Book Distribution"公司,预计推出日本漫画繁体中文版与英文版,LINE 并于 14 日推出可在计算机网页浏览器上使用 LINE 漫画服务的"LINE 漫画 PC 网页浏览器版",提供第一手的繁体中文版漫画。

16—23 日 台湾图书出版事业协会、台湾图书发行协进会、台北市出版商业同业公会、厦门市人民政府、福建省新闻出版广电局、中国出版协会主办"第 10 届海峡两岸图书交易会",以"书香两岸、情系中华"为主题,主宾省为浙江省,共有大陆 202 家出版社、22 家图书馆,及台湾 100 多家出版社共同参与,并于 17 日于台北市台北世贸中心举办"两岸出版高峰论坛"。

11 月

4 日 为鼓励台湾漫画创作,于台北市华山文创园区举办"第 5 届金漫奖颁奖典礼",本年新增原型设计、单元漫画等奖,年度漫画大奖由小庄《80 年代事件簿.1》夺得,特别贡献奖为敖幼祥。

13 日 台湾乐天市场之乐天书城开幕,提供更便利的购书环境。

24 日 美国有线电视新闻网(CNN)以"文学夜店?为何台湾的书籍销售蓬勃发展"专文报道 24 小时营业的诚品书店,结合文学与设计,成为台湾独特的文化现象。

12月

3日　元太科技与Kobo发表合作计划,让Kobo电子书城的合作伙伴不需耗费巨资,仅需透过Kobo的阅读应用程序,就能提供客户大量的电子书籍。

8—11日　金门县政府、台湾图书出版事业协会、福建新华发行集团、福建省出版工作者协会、闽台经济合作促进委员会主办,于金门县金城"国中"体育馆举办"第9届金门书展",总计展出万余册图书。

12—14日,台湾出版商业同业公会与大陆中国出版协会共同主办,时报文化出版企业股份有限公司承办,于台北市华山1914文创园区西一、二馆举办"第十五届大陆书展暨出版基金成果展",引进大陆"国家出版基金管理委员会"补助出版的大陆近期与中外学术、民族文化、国民生计等三领域的重要出版品共100种来台展览。

2015年

1月

8—10日　北京图书订货会组委会于北京市中国国际展览中心举行"第28届北京图书订货会",台湾图书发行协进会、龙图腾文化有限公司邀集联经、天下、城邦、时报等超过200家出版社参与,展示4 000余册图书,以"看见台湾"为主题设馆参加,推动两岸文化交流。

15日　青文出版社出刊之《快乐快乐月刊》停刊,并于2月12日于台北市南港展览馆台北国际动漫节举办数位漫画志《无限志》创刊记者会。

28日　原住民族委员会统筹出版、政治大学台湾文学研究所教授陈芳明主编之《台湾原住民文学翻译选集》,收录30~40位台湾原住民作家作品翻译成英文,含诗集、散文、短篇小说及大事记,全套共4册。

2月

11—16日　"文化部"主办,财团法人台北书展基金会承办,于台北市世贸展览馆举办2015年"第23届台北国际书展",共有67个国家、682家出版社参展,主题国为新西兰,台湾文学馆策划台湾出版主题馆,举办"文无限界—台湾文学的变声与变身"特展,分为"诗歌"与"小说"两大展区,透过文字、声音和影像等不同媒介,让观众认识台湾作家及作品。集结了35家海峡两岸和港澳的独立出版社共同策划"读字小酒馆",而台湾独立书店文化协会把摊位打造成"行动书车",希望让书店走进偏乡,培养阅读人口;"简体馆"计有近百家出版社参与,共3 000多种、1万多册的图书展出。

3月

8日 联合报推出《明天的电,核去核从》iPad版互动电子书,提供完整实体书内容,及跨国拍摄的影音与多媒体互动图表。

17日 宜兰县史馆举办《台北州理蕃志（旧宜兰厅）》暨《Ska yulung 宜兰泰雅族百年影像》新书发表会,《台北州理蕃志》记载1895年至1920年日本官方对宜兰、台湾北部山区泰雅族的治理文书档案,同时,编制历史地图,集结为《参考图集》并选录重要图像史料,出版《Ska yulung 宜兰泰雅族百年影像》,内含宜兰相关泰雅族影像220张。

30日 台湾角川股份有限公司举行"2015角川华文轻小说大赏"颁奖典礼,以"创意·就是你的原动力!"为主题,长篇女性向轻小说银赏奖为轨迹、铜赏奖为弥霜获得,长篇男性向轻小说银赏奖为月亮熊,铜赏奖为海犬及广陵散获得。

4月

20—24日 台湾电子书协会与中国新闻出版研究院承办,新北市出版商业同业公会、台湾数字出版联盟、台湾图书事业出版协会、台湾两岸华文出版品与物流协会协办,于北京国家教育行政学院共同举办"两岸数字及出版业交流合作及媒合会",凌网科技、湛天创新科技（PUBU）、堂朝数字、华艺数字、联合在线及小牛顿等出版业参与。

29日 元智大学和敦煌书局合作成立"诚信商店"开幕,商店无店员也无监视设备,购书后依售价自动投币。

5月

7日 "文化部文化资产局"于台北市台湾博物馆举办"《欢喜迎王总动员》国定民俗系列导览新书发表会",发表"国定民俗系列丛书":《西港刈香》《东港迎王平安祭典》《南鲲鯓代天府五府千岁进香期》,介绍王爷信仰民俗活动的内涵。

27日 "国家图书馆"与联合在线于该馆共同主办"击古铄今—数字时代下的文化传承与知识发现论坛",探讨数字时代下的文化传承与知识发现。

6月

3日 公共信息图书馆举办"书入热情点亮台湾希望"电子书捐书冠名启动宣传会,让出版业者愿意释出更多优质电子书的公共图书馆授权,创造电子书市场的需求面,活络电子书出版。

10日 花莲县政府与佛光山于花莲县吉安乡佛光山月光寺共同举办"佛光山赠书花莲县旅宿业记者会",佛光山月光寺监寺妙勋师父代表佛光山赠送星云大师的著作《献给旅行者365日》给花莲县旅宿业者。

28—29日 丽文文化事业机构与大陆安徽图书集团皖新传媒于高雄市义大世界皇家酒店举办"台湾心、安徽情"两岸图书暨文化商品交流展,结合两岸文创、安徽文化、台湾原住民等文化商品,并宣布"来买书城"网络书城在两岸上线。

7月

1日 远见天下文化出版股份有限公司于台北市诚品书店信义店举办郝柏村《郝柏村重返抗日战场》新书发表会,借由重返华北、华中、华南抗日战场,透过文字、照片、图表等数据,重现八年抗战之史实。

11—19日 马来西亚大众集团于吉隆坡城中城会议中心举办"第10届马来西亚海外华文书市","文化部"主办,联经出版社承办之"台湾馆",计有300多家出版社,展出2 000多种,2万多本台湾书籍,并邀廖玉蕙、陈雪、甘耀明、李瑞腾、王浩一、李如青、钟怡雯七位作家专题演讲。

8月

4日　美国有线电视新闻网（CNN）选出17间"全球最cool书店"（World's coolestbookstores），诚品书店敦南店获选，其首创24小时经营模式及拥有多种语言的书籍及杂志为其特色。

26—30日　国家新闻出版广电总局等主办，中国图书进出口（集团）总公司承办，于中国国际展览中心（顺义新馆）举办"第22届北京国际图书博览会"、"第13届北京国际图书节"，主宾国为阿拉伯联合酋长国，计有82个国家和地区，2 302家出版机构参展，台湾出版商业同业公会联合会率领10多个出版商，展出700多种，近2 000册图书。

9月

3—7日　"文化部"主办，南台科技大学承办"2015 Comic Stars 漫画繁星"漫画产业人才培育计划，分别于9月3日至7日在台南文创园区，9月3日至6日在台北市大同大学志生纪念馆举办成果发表。

29日　联经出版社于台北市诚品书店信义店举办郭岱君主编《重探抗战史（一）：从抗日大战略的形成到武汉会战（1931—1938）》新书发表会，结合美、日、大陆、台湾四地学者、史料，在抗日胜利70年后，重新检视抗战历史。

10月

6日　两岸故宫携手同庆建院90周年，台湾"故宫博物院"授权两仪文化出版《晋王羲之·快雪时晴帖》，与北京故宫博物院授权东方宝笈文化传播（北京）有限公司《晋王献之·中秋帖》、《晋王珣·伯远帖》，三帖以珂罗版合璧出版为"三希堂"。

17日　台湾"清华大学"、台湾大学、台湾"交通大学"、东吴大学、南开大学、清华大学、四川大学等合作编著《两岸产业比较研究丛书》于天津南开大学"第二届两岸产经合作与创新发展高峰论坛"举办新书发表会。

28日　"台中市政府文化局"于台中文学馆园区举办《台中文学史》

新书发表会，内容前半部依时间排序，以"口传时期""清领时期""日治时期"及"战后迄今"4阶段建构历史；后半部以"族群""性别""儿童文学"及"台中地方书写"4大主题勾勒台中文学多元性。

11月

13—15日　上海市新闻出版局、中国教育出版传媒集团有限公司、环球新闻出版发展有限公司主办，上海书展办公室、中国教育图书进出口有限公司、环球新闻出版发展有限公司承办，于上海市上海世博展览馆举办"2015中国上海国际童书展（CCBF）"，计有300余家童书出版单位参与，展出5万余种童书。

16日　7-ELEVEN与博客来网络书店合作打造O2O（Online to Offline，在线对应线下实体）阅读概念店"未来书店"，运用博客来销售大数据、高科技感应设备等，规划"投影纸书""阅读处方笺""智慧书店员"及"实体主题选书"4大主题体验。

12月

4—24日　蕙风堂笔墨有限公司、中国上海香港三联书店有限公司于台北市蕙风堂宣纸图书部举办"中国文物出版社书展"，展出该社近年出版《开成石经》《中国皮影戏全集》《中国绘画全集》《于右任书法全集》《木雁斋书画鉴赏笔记》复制书画、唐卡艺术系列丛书等。

26日　《中国时报·开卷》公布"2015开卷好书奖"得奖名单，计有中文创作、翻译、美好生活书、最佳童书、最佳青少年图书类别40种图书获奖。

（黄昱凯　台湾南华大学）

图书在版编目（CIP）数据

"十二五"时期中国出版业发展报告/范军主编．—北京：中国书籍出版社，2017.9
ISBN 978-7-5068-6504-3

Ⅰ.①十… Ⅱ.①范… Ⅲ.①出版工作-研究报告-中国-2011-2015 Ⅳ.①G239.2

中国版本图书馆 CIP 数据核字（2017）第 234882 号

"十二五"时期中国出版业发展报告

范　军　主编

责任编辑	张　文
责任印制	孙马飞　马　芝
封面设计	楠竹文化
出版发行	中国书籍出版社
地　　址	北京市丰台区三路居路 97 号（邮编：100073）
电　　话	（010）52257143（总编室）　　（010）52257140（发行部）
电子邮箱	eo@chinabp.com.cn
经　　销	全国新华书店
印　　刷	河北省三河市顺兴印务有限公司
开　　本	787 毫米×1092 毫米　1/16
印　　张	27.5
字　　数	409 千字
版　　次	2017 年 9 月第 1 版　2017 年 9 月第 1 次印刷
书　　号	ISBN 978-7-5068-6504-3
定　　价	165.00 元

版权所有　翻印必究

Kappa Kids

2017 FW PRODUCT CATALOG